本书为南京农业大学中央高校基本科研业务费人文社科基金
专著出版资助项目（编号：SKZZ2015009）

社会网络环境下用户参与的图书馆数字信息资源建设模式研究

刘磊 等◎著

中国社会科学出版社

图书在版编目(CIP)数据

社会网络环境下用户参与的图书馆数字信息资源建设模式研究/刘磊等著.
—北京:中国社会科学出版社,2016.4
ISBN 978 – 7 – 5161 – 7952 – 9

Ⅰ.①社…　Ⅱ.①刘…　Ⅲ.①图书馆—数字信息—信息资源—
文献资源建设—研究　Ⅳ.①G250.7

中国版本图书馆 CIP 数据核字(2016)第 070482 号

出 版 人	赵剑英
责任编辑	李炳青
责任校对	董晓月
责任印制	李寡寡

出　　版	中国社会科学出版社
社　　址	北京鼓楼西大街甲 158 号
邮　　编	100720
网　　址	http://www.csspw.cn
发 行 部	010 – 84083685
门 市 部	010 – 84029450
经　　销	新华书店及其他书店

印　　刷	北京君升印刷有限公司
装　　订	廊坊市广阳区广增装订厂
版　　次	2016 年 4 月第 1 版
印　　次	2016 年 4 月第 1 次印刷

开　　本	710 × 1000　1/16
印　　张	25.5
插　　页	2
字　　数	451 千字
定　　价	89.00 元

凡购买中国社会科学出版社图书,如有质量问题请与本社营销中心联系调换
电话:010 – 84083683

前　言

　　社会网络环境下用户参与的图书馆数字信息资源（简称数字资源）建设，是指图书馆工作者依据社会网络理论和数字资源建设理论，依托社会软件和社交网站，组织用户参与所在图书馆的数字资源规划、生产、评价、选择、采集、组织与整合等活动，使之形成可利用的数字资源体系的过程。随着互联网的迅猛发展，图书馆数字资源建设已成为图书馆信息资源建设的主体。国内外图书馆都对数字资源建设给予了极大重视。随着社会网络的发展，愈来愈多的图书馆意识到用户在数字资源建设中的重要性，并利用社会网络技术的各种方式，让用户参与到本馆数字资源建设中来。同时，理论研究也逐渐受到国内外学者的重视。

　　近年来，国内外不少学者对社会网络环境下用户参与的图书馆数字资源建设进行了有益的探讨，取得了不少有价值的成果，但仍存在薄弱之处。为此，我们承担了国家社科基金项目"社会网络环境下用户参与的图书馆数字信息资源建设模式研究"（11BTQ043）的研究。课题组开展的主要工作是：提出社会网络环境下用户参与的图书馆数字资源建设的基本概念、理论框架和活动各环节的模式假说。根据提出的假说，开展用户参与图书馆数字资源建设各个环节的用户需求和认知调查，辅以相对应的馆员调查、专家调查、网络调查、文献调查和访谈等，以收集数据，检验、修正提出的模式。对于构建的模式进行实际应用，以进一步验证、完善模式，并发现其中的问题，提出相应对策。课题组先后开发了"南农记忆"网站和"e学之家"系统并投入应用以检验和完善提出的模式。

　　课题研究分七部分，形成七章内容，由此构成本书的内容：

　　第一章：绪论。总结社会网络环境下用户参与图书馆数字资源建设研究的起源、发展和现状，明确课题研究的重点和方向：第一，构建社会网络环境下用户参与图书馆数字资源建设的理论框架。第二，加强社会网络环境下用户参与图书馆数字资源建设的模式研究。第三，重视用户需求调查和实证研究。在此基础上提出课题的研究内容和方法。

第二章：社会网络环境下用户参与的图书馆数字资源建设概述。阐述社会网络理论及其与用户参与图书馆数字资源建设相关的基本概念，以高校为例，分析社会网络关系、社会网络结构及社会资本理论在用户参与图书馆数字资源建设中的应用。分析用户参与图书馆数字资源建设的社会网络系统构成，提出构建用户参与图书馆数字资源建设模式的思路，介绍用户参与图书馆数字资源建设的社会网络技术手段。

第三章：社会网络环境下用户参与的图书馆数字资源建设规划模式。以社会网络理论和数字资源建设理论为指导，提出统领具体活动环节的社会网络环境下用户参与图书馆数字资源规划的模式假说。通过对南京、北京、上海、厦门等城市不同层次、不同类型高校的用户、馆员和专家的问卷调查，对提出的理论模式进行检验和修正。根据调查数据，就高校图书馆开展用户参与数字资源建设活动提出建议。

第四章：社会网络环境下用户参与的图书馆数字资源生产模式。从介绍用户生成内容（UGC）研究现状入手，总结社会网络环境下用户参与图书馆数字资源生产的研究成果。结合高校实际，构建社会网络环境下用户参与图书馆数字资源生产系统与相应的模式假说。针对提出的假说，对南京等地高校开展用户、馆员和专家的问卷调查，从而检验、修正和完善模式假说。根据调查和实证应用，就高校图书馆开展用户参与数字资源生产提出建议。

第五章：社会网络环境下用户参与的图书馆数字资源评选模式。总结社会网络环境下用户参与的图书馆数字资源评选的研究成果。以高校为例，探讨社会网络理论在用户参与图书馆数字资源评选中的应用。在对用户参与图书馆数字资源评价、选择和采集内容分别论述基础上，构建用户参与的图书馆数字资源评选系统和模式假说。针对假说开展调查，检验、修正模式假说。根据调查和实证应用，就高校图书馆开展用户参与数字资源评选提出建议。

第六章：社会网络环境下用户参与的图书馆数字资源组织与整合模式。总结社会网络环境下用户参与的图书馆数字资源组织与整合的研究成果。确定用户参与图书馆数字资源组织与整合的目标与原则，构建社会网络环境下用户参与图书馆数字资源组织和整合系统，并从不同角度提出相应的模式假说。针对假说，开展问卷调查，检验、修正和完善模式假说。根据调查数据和实证应用，就高校图书馆开展用户参与数字资源组织与整合提出建议。

第七章：社会网络环境下用户参与的图书馆数字资源建设实证应用。介绍两个不同的实验性系统：面向热点主题的高校用户参与图书馆数字资源建设的应用实例——"南农记忆"图片征集活动系统建设；面向专业教学的高校用户参与图书馆数字资源建设的应用实例——"e学之家"系统建设。在此基础上，提出今后用户参与图书馆数字资源建设的发展思路。

本书后面附上了课题调查研究用的部分问卷。

本书由刘磊拟定大纲，刘磊、冯英华、林小娟、王贤、余洁、高海燕、付玲玲、邵伟波、何琳、白振田、胡以涛、唐惠燕参加了部分章节的撰写。李晓红、孙翌、谢明诠、郭诗云、朱毅华、王浩、王启云等也参与了文献资料收集和相关问题研究。本书最终由刘磊、冯英华统稿。

我们的研究还存在许多不足之处。如用户调查样本的分布主要集中在南京地区高校图书馆，其他沿海地区图书馆用户样本较少，中西部地区则未涉及。在移动互联网和大数据环境下，社会网络的发展对用户参与图书馆数字资源建设提出了新问题。这些都需要今后以现有成果为起点，进一步深入探讨。

课题的调研得到图书情报界相关专家的大力支持，课题的实证研究得到南京农业大学图书馆和信息科学技术学院的支持。本书的出版得到了"南京农业大学中央高校基本科研业务费人文社科基金专著出版资助项目"（编号：SKZZ2015009）的资助。中国社会科学出版社对本书的出版给予了大力支持。特此致谢！

作者

2015 年 10 月

目 录

图目录

表目录

第一章　绪论

第一节　问题的提出

社会网络是由多个行动者（个体或组织）及其相互关系构成的集合。[①]近年来，社会软件和社交网站迅速发展，使基于 Web2.0 的社会网络日益强大。社会网络强调行动者的联结、互动与分享，其大量的信息资源来自个体贡献的微内容。网络社区中用户和图书馆是平等的伙伴。用户已经从单纯的信息使用者转化为信息创建者和传递者。[②] 社会网络的发展为图书馆数字信息资源（简称数字资源）建设提供了新机遇，为图书馆数字资源建设注入了新的活力。社会网络环境下，社会软件和社交网站是用户参与图书馆数字资源建设的有效途径，用户通过社会软件和社交网站创建、贡献数字资源，图书馆则可收集、筛选、整理、加工与利用用户资源，将其作为馆藏资源的一部分。[③]

用户参与的图书馆数字资源建设，是指用户参与所在图书馆的数字资源规划、生产、选择、采集、组织与整合等活动环节，使之形成可利用的数字资源体系的过程。[④] 随着网络技术的迅猛发展，图书馆数字资源建设已成为当今图书馆信息资源建设的主体。国内外图书馆都对数字资源建设给予了极大重视。随着社会网络的发展，愈来愈多的图书馆意识到用户在数字资源建设中的重要性，通过在图书馆主页上提供社会软件或在社交网

<hr>

[①]　马汀·奇达夫、蔡文彬：《社会网络与组织》，王凤彬等译，中国人民大学出版社 2006 年版，第 176 页。

[②]　范并思、胡小菁：《图书馆 2.0：构建新的图书馆服务》，《大学图书馆学报》2006 年第 1 期。

[③]　王凌：《基于图书馆 2.0 应用中的服务环境构建与思考》，《情报科学》2009 年第 12 期。

[④]　肖希明等：《数字信息资源建设与服务研究》，武汉大学出版社 2008 年版，第 12 页。

站中添加图书馆服务等方式，让用户参与到本馆的数字资源建设中来。同时，相应的理论研究也逐渐受到国内外学者的重视。

2011 年 6 月，课题组以"社会网络环境下用户参与的图书馆数字资源建设"为主题，构建了若干检索式，进行了中外文数据库查新。

中文查新结果为：维普科技期刊数据库检索，检索范围为 1989—2011 年，检索式为"M =（用户参与 + 用户协同 + 用户生成 + 用户贡献 + 用户创造）* M =（图书馆）、M =（社会网络 + SNS）* M =（图书馆）、M =（Web2.0 + lib2.0 + RSS + 博客 + 标签 + 维基 + IM）* R =（数字资源 + 数字信息资源）"，其中 M 表示题名或关键词字段，R 表示文摘字段，三次检索共获得文献 52 篇。其中相关文献 37 篇（见表 1—1）。中国知识资源总库检索（包括中国期刊全文数据库、中国博士学位论文全文数据库、中国优秀硕士学位论文全文数据库、中国重要会议论文全文数据库等），检索范围为 1979—2011 年，检索式为"关键词 =（用户参与 + 用户协同 + 用户生成 + 用户贡献 + 用户创造）* 题名 =（图书馆）、题名 =（社会网络 + SNS）* 题名 =（图书馆）、题名 =（Web2.0 + lib2.0 + RSS + 博客 + 标签 + 维基 + IM）* 文摘 =（数字资源 + 数字信息资源）"，共获得文献 141 篇，其中相关文献共 66 篇（见表 1—2）。

外文查新结果为：EBSCO Academic Sourse Premier 数据库检索（包括的数据库有：Library, Information Science & Technology Abstracts 、Academic Source Premier、Business Source Premier、ERIC、Newspaper Source）。检索范围为 1989—2011 年，检索式为"M =（UGC、UCC、user - generated content、user - created content）* M =（library）；M =（Social Networks + SNS）* Title =（library）；M =（Web2.0 + lib2.0 + rss + blog + tag + Wiki + IM）* M =（Digital resources + Digital information resources）"，其中 M 表示题名或关键词字段，共获得文献 73 篇，其中相关文献共 57 篇（见表 1—3）。同时，课题组还对网络相关资源进行了检索。

表 1—1　　　　　　　　维普科技期刊数据库相关文献检索结果

年份	2006	2007	2008	2009	2010	2011
篇数	3	1	7	11	13	2
比例（%）	8	3	19	30	35	5

表1—2　　　　　　　　　中国知识资源总库相关文献检索结果

年份	2006	2007	2008	2009	2010	2011
篇数	4	10	7	17	24	4
比例（%）	6	15	11	26	36	6

表1—3　　　　　　　　　　EBSCOhost 相关文献检索结果

年份	2003	2004	2005	2006	2007	2008	2009	2010	2011
篇数	1	1	2	4	7	11	12	16	3
比例（%）	2	2	4	7	12	19	21	28	5

查新结果显示，2003 年，珍妮特·巴拉斯（Janet L. Balas）撰写的 "Here a Blog, There a Blog, Even the Library Has a Web log" 讨论了如何将博客资源应用于图书馆服务的问题。[①] 国外探讨用户参与图书馆数字资源建设最早的成果是 2005 年 11 月 4 日贾森·布格（Jason Boog）在《出版》上发表的《图书馆 2.0 运动有益于与用户协作》一文。[②] 2005 年以后这方面的研究成果逐渐增多，涌现出一批相关文献。说明 Web2.0 及图书馆 2.0 的概念产生以后，国外对用户参与图书馆数字资源建设日益关注。在国内，这一主题的相关论文最早发表于 2006 年，范并思和胡小菁在《图书馆 2.0：构建新的图书馆服务》中介绍了国外用户参与图书馆资源建设的实例和成果。2007 年以后国内相关研究增长迅猛。

然而，以上检索到的文献只是内容涉及用户参与图书馆数字资源建设，专门探讨社会网络环境下用户参与的图书馆数字资源建设的论著鲜见报道，系统研究的成果也未见报道。因此，社会网络环境下用户参与的图书馆数字资源建设研究有待深入。

---

① Janet L. Balas. Here a Blog, There a Blog, Even the Library Has a Web log [J]. Computers Libraries, 2003, 23 (10): 41 – 43.

② Jason Boog. library 2.0 movement sees benefits in collaboration with patrons [EB/OL]. [2011 – 6 – 30]. http://www. publish. com/c/a/Online – Media/Library – 20 – Movement – Sees – Benefits – in – Collaboration – with – Patrons/.

第二节 社会网络环境下用户参与数字资源建设的
实践与研究

一 实践概述

从人际关系的角度看，社会网络从古至今存在于人类社会中。随着社会软件和社交网站的发展，人际关系网络在互联网上得以延伸和扩大，用户间交流的增加，使每个用户都有了主动参与建设和分享信息资源的能力。用户参与是社会网络环境下新兴的网络信息资源创作与组织模式，它有别于传统的权威生成、中心辐射的形式，为用户创建了一个参与表达、创造、沟通和分享的环境，在这种环境下，用户不仅是信息资源的消费者，同时也是信息资源的生产者。

20 世纪 90 年代以来，各国掀起数字图书馆和数字资源建设热潮，我国图书馆的数字资源建设也有了很大发展。但在以往的图书馆数字资源建设中，用户只是充当信息的接收者，很少参与图书馆数字资源的建设。随着以用户为中心的新一代社会网络的兴起，用户个性化、社会化需求及参与意识不断增强。传统的图书馆信息资源建设模式已经难以满足用户的需求。

在数字化时代初期，用户参与数字资源生产和建设的雏形就已经出现。20 世纪 80 年代，风靡一时的全球电子公告栏系统 Usenet 便允许就某一给定话题展开讨论和分享，随后，BBS 的出现更是极大地调动了网络用户参与的积极性。90 年代后期，一些大众评价网站初现端倪，网络用户可以从不同的角度，根据不同的标准对某些事物进行评价或评级。21 世纪初期，虚拟社区在短短几年间发展迅速，网络用户的角色更为多样化、体验更为丰富，用户的主动性和互动性有所提高。2005 年 Web2.0 理念的兴起和相关技术的推广激活了用户参与的热情，即每个人都是互联网的创作者。同年 2 月，视频分享网站 YouTube 推出，用户参与资源建设的概念开始深入人心并得到迅速发展。2006 年 Alexa. com 的流量分析结果显示，美国最为热门的 10 大网站中有 6 个是基于用户参与的，分别是 MySpace、eBay、YouTube、Wikipedia、Facebook 和 Amazon. com。中国的人人网（原校内网）、开心网、豆瓣网等诸多基于用户参与的网站在短短几年间也已经聚敛了超高的人气。① 由用户协作撰写编辑的维基百科已经成为世界上最大的百科全书。

Web2.0社会网络的发展使用户参与信息资源建设的理念开始渗透到图书馆。用户参与图书馆数字信息生产、选择、评价和组织的活动逐渐增多，发达国家已有许多成功例子。如澳大利亚国家图书馆的 Picture Australia 允许用户上传自己的图像到 Flickr，并将其加入任何一个 Picture Australia 组中。美国国家癌症研究所图书馆研制 LION 数据库，收集了大量癌症研究的 RSS Feeds，实现与本馆系统集成，供用户使用。俄亥俄州立大学图书馆的 BizWiki 让用户与馆员一起参与图书馆资源创建。OCLC 将联合目录参与者由成员馆的编目员扩大到整个 Web 用户，用户可以为书目数据库中的书目增加目次与评论。维拉诺瓦大学（Villanova University）图书馆的 VuFind 导航中，用户可添加、保存自己的标签并通过其查找图书。国内上海大学、厦门大学、清华大学、上海交通大学、重庆大学等高校图书馆也以不同方式开展了类似的活动。

二　研究概述

随着社会网络环境下用户参与数字资源建设活动的进行，其理论研究也从总体上、不同角度和用户参与资源建设的各环节分别展开。

（一）Web2.0环境下用户参与图书馆数字资源建设的研究

2005 年，贾森·布格（Jason Boog）在《图书馆 2.0 运动有益于与用户协作》中提出：图书馆员的目标是建立一个可以使用博客、维基和标签等网络资源的（用户）参与的图书馆网络。希望图书馆 2.0 "运动"打破实体图书馆的樊篱，让馆员通过博客评论、即时通讯和维基条目与用户进行交流。文中还介绍了馆员利用维基与用户共建图书馆资源的实例。2006 年，迈克尔·凯西（Michael Casey）②、杰克·马内斯（Jack M. Maness)③ 提出了用户参与是图书馆 2.0 的四要素之一。戴维·金（David

---

① 朱庆华、赵宇翔：《Web2.0 环境下用户生成内容研究进展》，载马费成《信息管理与信息系统研究进展》，武汉大学出版社 2010 年版，第 324—363 页。

② Michael Casey. Librarycrunch ［EB/OL］. ［2006 – 10 – 16］. http：//www. 1ibrarycrunch. com.

③ Jack M. Maness. Library2. 0 Theory：Web2. 0 and Its Implications for Libraries ［EB/OL］. ［2011 – 09 – 16］. http：//www. webology. ir/2006/v3n2/a25. html.

L. King)① 提出图书馆需要用户通过 Web2.0 工具参与图书馆资源建设。埃利沙·克罗斯克（Ellyssa Krosk)② 认为，Web2.0 社会化工具使用户更加容易向学校图书馆贡献内容。迈克尔·波特（Michael Porter)③ 探讨了公共图书馆鼓励用户参与网络资源建设的方法。凯伦·库姆斯（Karen A. Coombs)④ 介绍了休斯敦大学在重塑图书馆网站时将用户贡献内容作为图书馆网站的六大支柱之一，设想让用户通过编写维基、添加标签和评论参与图书馆资源建设，同时还开展了一项教师档案库和学习对象库项目，允许教师和研究人员分享他们的观点和与他人合作。史蒂文·贝尔（Steven J. Bell) ⑤认为 Web2.0 软件已经使得高校图书馆转型，图书馆网站应该集成博客、社交网络、维基百科和社会书签等社会软件的应用，他还对社会软件在高校图书馆应用的适用性和功能进行了讨论。国内学者马凌云、康红⑥探讨了 Web2.0 环境下图书馆用户参与的内涵、特征、影响用户参与的要素以及参与度的计算方法。向菁等研究了 Wiki⑦、Tag⑧、网摘等 Web2.0 社会软件在用户参与图书馆资源建设中的运用。⑨ 赵旦⑩提出了 Web2.0 时代用户参与协同建设信息资源的理念，图书馆可以鼓励用户通过各种 Web2.0 社会软件参与图书馆数字资源建设。马启花⑪、欧阳红

---

① David Lee King. Emerging Trends, 2.0, and Libraries [J]. Serials Librarian, 2009 (1): 33 – 35.

② Ellyssa Krosk. The Social Tools of Web2.0: Opportunities for Academic Libaries [J]. Choice, 2007, 44 (12): 7 – 17.

③ Michael Porter, David Lee King. Inviting Participation [J]. Public Libraries, 2007 (6): 65 – 69.

④ Karen A. Coombs. Building a Library Web Site on the Pillars of Web2.0 [J]. Computers in Libraries, 2007, 27 (1): 16 – 19.

⑤ Steven J. Bell. Building Better Academic Libraries with Web2.0 Technology Tools [J]. Library Issues, 2007 (11): 55 – 59.

⑥ 马凌云、康红：《Web2.0 环境下图书馆用户参与的分析与评价》，《图书馆理论与实践》2010 年第 4 期。

⑦ 向菁、黄如花、吴振新：《Wiki 在图书馆领域的应用》，《图书馆杂志》2008 年第 7 期。

⑧ 于明洁、王建军：《Tag 在图书馆 2.0 下的运用模式探讨》，《图书馆理论与实践》2010 年第 2 期。

⑨ 马越：《基于 Web2.0 的数字馆藏建设与服务》，《河南图书馆学刊》2010 年第 10 期。

⑩ 赵旦：《构建新的图书馆服务理念：关于图书馆 2.0 的思考》，《情报探索》2008 年第 10 期。

⑪ 马启花：《基于图书馆 2.0 的图书馆信息资源建设》，《现代情报》2009 年第 9 期。

红①研究了联合共建、开放共享的图书馆 2.0 信息资源建设理念，以及基于 Web2.0 的图书馆信息资源建设、组织、存储、挖掘方式。黄敏、都平平②探讨了图书馆 2.0 服务模式下用户参与的激励机制与模式，提出让用户更好地参与到图书馆资源建设中来。

（二）用户生成内容（UGC）研究

经济合作与发展组织（Organization for Economic Cooperation and Development，OECD）在 2007 年报告中提出了用户生成内容（User - Generated Content，UGC）的概念，并对 UGC 的测量、类型等进行了介绍和分析。③此后，UGC 得到了较广泛的研究。OECD 的定义描述了 UGC 的三个特征：互联网上公开可用的内容；此内容具有一定程度的创新性；非专业或权威人士创作。但在实际操作中，用户不加改编地复制一段文字或一段视频提供在 UGC 的站点上是经常发生的。因此，实际上这部分资源很难与 UGC 产生的资源完全区分开。

在理论上，杰西卡·戴伊（Jessica Dye）④ 介绍了 UGC 的发展趋势，预测数字内容将作为主要的自我表达形式。阿梅拉·卡诺桑诺维奇（A. Karahasanovi）等⑤调查发现，即使是老年人也渴望使用新技术，并通过 UGC 贡献自己的力量。奥布里·斯特玛丽安娜（O. Marianna）等⑥分析了可以通过哪些方法和技术来实现 UGC 的创造、上传和共享，以及需要吸收哪些群体作为用户来帮助改进、评估 UGC。车美英（M. Y.

---

① 欧阳红红：《Web2.0 环境下的图书馆信息资源管理研究》，《情报资料工作》2009 年第 5 期。

② 黄敏、都平平：《Lib2.0 用户参与激励机制初探》，《国家图书馆学刊》2010 年第 2 期。

③ OECD. Participative Web and User - Created Content：Web2.0, Wikis and Social Networking EditionComplete. OCDE Information Sciences and Technologies（Octorber 2007）［EB/OL］. ［2008 - 11 - 18］. http：//www. oecd. org/document/ 40/0, 3343, en_ 2649_ 34223_ 39428648_ 1_ 1_ 1_ 1, 00. html.

④ Jessica Dye. Meet Generation C：Creatively Connecting Through Content［J］. EContent, 2007, 30（4）：38 - 43.

⑤ A. Karahasanovic, P. B Brandtzæg, J. Heim , et al.. Co - creation and User - generated Content - elderly Peopleś User Requirements［J］. Computers in Human Behavior, 2008（10）：655 - 678.

⑥ O. Marianna, D. Geerts, P. B Brandtzag, et al.. Design for Creating, Uploading and sharing User Generated Content CHI 2008 Proceedings, Florence, Italy, 2008［C］. New York：ACM, 2008：2391 - 2394.

Cha）等①选取了 YouTube 和韩国视频平台 Daum 对内容产生的模式、用户参与度等视频 UGC 的属性进行分析比较，还对构建有效的 UGC 系统提出了建议。

实证方面，国内赵宇翔、朱庆华②③在介绍用户生成内容的定义及特征、主要动因的基础上，建立了用户生成行为动因的实证模型，并以"土豆网"为实证对象，对模型进行了实证检验；他们还探讨了 Web2.0 环境下视频类用户生成内容质量评测问题，并构建了一套用户生成视频内容质量评测框架。④ 朱麟⑤提出了一个 Web2.0 环境下的协同标注框架，以面向社区的图像数据为背景，实现一个支持大量用户的协同图像标注原型系统并提出了检索方法。高皓亮⑥、唐中实等⑦研究了 Web2.0 环境下用户参与 GIS 地图分享平台，这种共享方式鼓励用户自己创建地图，这些地图会被平台所收入，供所有人共享。

此外，波恩·纳迪（B. A. Nardi）⑧、阿曼达·莱恩哈特（A. Lenhart）⑨、赵宇翔等⑩对博客发布者博客创作的原因、影响因素进行了研

---

① M. Y. Cha, H. W. Kwak , P. Rdriguez. I Tube, YouTube, Everybody Tubes: Analyzing the World's Largest User Generated Content Video System. Proceedings of the 7th ACM SIGCOMM Conference on Internet Measurement, San Diego, California, USA, 2007 [C]. New York: ACM, 2007: 1 – 14.

② 赵宇翔、朱庆华：《Web2.0 环境下影响用户生成内容的主要动因研究》，《中国图书馆学报》2009 年第 5 期。

③ 赵宇翔、朱庆华：《Web2.0 环境下影响用户生成内容动因的实证研究》，《情报学报》2010 年第 6 期。

④ 赵宇翔、朱庆华：《Web2.0 环境下用户生成视频内容质量测评框架研究》，《图书馆杂志》2010 年第 4 期。

⑤ 朱麟：《Web2.0 环境下高维数据的社会化协同标注与检索》，硕士学位论文，复旦大学，2009 年，第 56 页。

⑥ 高皓亮：《用户参与驱动的 GeoRSS 地图分享平台》，硕士学位论文，华东师范大学，2009 年，第 53 页。

⑦ 唐中实等：《基于 Web2.0 的 GIS 模型共享平台研究》，《测绘科学》2008 年第 4 期。

⑧ B. A. Nardi, D. J. Schiano , M. Gumbrecht. Blogging as Social Activity, or Would You Let 900 Million People Read Your Diary? In: ACM Conference on Computer Supported Cooperative Work [C]. Chicago, Association for Computing Machinery, 2004: 222 – 231.

⑨ A. Lenhart , S. Fox. Bloggers: A Portrait of the Internet′s New Storytellers [EB/OL]. [2008 – 11 – 17]. http://www. pewinternet. org/pdfs/PIP% 20Bloggers% 20Report% 20July% 2019% 202006. pdf.

⑩ 赵宇翔等：《博客接受模型：影响用户接受和更新博客的实证研究》，《情报理论实践》2009 年第 4 期。

究。赤图·奥克利（Chitu Okoli）①、梁朝云等②通过调查研究了维基百科参与者贡献能力的影响因素和用户的参与动机。常静、杨建梅③对百度百科参与者的参与动机进行了实证研究。同时许多学者④⑤⑥以 YouTube 等 Web2.0 网站为对象，对用户参与数字资源建设进行了实证研究。

（三）开放存取研究

开放存取是在尊重作者权益的前提下，利用互联网为用户免费提供学术信息资源和研究成果的全文服务。20 世纪 90 年代以来，开放获取运动日益成为学术界、图书馆界和出版界共同关心的热点问题，伴随这一运动产生了大量相关研究成果。如国外玛黛·克里希纳穆蒂（Madaiah Krishnamurthy）⑦ 指出，开放存取、开源软件和数字图书馆是高校图书馆的发展趋势。国内何燕等⑧⑨⑩⑪研究了开放存取对图书馆数字资源建设带来的影响。喻文等⑫总结了图书馆对开放存取资源的建设与利用

---

①　Chitu Okoli, Wonseok Oh. Investigating Recognition – based Performance in an Open Content Community：A Social Capital Capital Perspective ［J］. Information and Management, 2007, 44 (3)：240 – 252.

②　梁朝云、陈佳珩、许育龄：《中文维基百科管理员参与动机与工作形态之研究》，《教育资料与图书馆学》2008 年第 1 期。

③　常静、杨建梅：《百度百科用户参与行为与参与动机关系的实证研究》，《科学学研究》2009 年第 8 期。

④　M. Milliken, K. Gibson, S. O'Donnell, et al.. User – generated Online Video and the Atlantic Canadian Public Sphere：A You Tube Study, Proceedings of the International Communication Association Annual Conference, Montreal, Quebec, Canada, 2008 ［C］. Washington：ICA, 2008.

⑤　H. Molyneaux, S. O'Donnell, K. Gibson, J. Singer. Exploring the Gender Divide on You Tube：An Analysis of the Creation and Reception of Vlogs ［J］. American Communication Journal, 2008, 10 (2)：212 – 220.

⑥　陈欣等：《基于 YouTube 的视频网站用户生成内容的特性分析》，《图书馆杂志》2009 年第 9 期。

⑦　Madaiah Krishnamurthy. Open Access, Open Source and Digital Libraries：A Current Trend in University Libraries around the World ［J］. Electronic Library and Information Systems, 2008 (8)：55 – 58.

⑧　何燕、宁劲：《开放存取影响下的图书馆》，《大学图书情报学刊》2006 年第 6 期。

⑨　高坚：《开放存取对高校图书馆信息资源建设的影响及对策研究》，《科技信息》2008 年第 19 期。

⑩　黄艳芬：《开放存取环境下高校图书馆电子资源建设》，《情报探索》2008 年第 6 期。

⑪　张天赐：《开放存取及其对图书馆资源建设的影响》，《图书馆理论与实践》2010 年第 2 期。

⑫　喻文、何琳：《图书馆对开放存取资源的建设和利用》，《农业图书情报学刊》2009 年第 7 期。

情况。高华等①②③提出了开放存取环境下图书馆数字资源建设的策略。尚小辉④提出，将开放存取资源纳入馆藏发展政策，对开放存取资源进行组织与整合是开放存取环境下图书馆信息资源建设的新路径。

开放存取的科研信息交流方式和用户参与数字资源建设的模式为社会网络下用户参与图书馆资源建设提供了很好的参考。对用户参与图书馆数字资源建设具有启发和借鉴作用的还有图书馆嵌入式服务和泛在图书馆服务模式。

（四）用户参与图书馆数字资源规划的研究

数字资源建设规划分为宏观和微观两个层次，图书馆数字资源规划属于微观层次。早在 1988 年，皮特·克莱顿（Peter Clayton）⑤ 就提出用户参与图书馆规划有利于提高图书馆的信誉和效益。肖希明指出：在微观层次上，每一个具体的图书馆或其他信息机构要根据本单位的性质、任务和用户的需要，确定本单位数字资源建设的原则、资源开发或收集的范围、重点和采集标准，提出本单位数字资源构成的基本模式。图书馆信息资源规划的具体内容，就是梳理和规划图书馆的业务流程，理顺用户信息需求，制定合理的馆藏发展政策。⑥

用户的信息需求是图书馆数字资源规划的出发点和原动力，数字资源建设只有与用户的信息需求相匹配，才能彰显数字资源的开发效益。《普通高等学校图书馆规程（修订）》⑦ 第九条指出，高等学校应设立图书馆工作委员会，作为全校文献信息工作的咨询和协调机构，学校主管图书馆工作的校（院）长担任主任委员，图书馆长担任副主任委员，委员会成员以教师为主，吸收学生参加。图书馆工作委员会应定期召开会议，听取图书馆长的工作报告，讨论学校文献信息工作中的重大问题，反映师生的

---

① 高华：《高校图书馆开放存取资源建设策略探讨》，《现代情报》2009 年第 10 期。

② 孙波、黄颖：《开放存取与图书馆信息资源建设》，《图书馆杂志》2009 年第 5 期。

③ 郑艺帆：《开放存取与高校图书馆资源建设》，《信阳农业高等专科学校学报》2009 年第 2 期。

④ 尚小辉：《新信息环境下图书馆资源建设的趋势与对策》，载国家图书馆外文采编部《开放存取资源与图书馆信息资源建设》，国家图书馆出版社 2009 年版，第 56—59 页。

⑤ Peter Clayton. The role of users in library planning [J]. Australian Academic & Research Libraries, 1988, 19 (2): 25 – 28.

⑥ 董燕萍：《图书馆信息资源规划研究》，《情报杂志》2008 年第 4 期。

⑦ 中华人民共和国教育部关于印发《普通高等学校图书馆规程（修订）》的通知 [EB/OL]. [2011 – 8 – 15]. http://www. moe. edu. cn/publicfiles/business/htmlfiles/moe/moe_ 23/200202/221. html.

意见和要求，向学校和图书馆提出改进图书馆工作的建议。该规程充分强调了用户需求和参与在图书馆资源建设工作中的作用。

实际上，传统的图书馆资源建设规划一般都由领导确定，用户很少参与其中，难以充分满足用户需求。社会网络环境下，社会软件和社会网站为用户与图书馆的交流提供了便利的途径，用户可以方便地评价已有的数字资源，提出自己的信息需求，参与到图书馆资源建设规划中来。图书馆则可以根据用户需求，确定数字资源的采集标准、类型、层次和等级，制订数字资源开发和整合计划。琳达·恰基尼（Linda Ciacchini）[1] 提出，用户在数字图书馆中的主角地位比在传统图书馆和复合图书馆中更加明显，用户不仅决定了图书馆需要采集哪些方面的数字资源，而且用户生产的数字资源也成为图书馆信息资源的组成部分，图书馆有必要精确、持续地根据用户的信息需求，规划图书馆信息资源建设。王凌提出，在图书馆2.0环境下，馆藏规模与质量高低依赖于用户的投入和参与。图书馆可采取以用户需求为驱动的资源建设策略，采用以"用户主导，用户参与，用户共创，用户共享"的信息资源建设方针。在外购书刊和商业数据库时，应在用户需求满足度及满意度调研的基础上，形成"适用性"强的资源配置预案。姜艳[2]提出了基于用户需求挖掘的高校图书馆数字资源规划流程。常春[3]等提出了一种通过用户参与式调查统计，对农业古籍数字图书馆进行评价的方法，在数字图书馆立项、建设过程以及完成以后，始终以用户评价为指南，及时调整建设宗旨、方式和内容。郑巧英等[4]提出，内容建设规划是图书馆2.0规划的四大模块之一，在图书馆馆藏资源建设中，要引入以用户需求为主导的方式，强调图书馆资源建设的多元化，搭建用户参与资源建设的平台，支持读者贡献智慧与他人分享。并提出用户参与图书馆内容建设规划的五点内容：开放获取资源、商业电子资源的评估与反馈、用户创造或贡献资源、用户编辑与标引资源、图书馆推

---

[1] Linda Ciacchini. Progettare la biblioteca digitale. La centralità dell'utente [J]. Bollettino AIB，2007，47（3）：327－330.

[2] 姜艳：《基于用户需求挖掘的高校图书馆数字资源规划》，《情报资料工作》2008年第6期。

[3] 常春、黄桂英：《用户参与式农业古籍数字图书馆访谈评价法》，《图书馆论坛》2006年第1期。

[4] 郑巧英、潘卫、兰小媛：《图书馆2.0的规划与实施》，《大学图书馆学报》2009年第1期。

送与用户定制资源。

目前，图书馆数字资源建设规划的研究比较薄弱，且大都集中在国家宏观层次上，专门针对社会网络下用户参与的图书馆数字资源建设规划的研究未见报道。

（五）用户参与图书馆数字资源生产的研究

用户参与图书馆数字资源生产（UGC）是数字资源建设的重要环节，UGC 既包括直接生产的数字化信息，也包括对非数字化信息进行数字化处理、加工形成的数字化信息资源。

UGC 在图书馆的研究主要集中在应用方面。罗伯特·米尔森（R. Milson）等[1]构建了一个用户协同参与的数字图书馆体系结构。迪安·克拉夫特（Dean B. Krafft）等[2]在 2008 年 JCDL 会议上提出了一个用户协作参与的数字图书馆体系结构 NCore。刘吉轩[3]也提出了一种用于数字归档的数字图书馆体系结构，鼓励用户参与归档工作并且创建馆藏内容创作社区。珍妮·亨特（Jane Hunter）等[4]对数字图书馆馆藏的社会网络技术应用开展了研究。国内王惠等[5][6][7][8][9][10][11]探讨了图书馆与社会网络结合

[1]　R. Milson, A. Krowne. Adapting CBPP platforms for instructional use, Proceedings of the Symposium on Free Culture and the Digital Library, Emory University, 2005 [C/OL]. [2010 - 7 - 10]. http：//arxiv. org/abs/cs. DL/0507028.

[2]　Dean B. Krafft, Aaron Birkland, Ellen J. Cramer. NCore：Architecture and implementation of a flexible, collaborative digital library, Proceedings of the 8th ACM/IEEE - CS Joint Conference on Digital Libraries, Pittsburgh, NY, USA, 2008 [C/OL]. [2010 - 7 - 10]. http：//arxiv. org/abs/0803. 1500v1.

[3]　Liu Jyishane. A participative digital archiving approach to university history and memory, Proceeding of the 12th European Conference on Research and Advanced Technology for Digital Libraries, Aarhus, Denmark, 2008 [C]. Berlin Heidelberg：Springer, 2008.

[4]　Jane Hunter, Imran Khan, Anna Gerber. HarvANA - Harvesting community tags to enrich collection metadata, Proceeding of the 8th ACM/IEEE - CS Joint Conference on Digital Libraries, NY, 2008 [C]. Pittsburgh：ACM, 2008.

[5]　王惠、王树乔：《SNS 应用于图书馆 2.0 服务初探》，《图书馆学研究》2010 年第 3 期。

[6]　杨建永等：《关于图书馆社交网络（Lib - SNS）构建的研究》，《图书馆学研究》2010 年第 8 期。

[7]　卢志国等：《社会网络在美国大学图书馆的应用分析》，《图书馆工作与研究》2009 年第 1 期。

[8]　郑陈律：《图书馆 SNS 服务的研究》，《图书馆工作与研究》2009 年第 10 期。

[9]　孙彩杰、庄小峰：《图书馆融入社会网络的案例分析》，《图书馆建设》2010 年第 11 期。

[10]　聂志高：《SNS 在图书馆信息服务中的应用》，《图书馆工作与研究》2009 年第 6 期。

[11]　杨俊英、郑宏：《基于 SNS 的数字图书馆拓展研究》，《图书馆》2010 年第 5 期。

的必要性、优势及结合与开展方式，并对成功案例进行了分析。黄金霞等①对豆瓣网、开心网、QQ、Facebook、Flickr、YouTube 等国内外 SNS 网站进行了调研，考察了这些网站在吸引用户参与、用户利用、页面设计和系统功能设置方面的特点，总结了其对图书馆服务网站建设实践的借鉴作用。杨九龙等②探讨了图书馆与社会网络互动的基本模式，分析了图书馆与社会网络互动的前提、条件与保障。武琳等③探讨了图书馆发展的 SNS 模式，提出了图书馆发展 SNS 的策略。寇小文等④提出了基于 SNS 的图书馆知识社区框架结构，并提出了社区服务功能和知识转移模式。孟树奎⑤提出了图书馆利用校园 SNS 进行服务的架构。袁莉⑥探讨了社会网络在数字图书馆服务中的作用，建立了基于社会网络的数字图书馆服务模型。胡昌平等⑦构建了基于社会化群体作用的信息推荐聚合服务模型。

从目前的研究来看，虽然涉及用户参与图书馆数字资源生产的成果较多，但缺乏从用户需求的角度，对社会网络环境下用户参与图书馆数字资源生产进行的系统研究。

（六）用户参与图书馆数字资源评价、选择和采集的研究

数字资源评价、选择和采集是对数字资源规划的具体贯彻和实施。社会网络环境下，图书馆可以利用社会软件和社交网站收集用户观点，聚合网络资源，让用户参与到图书馆数字资源评选中来。

《图书馆 2.0：升级你的服务》一书中介绍了国外图书馆通过社会软件让用户参与图书馆信息资源评价、选择和采集的大量实例。如阿什兰大学（Asland University）图书馆的教学资源中心建立的名为 "IRC Book Review Blog" 的阅读推荐博客，其博客的图书推荐与评论的帖子，是由图书馆员、教师和教育专业学生共同撰写的。读者也可以通过发送邮件的方式，指定图书让他们进行评论。图书推荐阅读已经成为该中心发展的政策

---

① 黄金霞等：《他山之石 可以攻玉——SNS 对图书馆信息服务网站建设的借鉴》，《图书情报工作》2009 年第 11 期。

② 杨九龙、杨雪琴：《论图书馆与社会网络的互动》，《情报杂志》2009 年第 9 期。

③ 武琳、冯园媛：《SNS 在图书馆的应用及发展策略》，《图书情报工作》2010 年第 19 期。

④ 寇小文、吴剑霞：《基于 SNS 的图书馆知识社区构建》，《现代情报》2009 年第 10 期。

⑤ 孟树奎：《基于校园 SNS 的高校图书馆信息服务研究》，《图书馆学刊》2010 年第 9 期。

⑥ 袁莉：《社会网络与数字图书馆服务模型》，《图书情报工作》2010 年第 3 期。

⑦ 胡昌平等：《基于社会化群体作用的信息聚合服务》，《中国图书馆学报》2010 年第 5 期。

标准。皮德蒙特中部社区学院图书馆建立了 "BookMarks：Beyond the Page" 专门的图书评论博客，是图书馆为图书爱好者们提供好书交流推荐的空间。该博客还为读者提供了 "Book Review Submission" 的链接，用于读者提交评论或推荐意见的专门网页，由图书馆工作人员审核后发布到博客上，使读者参与到图书馆网络信息资源评介的内容建设当中来。① 普林斯顿公共图书馆的 Books Lovers Wiki 利用 Wiki 来收集书评，允许该馆夏季读书俱乐部成员在 Wiki 上发布书评，并设立特色书评的索引。很多大学图书馆都利用 RSS 收集网络原创学术资源。如上海大学、青岛科技大学、厦门大学等的图书馆学科新闻聚合系统。还有人将 RSS 应用到图书采访中，设计了一套可以将图书信息制成 RSS Feed 并在线发布、收集读者反馈信息的系统。②

肖希明认为，数字资源建设的最终目的是为目标用户提供资源服务保障，满足用户的信息需求。因此，用户对馆藏资源的体验才是评价数字馆藏的根本标准。彼得·克莱顿（Peter Clayton）③ 指出，数字资源建设的最终目标是通过数字资源服务满足用户对数字资源的需求，这个过程类似于提出假设和验证假设的过程。图书馆选择和采集数字资源是假定图书馆的目标用户需要这些数字资源，但这些资源究竟能否满足用户需求，则需要在资源使用中才能体现出来。学者们普遍认为信息资源评价的重要方法之一即基于用户利用的数字资源测试，要以用户为中心选择数字资源，以用户的需求为导向建设数字资源。倚海伦等④设计了图书馆资源评估读者调查系统，用于征集读者对馆藏资源的评价。雷顺利⑤构建了基于用户满意度的高校图书馆馆藏资源评价模型。王乐⑥认为，图书馆要根据用户对试用数字资源的意见来选择数字资源。肖秀阳⑦提出用户可以利用自身的

---

① 图书馆 2.0 工作室：《图书馆 2.0：升级你的服务》，北京图书馆出版社 2008 年版，第 104—109 页。

② 樊五妹：《RSS 技术在图书采访中的应用设计》，《现代情报》2009 年第 8 期。

③ Peter Clayton，G. E. Gorman. Managing information resources in library：collection management in theory and practice [M]. London：Library Association Publishing, 2001：173 – 176.

④ 倚海伦等：《图书馆资源评估读者调查系统的设计与实现》，《现代图书情报技术》2009 年第 9 期。

⑤ 雷顺利：《基于用户满意度的高校图书馆馆藏资源评价模型构建》，《情报科学》2010 年第 1 期。

⑥ 王乐：《网络资源购前试用与评价体系初探》，《图书情报工作》2003 年第 12 期。

⑦ 肖秀阳：《试论高校数字图书馆信息资源建设》，《图书馆》2007 年第 3 期。

专业优势，在充分熟悉网上资源分布状况的基础上，掌握采集网络信息的方法，分辨和筛选网上信息，利用超文本与多媒体技术相结合以组织利用网络信息资源，最终形成信息资源库。李容等①分析了读者参与文献采访的前期、中期、后期不同阶段的质量控制体系。

周煜翔等②认为，在 Web2.0 环境下，图书馆将建立一种用户主导的资源评价机制，图书馆的工作人员可以根据该评价机制评价出某类资源是否具有收藏价值、是否具有权威性、科学性、是否能满足读者的需要，从而避免盲目采购带来的损失，提升整个馆藏的质量。孙锐③根据 Web2.0 时代高校图书馆采访馆员面临的困境，分析了用户参与图书采访的作用，提出了 Web2.0 环境下基于用户参与的图书采访模式。

目前的研究大都只涉及了社会网络下用户参与图书馆数字资源评价、选择和采集的某些方面的内容，没有在对用户需求调研的基础上进行的系统分析。

（七）用户参与图书馆数字资源组织的研究

数字资源组织，是指依据数字资源的固有特性，运用一定的方法和技术，对其进行揭示和描述，为数字资源提供有序化结构的过程。

国内外已经有不少用户参与图书馆数字资源组织的成功实例。如美国宾州大学图书馆开发的标签插件 PennTags，通过 PennTags，用户可以根据自己的喜好添加标签，从而能迅速定位和分享他们收藏的各类资源，包括馆藏书目、电子期刊全文、电子图书、音视频资料和各种在线资源。维拉诺瓦大学（Villanova University）图书馆的 VuFind 提供了一种全新的资源揭示方案，在 VuFind 导航中，用户添加、保存自己的标签和通过标签进行图书的查找。厦门大学图书馆开发了基于汇文 OPAC 系统开发的标签服务，主要实现馆藏书目的标签功能。通过标签使读者参与到数字图书馆建设中来。用户通过在收藏时为图书添加标签，实现对图书的标记、收藏和管理。RSS 也是社会网络环境下用户参与信息组织的一种工具，用户利用 RSS 对其创建或参与的专业网站、学术博客、学术网摘等发布最新信息，

① 李容、王树芬：《高校图书馆读者参与的文献采访质量控制研究》，《科技情报开发与经济》2006 年第 19 期。

② 周煜翔、张文华：《互联网的发展对图书馆发展的启示》，《农业图书情报学刊》2008 年第 4 期。

③ 孙锐：《基于用户参与的高校图书采访模式研究》，《情报探索》2010 年第 2 期。

产生大量 RSS Feeds。图书馆可以对这些 RSS Feeds 进行分类组织，在图书馆信息门户上提供给读者。美国西雅图公共图书馆建立的 RSS Feeds 帮助用户从图书馆目录中追踪他们关注的作者或学科动态。美国国家癌症研究所图书馆研制了名为 LION 的数据库，收集了大量癌症研究领域的 RSS Feeds，实现了和本馆自动化系统的集成，供局域网上的用户使用。

　　理论方面，赵春琳①探讨了 Web2.0 相关工具在用户参与的信息组织中的应用，分析比较了 Web2.0 环境下用户参与的信息组织模式，提出了用户参与信息组织的运行机制。张文亮等②分析了 Web2.0 环境下用户参与数字图书馆信息组织带来的问题，对用户贡献微内容的信息组织方式、安全控制提出了建议。马新蕾③分析了用户的集体智慧对图书馆资源建设和信息组织带来的变化及实现过程，提出用户可以通过创造、聚合资源参与图书馆资源建设，通过标引、编辑、评论资源参与信息组织。欧阳剑④分析了新网络环境下，用户信息获取方式对图书馆信息组织的影响，研究了社会网络环境下信息组织的运动规律和特征，提出了社会网络环境下个人信息组织的驱动力和模式。此外，王伟军 2006 年的国家社会科学基金项目"基于 Web2.0 的企业信息资源组织与集成管理研究"、马费成 2007 年的国家自然科学基金项目"基于 Web2.0 的信息自组织和有序化研究"、司莉 2009 年的国家社会科学基金项目"Web2.0 环境下用户参与的图书馆信息组织模式研究"、黄如花 2010 年的国家社会科学基金项目"社会化网络环境下信息组织的理论与方法创新研究"，都对用户参与数字资源组织进行了不同角度的探讨。

　　但从目前来看，还未提出基于实证研究的社会网络环境下用户参与的图书馆数字资源组织的模式。

---

　　① 赵春琳：《Web2.0 环境下用户参与的信息组织研究》，硕士学位论文，吉林大学，2010 年，第 45—46 页。

　　② 张文亮、宫平：《Web2.0 环境下数字图书馆信息资源建设的问题及对策》，《中国信息导报》2007 年第 12 期。

　　③ 马新蕾：《图书馆 2.0：变化中的图书馆服务》，硕士学位论文，天津工业大学，2007 年，第 43 页。

　　④ 欧阳剑：《新网络环境下用户信息获取方式对图书馆信息组织的影响》，《中国图书馆学报》2009 年第 11 期。

三 总结

以上研究从不同角度对社会网络环境下用户参与的图书馆数字资源建设进行了有益的探讨。但当前的研究成果不够系统、深入，对于涉及多项图书馆业务的、用户参与的数字资源建设这一系统工程的实践，还不能形成足够的理论支持。不足之处有三个方面：一是理论研究比较分散，尚未形成将社会网络理论与图书馆数字资源建设相结合的理论框架；二是研究一般只涉及图书馆某个业务环节（如用户参与资源评价或信息组织），缺乏对社会网络环境下用户参与数字资源建设全过程的系统研究，尚未对用户参与图书馆数字资源建设各环节活动的模式开展系统的研究；三是对用户需求关注不够，少有以用户需求调查为依据的实证研究。

针对以上不足，我们认为今后需要加强三方面的研究：

第一，构建社会网络环境下用户参与图书馆数字资源建设的理论框架。以数字资源建设和社会网络理论与方法为指导，依托 Web2.0 社会软件与社交网站，考察社会网络环境下用户参与图书馆数字资源建设的实践，提出社会网络环境下用户参与图书馆数字资源建设的基本概念、理论依据、研究内容和建设模式等。以系统科学为指导，全面研究社会网络环境下用户参与图书馆数字资源建设的系统构成要素、系统结构、联结机制（运行机制与动力）、嵌入性、社会资本、结构洞、密度与集中度、联结强度、目标引导和偶得过程、用户参与数字资源建设活动的发展规律等，提出社会网络环境下用户参与图书馆数字资源建设的规划、生产、评价、选择、采集、组织与整合等各个工作环节系统的理论假说。

第二，加强社会网络环境下用户参与图书馆数字资源建设的模式研究。考虑到用户参与的图书馆数字资源建设研究属于应用理论范畴，同时社会网络环境下用户参与图书馆数字资源建设的实践急需理论指导。我们认为，应该加强社会网络环境下用户参与图书馆数字资源建设的模式研究。模式可以成为联结理论与实践的桥梁，是解决某一类问题的方法论。社会网络环境下以用户为中心的数字资源建设与服务体系正在形成，相关的理论研究也在探讨之中。从用户需求出发，开展社会网络环境下用户参与图书馆数字资源建设模式的系统研究，有利于了解、满足用户的需求，更具体地指导用户参与图书馆数字资源建设的实践。开展用户参与图书馆数字资源建设的模式研究，对拓展现代图书馆学应用理论体系也具有一定的学术价值。

社会网络环境下用户参与图书馆数字资源建设的模式研究，可以从两个不同的角度进行：一是对用户参与图书馆数字资源建设的各个环节，如数字资源规划、生产、评价、选择、采集、组织与整合等分别进行研究，构建相应的模式，其重点在于提供可操作的方法和步骤；二是对用户参与图书馆数字资源建设全过程进行总体研究，构建涉及各个业务环节的总模式，其重点在于提供战略层次的思路指导。两种模式相互联系，相互补充。

第三，重视用户需求调查和实证研究。科学假说是用已获得的经验材料和已知的事实为根据，用已有的科学理论为指导，对未知的事物产生的原因及其运动规律做出推测性的解释。这种假说需要在实践中检验它的科学性，减少它的推测性，以达到理论的认识。我们注意到，以往对用户参与图书馆数字资源建设的理论研究和提出的模式（或模型），大都只是利用现有的理论分析综合已知的事例而得出的结果，缺乏用户需求调查的验证和实证检验。

社会网络环境下用户参与的图书馆数字资源建设，其实质是要以用户需求为导向建设图书馆数字资源。因此，在提出了有关理论和模式假说之后，应该根据提出的假说，广泛开展社会网络环境下用户参与的图书馆数字资源建设的用户需求调查，并辅以图书馆馆员和有关专家、学者的调查，以收集数据，检验、修正提出的理论或模式假说。同时，还应该选取一些有实践基础的图书馆，对提出的理论或模式假说进行进一步的实际验证分析，从而增加理论与模式的科学性和可行性。[①]

第三节　社会网络环境下用户参与图书馆数字资源建设现状

为了更好地了解社会网络环境下用户参与图书馆数字资源建设的现状，为模式构建和调查问卷设计做准备，我们选取了美国前 100 所高校与中国内地前 100 所高校，用网络访问的方法对其图书馆网站社会软件的提

---

① 刘磊等：《社会网络环境下用户参与的图书馆数字信息资源建设研究述评》，《图书馆》2012 年第 6 期。

供情况、用户参与图书馆数字资源建设情况进行了调查分析，同时对 Facebook、Flickr、MySpace、人人网、豆瓣网等知名度高的大型社交网站上开展的高校图书馆用户参与图书馆资源建设活动进行了调查总结，以便理清今后研究和发展的思路。

一 调查方法

美国高校图书馆的选定依据 "2011 美国综合性大学排行榜" （http：//wenku. baidu. com/view/53d7672b647d27284b73515a. html），逐一访问前 100 名的美国高校图书馆网站；中国内地高校图书馆的选定依据"中国大学排名 2011" （http://wenku. baidu. com/view/9c2cca0016fc700abb68fc1c. html），选取排名前 100 的高校图书馆逐一访问。调研时间为 2011 年 7 月 1 日至 2011 年 7 月 10 日。

二 调查结果

调查结果如表 1—4、表 1—5 所示：

表 1—4 美国高校用户参与图书馆数字资源建设状况

	博客	播客	微博	RSS	Wiki	Tag	IM	Flickr	Facebook	MySpace	YouTube
数 量	71	14	35	95	45	25	68	16	38	12	11
参与资源建设内容	博客日志评论；博客日志定制；图书评论与推荐；信息投票；为信息内容添加标签标注；提交资源或链接	上传、下载、定制音视频资源	发表、编辑、评论、回复、转发微博	聚合网络原创学术资源；订阅图书馆公告；订阅新书通告、订阅检索信息；订阅读者服务、论坛交流；订阅博客、播客、多媒体资源；订阅期刊、商业数据库、学科主题资源	虚拟参考咨询；参与专题知识库构建；参与学科信息库建设；进行知识交流与共享；添加、编辑资源；对资源和服务进行评论	对馆藏目录、电子期刊、电子图书、音视频资料、互联网在线资源、博客日志等添加标签	实时参考咨询	上传照片；为照片添加标题、标签；照片分组；组群内交流互动、分享图片、知识，互发邮件	上传照片、视频；发布、回复留言、消息；发表状态；发表日志	发表微博、博客日志；上传照片、音乐、视频	上传、下载、分享视频；对视频添加标签；对视频进行评论、评分；视频订阅；组群功能

表1—5　　　　　　　中国高校用户参与图书馆数字资源建设状况

	博客	播客	微博	RSS	Wiki	Tag	IM	豆瓣网	人人网
数量	13	0	6	60	3	31	42	19	17
参与资源建设内容	博客日志评论；图书评论与推荐；资源投票；对内容添加标签标注	无	发表、编辑、评论、回复、转发微博	聚合网络原创学术资源；订阅图书馆公告；订阅新书通告、订阅检索信息；订阅读者服务、论坛交流；订阅博客、多媒体资源；订阅期刊、商业数据库；订阅学科主题资源	虚拟参考咨询；进行知识交流与共享；添加、编辑资源；对资源和服务进行评论	对馆藏目录、电子期刊、电子图书、音视频资料、互联网在线资源、博客日志等添加标签	实时参考咨询	发表对书籍、电影、音乐的评论；对书籍收藏图书上传书目；图书定制小组交流互动	发表留言、日志、状态、评论；上传、分享照片、音乐、视频；实时交流

从表1—4、表1—5可以看出，美国高校用户利用社会软件或网站参与图书馆数字资源建设较为普遍，参与方式也比较多样。几乎所有的美国高校都提供了不同种类的图书馆2.0技术，有79所高校甚至提供了三种以上的图书馆2.0技术，方便用户参与图书馆数字资源建设。提供博客服务的美国高校图书馆有71所，其主题包括新闻消息类、学科专题类、用户培训类、技术服务类、读者馆员交流类、参考咨询类、好书推荐、书评类等多种类型，用户通过撰写博客日志、对日志进行评论、定制博客、对信息内容添加标签标注、信息资源投票、提交资源或链接、对图书进行评论与推荐等方式参与图书馆数字资源建设。播客是博客的影音视频版，有14所美国高校图书馆提供了播客服务，用户通过上传、下载、收藏、定制、分享等方式参与图书馆数字资源建设，如美国俄亥俄州大学图书馆融合博客和播客技术建立的交流平台既可以发布文字图片信息，还可以上传、分享、定制和下载音视频资源。微博是博客的缩小版，相对于博客而言，微博的关注状态更为主动，受众面更广。美国有35所高校图书馆提供了微博技术，用户通过发表、编辑、评论、回复、转发微博等方式参与图书馆数字资源建设。提供RSS技术的美国高校图书馆较多，有95所，用户通过聚合网络原创学术资源；订阅图书馆公告；订阅新书通告、订阅检索信息；订阅读者服务、论坛交流；订阅博客、播客、多媒体资源；订阅期刊、商业数据库；订阅学科主题资源等方式，参与图书馆数字资源建

设，如康奈尔大学图书馆等提供学科主题资源定制功能，用户可以随时关注到最新的学科资源。有 45 所美国高校图书馆提供了 Wiki 服务，用户利用 Wiki 技术参与图书馆数字资源建设的方式包括：虚拟参考咨询、专题知识库构建、学科信息库建设、知识交流与共享、添加资源、对资源和服务进行评论等，如俄亥俄州立大学图书馆的 BizWiki 让用户与馆员一起参与图书馆资源创建。提供 Tag 服务的美国高校馆有 25 所，用户通过对馆藏目录、电子期刊、电子图书、音视频资料、互联网在线资源、博客日志等添加标签方式参与图书馆数字资源建设，如宾州大学图书馆开发的标签插件 PennTags，通过 PennTags，用户可以根据自己的喜好添加标签，从而能迅速定位和分享他们收藏的各类资源，这些资源包括了图书馆的馆藏书目、电子期刊全文、电子图书和视音频资料，也包括了各类互联网在线资源。提供 IM 服务的美国高校图书馆有 68 所，主要用于和用户进行实时交流互动。Facebook 和 MySpace 是美国两个比较著名的社交网站，分别有 38 所和 12 所美国高校在这两个网站开辟了图书馆公共主页，用户通过上传照片、视频；发布、回复留言、消息；发表日志等方式参与图书馆数字资源建设。Flickr 和 YouTube 分别是美国比较著名的照片分享网站和视频分享网站，分别有 16 所和 11 所美国高校在这两个网站申请了图书馆群组，用户通过上传、分享照片、视频；添加标题、标签；组群内交流互动等方式参与图书馆数字资源建设。

中国大陆排名前 100 的高校图书馆应用图书馆 2.0 技术服务也逐渐普及，一半以上高校都应用了不同种类的图书馆 2.0 技术。不过图书馆 2.0 技术与服务主要集中在 RSS、IM 和 Tag 上，博客和 Wiki 的应用案例极少。绝大多数高校图书馆只应用了 1—2 种图书馆 2.0 技术和服务，提供 3 项以上（包括 3 项）图书馆 2.0 技术服务仅有 17 所高校。用户利用图书馆 2.0 技术参与图书馆数字资源建设普遍性较差，方式也比较单一，参与积极性也不高，与美国高校图书馆还有一定差距。但也有部分高校图书馆，开发了集成多项图书馆 2.0 技术的平台，让用户参与图书馆数字资源建设，如重庆大学的我的书斋、上海交通大学的学科服务平台等。

Web2.0 社会软件是用户参与图书馆数字资源建设的基础条件，但从表 1—4、1—5 可以看出，国内高校图书馆在这些工具的应用方面落后于美国高校图书馆，大部分高校图书馆 2.0 技术的应用还停留在 Web1.0 阶段，用户难以参与图书馆数字资源建设，与图书馆 2.0 提倡的丰富用户体验、互动共享理念还具有一定差距。因此，国内高校图书馆有必要借鉴美国高校图书馆的经验，结合本馆的特点，引入 Web2.0 技术和理念，并以用户需求为导向，开发资源、服务和技术高度集成的，更实用、功能更强大的服务系统，让用户有条件参与到图书馆数字资源建设中来。

三　典型案例

随着图书馆 2.0 和社会网络的深入发展，用户参与图书馆数字资源建设的理念和应用显示出了巨大的潜力和发展前景，图书馆开始对传统的图书馆资源建设模式进行反思，国内外高校图书馆依托社会网络组织用户参与图书馆数字资源建设已经出现成功的案例。

（一）康奈尔大学图书馆用户参与学科资源建设

康奈尔大学图书馆学科服务平台是基于一款风靡全球图书馆界的"内容管理和知识共享系统——LibGuides"，目前已有多所美国高校图书馆采用该系统构建本校的学科资源建设和服务平台。我国上海交通大学图书馆也采用了该平台开展资源建设和服务。

LibGuides 是 SpringShare 公司在 2007 年推出的一个开源软件系统，融合了浏览、E‑mail 提醒、学科标签和分类、RSS 定制、Podcast、视频嵌入、服务咨询、信息评价、用户评论、社区聊天等多项 Web2.0 元素和特征。因此，基于 LibGuides 康奈尔大学图书馆的学科服务平台是一个允许用户以 Web2.0 方式参与其中的、集中馆内外所有相关学科资源的知识共享平台，其目的是实现学科资源和服务的组织、揭示与发布，共享国内外学科馆员间相通的工作成果，方便用户利用图书馆学科资源与服务，并参与学科资源建设。

目前康奈尔大学已经构建了 39 个学科的学科服务平台。平台首页起导航作用，提供多种检索途径，首页正中提供了 Guides 的介绍和推荐，右侧提供了学科馆员的个人信息和联系方式。如图 1—1 康奈尔大学农业经济学学科的平台主页。

学科服务平台中的资源，主要由馆员创建，但用户也可以参与其中。例如，LibGuides 平台提供了 RSS 功能，用户可以随时关注更新的资源。每个资源的下方都有"Comments"链接功能，用户可以针对此信息资源发表评论。同时平台还提供了反馈表单功能，针对信息是否有效，用户可以选择"是"、"否"、"不知道"，针对内容有效程度，用户可以在 1—5

图1—1 康奈尔大学图书馆农业经济学学科的平台主页

之间选择程度轻重。利用投票功能，用户可以对感兴趣的资源进行投票，从而参与到图书馆资源购买的选择中。如果用户发现平台有遗漏有用的资源，可以通过通用的资源提交模块或者在线表单，填写自己的邮箱、所链接资源的名称和 URL 等信息推荐资源并提交给馆员，由馆员进行抉择。主页还提供了学科馆员的邮箱、IM 即时通信、电话等联系方式，用户可以随时和馆员沟通交流，解决在使用 Guides 中遇到的各种问题。这些用户参与图书馆数字资源建设的功能和服务，调动了用户的积极性和参与度，形成了由馆员和用户共同建设学科资源的典型模式。但从用户参与资源建设的角度来说，资源建设以学科馆员为主，用户参与度不高，没有充分发挥广大用户在图书馆数字资源建设中的作用。

（二）重庆大学图书馆"我的书斋"

重庆大学图书馆"我的书斋"整合了 RSS、博客、我的相册、个性化定制、Wiki、书评、Tag 和 IM 等 Web2.0 技术工具或服务，为用户提供了创造和交流知识的社区。"我的书斋"提供的用户参与资源建设的功能主要包括：资源推荐、书评、Wiki 协同写作、文献互助、知识源、藏书架、文档库、博客、相册、RSS、排行榜等。图1—2 是系统的主界面。

在"我的图书馆"服务中，有建议与咨询服务，用户可以通过网页在线形式向图书馆咨询、提建议或投诉；推荐图书服务中，用户可以提交相关文献资源需求给图书馆相关部门；电子订单推荐中，用户可以向图书

图1—2　重庆大学图书馆"我的书斋"系统

馆提供电子订单。

在书评服务中，用户可以利用公共在线书目检索系统（OPAC）搜索相关文献后，根据需要对相关文献进行评论，并把最新文献评论以定制方式动态显示于"我的书斋"首页，为用户提供信息资源评价平台，有利于信息资源的交流共享，给其他用户以引导指示。推荐图书和用户书评服务，是用户参与图书馆图书资源建设的重要途径，为图书馆图书的采购提供了依据，而电子订单推荐为图书馆商业数据库的购买提供了依据。

在"写写文章"版块中有 Wiki 协同写作，它是用户自己以"我的文章"、"参与写作"或组建团队方式对相关学科问题进行协同写作的交流途径。任何经过注册的用户都可以在此平台上发表文章，或是对相关信息进行修改，从而通过团队智慧使主题内容更加丰富和充实。

"文献互助"是用户参与信息资源共享的有效形式，用户可以通过"我的求助"发布资源需求，也可以查看其他用户的信息需求，提供自己已知的信息线索或直接提供已有的文献资源。通过文献互助可以获得相应积分奖励，鼓励更多的用户参与进来，形如"百度知道"。

"知识源"服务是知识聚合仓库，用户通过知识源获取所需的信息资源或信息资源线索。它可以根据用户需求通过 Feed 标签增加相应的知识模块，整合了系统公告、图书馆数字资源、图书馆公告、图书馆新书通告、当地天气预报、图片搜索等基本模块。

"聚合新闻"主要是对国内外各门户网站和重庆大学,以及重庆大学民主湖论坛等最新发布的新闻进行聚合,以方便用户及时获取感兴趣的国内外新闻资讯和学校消息公告;"聚合图书馆2.0"搜集了国内图书情报学界诸多大家的博客,用户可以及时跟踪了解图书情报学界研究的最新动态,和各位图书馆2.0先行者交流讨论,加深对业界专题内容了解,为进一步深入研究提供一定的参考依据;"聚合期刊"详细列出国内外相关的期刊数据库,方便用户查找相关信息资源。同时,"知识源"嵌入RSS和Tag技术定制和推送各类信息资源和服务,第一时间把相关资源和服务发送给用户。

"藏书架"服务中,用户可以对自己感兴趣的馆藏图书、数字图书和数字期刊进行定制和收藏,并以一般分类和学科分类进行资源组织,同时私家藏书功能允许用户把自己所有的文献资源对外发布,以便用户分享研究成果和进一步讨论。

"文档库"包括我的文档、我的收藏、共享文档、文档上传、个人论著和我的分类等功能。其中,用户通过我的文档申请发布自己的文档集合,根据需要设置是否私有情况。"我的收藏"收藏一些个人所需要的资源;在共享文档中,用户可以对外发布个人文档,以便与他人共享;个人论著中,用户可以发表论文、著书资源;我的分类中,用户可以根据特定需要为"文档库"分类组织。

在"迷你博客"服务中,用户可以根据需要开辟个人博客空间,发表博文,同时也可以对图书馆发布的新闻公告、信息服务疑难以及社会经济生活热点问题等内容发表意见并与他人进行交流探讨。

在"相册"服务中,用户可以上传照片,并对照片进行分类和隐私设置,也可以查看好友公开的照片,类似于Flickr。

"RSS"服务向用户提供三种主要RSS聚合信息服务,分别是博客个人动态聚合、知识源聚合和文献互助聚合服务,RSS嵌入用户自建的"迷你博客"中,用户可以订阅用户或好友的博客信息动态等情况;RSS嵌入知识源中,可以聚合新闻公告、用户关注点、期刊、新书通报和数字资源等,并可以根据需要通过添加RSS/ATOM地址或OPML文件形成新的聚合内容板块;RSS嵌入文献互助中,以标题形式聚合各种文献资料,有利于通过求助和参与等互动形式共享文献资源。

同时，"我的书斋"还提供了排行榜服务，主要是对用户利用图书馆信息服务的数量进行统计，统计指标包括图书借阅、图书阅览、登录我的书斋、上传资源、图书捐赠、图书馆志愿者、图书评论、上传封面、编辑作者简介、编辑目录信息、文献互助、发布迷你博客和相册上传图片等情况，对这些指标进行加权取值，得出相应的积分，形成用户排行榜，是激励高校用户利用图书馆信息资源和参与图书馆资源建设的重要举措。

重庆大学图书馆"我的书斋"是国内少有的基于 Web2.0 综合应用的服务平台，切实实践了用户参与的理念，系统应用效果良好，但也存在一些问题，如博客类型偏少；Wiki 平台不够开放；缺少播客平台；系统过于封闭，导致资源共享率偏低；激励机制不够完善等。

第四节　研究内容与研究方法

一　研究内容

社会网络环境下以用户为中心的数字资源建设与服务体系正在形成。数字资源建设模式研究是联结数字资源建设实践与数字资源理论研究的桥梁。开展社会网络环境下用户参与图书馆数字资源建设模式的系统研究，有利于了解、满足用户需求，指导虚拟馆藏的发展，缓解图书馆数字资源供需矛盾。开展用户参与图书馆数字资源建设的模式研究，对拓展现代图书馆学理论体系也具有重要学术价值。

针对目前研究的不足之处，我们认为，有必要全面、深入、系统地研究社会网络环境下用户参与的图书馆数字资源建设模式。考虑到高校图书馆用户素质相对较高，且具有学科专家的智力优势，因此可以先以高校图书馆为突破口，开展社会网络环境下用户参与的图书馆数字资源建设的模式研究。其具体内容包括以下六方面：

（一）用户参与图书馆数字资源建设模式假说

以数字资源建设和社会网络理论与方法为指导，依托 Web2.0 社会软件与社会网站，考察用户参与图书馆数字资源建设实践，研究嵌入性、连接强度、网络密度与集中度、结构洞与中心性、社会资本、目标引导与目标偶得等社会网络理论在图书馆数字资源建设中的应用，全面研究社会网络环境下用户参与图书馆数字资源建设的系统构成要素、系统结构和联结机制，提出用户参与图书馆数字资源建设规划等各个活动环节系统的模式假说。

（二）用户参与图书馆数字资源建设规划模式研究

以高校图书馆用户为主要对象，结合其他地区和不同类型图书馆的用户，对社会网络环境下用户参与数字资源建设规划的认知、需求、现状、目标、开发内容、资源结构、社会软件和网站、建设原则等进行总体性用户调查分析，结合馆员和专家调查，检验、修正用户参与图书馆数字资源建设规划的模式假说。

（三）用户参与图书馆数字资源生产模式研究

借鉴 UGC 和社会网络理论研究，结合图书馆实际，以高校图书馆用户为主要对象，对社会网络环境下用户参与的图书馆数字资源生产的认知、需求、动因、学科主题、资源类型、社会软件、协同方式等具体问题进行用户调查分析，结合馆员和专家调查，检验、修正用户参与图书馆数字资源生产的模式假说。

（四）用户参与图书馆数字资源评价、选择、采集模式研究

以数字资源建设和社会网络理论为指导，以高校图书馆用户为主要对象，对社会网络环境下用户参与图书馆数字资源评价的原则、方法、评价指标，用户参与数字资源选择的原则、标准和步骤，用户参与数字资源采集的方法及社会软件技术等进行用户调查分析，结合馆员和专家调查，检验、修正用户参与图书馆数字资源评价、选择、采集的模式假说。

（五）社会网络环境下用户参与图书馆数字资源组织与整合模式研究

以数字信息组织和社会网络理论与技术为指导，以高校图书馆用户为主要对象，对社会网络环境下用户参与图书馆数字资源组织的目标原则、优化选择、描述揭示、标识确定、整合方式和社会软件应用等进行用户调查分析，结合馆员和专家调查，检验、修正用户参与图书馆数字资源组织与整合的模式假说。

（六）社会网络环境下用户参与图书馆数字资源建设模式实证研究

以有实践基础的高校图书馆为依托，对上述模式假说开展应用性实证研究，以进一步验证、完善模式，对社会网络环境下用户参与图书馆数字资源建设中涉及的问题提出解决方案。

二 研究方法

（一）文献调研法和网络调查法

通过文献调研和网络调查，对"中国期刊全文数据库"、"维普科技期刊数据库"、"中国优秀博硕士学位论文全文数据库"、"EBSCOhost"（Academic Source Premier 与 Information Science & Technology Abstracts 数据库）等外文数据库以及网络上有关社会网络环境下用户参与图书馆数字资源建设资料进行查找，掌握社会网络环境下用户参与图书馆数字资源建设的理论与实践进展。

（二）系统分析法

以系统论为指导，通过系统分析法，分析用户参与的图书馆数字资源建设系统中的各组成要素及相互关系，进而构建相关模式框架。

（三）问卷调查法

通过对图书馆用户和工作人员的问卷调查、访谈调查和专家咨询，从用户和图书馆工作人员的角度了解社会网络环境下用户参与图书馆数字资源建设的认知和运用情况，为模式完善提供第一手资料。

（四）统计分析法

利用 Excel、SPSS 软件对问卷调研数据进行录入、统计和分析，分析社会网络环境下用户参与图书馆数字资源建设各环节的用户需求与图书馆馆员对需求的认可情况，并根据调研数据对相关模式进行修正。

（五）社会网络分析方法

社会网络分析是用来研究行动者彼此之间关系的一种理论与方法。[①]通过对行动者之间关系与联结情况进行研究与分析，可以用于描述和测量行动者之间的关系或通过这些关系流动的各种有形或无形的信息资源。[②]社会网络是用户参与的图书馆数字资源建设与共享的主要载体。课题研究基于以下假设，开展对用户参与图书馆数字资源建设行为的分析：

1. 用户以及其实施的交互行为是相互依赖的，而不是完全自主独立的。

---

① Barry Wellman, S. D. Berkowitz. Social Structures. A Network Approach ［M］. Cambridge：Cambridge University Press, 1988：19—61.

② 陈向东：《基于社会网络分析的在线协作学习研究》，《中国电化教育》2006 年第 10 期。

2. 成员之间的关系是资源传递或者流动的"渠道"。

3. 社会网络结构可以为成员的交互行为提供机会，也可能限制其行动。

4. 网络模型把结构概念化为各个成员之间的关系模型。[①]

（六）实证研究

实证研究指研究者亲自收集观察资料，为提出理论假设或检验理论假设而展开的研究，具有直接经验特征。[②] 课题采用广义的实证研究方法，主要包括开展调查研究法、搜集各种相关案例、选取有实践基础的图书馆共同建立实验系统等，以便在提出理论模式的基础上对所构建的模式进行一定程度的检验和修正。

---

① 林小娟：《社会网络环境下用户参与的图书馆数字资源建设规划模式研究》，硕士学位论文，南京农业大学，2011 年，第 91—92 页。

② 百度百科：《实证研究》(http：//baike. baidu. com/view/588069. htm？fr = aladdin)。

第二章　社会网络环境下用户参与的
图书馆数字资源建设概述

第一节　引言

社会网络是由多个行动者（个体或组织）及其相互关系构成的集合。① 按照系统论的观点，社会网络也可以理解为由行动者之间的社会关系构成的相对稳定的系统。② 在任何社会，社会关系都是社会发展过程变化的动力之一，而关系性是社会的基本特性。③ 从人际关系的角度看，社会网络从古至今存在于人类社会中。社会网络是一种重要的资源流动渠道。事实上，社会关系已经成为人们获取稀缺资源的有效途径。社会网络理论及其分析方法也已经广泛应用于不同的社会科学领域。

近年来，随着基于 Web2.0 社会网络技术（社会软件和社交网站）的发展，社会网络日益强大。社会网络强调行动者的联结、互动与分享，社会网络大量的信息资源来自个体贡献的微内容。网络社区中用户和图书馆是平等的伙伴。用户已经从单纯的信息使用者转化为信息创建者和传递者。④ 社会网络发展的大环境，为用户参与图书馆数字资源建设提供了可能性，同时也为图书馆数字资源建设提供了新的机遇。借助于社会软件和社交网站，用户可以生产、分享信息，发表对图书馆资源的评论，参与图

---

① 马汀·奇达夫、蔡文彬：《社会网络与组织》，王凤彬等译，中国人民大学出版社 2006 年版，第 176 页。

② 王夏洁、刘红丽：《基于社会网络理论的知识链分析》，《情报杂志》2007 年第 2 期。

③ 秦亚青：《关系本位与过程建构：将中国理念植入国际关系理论》，《中国社会科学》2009 年第 3 期。

④ 范并思、胡小菁：《图书馆 2.0：构建新的图书馆服务》，《大学图书馆学报》2006 年第 1 期。

书馆数字资源的个性化组织与整合。图书馆馆员也可以扩展自己的人脉，与用户建立更加互信和紧密的社会关系，从而方便地为更多的用户获取稀缺的数字资源。这些活动的开展为社会网络环境下用户参与图书馆数字资源建设的研究提供了实践基础。因此，借鉴社会网络理论，开展社会网络环境下用户参与图书馆数字资源建设的研究，具有可行性和必要性。

社会网络环境下用户参与图书馆数字资源建设，是指图书馆以用户为中心，依据社会网络理论和数字资源建设理论，利用社会软件和社交网站，引导用户参与所在图书馆的数字资源规划、生产、选择、采集、组织与整合等活动，使之形成可利用的数字资源体系的过程。① 随着社会网络的发展，愈来愈多的图书馆意识到用户在数字资源建设中的重要性，通过社会软件或社交网站，组织用户参与到本馆数字资源建设中来。同时，相关理论研究也逐渐受到学者的重视。

社会网络环境下用户参与图书馆数字资源建设的研究具有层次性，即微观层次和宏观层次。其中，微观层次是指用户参与某一具体图书馆的数字资源建设活动的研究；宏观层次则是指用户参与图书馆联盟的数字资源建设的研究。② 当然，不同层次的划分只具有相对性，如在区域图书馆资源共享系统中，用户可以在微观层次上参与其所在图书馆的数字资源建设，也可以在宏观层次上参与区域图书馆联盟的数字资源建设。

第二节　社会网络理论对用户参与图书馆数字资源建设的启示

社会网络理论（Social Network Theory）发端于 20 世纪 30 年代，成熟于 20 世纪 70 年代，是一种新的研究范式。社会网络思想最早是由英国著名人类学家拉德克利夫·布朗（Alfred Radcliffe - Brown）提出来的。自从约翰·阿德伦尔·巴恩斯（J. A. Barnes）首次用"社会网络"分析挪威渔村的社会关系结构，把社会网络的隐喻转化为系统研究以来，社会网络理论将人际关系研究上升到科学的高度，提供了科学严谨的理论

---

① 肖希明等：《数字信息资源建设与服务研究》，武汉大学出版社 2008 年版，第 12 页。
② 欧阳剑：《新网络环境下用户信息获取方式对图书馆信息组织的影响》，《中国图书馆学报》2009 年第 11 期。

指导。①

对于社会网络的概念，许多学者根据自己研究的需要，进行了不同的解释。例如：社会网络是由多个社会行动者及它们之间的关系组成的集合。社会网络是由某些个体间的社会关系构成的相对稳定的系统。社会网络是行动者在一定文化环境中塑造而成并反过来影响行动者的一系列社会联系或社会关系。②

这些定义的实质是一样的。其基本含义包括三方面内容：一、社会网络中包含一定数量的行动者（结点），行动者可以是个人，也可以是团体或组织；二、每个行动者都与网络中其他的行动者有直接或间接的关系（联系）；三、存在于社会网络中的关系或联系，能够帮助行动者获得各种资源，但也有可能制约行动者的发展。③

对图书馆社会网络而言，行动者（结点）主要指用户和代表图书馆的馆员。在图书馆社会网络中，用户与馆员、用户与用户、馆员与馆员之间存在着广泛的联系。这些联系，能够使用户和图书馆获得更多的数字信息资源，但也有可能成为制约双方发展的因素。社会网络理论有两种分析角度和一个关注点：即关系（联系）、结构和社会资本。就图书馆社会网络而言，关系方面主要关注代表图书馆的馆员和用户之间的社会性黏着关系，通过图书馆和用户之间的嵌入性、联结强度、联结密度和集中度等来说明图书馆和用户特定的行为和过程；结构方面则关注图书馆和用户在网络中所处的位置，包括网络的结构洞、中心性，讨论图书馆和用户及第三方之间的关系所折射出来的社会结构；④ 社会资本是图书馆社会网络中的一个重要关注点，这里的社会资本主要指存在于图书馆社会网络关系和结构之中的数字资源。这两个分析角度和一个关注点对用户参与的图书馆数字资源建设都很重要。因此，社会网络理论中的嵌入性、联结强度、网络密度和集中度、结构洞和中心性、社会资本、目标引导和偶得等概念，与

①　刘彤、时艳琴：《基于社会网络分析的专家知识地图应用研究》，《情报理论与实践》2010 年第 3 期。

②　Mustafa Emirbayer, Jeff Goodwin. Network Analysis, Culture, and the Problem of Agency [J]. American Journal of Sociology, 1994, 99 (6): 1411 – 1454.

③　朱亚丽：《基于社会网络视角的企业间知识转移影响因素实证研究》，博士学位论文，浙江大学，2009 年，第 226 页。

④　索丽娜：《基于社会网络的知识扩散与服务创新研究》，硕士学位论文，西安电子科技大学，2011 年，第 59 页。

用户参与的图书馆数字资源建设过程具有较为密切的联系。

一　嵌入性

"嵌入性"是由社会学家马克·格兰诺维特（Mark Granovetter）于 1985 年提出的，通常是指行动者之间的社会关系与经济关系相重叠，或者某种社会联结镶嵌于其他的社会联结之中。① 简单地说，就是经济行为、经济过程嵌入活动的社会网络之中。如今，社会联结概念已经被应用到社会科学和管理科学研究的其他领域，或者说社会联结概念已经渗透到各类组织的业务网络。与社会网络技术相结合来应用嵌入性理论，人们更广泛地使用或开发出很多社交性工具（如 SNS）、社会软件（如 IM 和 Wiki），有（方）向地协作嵌入于用户之间的社会网络。

近年来，已经有越来越多的图书馆利用社会网络工具将数字图书馆嵌入读者的工作和生活场所，以及教学和科研环境。如 2008 年，耶鲁大学科学图书馆利用社会网络服务的嵌入功能，将它们在若干其他网站的应用集成到一个页面 Social Networking – Explore the interactive Web 上，这些网站包括：社交网站 Facebook、MySpace、Flickr（网络相册服务）、SMS（短信咨询）、IM 即时通讯资讯集成（AIM /Yahoo/GTalk/MSN/Meebo）、MicroBlog 服务 Twitter、Blog 等②。厦门大学图书馆 2008 年开始派出参考馆员列席院系的教学科研会议，希望把 Web2.0/Lib2.0 进一步应用于图书馆主流服务，并加强对馆员与读者的认知图谱、交流路径、关系模型等方面的调查与分析，以免图书馆一相情愿和浪费精力。③

二　联结强度

社会网络的联结分为强联结和弱联结，强联结是指那些经常发生的、持久的和充满情感的关系，而弱联结是指那些偶尔发生的、疏远的关

---

① Mark Granovetter. Economic Action and Social Structure：The Problem of Embeddedness. The American Journal of Sociology，1985（3）：481 – 501.

② Sogg：《耶鲁大学科学图书馆的社会性网络应用》（http：//www. sogg. name/archives/2008/0312083059. html）。

③ 刘心舜、苏海潮：《图书馆社会网络观与嵌入性的应用》，《图书馆杂志》2008 年第 9 期。

系。① 强联结是在性别、年龄、教育程度、职业身份等社会经济特征相似的个体之间发展起来的，而弱联结则是在社会经济特征不同的个体之间发展起来的。

行动者群体内部相似性较高的个体所了解的事物、事件经常是相同的，所以通过强联结获得的资源常是冗余的。弱联结在群体之间发生，跨越了不同的信息源，因此能够充当信息桥的作用，将其他群体的信息、资源带给本不属于该群体的某个个体。弱联结是获取无冗余的新知识的重要通道。但是，资源不一定总能在弱联结中获取，强联结往往是个人与外界发生联系的基础与出发点。网络中经常发生的知识的流通往往发生于强联结之间。强联结包含着某种信任、合作与稳定，而且较易获得，能传递高质量的、复杂的或隐性的知识。②

如在高校，用户之间往往是以学科专业为纽带联结在一起的。一般而言，具有同一学科专业、同一研究方向和同一导师之间的用户的联结为强联结；而不同学科专业、不同研究方向和不同导师之间的用户的联结为弱联结。从知识特性考虑，弱联结的网络结构适合于不同学科方向之间用户显性知识的共享共建，而强联结的网络结构更适合相同学科方向之间用户隐性知识的共享共建。图书馆一方面应该努力发现社会网络中用户之间的弱联结，促进相关学科和交叉学科之间用户显性知识的共享共建；另一方面，也要重视同一学科方向之间用户隐性知识的共享共建，使图书馆数字资源建设深入到知识层次。

三　网络密度与集中度

网络密度是度量节点间联系的紧密程度，指一个网络中行动者之间实际联结的数目与他们可能存在的最大的联结数目的比值。比值越高，这一网络的联结密度就越大。如果该网络中所有的行动者通常都是孤立的，则密度为0；如果每个行动者都与所有的其他行动者相连，则密度为1。

实证研究表明，过低或过高的密度均不利于知识传播。人际网络的密度过低，则人与人之间关系淡薄，不利于知识的共享与转移。但过高的密

---

① Morten T. Hansen. The Search – Transfer Problem: The Role of Weakties in Sharing Knowledge across Organizational Subunits [J]. Administrative Science Quarterly, 1999, 44 (1): 82 – 111.

② 肖冬平、顾新：《知识网络的形成动因及多视角分析》，《科学学与科学技术管理》2009年第1期。

度也会对组织绩效产生负面影响，因为人的精力是有限的，花费过多的时间将付出超额的机会成本，得不偿失。在用户参与的图书馆数字资源建设中，图书馆一方面应该尽量联结更多的用户，努力提高自己与用户之间的网络密度，使自己成为社会网络中心位置的行动者，以了解、获取和控制更多的数字资源。另一方面也要防止建立过多过滥的用户联结，尤其是重复、冗余的用户联结，以节省人力、物力。

社会网络集中度是指一个网络中的关系集中于一个或几个中心行动者的程度，其中，中心行动者是指占据网络中心位置的行动者。研究表明，相对于嵌入集中度高的社会网络，处于同一级的人，嵌入集中度低的网络更容易发挥自己的能力，得到更多的社会资本。[1] 这一理论告诉我们，在用户参与的图书馆数字资源建设中，图书馆不仅要关注和嵌入那些网络联结集中程度很高的用户和用户群，与其中的中心用户建立联结，而且要善于发现并嵌入那些网络联结集中度较低，但具有特色数字资源的用户或用户群。

四　结构洞与中心性

结构洞是存在于不具有直接联结的行动者或行动者群体之间的沟壑。社会网络中的某个或某些个体和有些个体发生直接联系，但与其他个体不发生直接联系。无直接或关系间断的现象，从网络整体看好像网络结构中出现了洞穴。罗纳德·博特（Ronald Burt）称这种关系稠密地带之间的稀疏处为结构洞，并将填补结构洞的行为称为搭桥。[2] 在社会网络中，结构洞是指不重复的信息源，并不是网络中的所有个体都会有直接联系，通过间接联系形成的信息传递模式即为结构洞。[3] 在结构洞中，将两个无直接联系的两者连接起来的第三者拥有信息优势和控制优势。[4] 行动者可以通过在不相互联结的小集团之间担当联络员的角色，或者在他们所隶属的群和他们所参加的另外一个群体之间起架桥作用来提高自己的社会资本。

在用户参与的图书馆数字资源建设中，图书馆应该加强自身的吸引

---

① 罗家德：《NQ 风暴——关系管理的智慧》，社会科学文献出版社 2002 年版，第 65—68 页。

② 王旭辉：《结构洞：陷入与社会资本的运作——读〈结构洞：竞争的社会结构〉》，《中国农业大学学报》（社会科学版）2007 年第 3 期。

③ 宋洁：《结构洞理论在高校图书馆专业分馆建设中的应用》，《图书馆界》2011 年第 3 期。

④ 王云峰、陈雅：《SNS 在高校图书馆中的应用——基于社会资本视角》，《情报科学》2012 年第 2 期。

力，努力使自己成为图书馆社会网络中用户之间的中间人，或努力发现社会网络中用户之间的中间人，尤其是要注意发现不同性质的用户群，并成为不同性质用户群之间的中间人。这样一方面可以争取更多的用户参与图书馆数字资源建设，另一方面，可以争取控制更多的互补性的数字资源，以便提高自己的社会地位和社会资本。

中心性是指一个行动者通过下列途径占据网络中心位置的程度：（1）与许多其他行动者相联结（程度中心性）；（2）能接触到网络中许多其他行动者（接近中心性）；（3）把彼此之间没有联结的其他行动者联结起来（中介中心性）；（4）与居于网络中心位置的行动者有联结关系（特征向量中心性）。① 从社会网络视角来看，中心性高的行动者，通常能占据一个关键位置，扮演桥梁角色。

在用户参与的图书馆数字资源建设中，图书馆应该努力使自己成为其社会网络的中心，通过在社会网络的中心位置，了解和掌握更多数字资源。因为在社会网络中，有时候数字资源的拥有者并不清楚谁需要他拥有的数字资源，而信息需求者也不知道谁拥有他需要的数字资源。这时就需要图书馆充当信息流转中心，发挥信息中介作用，通过穿针引线，引导用户个人与个人，用户群体与群体之间的数字资源的交流，从而提高数字资源的流转效率和图书馆数字资源的建设范围。

五　社会资本

"社会资本"是由法国社会学家皮埃尔·布迪厄（Pierre Bourdieu）首先提出的，目前还没有一个统一的定义。美国社会学家林南认为社会资本可以被定义为镶嵌于一种社会结构中的可以在有目的的行动中摄取或动员的资源。他还特别指出理解社会资本的必要前提，即"在具有期望回报的社会关系中进行投资"。② 可以简单理解为社会资本是通过社会关系获得的资源。社会资源要借助于行动者所在网络或所在群体的联系和资源中起作用。也就是说，社会资本主要存在于社会团体和社会关系网之中。个体参加的社会团体越多，其社会资本越雄厚；个体的社会网络规模越大、异质

---

① 何威：《网众与网众传播》，博士学位论文，清华大学，2009 年，第 177—179 页。

② 林南：《社会资本：关于社会结构与行动的理论》，张磊译，上海人民出版社 2005 年版，第 24 页。

性越强，其社会资本越丰富；社会资本越多，摄取资源的能力越强。

对图书馆而言，社会资本主要指嵌入图书馆社会网络中的，用户个体之间、用户与图书馆之间关系层次的，能够为图书馆和用户带来回报的数字资源。具体包括三个方面：一是作为社会资本的数字资源嵌入图书馆社会网络之中；二是个体视角，即作为社会资本的数字资源测量的基本单位是单个的图书馆或用户；三是具有收益性，作为社会资本的数字资源是能够为资本所有者，即具体的图书馆或用户带来回报的。

六 目标引导与目标偶得

目标引导与目标偶得是两种极端的网络演变过程。在具有目标引导的多边合作的网络中，行动者会认为自己是网络的一部分，因而有义务促使网络层次目标的实现。目标引导下的网络演变的轨迹是围绕行动者共享的特定目标而展开的。这种受目标引导驱动的网络演变动力，实际上与网络层次目标的制定及其凝聚力密切相关。识别网络演变中的目标引导特征的关键是：该网络中是否存在一个管理实体，计划和协调着整个网络的活动。

在偶得性质的网络发展过程中，个体行动者就自己与谁联结以及做什么交换做出决定，但是并没有受任何网络中心机构在目标或战略方面的指导。行动者是基于自身的利益而构建联结关系或结成合作伙伴的。[1]

目标引导与偶得是两种理想的网络演变类型，现实中许多的网络演变轨迹都同时经历了这两个过程。用户参与的图书馆数字资源建设的社会网络也存在这两种演变类型：一方面，图书馆作为一个管理实体，用户可以在图书馆统一规划和协调下，以资源共享为目的，共同建设图书馆数字资源；另一方面，用户基于自身利益与他人构建联结关系，在任一点上，任何一对特定的行动者，可能共享也可能并不共享某种资源。

第三节 社会网络理论在用户参与图书馆数字资源
建设中的应用

图书馆开展用户参与的数字资源建设活动，其根本目的是为了通过获

---

[1] 李远明、谭世明：《基于科研合作的大学科研团队成长轨迹研究》，《图书情报工作》2012 年第 4 期。

取更多优质的社会资本，即数字资源，以便更好地为用户服务。因此，可以从社会网络关系和社会网络结构两个不同的角度，以及社会资本这一个关注点将社会网络理论应用于用户参与图书馆数字资源建设的活动之中。

一 关系理论的应用

关系理论是社会网络理论的一个分析角度。对于图书馆而言，关系理论主要关注代表图书馆的用户和馆员之间的社会性黏着关系，通过图书馆和用户之间的嵌入性、联结强度、联结密度和集中度等来说明图书馆和用户特定的行为和过程。

嵌入性在图书馆的应用中包括两个方面：一方面，可以将社会性网络工具嵌入到图书馆网站中，社会性网络工具的嵌入，为用户参与图书馆数字资源建设提供了条件。另一方面，更重要的是要将图书馆的数字资源、技术、知识、服务、制度等要素嵌入用户工作、科研、生活环境中，与用户进行深度交流，把握用户需求，鼓励用户参与，提高图书馆数字资源建设与服务水平。

图书馆用户构成图书馆社会网络的各个节点，各个用户之间存在着强弱联结。我们把具有相同知识结构、学科背景、兴趣爱好等相似性较高的同一类人群称为处在强联结的用户，这些用户了解的事物、事件经常是相同的，所以贡献的资源通常是相同性质的隐性知识和数字资源。处于弱联结的用户，即不具有相似性的用户，通常是不同群体的用户，弱联结的网络结构适合异质性的显性知识和数字资源的流转，能够充当信息桥的作用，将其他群体的信息、资源带给本不属于该群体的某个个体。对于图书馆来说，图书馆应该充分发挥强联结用户的作用，利用具有相同学科背景和兴趣爱好的用户，构建学科知识库；同时，也要关注用户中的弱联结，在不同用户群中引入新的数字资源，避免拥有相似知识和技能的用户的数字资源利用局限在自己的小圈子当中。①

社会网络密度和集中度理论告诉我们网络联结密度过低或过高都不利于数字资源传播，同时也要考虑集中度对数字资源获取的影响。处于社会网络的图书馆和用户之间建立的联结既不宜过少，过少不利于知识的共享

---

① 徐继军：《社会网络对个体间知识转移的影响机理研究》，硕士学位论文，大连理工大学，2007年，第57—59页。

与交流；也不应过密，建立过多的联结会花费太多的时间和精力。换言之，图书馆在用户参与数字资源建设的过程中，应该用尽可能少的成本与用户建立较多的联结。同时要了解图书馆社会网络中的集中度，不仅要善于发现那些集中度较高的中心用户，而且要适时地嵌入集中度较低的用户群中，以实现数字资源建设与利用的效益最大化。

二 结构理论的应用

结构理论是社会网络理论的另一个分析角度，对于图书馆来说，结构方面主要关注图书馆和用户在网络中所处的位置，包括网络的结构洞、中心性等，讨论图书馆和用户及第三方之间的关系所折射出来的社会结构。

在图书馆社会网络中，不同性质的用户群之间存在结构洞，处于桥梁位置的用户，即处于核心地位的用户，有更多的机会接触其他的用户，担当着联络员的角色，通过知识交流与分享，将其他用户联系在一起，有些用户之间的知识交流很大程度上依赖核心用户的作用。每个用户的精力与资源是有限的，所以图书馆要在用户中倡导团队精神，以不同的合作方式让用户广泛参与图书馆数字资源建设。同时，作为数字资源平台的数字图书馆，具有单个用户无法比拟的资源优势和控制优势，因此，在用户参与的图书馆数字资源建设中，图书馆要不断加强自身的吸引力，强化自己的中间角色位置，[①] 吸引越来越多的用户参与图书馆的数字资源建设。

在图书馆社会网络中，由于每个用户的知识背景和参与资源建设的程度不同，因此他们所处的位置也不同。图书馆要通过分析社会网络中图书馆自身和用户的中心性，了解掌握图书馆社会网络中的局部中心和整体中心，努力使自己处于图书馆社会网络的中心位置，并尽可能多地嵌入到不同中心的用户群之中；同时，还要围绕不同的用户中心进行聚类，划分出不同的知识团体，确定其中的关键人物及每个成员的角色，[②] 便于根据用户的角色确定他们评论与推荐资源的权重，使用户参与的图书馆数字资源的管理更加精确化和规范化。

三 社会资本理论的应用

社会资本是图书馆社会网络中的一个重要关注点，用户参与图书馆数

---

① 袁莉：《浅析社会网络理论对数字图书馆服务的影响》，《情报杂志》2009 年第 S2 期。

② 袁莉：《社会网络与数字图书馆服务模型》，《图书情报工作》2010 年第 3 期。

字资源建设各环节，能最大限度地满足用户需求，发挥图书馆数字资源的价值。图书馆想要吸引用户参与图书馆数字资源建设，就需要图书馆充分利用自己的社会资本，以其丰富的馆藏资源、便捷的服务、充分的交流、丰厚的奖励，吸引更多的用户参与图书馆数字资源建设活动。

　　而在图书馆的激励机制引导下，用户为了增加自己的社会资本，获取更多的数字资源，就有可能会积极地投入到图书馆数字资源建设之中，与他人进行更多的知识交流与共享，在不断扩充自身社会资本的同时，也不断丰富图书馆的数字资源。也就是说，用户在图书馆社会网络中拥有越多的资本，就越有可能会参与图书馆数字资源建设，从而获得更多的社会资本，如此不断地良性循环，使图书馆的数字资源日益发展。[1] 总之，图书馆组织用户参与其数字资源建设，就是要吸纳拥有不同数字资源的用户进来，以丰富其数字资源馆藏，提高数字资源的建设水平，最终更好地服务于用户。[2]

第四节　用户参与图书馆数字资源建设的社会网络系统构成

　　社会网络环境下用户参与的图书馆数字资源建设系统是由用户、馆员、社会软件、数字资源建设过程、管理等要素紧密联系、相互作用而有机构成的，以满足用户数字信息需求为宗旨的数字资源建设体系。在社会网络环境下，每个用户都是相互联系的，不是孤立存在的。在社会网络环境下，不同知识领域的用户可以在代表图书馆的馆员管理与规划下，利用Web2.0 社会软件贡献自己的知识、与他人进行交流讨论和分享，形成基于社会网络的多个知识团体。知识团体内部、知识团体与知识团体之间也存在着知识的交流与互动，从而形成用户参与图书馆数字资源建设的社会网络系统。下面我们从系统构成要素、系统结构、联结机制来了解用户参与图书馆数字资源建设的社会网络系统。

---

　　① 徐静、杨玉麟：《基于社会网络理论的泛在图书馆分析》，《四川图书馆学报》2010 年第2 期。

　　② 刘磊等：《基于社会网络理论的用户参与的图书馆数字资源建设研究述评》，《高校图书馆工作》2014 年第1 期。

一　系统构成要素

任何系统都是由若干要素组成的，要素越多，系统越复杂。社会网络环境下用户参与的图书馆数字资源建设系统是用户在一定的环境下，在馆员的指导和管理下，利用相关技术，参与所在图书馆数字资源规划、生产、评价、选择、采集、组织及整合等建设过程的复杂系统，由多个要素组成的。这些要素主要包括用户、馆员、技术（以社会软件和社交网站应用为主）、数字资源、管理、建设过程、环境等要素，下面分别论述。

（一）用户要素

用户是用户参与的图书馆数字资源建设过程中的核心和能动性要素。就高等院校而言，用户既包括一个高校图书馆的自身用户，即教师、学生、行政人员、专职科研人员等，也包括通过网络访问图书馆网站的远程用户。随着 Web2.0 和社会网络的发展，用户的信息需求向着个性化，参与互动性和社会性方向发展。① 用户不再满足对信息资源的阅读，更多的是对发表的期望。用户希望加入到学科领域资源的构建中去，发表自己的观点，与其他用户进行沟通和讨论。他们撰写博客、发表评论、分享图书、照片、音乐、视频等，并为收藏的内容添加标签。同时，他们也希望得到周围人群的关注，希望将自己的知识与经验分享给其他用户，与其他用户进行交流沟通，建立起自己的社交群。总之，在社会网络环境下，用户成为信息内容创造的中心，拥有更多点对点传递信息的渠道。②

（二）馆员要素

馆员包括高校馆自身各部门工作人员、馆领导，也包括通过网络相互联系的外馆业内人士。一方面，馆内和馆外图书馆工作人员具有相同的工作和学术背景，他们有很多共同的话题需要相互交流和探讨，而博客、维基、IM 等社会性工具和社交网站的发展恰恰为满足他们交流探讨的需求提供了良好的平台；另一方面，馆内工作人员作为系统的管理人员，他们的管理行为代表着图书馆，他们要努力嵌入用户的工作、生活和科研环境，用尽可能少的成本与用户建立较多的联结，同时不断加强自身的吸引

---

① 文小明：《Web2.0 环境下的信息服务》，《湘潭师范学院学报》（社会科学版）2006 年第 11 期。

② 赵春琳：《Web2.0 环境下用户参与的信息组织研究》，硕士学位论文，吉林大学，2010 年，第 52—54 页。

力，努力发现图书馆社会网络各知识团体中的关键人物，以及不同用户群之间的中间人，并成为不同性质用户群之间的中间人，吸引越来越多的用户参与图书馆的数字资源建设。总之，馆员只有不断提高自己在系统中的服务与管理水平，才能吸引越来越多的用户参与图书馆数字资源建设，才能保证用户参与的图书馆数字资源建设系统的合理、有序运行。

（三）技术要素

蓬勃发展的计算机和网络技术改变了图书馆资源建设的格局，使得图书馆的资源建设理念、建设方式、资源结构、资源组织方式等均发生了深刻变化。Web2.0社会网络环境下，不断更新的计算机网络技术和软件的出现为用户参与图书馆数字资源建设提供更加便利的条件。这些社会网络技术包括博客（Blog）、播客（Podcast）、RSS/ATOM、维基（Wiki）、标签（Tag）、即时通讯（IM）、Flickr、社交网站（SNS）、浏览器插件、Ajax/Flex/Atlas、开源软件等。通过这些社会软件和网站，用户可以方便地创建、分享、评论资源，参与图书馆数字资源建设。需要说明的是，尽管技术在图书馆的发展变革中起到了关键性的作用，但不是第一位的。它只能是图书馆开展用户参与数字资源建设的手段，只有通过用户的使用才能体现出来。因此，图书馆在利用社会网络技术开展工作时不能忽视用户及馆员的能动性，并应充分考虑用户的实际需求，做到技术人性化。

（四）数字资源要素

数字资源是图书馆信息资源的重要组成部分。此处的数字资源要素与以往图书馆的数字资源有所不同，不包括出版商提供的电子期刊、电子图书、数据库等数字资源，而是特指用户生成、创造的内容，即用户通过社会网络技术自我创作的微内容，一段文字、一篇文章、一张图片、一首歌曲、一段视频都属于数字资源的范畴。在互联网上，用户生成内容（UGC）的生产一般都是按用户感兴趣的主题进行组织的，如在网络相册Flickr上，用户上传照片按标签（TAG）进行主题组织。在高校，用户的构成主要是学生和教师，他们都是按不同的学科专业组织划分的。因此，高校图书馆用户参与生产的数字资源既可以按照学科类型组织生产，也可以按用户感兴趣的主题范畴进行组织，同时还可以按照数字资源的类型组织生产。用户创作的内容在总体上具有很强的随意性，要经过专业人员质量把关，经选择、组织与整合后，方可纳入图书馆的数字资源体系，成为可供检索和利用的资源。

（五）管理要素

管理是指管理者在一定的环境条件下，对组织所拥有的资源（人力、物力和财力等各项资源）进行计划、组织、领导、控制和协调，以有效地实现组织目标的过程①。用户参与图书馆数字资源建设系统管理的目的，是要保证系统的稳定、有效运行，吸引越来越多的用户参与图书馆数字资源建设，从而为用户提供更好的服务。但是无限制地让用户参与图书馆数字资源建设各环节，必然对数字资源质量、信息安全等带来负面的影响，因此，必须通过规章制度对用户参与图书馆数字资源建设活动不断进行引导、梳理和管理乃至一定程度的限制，才能保证数字资源的质量和信息安全。总之，图书馆员工一方面要采取各种激励方式，鼓励用户参与图书馆数字资源建设。另一方面，也要对用户的建设活动进行有效的引导和控制，从而保证用户参与的数字资源建设系统的正常运行，保证数字资源的质量和信息安全。

（六）建设过程要素

社会网络环境下用户参与的图书馆数字资源建设过程是指用户在管理人员的引导下，利用社会网络工具参与所在图书馆数字资源建设的规划、生产、评价、选择、采集、组织与整合等过程的一系列复杂活动。运用社会网络理念及其相关技术，可以加强图书馆与用户的交流与互动，有利于用户参与图书馆数字资源建设的过程控制。ISO9000：2000《质量管理体系基础和术语》将过程定义为："一组将输入转化为输出的相互关联或相互作用的活动。"为了使用户参与数字资源建设工作有效地运行，图书馆应当采用过程方法识别和管理众多相互关联和相互作用的过程，对过程和过程之间的联系、组合和相互作用进行连续的控制和持续的改进，以增强用户满意和过程的增值效应。② 因此，过程控制是一种新型的质量管理方法。

（七）环境要素

环境是指围绕着某一事物并对该事物会产生某些影响的所有外界事物。理解环境的定义，主要有两点：一是人以外的一切就是环境；二是每个人都是他人环境的组成部分。③ 此处的环境主要指社会网络环境，包括

---

① 百度百科：《管理》（http：//baike. baidu. com/view/18841. htm）。

② 百度百科：《过程管理》（http：//baike. baidu. com/view/1446060. htm？fr＝aladdin）。

③ 百度百科：《环境》（http：//baike. baidu. com/view/13655. htm）。

两方面的含义：一方面指图书馆形成的社会网络小环境，由于用户参与的图书馆数字资源建设是图书馆业务工作的一部分，因此会受到图书馆的社会网络技术环境、物理环境和人文与制度环境的影响。另一方面指社会网络大环境，社会网络大环境既包括社会网络信息基础设施和控制信息流通的科学技术因素，也包括社会人文软环境，如与社会网络发展相关的法律环境、文化教育环境、经济发展环境、基于 Web 的用户之间的人际关系等。这些环境因素都会对用户参与图书馆数字资源生产活动产生影响。

二 系统结构

系统结构，是指系统内部各组成要素之间的相互联系、相互作用的方式或秩序，即各要素在时间或空间上排列和组合的具体形式，反映系统中的某种必然联系。任何系统都是由若干要素组成的，要素越多，系统越复杂，功能也越广。社会网络环境下用户参与的图书馆数字资源建设系统是由用户、馆员、技术、数字资源、建设过程、管理和环境等要素构成的，以满足用户数字信息需求为宗旨的数字资源建设体系。这些要素紧密联系、相互作用，其联系的结构如图 2—1 所示：

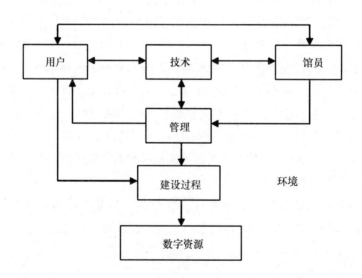

图 2—1 社会网络环境下用户参与图书馆数字资源建设的系统结构

这一结构反映了要素之间的联系以及用户参与图书馆数字资源建设的整个过程。用户在馆员的引导下，利用社会网络工具（即技术要素）参与图书馆数字资源从规划到生产、评价、选择、采集、组织与整合的整个过程，最终生成可资利用的数字资源。在这个系统中，用户是活动主体，是参与数字资源建设的主力；技术是工具和实现手段，用户利用技术参与数字资源建设，馆员利用技术平台和规章制度对用户的建设过程进行管理；馆员是管理主体，对技术、用户、数字资源建设过程、数字资源等要素进行管理，保证系统的稳定运行；数字资源是客体，系统运行的目的是通过用户和用户之间、用户和馆员之间、馆员和馆员之间的交流、互动、共建共享等行为，产生数字资源，丰富数字资源库，以更好地为用户提供服务；整个系统是在特定的环境下运行的，环境对系统的影响不可忽视，系统的开放性、交流的充分程度、管理的科学性等都会对系统的运行产生深远的影响。

三　联结机制

联结机制指用户参与的图书馆数字资源建设网络中用户与用户之间、用户与图书馆之间的联结关系与动力。我们认为，社会网络环境下用户参与图书馆资源建设的联结机制包括社会关系驱动和个体关系驱动两个方面。[①]

社会关系驱动是从社会学和社会心理学角度考察用户参与图书馆数字资源建设的动力。主要包括以下几个方面：

（一）主观规范

图书馆数字资源建设系统中一定程度的舆论、规范、条例对行为的调节作用，从而使得该行为与系统的要求或期望相一致。

（二）共同愿景

用户参与图书馆数字资源建设的目的是展现自我、分享资源、获得资源，图书馆的目的是为用户提供一个展示自我、互动交流、共享知识的平台，用户与图书馆具有共同的愿景。

（三）互动性

在 Web2.0 社会网络环境下，用户希望能够自由地借助内容媒介，创

---

① 赵宇翔、朱庆华：《Web2.0 环境下影响用户生成内容的主要动因研究》，《中国图书馆学报》2009 年第 5 期。

建起一个个的社群，发生各种社会性的行为，希望能通过网络以自身辐射出一个私有的可信赖的交际网络。用户在利用网络时，并不只是需要了解网络的信息，更多的是希望在网络上表达自己，与别人交流互动，更希望参与到网络中去，能自己管理、维护、存储、转移、利用每天产生和消费的微内容。互动的特征是互利互惠的服务。

个体关系驱动主要从心理学和行为学角度考察用户参与图书馆数字资源建设的动力，这一部分直接影响用户对参与资源建设的态度和实际行为。主要包括以下几个方面：

（一）社会资本回报

社会资本回报即数字资源回报，是用户参与图书馆数字资源建设的一个重要驱动因素。用户参与图书馆数字资源建设，向他人和图书馆贡献数字资源，其中一个重要的目的是希望自己也能从别人那里获得感兴趣的资源。

（二）借阅优惠奖励

图书馆对用户参与图书馆数字资源建设行为实施借阅优惠奖励，如提高用户的借阅权限（如给本科生以研究生的借阅待遇，给研究生以教师的借阅待遇）、在文献传递和馆际互借中给予优惠等。

（三）荣誉奖励

图书馆网站对用户参与图书馆数字资源建设行为给予荣誉奖励，如网络货币、积分、等级提升等。

（四）好奇心和兴趣

就内容贡献共享而言，用户会根据各自的好奇心和兴趣做出不同的选择。通常人们愿意参与一些自身有浓厚兴趣，或者正试图了解的主题和活动。

（五）体验的乐趣

用户在从事图书馆数字资源建设过程中体验参与所获得的快乐。

（六）利他主义

有些用户希望通过帮助他人从中获得快乐，且不期望任何回报。

第五节　用户参与图书馆数字资源建设模式构建的思路与技术手段

模式是对真实世界所作的理论化与简单化的表达形式或再现。①　其本质是对真实世界提出理论化与简单化的参考构架，借以重构真实。它能帮助我们描述理论中各个要素之间的关系。模式假说是有待论证的命题，模式假说经过例证、数据集反复验证后，能够成为理论模式以指导实践。因此，用户参与图书馆数字资源建设模式的构建是一个以相应的系统要素为基础，依托社会网络理念和技术，提出模式假说和验证模式假说的过程。

一　用户参与图书馆数字资源建设模式构建的基本思路

社会网络环境下用户参与图书馆数字资源建设模式的基本思路为：

（一）选择一种引入社会网络的方式

图书馆可以选择加入已有社会网络站点，或在图书馆网站中添加社会软件或提供社会网络服务，形成图书馆的社会网络站点。②　用户利用学校邮箱注册为图书馆网络用户，注册时，用户可以填写自己的专业、兴趣爱好等。在此基础上，图书馆社会网络站点为用户参与图书馆数字资源建设提供相关技术与管理服务。

（二）对用户进行知识团体划分

图书馆进行知识团体划分的具体思路是：根据用户的专业、兴趣爱好，以及通过对用户利用博客、资源评论、BBS 等发表的使用过的资源的看法，利用标签描述和收藏的信息资源，以及用户的检索词等数据的处理，找出数字图书馆平台上面具有强连带关系的用户，形成若干知识团体。

（三）构建团体知识库

根据知识团体的成员及其相互关系构建团体知识库，将有价值的信息资源纳入到该团体的知识库（如 Blog 上的精品文章、数据库中的精品资

---

① 郑翰林编译：《大众传播理论暨大众传播小词典》，风云论坛出版有限公司 2001 年版，第 23 页。

② 武琳、冯园媛：《SNS 在图书馆的应用及发展策略》，《图书情报工作》2010 年第 19 期。

源）。

（四）找出具有桥梁作用的用户

不同团体、不同背景的用户之间往往能提供更为广阔的信息来源，从而启发新的思维，这种弱联系一般存在于小团体和小团体之间，它可以为知识的扩展和延伸提供桥梁，对用户拓展思路，进行跨学科跨专业的合作研究有重要意义，这就是社会网络中的结构洞，因此，发现小团体之间的结构洞，找出具有桥梁作用的用户，对于信息的传播和交流有很大帮助。

（五）确定知识团体内部关系网络

根据不同知识团体内的个体间关系，对他们的评论和推荐设置不同的权重，从而影响知识团体内的用户。在一个团体内，可以通过发文数量和文章质量等因素确定团体内的核心人物（如该领域的专家），核心人物权威性更强，他的评论和推荐影响力更宽，所以权重设置大一些，次核心人物权重低于核心人物，以此类推。

二 用户参与图书馆数字资源建设模式构建的社会网络技术

（一）社会网络技术概述

社会网络技术是网上交互活动的产物，它代表支持全体交互的一类技术，包括即时通讯、博客、维基等社会软件和社群系统、社区空间等社交网站。张树人、陈禹[1]将工具层次的对象从社会软件概念中剥离出去，把社会网络技术定义为"一种在使用过程中或能促进集体协作行为自底向上的形成，或能促进用户社会关系网络的创建与发展，让系统内的信息组织与用户构成的社会组织一起按照社会原则和机制同步进化的，以网络服务形式提供功能服务的软件"。通过对概念的解读可以看出，社会网络技术的内涵包括以下三点：（1）社会网络技术是个人软件和技术，是个人互动和构建社交网络化的工具；（2）社会网络技术构建的是社会网络，这个社会网络包括弱联结和强联结；（3）社会网络技术是个人性与社会性的统一，可进一步形成相应的社群网络。

与传统技术相比，社会网络技术不仅仅是单纯地把人联接到计算机或

---

① 张树人、陈禹：《从发生与演化的角度研究社会性软件》，载中国系统工程学会、中国信息经济学会《信息系统协会中国分会第一届学术年会论文集》，清华大学出版社2005年版，第661—665页。

网络上，而是按照个人的兴趣、观点、思想将人们联系在一起。人们在使用社会网络技术的过程中，感觉到的或者关注的是社会关系。因此，它呈现出用户主动参与、多对多、自组织、社会群体反射社会网络等特征，[①]具有开放性、协作性、交互性、平等性、易用性的特点。社会网络技术的崛起，使人们的交往互动发生了重大的变化，使互联网应用模式从传统的"人机互动"逐渐转变为"人人互动"，进而发展成为人与人之间的互动网络。

（二）社会网络技术功能

社会网络技术的核心功能可以划分为四层：Identity（身份）、Portfolio（档案）、Communication（交流）和 Social Network（应用社会关系）。[②] 在不同的社会软件中，这四者的体现和侧重程度不同。Identity 是个人身份的标识，就是要有个人的账号，而 Portfolio 则是电子档案的意思，是对个人身份可信度的记录或描述。从某种意义上说，Identity 是网络上数字符号的个体代表，而 Portfolio 则是实际存在的个体见证，例如博客就具有类似 Portfolio 的功能。Communication 在社会软件中实现了人与人之间可能有的互动形式和通道，Social Network 则是从总体上展现了以个体为出发点、以应用为体现所形成的社会网络应用结构。

（三）社会网络技术类型

根据不同标准，社会网络技术可划分为不同的类型。从功能上划分，可以分为具有某种特定功能的社会软件（如 Blog、Wiki、RSS）和具有综合性功能的社交网站（Facebook、人人网）。社会网络环境用户参与的图书馆数字生产所涉及的主要社会网络技术表述如下：

1. Blog

Blog，即博客，是一种用来表达个人思想、内容，按照时间顺序排序，并且不断更新的网络出版与交流形式，它注重个人思想的表达及用户之间的交流，用户可以发表自己的文章，也可以在每条信息下发表评论和意见，其形式通常表现为文字、图片、链接等。[③] Blog 将互联网从信息共

---

① TOM 视点：《社会软件不完全手册》（http：//hot. chinalabs. com/internet/scsoft/index. html）。

② 郭玉锦、王欢：《网络社会学》，中国人民大学出版社 2010 年版，第 23—29 页。

③ 文小明：《Web2. 0 环境下的信息服务》，《湘潭师范学院学报》（社会科学版）2006 年第 11 期。

享扩展到了资源共享、思想共享和经验共享，是社会网络环境下用户参与的图书馆数字资源生产和评价的重要阵地。

2. PodCast

PodCast，一般被译为"播客"，用于个人音视频的发布和订阅，他是数字广播技术的一种，出现初期借助一个叫"iPodder"的软件与一些便携播放器相结合，可将网上的广播节目下载到 iPod、MP3 播放器或其他便携式数码声讯播放器中随身收听，享受随时随地的自由。后来播客被看作博客的升级，是由文字上升到了音频和视频。播客颠覆了被动收听广播的方式，使听众成为主动参与者。①

3. MicroBlog

MicroBlog，即微博，微博客的简称，是一个基于用户关系的信息分享、传播以及获取平台，用户可以通过 WEB、WAP 以及各种客户端组建个人社区，以 140 字左右的文字更新信息，并实现即时分享。② 它是一种通过关注机制分享简短实时信息的广播式的社交网络平台，具有短小精悍、便捷迅速等特点，其显著的草根性，使网络环境中沉默的大多数找到了展示自己的舞台。

4. Wiki

Wiki，又称"维基"或"共笔"，是一种多人协作式写作的超文本系统，整个网站是互动、开放、共享的，所有用户都可以对网站内容进行编辑、扩展和修改。通过协同写作，达到共享、交流知识的目的，其代表应用是知识库的合作编写。③ 例如，OCLC 的 OpenWorldCat 就采用开源软件开发 Wiki 功能，建立允许用户对书目记录进行评论的功能。维基简单易用，打破了网络上信息技术人员垄断信息管理的更新维护与发布工作的局面，使普通用户可以参与进来，从而促使基于维基创作的自组织社群更加快速地形成和发展。

5. RSS

RSS 是一种用于共享新闻标题和其他 Web 内容的 XML 格式，是重要

---

① 穆丽娜：《图书馆 2.0 在高校图书馆服务中的应用研究》，硕士学位论文，南京农业大学，2008 年，第 69—70 页。

② 百度百科：《微博》（http：//baike．baidu．com/view/1567099．htm）。

③ 何韵：《Web2.0 带给图书馆的机遇和挑战》，《图书情报工作》2006 年第 9 期。

的"推送"技术。① 通过 RSS 订阅，用户可以在聚合站点或 RSS 阅读器上有针对性地订阅自己感兴趣的信息源，这种方式简单易用。在交互式服务中，每个用户既是被动的信息获取者又是主动的信息提炼者，通过 RSS 订阅、分拣、重组和输出，大量用户间达成了间接协作，RSS 中的内容不断被打破重组，构成多样化的、不断优化和改进的内容组织形式。

6. Social Bookmarket

Social Bookmarket 即网摘，或社会化书签，是一个放在网络上的海量收藏夹，将个人搜集的网址信息收藏起来并加以分享，真正做到了"共享中收藏，收藏中分享"。网摘提供的是一种收藏、分类、排序、分享互联网信息资源的方式，它使用存储网址和相关信息列表的方法，再用标签对网址进行索引以使网址资源有序分类，使得网站、网页信息的社会性分享成为可能。

7. Tag/Folksonomy

Tag，即标签，通过对信息资源添加标签，进而形成标签表（大众分类法）的过程。Tag 是不同于一般目录结构的分类方法，它可以自由地不考虑目录结构地给文章进行分类，各个 Tag 之间是一种平行的关系，但是又可以根据相关性分析，将经常一起出现的 Tag 关联起来，而产生一种相关性的分类。通过相同的 Tag 可以找到你想要的 Blog、网摘、图片、文件等。

8. SNS

SNS，即基于社会性网络的社交网站。源自"六度理论"（任何两人可以由至多六个朋友结识），为用户提供创建人际关系的网络服务，帮助用户扩展自己的人际关系网络，满足需求。② SNS 拥有数量庞大的用户群，具有用户完全参与的结构模式和开放的平台，为用户的信息交流与知识共享提供了崭新途径。任何人只要拥有 SNS，就能在上面找到很多分布式应用，包括通信、游戏、发表文章、评论、转发新闻、交友等，这些应用的内容皆为个体所创造，并且个体同时也是这些内容的使用者。

---

① 胡昌平：《信息服务与用户》，武汉大学出版社 2008 年版，第 315—317 页。
② 图书馆 2.0 工作室：《图书馆 2.0：升级你的服务》，北京图书馆出版社 2008 年版，第 42—45 页。

9. IM

IM，即"即时通讯"，是一种可以让使用者在网络上建立某种私人聊天室的实时通讯服务。① 目前在互联网上受欢迎的即时通讯软件包括 QQ、MSN Messenger、Yahoo! Messenger、ICQ 等。通过 IM 用户可以及时和图书馆管理人员沟通，参与图书馆资源建设。

10. Ajax/Flex/Atlas

Ajaxgn 与 Macromedia 的 Flex 技术、微软的 Atlas 技术等都属于 Rich Web Application，这些应用强调用户体验而使此类技术成为社会网络技术的核心内容。它突破了页面重载惯例限制，能够优化用户体验，提升用户界面的交互功能。Ajax 所带来的好处体现在社会网络技术与用户交互、收集用户行为信息、汇聚集体智慧以及提供更为个性化的服务上。

11. 掘客（Digg）

用户可以对好文章或发言进行投票，得票多的，说明它的价值越大，系统会自动地把它列在页面靠前或首页等重要位置上。

12. 话题讨论组和 BBS

有相同兴趣的人，加入到一个话题中，对话题发表自己的意见和看法，从而形成与他者就某问题的交流讨论。

13. 互动问答

一人提出问题，其他人都可对问题进行回答，提问者对回答的情况做出决定，确定哪个是最佳答案或投票决定最佳答案、提高悬赏、结束问题等，还可对回答进行回复评论。

---

① 黄敏等：《图书馆 2.0 服务模式下的用户参与激励》，《情报杂志》2010 年第 6 期。

第三章　社会网络环境下用户参与的
图书馆数字资源建设规划模式

　　社会网络环境下用户参与的图书馆数字资源建设，是指图书馆工作者依据社会网络理论和数字资源建设理论，依托社会软件和社交网站，组织用户参与所在图书馆的数字资源规划、生产、评价、选择、采集、组织与整合等活动，使之形成可利用的数字资源体系的过程。[①] 因此，社会网络环境下用户参与的图书馆数字资源建设模式，应该包括用户参与图书馆数字资源规划模式、生产模式、评选模式和组织与整合模式。随着社会网络的发展，愈来愈多的图书馆意识到用户在数字资源建设中的重要性，通过社会软件或社交网站平台，组织用户参与到本馆的数字资源建设中来。理论研究也逐渐受到学者的重视。

　　然而，目前的研究还不够深入和全面。对用户参与图书馆数字资源建设的一些重要环节，如对社会网络环境下用户参与图书馆数字资源建设规划的专门研究，还未见报道。本章将根据第一章的文献调研，以高校图书馆为例，提出社会网络环境下用户参与图书馆数字资源建设规划的理论模式，并通过对用户、馆员和专家的调查，对提出的理论模式进行检验和修正。

第一节　社会网络环境下用户参与的图书馆
数字资源规划模式假说

　　社会网络环境下用户参与图书馆数字资源建设的规划，是指图书馆工

---

　　① 肖希明等：《数字信息资源建设与服务研究》，武汉大学出版社 2008 年版，第 12 页。

作者根据社会网络理论和数字资源建设理论，依托社会软件和社交网站，组织用户参与图书馆数字资源建设的生产、评价、选择、采集、组织和整合各个环节的规划。它既是用户参与图书馆数字资源建设活动的组成部分，也是用户参与图书馆数字资源建设的战略层次。因此，提出和验证用户参与图书馆数字资源建设的规划模式，对于用户参与的图书馆数字资源建设各环节的工作具有指导意义。

首先，用户参与的图书馆数字资源建设规划需要对数字资源现状和用户需求进行调查分析，据此制定数字资源发展规划。现状调查不仅要在宏观上了解国内外数字资源的发展态势，国家有关数字资源建设的法规、政策、规划等文件，数据库资源、网络信息资源的数量和质量，相关图书馆资源共享的程度和效果等；在微观上，还需要了解本馆用户的信息需求，以及本馆的财力、技术、人才和基础设施等。在社会网络环境下，馆员在网上通过分析用户的评论、收藏、标签添加、图书推荐、信息检索、数字资源点击率等信息，可以对用户的信息需求进行深层次挖掘，为制定图书馆数字资源规划提供依据。具有不同知识背景和兴趣爱好的用户，组成了高校不同学科专业的知识团体，他们具有共同的学科专业或特定领域的信息需求。图书馆应该对这些知识团体进行划分，以便按学科专业或兴趣爱好邀请用户参与图书馆数字资源建设活动。

其次，由社会软件和社交网站构成的社会网络技术是用户参与图书馆数字资源建设的重要手段。这些技术包括博客（Blog）、播客（Podcast）、RSS/ATOM、维基（Wiki）、标签（Tag）、即时通讯（IM）、社交网站（SNS）、浏览器插件、Ajax/Flex/Atlas、开源软件等。利用这些技术手段，用户可以方便地创建、分享、评论和组织数字资源，参与图书馆数字资源建设。馆员也可以与用户充分交流、互动，了解用户在参与数字资源建设活动中出现的问题，及时进行业务指导。

再次，在知晓数字资源建设的现状和用户需求后，需要确定用户参与图书馆数字资源建设规划的目标和原则。借鉴肖希明等在《数字信息资源建设与服务研究》一书中的有关理论分析，[①] 我们认为，用户参与图书馆数字资源建设规划的目标应包括数量目标（在一定时期内要达到的各领域的数字资源覆盖率）、质量目标（对数字信息内容的科学价值、使用

---

① 　肖希明等：《数字信息资源建设与服务研究》，武汉大学出版社 2008 年版，第 12 页。

价值、内容深度和新颖度等提出的标准）、特色化目标（确定用户参与的数字资源建设的特色，并对其形成的指标的规定）。建设规划的原则应包括从实际出发、用户需求导向、系统性、特色化和共建共享的原则。

最后，需要对用户参与的数字资源建设各环节活动进行规划。在生产环节，由于从外界采集的数据库、网络信息资源等都是已经生产好的，这部分内容无须进行生产规划，所以只需要对用户参与生产的图书馆数字资源进行规划，包括生产的学科内容、文种类型、资源类型、资源上传的时间等进行规划。生产内容规划用于确定数字资源的知识范围或是学科结构；文种类型规划用于确定数字资源的文种结构；资源类型规划用于确定数字资源建设的类型结构，包括文本、图片、音频、视频等类型；资源上传的时间规划主要用于确定不同时间段资源上传的比例和频率，保证用户参与生产数字资源上传的持续性和稳定性。为了保证资源的利用率，上述工作都应尽可能广泛地征求用户的意见和建议，专业性较强的资源则应主要征求专业用户的意见。

在评价、选择、采集规划环节，需要对用户参与的图书馆数字资源的评价、选择、采集进行规划，包括评价目标、评价方法、评价标准、选择原则、选择标准、选择程序、采集标准、采集方式、采集数量等。数字资源评价的目标一方面是满足用户需求，另一方面是优化馆藏，应根据本馆的实际情况，制定用户参与的数字资源评价目标。评价方法的科学性决定着数字资源评价结果的真实性和可靠性。数字资源评价标准要按照数字资源的内容、形式、服务等方面进行确定。用户参与的数字资源选择原则是确定数字资源选择标准的依据，选择的原则应以数字资源建设规划和政策为依据，并最大限度地满足用户的需求。用户参与的数字资源选择标准包括获取成本、功能、许可和存储四大指标。确定数字资源选择程序，能使用户参与的数字资源选择的过程变得可视化、透明化和数值化，避免方向性的误区及与实际脱节的错误，使数字资源选择活动更好地执行数字资源建设规划。用户参与数字资源的采集环节，是按一定的标准、方法和数量目标，将用户参与选择的数字资源纳入数字馆藏体系的过程，同样需要进行规划。

在组织环节，需要对用户参与的图书馆数字资源的组织目标、组织原则、组织标准、组织方式、组织方法等进行规划。用户参与的数字资源组织的目标在于通过面向语义的信息组织，最大限度地满足用户的个性化信息需求。用户参与的数字资源组织的原则应体现用户需求导向，鼓励用户参与。用户参与的数字资源组织之所以要制定标准，主要是为了消除用户参与描述、标引的标识（如标签）的同义性和多义性，避免误检和漏检。

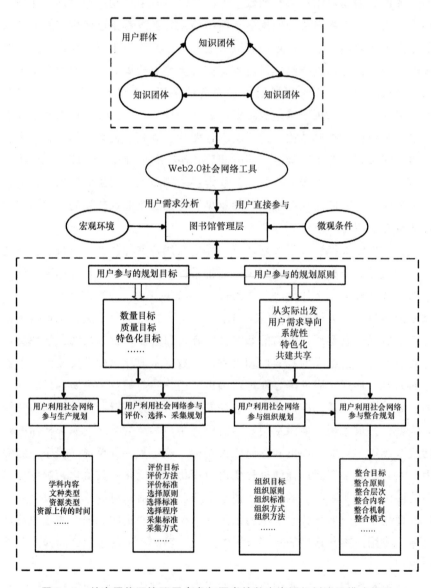

图 3—1　社会网络环境下用户参与图书馆数字资源规划建设模式假说

用户参与的数字资源组织有多种方式和方法，图书馆应根据用户生产资源类型和用户需求，选择、安排适合用户参与的数字资源组织方式和方法。如社会网络环境下，撰写维基条目和添加标签是用户参与图书馆数字资源组织较常见的方式。

在整合环节，需要对用户参与的图书馆数字资源的整合目标、整合原则、整合层次、整合内容、整合机制和整合模式等进行规划。用户参与的数字资源组织与整合的目标和原则基本是一致的。但是，用户参与的图书馆数字资源整合的重点，是把用户参与组织的零散的数字资源通过社会网络技术彼此衔接，以统一的形式提供给用户，形成更有利用价值的数字资源系统。由于各馆的实际情况不同，用户参与的图书馆数字资源整合应分层次进行。用户参与的图书馆数字资源整合的内容包括技术、标准、数据、信息内容、服务流程和功能的整合。用户参与的图书馆数字资源整合机制是指数字资源整合系统内部各子系统、各要素之间相互制约、相互作用、相互联系的形式及运行原理，它主要体现在用户参与数字资源组织与整合的不同模式之中。

根据以上内容，可以提出社会网络环境下用户参与图书馆数字资源建设规划的模式假说，如图3—1所示。[①]

第二节　社会网络环境下用户参与的图书馆数字资源建设规划的调查

用户参与图书馆数字资源建设规划模式假说和有关设想提出后，需要征求用户、馆员和有关专家的意见，得到有关方的认可才具有实际价值。调查用户、馆员和专家的意义在于：用户的信息需求是图书馆进行用户参与数字资源建设规划的出发点和原动力。数字资源建设规划只有与用户的信息需求相匹配，才能彰显其建设的效益，并得到用户的支持。图书馆工作人员是数字资源建设的主体，用户参与的图书馆数字资源建设只有得到馆员的支持，才能顺利地开展下去。另外，图书情报领域的专家对图书馆管理层有着较大的影响，故有必要了解专家的看法。

---

① 刘磊等：《社会网络环境下用户参与图书馆数字资源建设的规划模式及其修正》，《情报理论与实践》2013年第4期。

因此，本节以问卷方式，在南京、北京、上海、厦门等地，调查高校图书馆用户、专家、图书馆员对社会网络环境下用户参与的图书馆数字资源建设和规划的认知、需求和应用现状，力求从用户、馆员和专家的不同角度了解用户参与图书馆数字资源建设与规划的需求和应用中的问题，为社会网络环境下开展用户参与的图书馆数字资源规划模式的构建和图书馆开展用户参与数字资源建设工作提供参考。

一 调查对象

为了使调查具有普遍意义，且考虑到沿海城市社会网络应用较为普遍。我们选取南京、北京、上海、厦门等地的 5 所"985"院校、6 所"211"高校和 5 所一般本科院校三类高校进行调查，其中"985"院校包括南京大学、清华大学、北京大学、上海交通大学、厦门大学；"211"院校包括南京农业大学、南京理工大学、南京师范大学、南京航空航天大学、上海大学、福州大学；一般本科院校为南京工业大学、南京财经大学、北京印刷学院、上海电力大学、厦门理工大学。调查对象包括图书馆用户、馆员和部分专家。其中图书馆用户主要为在校学生，包括本科生、硕士生和博士生，他们是高校图书馆用户中最活跃的群体，也是对新技术和新思想较为敏感的群体，同时也包括部分教师，另有少量专职科研人员和行政人员。专家中一半为教授，是图书馆相关研究领域（如 Web2.0 和 Lib2.0、数字资源建设和用户行为研究）的学者，其他为各图书馆的馆长、副馆长。馆员包括图书馆各部门的工作人员，以资源建设、参考咨询和读者服务部门为主。

二 调查方法与步骤

根据不同的调查对象，问卷调查分为用户、专家和馆员三种方式。问卷类型分为两套，即问卷Ⅰ、问卷Ⅱ。问卷Ⅱ是在问卷Ⅰ的基础上提出更深入的问题，与问卷Ⅰ的内容相互衔接和相互补充。其中，问卷Ⅰ和问卷Ⅱ又分为用户问卷和馆员问卷。专家问卷则包括了问卷Ⅰ和问卷Ⅱ中用户问卷的相关内容。为便于同类数据对比，我们将专家问卷中与用户问卷Ⅰ相关的内容称为专家问卷Ⅰ，将专家问卷中与用户问卷Ⅱ相关的内容称为专家问卷Ⅱ，分别与用户问卷Ⅰ、Ⅱ和馆员问卷Ⅰ、Ⅱ合并分析。

（一）设计问卷

问卷设计是调查中的关键环节，设计出理想的问卷是调查顺利进行的前提。[①] 应根据调查的目的和要求，确定调查所需要的数据，拟定调查问卷。两套问卷的题目都以选项式调查为主，并辅以填空和开放式提问方式。

问卷Ⅰ中的用户问卷和专家问卷，侧重调查社会网络环境下用户和专家参与图书馆数字资源建设的意愿；而馆员问卷，侧重调查社会网络环境下馆员对用户参与图书馆数字资源建设的认可情况。问卷Ⅰ由三部分组成，其中用户和专家问卷第一部分是用户（专家）基本情况调查，包括所在学校、性别、身份和学科专业的调查，不同身份背景的用户（专家）对参与图书馆数字资源规划的意愿和参与情况会有所差异；第二部分是用户（专家）对社会网络的熟悉和使用情况调查，调查用户（专家）了解和经常使用的社会软件和社交网站，这是用户参与图书馆数字资源建设的基础条件；第三部分是用户（专家）对参与图书馆数字资源建设需求情况的调查，调查（专家）参与图书馆数字资源建设的意愿，是问卷的重点。馆员的调查问卷：第一部分调查馆员的基本情况，包括所在学校、性别、职称、所在部门和职务；第二部分调查馆员对社会软件和社交网站的熟悉及使用情况；第三部分调查馆员对用户参与图书馆数字资源建设的看法。

问卷Ⅱ的用户问卷、专家问卷、馆员问卷除个人基本情况部分外，内容基本相同。都包括四部分，第一部分是个人基本情况部分，用户和专家问卷调查用户（专家）所在的学校、性别、身份和学科专业等，馆员问卷调查馆员所在学校、性别、职称、所在部门和职务。第二部分都是对用户参与图书馆数字资源建设的社会网络理念的认可情况的调查；第三部分都是对用户参与图书馆数字资源建设的社会网络应用观点的调查；第四部分都是对社会网络环境下用户参与图书馆数字资源建设的资源结构观点的调查。

（二）试调查

本次问卷调查的样本量较大，三种问卷共有1800多份，所涉及的城市包括南京、北京、上海、厦门等地。为了使问卷设计更加合理和准确，

[①]　魏炳麒、薛伟业：《市场调查与预测》，东北财经大学出版社2003年版，第38页。

在正式调查之前进行了试调查。第一套问卷选取了南京大学、南京农业大学、南京工业大学三所图书馆用户和馆员作为试调查对象,有效用户问卷68 份,有效馆员问卷22 份。第二套问卷选取南京农业大学用户和馆员作为试调查对象,有效用户问卷28 份,有效馆员问卷13 份。

(三) 调整和修改问卷

将试调查的问卷进行统计分析,根据调查的数据结果和调查过程中存在的问题对调查问卷进行调整和修改,使其更加完善。

(四) 正式调查

调查问卷最终确定后,便进行正式调查。两次调查均采用分层随机抽样法进行调查,南京地区问卷采用现场发放和回收问卷方式,调查地点主要是图书馆和教室,其他地区问卷采取电子邮件方式进行调查,第一套问卷调查即第一次调查时间为 2011 年 4 月至 6 月。第二套问卷调查即第二次调查时间为 2011 年 9 月。

(五) 调查数据的统计分析

调查结束后,对回收的调查问卷进行汇总,剔除无效问卷,如未答问卷,答题不完整、填写不清楚问卷等,然后对有效问卷进行统计分析。

本次调查共发放问卷 1840 份 (详见表 3—1)。

表 3—1   **问卷样本数量**

问卷类型	发放问卷 (份)	有效问卷 (份)	百分比 (%)
用户问卷 I	1000	976	97.6
馆员问卷 I	200	186	93.0
用户问卷 II	450	430	95.6
馆员问卷 II	150	124	82.7
专家问卷	40	30	75.0

三 数据录入统计方法

本文采用 EpiData 软件对问卷进行录入,采用 SPSS 软件进行数据的统计分析。具体步骤为:调查问卷产生的数据经 EpiData 软件录入后,导入到 SPSS 软件中,在属性窗口中为每一个录入的数字赋予其真正含义,然后利用 SPSS 进行数据的统计分析。

四 问卷 I 调查结果及数据分析

（一）问卷样本属性

1. 用户问卷 I 样本属性分析

在用户样本属性中，我们对用户的性别、身份和学科专业进行了调查，结果如表3—2所示：

表3—2 用户问卷 I 样本属性情况

项目	性别		身份				学科专业门类								
	男	女	教师	博士	硕士	本科	工学	管理	人文	经济	理学	信息	农学	外语	其他
比例(%)	51.4	48.6	21.9	23.6	25.3	29.2	25.8	16.1	15.3	11.5	11.3	9.8	3.7	2.8	3.7

从表3—2可以看出，用户样本的性别比例基本上各占一半，较合理。学生是高校图书馆最大的用户群，也是接触网络最多的群体，他们对新技术和新服务较敏感，接受新事物速度较快，交流和参与图书馆数字资源建设的热情较高。因此，学生样本比例占到78.1%，是此次调查的重点，其中包括本科生、硕士和博士研究生。其次是教师用户，其中也包括少量专职科研人员和行政人员，占21.9%。可见，样本分布比较合理、均衡。调查用户样本的学科（研究方向）分布较广泛，涵盖了人文、经济、管理、外语、理学、工学、农学、信息、法学等诸多学科。其中，工学类比例最高，占有效调查样本的25.8%，管理类占16.1%，人文类占15.3%，经济类占11.5%，理学类占11.3%，信息类占9.8%，农学类占3.7%，外语类占2.8%，此外，调查还包括了少量的教育学类、法学类、医学类、艺术类等专业学生，共占3.7%。

2. 专家问卷 I 样本属性分析

专家问卷主要调查的是各高校馆的馆长、相关研究领域的教授与科研人员，其中馆长、教授和科研人员的比例分别是：45.5%、50.0%和4.5%。男、女比例分别为68.2%、31.8%。所属学科90%以上都为信息类（包括计算机和图书情报专业）。

3. 馆员问卷 I 样本属性分析

馆员问卷样本属性与用户问卷类似。从表3—3可以看出，馆员样本的性别也基本各占一半，较为合理。职称分布中，以中、初级馆员居多，占有效样本数量的 70.0%。正高、副高馆员各占 4.8%、21.3%，其他占 3.9%，按抽样调查的原则来看，样本分布比较合理。馆员问卷有效样本的部门分布广泛，涵盖了行政部门、资源建设部、参考咨询部、读者服务部、多媒体部等部门。其中参考咨询部、资源建设部和读者服务部样本比例相差不大，分别为 29.7%、27.5% 和 20.3%，行政部门占 9.8%，多媒体部占 5.6%。此外，调查还涉及一些其他部门如物种文献部，信息战略研究部，技术、网络、信息应用部等，占有效样本的 7.1%。调查结果如表 3—3 所示：

表 3—3 　　　　　　　　　　馆员问卷 I 样本属性情况

项目	性　别		职称					所在部门					
	男	女	正高	副高	中级	初级	其他	参考咨询	资源建设	读者服务	行政部门	多媒体部	其他部门
比例(%)	43.2	56.8	4.8	21.3	43.2	26.8	3.9	29.7	27.5	20.3	9.8	5.6	7.1

（二）对社会网络技术的认知和共享意愿

1. 对社会软件和社交网站的了解

对社会软件和社交网站的了解是用户参与图书馆数字资源建设的基础，用户、馆员和专家对社会软件和社交网站的了解程度直接影响着其参与数字资源建设的可能性。

调查得知，用户了解的社会软件前五项依次是 IM（即时通讯）、博客、微博、SNS、维基，比例分别为 93.2%、89.7%、84.5%、83.6%、65.4%，用户对 RSS 和标签的了解程度较低。专家了解的社会软件前五项依次是博客、维基、IM、微博和 SNS，比例分别为 100.0%、86.4%、86.4%、77.3% 和 68.2%，专家对播客、RSS 和标签的了解情况也较好，了解的人数均占有效样本的 63.7%。馆员了解的社会软件前五项依次为博客、IM、微博、维基、SNS，比例分别为 87.4%、85.2%、76.7%、75.6%、68.1%，馆员对标签的了解情况较低，仅占有效样本的 23.5%（详见表 3—4）。可见，用户对 IM、微博、SNS 的了解情况好于专家和馆员，专家对博客、维基、播客和标签的了解情况好于用户和馆员，馆员对标签的了解情况好于用户和专家。

表 3—4　　　　　　　　对社会软件和社交网站的了解　　　　　　　　单位:%

	IM	博客	微博	SNS	维基	播客	RSS	标签
用户	93.2	89.7	84.5	83.6	65.4	43.2	21.3	16.7
专家	86.4	100	77.3	68.2	86.4	63.7	63.7	63.7
馆员	85.2	87.4	76.7	68.1	75.6	45.6	66.7	23.5

2. 社会软件和社交网站的使用

对社会软件和社交网站的使用情况直接影响着用户参与图书馆数字资源建设的能力和馆员的协助支持能力。调查得知,用户使用率较高的前五项社会软件与了解的前五项社会软件相同,依次是 IM（89.6%）、SNS（61.8%）、微博（53.3%）、维基（52.2%）、博客（47.2%）；专家使用率前五的社会软件依次是 IM（77.3%）、博客（63.7%）、SNS（50.0%）、维基（45.5%）和微博（45.5%）；馆员社会软件使用率前五项依次是 IM（75.1%）、博客（68.8%）、维基（63.1%）、微博（54.5%）、SNS（50.7%）,用户、专家和馆员对播客、RSS 和标签的使用率都较低（详见表 3—5）。可见,用户对 IM 和 SNS 的使用率高于专家和馆员,馆员对微博、维基、博客、标签的使用率高于用户和专家。

表 3—5　　　　　　　　对社会软件和社交网站的使用　　　　　　　　单位:%

	IM	SNS	微博	维基	博客	播客	RSS	标签
用户	89.6	61.8	53.3	52.2	47.2	11.1	8.6	4.3
专家	77.3	50.0	45.5	45.5	63.7	7.7	31.9	4.5
馆员	75.1	50.7	54.5	63.1	68.8	11.7	24.5	7.6

3. 具有的社会网络平台

了解用户、专家和馆员具有的社会软件平台,可以了解其经常使用的社会软件,也从一定程度上反映了其参与网络数字资源建设的情况。表 3—6 显示了用户、专家和馆员具有的软件平台情况。可见,用户、专家和馆员拥有 IM 平台的比例最高,分别为 91.5%、81.8% 和 83.3%,其次是 SNS,拥有比例分别为 64.8%、54.5% 和 68.3%,然后是微博,拥有比例分别为 56.5%、45.5% 和 54.6%,博客的拥有比例也较高,分别为 51.2%、40.9% 和 48.4%。

用户、专家和馆员拥有维基、播客、RSS、标签平台的比例都较低。

表 3—6　　　　　　**用户、专家和馆员具有的社会软件平台**　　　　单位:%

	IM	SNS	微博	博客	维基	播客	RSS	标签
用户	91.5	64.8	56.5	51.2	27.8	7.1	6.6	5.1
专家	81.8	54.5	45.5	40.9	22.7	13.6	9.1	4.5
馆员	83.3	68.3	54.6	48.4	28.5	18.8	9.7	7.5

4．与他人共享数字资源的意愿

"与他人共享数字资源的意愿"调查中，57.8%的用户愿意通过社会软件与他人共享资源，此外，39.6%的用户只愿意与好友和熟人共享资源，2.6%的用户不愿意与他人共享资源。54.5%的专家愿意通过社会软件与他人共享资源，40.9%的专家愿意与好友和熟人共享资源，只有4.5%的专家不愿意与他人共享资源。可见，专家和用户一样，对与他人共享数字资源具有较高的热情。由此可见，在开展用户参与图书馆数字资源建设的活动时，要考虑用户意愿，在同一个知识团体间共享资源，团体与团体之间要根据用户分享意愿来共享资源。对馆员的调查显示，37.2%的馆员愿意通过社会软件与他人共享资源，此外，53.3%的馆员只愿意与好友和熟人共享资源，9.5%的馆员不愿意与他人共享资源。与用户和专家的调查对比来看，馆员对与他人共享数字资源的热情不如用户强烈。

（三）社会网络环境下用户参与图书馆数字资源建设的需求

1．对本校图书馆数字资源的评价

表 3—7 显示了用户、专家及馆员对本校图书馆数字资源能否满足用户需求的评价。由此可知，图书馆的数字资源建设水平还有待提高，用户参与图书馆数字资源建设无疑为此提供了一个新的机遇。

表 3—7　　　　　　**对本校图书馆数字资源的评价**　　　　　　单位:%

	完全能满足	比较能满足	基本能满足	不能满足	不知道
用户	4.6	32.2	51.2	9.3	2.7
专家	13.6	45.5	40.9	0.0	0.0
馆员	9.6	20.3	56.3	8.3	5.5

2. 对参与图书馆数字资源建设活动的看法

调查显示，大部分用户赞同"用户参与数字资源建设能提高图书馆的数字资源建设水平"，并愿意参加图书馆数字资源建设和规划。所有专家均赞同"用户参与数字资源建设和规划能提高图书馆的数字资源建设水平"且愿意参与图书馆数字资源建设及规划（见表3—8）。

表3—8　　　　**用户和专家对参与图书馆数字资源建设和规划的想法**　　　　单位:%

	观点				愿望			
	非常赞同	赞同	不赞同	不知道	非常愿意	愿意	不愿意	不知道
用户	20.5	68.1	2.5	8.9	15.4	70.8	5.8	9.2
专家	40.9	51.1	0.0	0.0	27.3	72.7	0.0	0.0

调查同时显示，90%以上的馆员认为用户参与数字资源建设和规划有可能提高图书馆数字资源建设水平并表示赞同此活动（见表3—9）。

表3—9　　　　**馆员对用户参与图书馆数字资源建设和规划的看法**　　　　单位:%

看法					赞同程度				
很有可能	可能性大	有可能	不可能	不知道	非常赞同	比较赞同	基本赞同	不赞同	不知道
21.5	25.8	43.5	5.4	3.8	14.0	45.7	31.7	5.4	3.2

3. 对图书馆数字资源建设目标的期望

调查显示，89.3%的用户认为用户参与的数字资源建设要确立质量目标；82.1%的用户则选择了特色化目标，52.4%的用户选择数量目标。另外，用户还提出图书馆数字资源建设要满足多样化、便捷性和专业化等目标。专家调查显示，86.4%的专家认为用户参与的数字资源建设要确立特色化目标，其次是质量目标，占专家数量的72.7%，选择数量目标的专家仅占36.4%。

大部分馆员也认同用户的观点，认为用户参与数字资源建设要确立质量目标和特色化目标的分别为81.3%和79.2%，只有43.4%的馆员选择了数量目标。说明在数字资源急剧增长的今天，用户、专家和馆员更看重数字资源的质量和特色。

4. 对图书馆数字资源建设原则的期望

对用户参与的图书馆数字资源建设原则的期望调查得知：选择用户需求导向原则的用户比例最高，达到 84.3%，此外，选择从实际出发、共建共享、系统性、特色化的用户比例分别为 62.3%、52.5%、50.3% 和 46.8%。专家选择用户需求导向的比例也是最高的，达 90.9%，然后依次为特色化（72.7%）、共建共享（59.1%）、从实际出发（36.4%）和系统性（36.4%）。

馆员调查显示，选择用户需求导向原则的馆员百分比最高，达到 80.7%，而选择从实际出发、共建共享、特色化和系统性原则的馆员分别为 57.8%、56.2%、47.5% 和 31.6%，与对用户调查数据基本一致。由此可知，图书馆数字资源建设要以用户需求为导向，并遵循从实际出发、共建共享，并且要兼顾特色化和系统性等原则。

5. 对参与图书馆数字资源生产的看法

（1）用户和专家对参与图书馆数字资源生产并提出建议的意愿

数字资源生产是数字资源建设的重要环节，其成败直接关系到数字资源建设的整个活动。调查显示，91.4% 的用户愿意参与图书馆数字资源的生产并提供相关建议，其中 13.1% 的用户表示非常愿意参与，6.8% 的用户不知道要不要参与，只有 1.8% 的用户不愿意参与。同时，调查显示，所有专家都愿意参与图书馆数字资源生产活动并提出建议，其中 27.3% 表示非常愿意，72.7% 表示愿意（详见表 3—10）。

表 3—10　用户、专家对参与图书馆数字资源生产并提出建议的意愿　　　单位:%

	非常愿意	愿意	不愿意	不知道
用户	13.1	78.3	1.8	6.8
专家	27.3	72.7	0.0	0.0

（2）馆员对用户参与图书馆数字资源生产并提出建议的认可情况

对"馆员对用户参与图书馆数字资源生产的认可情况"调查得知，88.3% 的馆员认为用户可能参与图书馆数字资源生产并提出意见、建议，其中 17.5% 的馆员认为可能性很大，30.2% 的馆员表示可能性较大，40.6% 的馆员认为有可能。6.3% 的馆员表示不知道用户能否参与图书馆数字资源生产并提出建议，只有 5.5% 的馆员认为用户不可能参与图书馆数字资源生产并提出建议（详见表3—11）。

表3—11　　馆员对用户参与图书馆数字资源生产并提出建议的认可情况　单位:%

	很可能	可能性较大	有可能	不可能	不知道
馆员	17.5	30.2	40.6	5.5	6.3

对用户、专家和馆员的调查可知，91.4%的用户和全部的专家都愿意参与图书馆数字资源的生产并提供相关建议，88.3的馆员也对此表示认可，这为用户参与图书馆数字资源建设的整个活动的开展，提供了保障。

6. 对图书馆数字资源的生产提出建议的类型的分析

（1）用户和专家对图书馆数字资源的生产提出建议的类型

在对"您愿意为图书馆数字资源的生产提出哪些建议"进行调查时，愿意对资源内容提出建议的用户最多，占72.3%。此外，超过半数的用户（62.5%）愿意对资源类型提出建议，30.8%的用户愿意对资源文种提出建议，20.6%的用户愿意对资源上传时间提出建议。所有的专家都愿意对资源内容提出建议，其次是资源文种，占63.6%，此外有27.3%和18.2%的专家愿意对资源类型和资源上传时间提出建议。

（2）馆员认为用户可能为图书馆数字资源生产提出建议的类型

馆员认为用户能为图书馆数字资源生产提出哪些建议呢？调查发现，认为用户能对资源内容提出建议的馆员最多，占84.3%，此外，70.3%的馆员认为用户能对资源类型提出建议，53.1%的馆员认为用户能对资源文种提出建议，42.8%的馆员认为用户能对资源上传时间提出建议。这与对用户的调查基本一致。

7. 对参与图书馆数字资源评价、选择和采集的看法的分析

（1）用户和专家对参与图书馆数字资源评价、选择和采集并提出建议的意愿

数字资源评价、选择和采集是对数字资源建设的具体贯彻和实施，是将数字资源规划中的描述转化成为可操作、结构化的程序、方法和标准体系，从而为数字资源建设实践提供依据。[①] 调查显示，87.3%的用户愿意

---

① 肖希明等:《数字信息资源建设与服务研究》，武汉大学出版社2008年版，第77页。

参与图书馆数字资源的评价、选择和采集活动并提出相关建议，其中11.5%的用户表示非常愿意参与，10.1%的用户表示不知道是否会参与，只有4.6%的用户不愿意参与。对专家的调查显示，86.4%的专家表示愿意参与图书馆数字资源的评价、选择和采集活动并提出相关建议，其中9.1%的专家表示非常愿意参与，77.3%表示愿意参与，13.6%的专家表示不知道是否会参与（详见表3—12）。

表3—12　用户、专家对参与图书馆数字资源评选并提出建议的意愿　　　单位:%

	非常愿意	愿意	不愿意	不知道
用户	11.5	75.8	4.6	10.1
专家	9.1	77.3	0.0	13.6

（2）馆员对用户参与图书馆数字资源评价、选择和采集并提出建议的认可

调查显示，92.3%的馆员对用户参与图书馆数字资源评价、选择和采集并提出建议表示认可，其中12.5%的馆员表示用户很有可能参与图书馆数字资源评价、选择和采集并提出意见，25.3%的馆员表示可能性较大，54.5%的馆员表示有可能，2.1%的馆员表示不知道，5.6%的馆员表示不可能。

调查发现，部分用户和馆员表示不愿意或不知道是否会参与（认可用户参与）图书馆数字资源评价、选择和采集，这可能与他们对"用户参与图书馆数字资源评价、选择和采集"不是很了解。针对这种情况我们可以通过开展培训、讲座等，让这部分用户和馆员了解这一理念和方法，然后决定自己是否要参与。

8. 对图书馆数字资源评价、选择和采集提出建议的类型的分析

（1）用户和专家愿意对图书馆数字资源评价、选择和采集提出建议的类型

由图3—2可看出，用户和专家最愿意提出意见的是评价标准、评价方法和评价原则，分别为47.3%和59.1%、43.6%和45.5%、39.6%和45.5%，且除采集标准外，专家愿意提出意见的比例均高于用户，原因是专家对图书馆数字资源建设领域较为了解，更容易对各环节提出意见和建议。

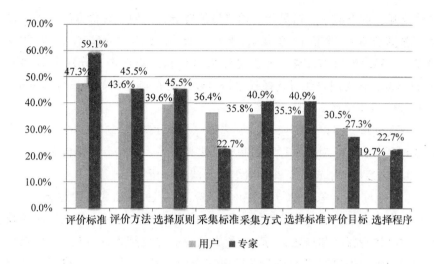

图 3—2　用户、专家愿意对图书馆数字资源的评选提出建议的类型

（2）馆员认为用户可能为图书馆数字资源评价、选择和采集提出建议的类型

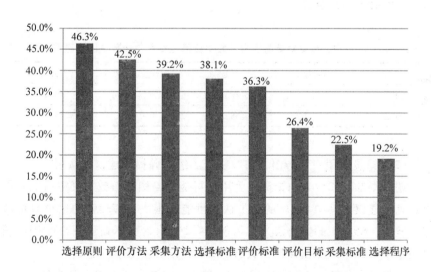

图 3—3　馆员认为用户可能为图书馆数字资源评选提出建议的类型

馆员认为（希望）用户为图书馆数字资源评价、选择和采集提出哪

些建议呢？调查显示，馆员认为用户最能对选择原则、评价方法、采集方法、选择标准、评价标准提出建议，比例分别为 46.3%、42.5%、39.2%、38.1% 和 36.3%，其次是评价目标和采集标准，分别为 26.4% 和 22.5%，认为用户能对选择程序提出建议的馆员比例与用户基本持平，占 19.2%（详见图 3—3）。

调查发现，用户、专家和馆员选择"选择程序"的比例都较低，这可能与大家普遍认为选择程序的制定是需要具备一定的专业技能有关。

9. 对参与图书馆数字资源组织的看法的分析

（1）用户和专家对参与图书馆数字资源组织并提出建议的意愿

数字资源组织，是指依据数字资源的固有特性，运用一定的方法和技术，对其进行揭示和描述，为数字资源提供有序化结构的过程。① 调查显示，80.2% 的用户愿意参与图书馆数字资源组织并提出相关建议，其中 9.3% 的用户表示非常愿意参与，13.1% 的用户表示不知道自己是否会参与，只有 6.7% 的用户不愿意参与（详见表 3—13）。对专家的调查显示，81.8% 的专家愿意参与图书馆数字资源组织并提出相关建议，其中 13.6% 的用户表示非常愿意参与，18.2% 的用户表示不知道自己是否会参与，没有人不愿意参与。

表 3—13   用户、专家对参与图书馆数字资源组织并提出建议的意愿   单位：%

	非常愿意	愿意	不愿意	不知道
用户	9.3	70.9	6.7	13.1
专家	13.6	68.2	0.0	18.2

（2）馆员对用户参与图书馆数字资源组织并提出建议的认可

调查得知，92.7% 的馆员认为用户可能参与图书馆数字资源组织并提出意见、建议，其中 8.3% 的馆员认为可能性很大，17.5% 的馆员表示可能性较大，66.9% 的馆员认为有可能，4.1% 的馆员不知道用户能否为图书馆数字资源组织提出建议，只有 3.2% 的馆员认为不可能。

对用户、专家和馆员的调查可知，92.7% 的馆员认为用户可能参与图书馆数字资源组织并提出意见、建议，而只有 80.2% 的用户和 81.8% 的专家表

---

① 肖希明：《数字信息资源建设与服务研究》，武汉大学出版社 2008 年版，第 130 页。

示愿意参与图书馆数字资源组织并提出相关建议。至于原因，进一步调查得知，有相当一部分用户他们有意愿参与，但是又不清楚自己是否具备相关知识和能力去参与到图书馆数字资源组织活动中。对此，图书馆可以通过培训、讲座，普及并教授图书馆数字资源组织的知识，来改善这一状况。同时要想办法吸引专家参与图书馆数字资源建设，提高数字资源的质量。

10．对图书馆数字资源组织提出建议的类型的分析

（1）用户和专家对图书馆数字资源组织提出建议的类型

调查显示，接近半数的用户愿意对组织方式提出建议。此外，用户对组织标准、组织原则、组织目标和组织方法提出建议的比例较均衡，分别为34.3%、30.6%、26.7%和25.8%。专家最愿意对组织标准、组织方法和组织方式提出建议，比例分别为54.5%、54.5%和50.0%，其次为组织目标和组织原则（详见图3—4）。

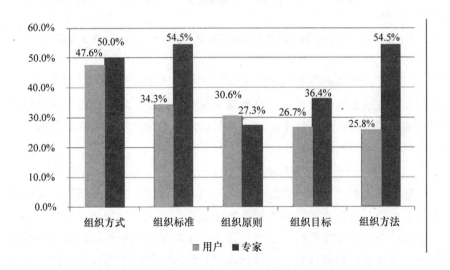

图3—4　用户、专家对图书馆数字资源组织提出建议的类型

（2）馆员认为用户可能为图书馆数字资源组织提出建议的类型

馆员认为用户能为图书馆数字资源组织提出哪些建议呢？调查显示，超过半数的馆员认为用户能为数字资源组织方式提出建议，认为用户能对组织目标、组织标准和组织方法提出建议的馆员比例相差不大，分别为34.3%、32.7和27.3%。只有18.6%的馆员认为用户能对组织原则提出

建议（详见图3—5）。

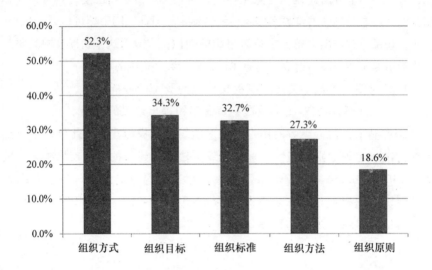

图3—5　馆员认为用户可能为图书馆数字资源组织提出建议的类型

　　组织方式是随着信息技术的进步和用户需求的变化而不断创新的。调查得知，五成左右的用户、专家和馆员选择了组织方式，正说明图书馆数字资源组织要紧跟信息技术的发展并且以用户的信息组织需求为导向。

　　11. 对参与图书馆数字资源整合的分析

　　（1）用户和专家对参与图书馆数字资源整合并提出建议的意愿

　　数字资源整合是数字资源优化组合的一种存在状态，是依据一定的需要，对各个相对独立的数字资源系统中的数据对象、功能结构及其互动关系进行融合、类聚和重组，重新结合为一个新的有机整体，形成一个效能更好、效率更高的新的数字资源体系。① 数字资源的整合程度直接关系到数字资源能否被高效地吸收与利用。调查显示，81.3%的用户愿意参与图书馆数字资源整合并提出相关建议，其中9.6%的用户表示非常愿意参与，13.2%的用户不知道自己是否会参与，只有5.5%的用户不愿意参与。对专家的调查显示，90.9%的专家愿意参与图书馆数字资源整合并提

────────────

　　①　韩梅：《我国数字资源整合研究的现状、实践与热点》，《大学图书情报学刊》2010 年第 2 期。

出相关建议，其中4.5%的专家表示非常愿意参与，9.1%的专家不知道自己是否会参与，没有专家不愿意参与（详见表3—14）。

表3—14 　　用户和专家对参与图书馆数字资源整合并提出建议的意愿

	非常愿意	愿意	不愿意	不知道
用户	9.6%	71.7%	5.5%	13.2%
专家	4.5%	86.4%	0.0%	9.1%

（2）馆员对用户参与图书馆数字资源整合的认可

调查得知，92.3%的馆员认为用户可能参与图书馆数字资源整合并提出相关建议，其中23.5%的馆员认为很有可能，11.2%的馆员表示可能性较大，57.6%的馆员认为有可能，5.3%的馆员表示不知道，只有3.3%的馆员认为用户不可能参与图书馆数字资源整合并提出建议。

调查可知，大部分用户、专家和馆员愿意参与或认可用户参与图书馆数字资源的整合并提出相关建议，这就使得数字资源能透明地、无缝地集成在一起，用户可以实现一站式检索、浏览和使用所有的数字资源，实现了对数字资源的高效利用。

12. 对图书馆数字资源整合提出建议的类型的分析

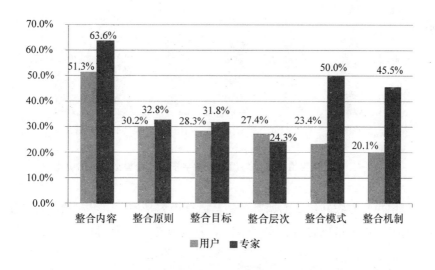

图3—6 用户、专家对图书馆数字资源整合提出建议的类型分析

（1）用户和专家对图书馆数字资源整合提出建议的类型

调查显示，超过五成的用户和专家愿意对整合内容提供建议。此外，用户对整合原则、整合目标、整合层次提出建议的比例较均衡，分别为30.2%、28.3%、27.4%，对整合模式和整合机制提出建议的用户比例稍低，分别为23.4%和20.1%。专家愿意对整合原则、整合目标和整合层次提出建议的比例与用户相当，但愿意对整合模式和整合机制提出建议的比例明显高于用户，主要是因为专家对整合模式和整合机制比较了解，容易提出意见（详见图3—6）。

（2）馆员认为用户可能为图书馆数字资源整合提出建议的类型

调查显示，72.3%馆员认为用户能为数字资源整合内容提出建议，认为用户能对整合目标、整合模式和整合原则提出建议的馆员比例相差不大，分别为30.7%、28.6%和24.6%。认为用户能对整合层次和整合机制提出建议的馆员较少，分别为18.8%和16.6%（详见图3—7）。

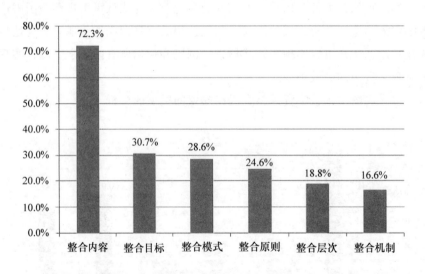

图3—7　馆员认为用户可能为图书馆数字资源整合提出建议的类型

对用户、专家和馆员的调查可知，整合内容是用户、专家和馆员都比较关心的，由此可以看出，实现数字资源内容整合，为用户提供快速的、无障碍的、"一站式"的数字信息服务是馆员和用户共同的期望。

五 问卷 II 调查结果及数据分析

（一）问卷 II 样本属性

1. 用户问卷 II 样本属性分析

在用户问卷 II 中，我们对用户的性别、身份和学科专业进行了调查。可以看出，用户样本的性别比例基本上各占一半，较合理。本次调查也以学生为重点，包括博士生、硕士生和本科生，样本比例占到了 77.7%。教师同样包括专职教师、科研人员和行政人员，占 22.3%，样本分布比较合理、均衡。用户调查问卷的样本学科（研究方向）分布与第一次用户调查基本相同，也涵盖了工学、人文、管理、经济、信息、理学、农学、外语等诸多学科，具体见表 3—15。

表 3—15　　　　　　　　　　用户问卷 II 样本属性

项目	性　别		身　份				学科专业门类								
	男	女	教师	博士	硕士	本科	工学	人文	管理	经济	信息	理学	农学	外语	其他
比例(%)	46.8	53.2	22.3	18.5	22.8	36.4	23.8	18.2	13.6	12.8	11.9	10.5	3.1	2.5	3.6

可以看出，用户样本的性别比例基本上各占一半，较合理。本次调查也以学生为重点，包括博士生、硕士生和本科生，样本比例占到了 77.7%。教师同样包括专职教师、科研人员和行政人员，占 22.3%，样本分布比较合理、均衡。用户调查问卷的样本学科（研究方向）分布与第一次用户调查基本相同，也涵盖了工学、人文、管理、经济、信息、理学、农学、外语等诸多学科，具体见表 3—15。

2. 专家问卷 II 样本属性分析

专家问卷样本属性与 3.2.4.1 问卷样本属性中的（2）专家问卷样本属性相同，馆长、教授和科研人员的比例分别是 45.5%、50.0% 和 4.5%。男、女比例为 68.2% 和 31.8%。所属学科 90% 以上都为信息类。

3. 馆员问卷 II 样本属性分析

馆员问卷样本属性与用户问卷类似，包括馆员的性别、职称和所在部门，调查结果如表 3—16 所示：

表3—16　　　　　　　　　　　馆员问卷 II 样本属性

项目	性 别		职称					所在部门					
	男	女	正高	副高	中级	初级	其他	参考咨询	资源建设	读者服务	行政部门	多媒体部	其他
比例(%)	41.8	58.2	5.3	22.6	38.5	29.9	3.7	30.5	26.8	21.6	9.5	4.3	7.3

第二次调查的馆员中女性比例略高于男性，基本合理。职称分布以中级、初级馆员居多，分别为38.5%和29.9%。其次是副高和正高级馆员，分别为22.6%和5.3%。馆员调查问卷有效样本的部门分布广泛，涵盖了行政部门、资源建设部、参考咨询部、读者服务部、多媒体部等部门。其中参考咨询部、资源建设部和读者服务部样本比例较高，调查还涉及一些其他部门如特藏部、技术部、网络部、信息应用部等，占有效样本的7.3%。

（二）对用户参与图书馆数字资源建设的社会网络理念的认可

1. 图书馆嵌入用户社会网络环境与数字资源建设的关系

以"您认为图书馆嵌入用户社会网络环境（教学科研环境）是否有助于加强图书馆数字资源建设"为题，对用户、专家和馆员进行调查。结果大多数用户（77.3%）、专家（95.5%）和馆员（91.9%）都认为图书馆嵌入用户社会网络环境有助于加强图书馆数字资源建设，尤其是专家和馆员赞同者较多。少数用户（22.7%）、专家（4.5%）和馆员（8.1%）可能由于不了解问题的含义，回答"不知道"。但无论用户、专家或馆员都没有给出否定回答。

2. 用户之间建立网络联结类型的态度

根据社会网络密度理论，网络密度过低或过高都不利于知识传播，处于节点的各个用户之间的联系太淡薄，会影响知识的共享与交流，太紧密，过多的联系与交流会花费用户太多的时间和精力。调查显示，80.7%的用户、80.6%的馆员和90.9%的专家认为应该加强同一学科、专业之间用户的网络联结；69.3%的用户、74.2%的馆员和90.9%的专家认为应该加强相关学科、专业之间用户的网络联结；而认为应该加强不同学科、专业之间用户的网络联结的用户、馆员和专家为55.7%、50.0%和36.4%。可以看出，无论是用户、馆员还是专家，都认为应该首先加强同一学科、专业和相关学科、专业用户之间的联结。这说明图书馆应该注重引导具有相同学科背景和兴趣爱好的用户之间的交流，在具有共同的知识背景或兴趣爱好的团体内更容易实现资源共建共享。

3. 对图书馆与用户之间网络联结类型的态度

图书馆为了与用户共建共享更多的资源，需要尽量和用户建立各种类型的网络联结，同样的道理，图书馆与用户之间的联结过少，不利于知识的交流与共享，联结过多又会浪费图书馆工作人员的精力。因此，我们对用户、专家和馆员对图书馆与用户建立网络联结类型的态度进行了调查。对调查结果分析可知，在用户参与的数字资源建设中，图书馆要尽可能多地联结更多的用户，但也要注意投入的成本，注重联结处于网络中心的用户或有特色的用户，努力使图书馆成为用户的社会网络中心，从而提高用户参与数字资源建设的效率（详见表3—17）。

表3—17　　　　　　　　图书馆与用户之间建立网络联结类型　　　　　　单位：%

	尽量联结较多用户	尽量联结较少用户	用较少投入联结尽可能多的用户	联结处于网络中心的用户	联结处于网络边缘、但有特色资源的用户	联结不同性质的用户群	使图书馆成为用户社会网络中心
用户	70.5	5.6	48.9	26.4	36.8	24.5	61.4
专家	72.7	4.5	59.1	31.8	22.7	13.6	59.3
馆员	64.5	4.8	51.6	25.8	40.3	38.7	53.5

4. 用户能否在图书馆组织下参与数字资源共建共享

对用户、专家和馆员对社会网络环境下用户能否在图书馆组织下参与数字资源共享进行调查发现：八成以上的用户、专家和馆员都对社会网络环境下用户在图书馆的组织下参与图书馆数字资源共建共享表示肯定，其中56.8%的用户、51.2%的专家和53.2%的馆员表示用户能在图书馆组织下参与图书馆数字资源共建共享；29.5%的用户、45.5%的专家和34.2%的馆员表示用户有时能在图书馆组织下参与图书馆数字资源共建共享；5.9%的用户、3.3%的专家和9.4%的馆员表示不知道用户能否在图书馆组织下参与图书馆数字资源共建共享；只有6.8%的用户和3.2%的馆员表示用户不能在图书馆组织下参与图书馆数字资源共建共享，没有专家认为用户不能在图书馆组织下参与图书馆数字资源共建共享，具体如表3—18所示：

表 3—18　　　　用户能否在图书馆组织下参与数字资源共建共享　　　　单位：%

	能	不能	有时能	不知道
用户	56.8	6.8	29.5	5.9
专家	51.2	0.0	45.5	3.3
馆员	53.2	3.2	34.2	9.4

5. 社会网络环境下用户能否自主决定与图书馆共享数字资源

社会网络环境下用户能否自主决定与图书馆共享某种具体的数字资源？我们对该问题进行了调查，结果如表 3—19 所示，八成以上用户、专家和馆员对此持肯定态度，其中 44.3% 的用户、27.3% 的专家和 42.3% 的馆员认为社会网络环境下用户能自主决定与图书馆共享某种具体的数字资源，40.9% 的用户、59.1% 的专家和 46.8% 的馆员认为社会网络环境下用户有时能自主决定与图书馆共享某种具体的数字资源，还有 6.8% 的用户、9.1% 的专家和 4.4% 的馆员表示不知道社会网络环境下用户能否自主决定与图书馆共享某种具体的数字资源，只有 8.0% 的用户、4.5% 的专家和 6.5% 的馆员认为社会网络环境下用户不能自主决定与图书馆共享某种具体的数字资源。

表 3—19　　　　用户能否自主决定参与图书馆共享数字资源　　　　单位：%

	能	有时能	不能	不知道
用户	44.3	40.9	8.0	6.8
专家	27.3	59.1	4.5	9.1
馆员	42.3	46.8	6.5	4.4

6. 参与资源共享时用户个人隐私的保护

社会网络环境下用户参与图书馆数字资源共享，涉及个人隐私保护问题。我们对"社会网络环境下用户与图书馆共享数字资源时是否需要保护个人隐私"进行调查发现：87.5% 的用户、81.8% 的专家和 95.2% 的馆员认为社会网络环境下用户与图书馆共享数字资源时需要保护个人隐私。11.4% 的用户、18.2% 的专家和 3.2% 的馆员认为有时需要保护个人隐私。只有 1.1% 的用户、1.6% 的馆员认为不需要保护个人隐私。

7. 用户参与图书馆数字资源建设的动力

　　了解用户参与图书馆数字资源建设的动力，可以吸引更多的用户持续不断地参与图书馆数字资源建设。调查得知：用户参与图书馆数字资源建设是在多种动力的共同作用下进行的。调查显示用户、专家和馆员对于用户参与图书馆数字资源建设的动力期望趋向一致（详见表3—20）。更多的数字资源回报和借阅优惠奖励成为用户、专家和馆员较多的选择。

表3—20　　　　　　　用户参与图书馆数字资源建设的动力　　　　　　单位：%

	更多数字资源回报	借阅优惠奖励	荣誉奖励	满足好奇心或兴趣	体验参与乐趣	希望能帮助他人
用户	88.6	77.3	28.4	36.4	47.7	58.0
专家	95.5	51.8	27.3	22.7	72.7	40.9
馆员	88.7	75.8	29.0	38.7	53.2	56.5

　　8. 用户参与图书馆数字资源建设的社会网络系统构成要素分析

　　所有的系统都是由若干要素组成的。用户参与图书馆数字资源建设的社会网络系统包括哪些要素？笔者对用户、馆员和专家对此问题的观点进行了调查，调查结果如表3—21所示。五成以上的调查者均认为用户、馆员、技术、数字资源、建设过程、管理和环境都是用户参与的图书馆数字资源建设的社会网络系统的构成要素。

表3—21　　用户参与图书馆数字资源建设的社会网络系统构成要素　　单位：%

	用户	馆员	技术	数字资源	管理	建设过程	环境
用户	92.0	81.8	86.5	95.7	79.5	70.5	61.4
专家	100.0	100.0	86.4	95.5	68.2	63.6	51.8
馆员	98.4	85.5	88.7	93.5	74.2	79.0	77.4

　　（三）用户参与图书馆数字资源建设的社会网络应用的观点

　　1. 图书馆的社会网络模式选择

　　目前高校图书馆发展社会网络的模式主要有四种：馆员以个人身份加入社会网络、馆员以图书馆身份加入社会网络、在图书馆网站添加社会软件、开发图书馆网站的用户个人空间。对用户、馆员和专家就图书馆发展社会网络模式的认可的调查表明，用户、馆员和专家最为认可的模式是开发图书馆网站的个人空间，其次是在图书馆网站添加社会软件，再次是馆员以图书馆身份加入社会网络，最后是馆员以个人身份加入社会网络。调查结果见表3—22。因此，高校图书馆在发展社会网络时，可以根据自身的条件和用户的需求来选择不同的发展模式。

表3—22　　　　　　　图书馆发展的社会网络模式选择　　　　　　单位：%

	馆员以个人身份加入社会网络	馆员以图书馆身份加入社会网络	在图书馆网站添加社会软件	开发图书馆网站的用户个人空间
用户	35.2	60.5	68.2	71.6
专家	27.3	54.5	77.3	86.4
馆员	24.2	54.5	75.8	77.4

2. 图书馆加入社会网络的方式

高校图书馆加入社会网络有多种方式，用户、馆员和专家认可哪些加入方式？对此问题的调查结果如表3—23所示。可见，用户最认可的方式是高校图书馆加入人人网一类的社交网站，占有效样本量的78.4%，这主要是因为人人网等社交网站在大学生中比较普及，且此类网站交流、共享功能比较强大，能起到共建共享的效果；其次是加入豆瓣网一类的兴趣小组和加入新浪微博一类的微博网站，比例分别为54.8%和52.3%；然后是加入博客网一类的博客群，比例为43.2%。馆员对四种加入方式的认可比例相差不大。专家最认可的方式是加入新浪微博一类的微博网站。可见，用户、馆员和专家对目前高校图书馆加入社会网络方式的认可情况不尽相同。因此，高校图书馆在选取加入社会网络方式时，需要考虑以哪个群体为主要服务对象，在尽量满足该群体需求的同时，兼顾其他群体的需求。

表3—23　　　　　　　图书馆加入社会网络的方式选择　　　　　　单位：%

	人人网等社交网站	豆瓣网等兴趣小组	新浪微博等微博网站	博客网等博客群
用户	78.4	54.8	52.3	43.2
专家	45.5	27.3	63.6	54.5
馆员	75.8	72.6	79.1	72.3

3. 图书馆网站用户空间的功能

调查表明，开发图书馆网站的用户个人空间，是目前用户、馆员和专家最认可的图书馆发展社会网络的模式，那么图书馆网站用户空间应该包括哪些功能呢？调查得知，用户、馆员和专家的观点基本一致，认为应具有学科资源建设的比例均最高；其次是资源发布功能；然后是信息交流功能；最后是信息推送功能（具体见表3—24）。可见图书馆网站用户空间应包括这四项功能，且最主要的是学科资源建设功能。

表3—24　　　　　　　　**图书馆网站用户空间功能选择**　　　　　　单位：%

	信息交流功能	信息推送功能	资源发布功能	学科资源建设
用户	80.7	68.2	81.8	93.2
专家	81.8	77.3	86.4	100.0
馆员	87.1	85.8	90.3	91.9

4. 用户参与图书馆数字资源建设的工作思路

我们就社会网络环境下用户参与图书馆数字资源建设提出了五点工作思路。为了验证这些思路的合理性，对用户、馆员和专家进行了调查，调查结果如表3—25所示。可见，五成以上用户、专家和馆员对笔者提出的四点社会网络环境下用户参与图书馆数字资源建设模式的基本思路表示赞同，只有"在不同知识团体和不同背景用户之间建立联结"这一点的用户和专家比例不足50%，这可能是因为他们认为社会网络环境下用户参与图书馆数字资源建设还处于探索阶段，应首先联结相同知识团体和相同知识背景的用户，构建知识库，再逐渐联结不同知识团体不同背景的用户，从而扩展知识库，进行跨学科、跨专业合作。

表3—25　　　**用户参与图书馆数字资源建设的工作思路**　　　单位：%

	为用户参与数字资源建设提供社会软件技术指导与管理服务	按学科专业和兴趣对用户进行知识团体划分	根据知识团体的成员及其相互关系构建学科知识库和学科资源库	在不同知识团体和不同背景的用户之间建立联结	确定知识团体中的核心用户并与之建立联结
用户	52.7	56.1	60.7	48.2	57.9
专家	54.5	81.8	86.4	42.7	57.3
馆员	56.5	91.9	79.0	62.9	70.9

（四）社会网络环境下用户参与图书馆数字资源建设的资源结构期望

1. 用户参与的图书馆数字资源建设的学科结构期望

对用户、专家和馆员期望的高校开展用户参与的图书馆数字资源建设的学科结构的调查结果如表3—26所示。可见，用户、专家和馆员中赞成对本校的重点学科专业开展资源建设、对本校的特色学科专业开展资源建设、对有兴趣参与的学科专业开展资源建设的比例都超过了50%，其中，用户赞成对有兴趣参与的学科专业开展资源建设的比例最高，达到63.6%，其次是对本校的特色学科专业开展资源建设和对本校的重点学科专业开展资源建设。而专家和馆员赞成针对本校的特色学科专业开展资源建设的比例最高，其次是对本校的重点学科专业开展资源建设和对有兴趣参与的学科专业开展资源建设。用户、专家和馆员赞成面向所有学科专业开展资源建设的比例都比较低，不足40%。这可能是因为社会网络环境下用户参与图书馆数字资源建设还处于探索阶段，所以，用户、专家和馆员大都认为要从用户有兴趣参与、本校有特色、重点学科等领域开始，逐渐过渡到所有学科。

表3—26　　　　用户参与的图书馆数字资源建设的学科结构期望　　　　单位:%

	针对重点学科专业开展资源建设	针对特色学科专业开展资源建设	针对有兴趣的学科专业开展资源建设	面向所有学科专业开展资源建设
用户	51.1	59.1	63.6	38.6
专家	51.8	54.5	51.8	36.4
馆员	81.9	87.1	71.9	22.6

2. 用户参与的图书馆数字资源建设的文种结构期望

高校开展用户参与的图书馆数字资源建设应具有怎样的文种结构？调查显示：五成以上的用户、专家和馆员均认为应包括中外文资源；28.4%的用户、40.9%的专家和43.2%的馆员认为应该根据不同专业用户需要而定；19.3%的用户、9.1%的专家和4.8%的馆员认为应以中文资源为主。具体见表3—27。因此，高校在开展用户参与的图书馆数字资源建设时，应包括中外文资源，并兼顾不同专业用户的需要。

表3—27　　　　用户参与的图书馆数字资源建设的文种结构期望　　　　单位:%

	包括中外文资源	根据专业用户需要	以中文资源为主	以外文资源为主
用户	52.3	28.4	19.3	1.1
专家	51.8	40.9	9.1	4.5
馆员	53.5	43.2	4.8	1.6

3. 用户参与的图书馆数字资源建设的类型结构期望

对用户、专家和馆员关于用户参与的图书馆数字资源建设的类型结构进行调查，结果如表3—28所示。可以看出，赞成包括各类资源的用户、专家和馆员比例最高，分别为55.7%、40.9%和45.2%；其次为根据不同专业用户需要而定，比例分别为34.8%、31.8%和46.8%；然后是以文本为主，比例分别为26.1%、27.3%和8.1%。因此，高校在开展用户参与的图书馆数字资源建设时，应包括各类资源，并兼顾不同专业用户的需要。

表3—28　　　　用户参与的图书馆数字资源建设的类型结构期望　　　　单位:%

	包括各类资源	根据专业需要	以文本为主	以视频为主	以图片为主	以音频为主
用户	55.7	34.8	26.1	4.5	1.1	0
专家	40.9	31.8	27.3	0	0	0
馆员	45.2	46.8	8.1	0	0	0

4. 用户参与的图书馆数字资源建设的时间结构期望

对用户、馆员和专家关于用户参与的图书馆数字资源建设的时间结构进行调查的结果如表3—29所示。用户、专家和馆员赞成根据不同专业用户需要而定的比例均最高；其次为存储不同时间段的资源；赞成以存储新颖数字资源为主的比例最低。因此，高校在开展用户参与的图书馆数字资源建设时，应根据不同专业用户的需要制定不同的数字资源的时间结构，保证资源的连续性和系统性。

表 3—29　　　　用户参与的图书馆数字资源建设的时间结构期望　　　　单位:%

	根据专业用户需要	存储不同时间段资源	存储新颖数字资源为主
用户	68.9	20.9	10.2
专家	77.3	18.2	9.1
馆员	75.5	11.6	12.9

5. 用户参与的图书馆数字资源建设的馆藏级别期望

数字资源馆藏级别包括永久保存级馆藏、服务级馆藏、镜像级馆藏和链接级馆藏。开展用户参与的图书馆数字资源建设的馆藏级别应选择哪些方式？对用户、专家和馆员进行的调查结果如表 3—30 所示。可见，用户、专家和馆员选择这几种馆藏级别的比例均超过了 50%，比例相差不大，因此可以认为，高校开展用户参与的图书馆数字资源建设时，应根据数字资源和用户需求的不同情况，选择不同的馆藏方式，对于本校用户非常需要且具有唯一性，只保存在本馆服务器上；本校用户非常需要但不具有唯一性，保存在本馆以外的服务器上；本校用户需要，拷贝本馆以外服务器上的资源且经常不可存取；本校用户有一定需要，本馆以外有许多同样的资源，本馆只提供链接。

表 3—30　　　用户参与的图书馆数字资源建设的馆藏级别期望　　　　单位:%

	永久级馆藏	服务级馆藏	链接级馆藏	镜像级馆藏
用户	71.6	70.5	57.9	53.4
专家	77.3	68.2	51.8	71.8
馆员	74.2	75.8	72.6	64.5

第三节　社会网络环境下用户参与的图书馆数字资源建设规划模式的修正

社会网络环境下用户参与图书馆数字资源建设过程涉及许多环节和内容。本章主要对社会网络环境下用户参与图书馆数字资源建设的规划模式和整体情况进行研究。根据这一目标，我们将主要根据本章第二节的调查数据,对本章第一节提出的规划模式假说进行修正调整。

社会网络环境下用户参与图书馆数字资源规划系统,是用户参与图书馆数字资源建设系统的组成部分,是用户参与图书馆数字资源建设的起点,也是最高层次。其原因在于用户参与的图书馆数字资源规划是对用户参与图书馆数字资源的生产、评价、选择、采集、组织、整合到开发利用全过程的规划。因此,验证用户参与图书馆数字资源规划模式假说,形成科学合理、切实可行的社会网络环境下用户参与图书馆数字资源规划模式,对用户参与的图书馆数字资源建设系统具有指导意义。

开展用户参与图书馆数字资源规划活动,首先应明确这不是某些用户、图书馆专家和馆员个人的"一相情愿",而是"众望所归"。调查结果显示,有效样本中86.2%的用户、所有的专家都愿意参与图书馆数字资源规划活动,91.4%的馆员也对用户参与图书馆数字资源规划表示认同,这就为用户参与图书馆数字资源规划活动奠定了群众基础。其次,图书馆需要对本馆的数字资源能否满足用户的需求有一个清晰的了解。调查显示,超过50%的用户和超过40%的专家认为本校图书馆的数字资源只能基本满足他们的需求,而56.3%的馆员也认为图书馆的数字资源只能基本满足用户的需求。另外,88.6%的用户和所有的专家都认为"用户参与数字资源建设能提高图书馆数字资源建设水平",赞同这一观点的馆员也超过九成。

在了解了图书馆的数字资源现状后,可以邀请用户参与图书馆数字资源建设的规划活动。社会网络环境下,图书馆馆员应该代表图书馆嵌入用户的社会网络,利用社会软件和社交网站与用户共同规划图书馆数字资源的生产、评选、组织与整合,构建图书馆的社会网络。调查显示,77.3%的用户、95.5%的专家和91.9%的馆员认为图书馆嵌入用户社会网络环境有助于加强图书馆数字资源建设。而根据用户的学科背景和兴趣爱好对用户进行知识团体划分,有利于从学科专业角度把握用户需求,进行学科资源建设。这一点也得到了56.1%的用户、81.8%的专家和91.9%的馆员的认可。

调查显示,用户、专家和馆员赞成图书馆应尽量联结较多用户的比例最高,分别为70.5%、72.7%和64.5%;其次为"使图书馆成为用户社会网络中心",比例分别为61.4%、59.3%和53.5%。不同知识团体中的核心人物通常是该领域有影响力的用户,一定程度上能够代表该领域用户的信息需求。图书馆应该直接邀请他们加入图书馆数字资源建设团队，参与图书馆数字资源建设规划。调查中 57.9% 的用户、57.3% 的专家和 70.9% 的馆员认为图书馆应确定用户知识团体中的核心用户，并与之加强联系。

社会软件和社交网站是用户参与图书馆数字资源建设的技术基础，对其使用和选择，将直接影响用户参与图书馆数字资源建设的效果。调查发现，在社会软件和社交网站中，用户使用率较高的前五项依次是 IM（89.6%）、SNS（61.8%）、微博（53.3%）、维基（52.2%）、博客（47.2%）；专家使用率前五的依次是 IM（77.3%）、博客（63.7%）、SNS（50.0%）、维基（45.5%）和微博（45.5%）；馆员社会软件使用率前五项依次是 IM（75.1%）、博客（68.8%）、维基（63.1%）、微博（54.5%）、SNS（50.7%），用户、专家和馆员对播客、RSS 和标签的使用率都较低。这就提示我们，在选择 Web2.0 工具开展用户参与图书馆数字资源建设活动时，应尽量选择用户使用率较高的软件和网站。同时，对于那些用户不熟悉的工具，则应该加强培训和推广工作，形成适用的图书馆社会网络平台。

用户参与的图书馆数字资源规划先要确定资源规划的目标与原则。对用户参与的数字资源建设规划目标的调查显示，89.3% 的用户、86.4% 的专家和 81.3% 的馆员选择了质量目标，82.1% 的用户、86.4% 的专家和 81.3% 的馆员选择了特色化目标，只有 52.4% 的用户、36.4% 的专家和 43.4% 的馆员选择了数量目标。另外，用户还提出数字资源建设规划要满足多样化、便捷性和专业化等目标。在建设规划原则的调查中，84.3% 的用户、90.9% 的专家和 80.7% 的馆员表示要以用户需求为导向；62.3% 的用户、36.4% 的专家和 57.8% 的馆员认为要从实际出发；52.5% 的用户、59.1% 的专家和 56.2% 的馆员表示要体现共建共享；50.3% 的用户、36.4% 的专家和 31.6% 的馆员认为要保证系统性；46.8% 的用户、72.7% 的专家和 47.5% 的馆员表示要保证特色化。因此，用户参与的图书馆数字资源建设规划目标，应在保证质量与特色化的基础上，兼顾数量、多样化、便捷性和专业化。而建设规划原则应以用户需求为导向，从实际出发，注重特色化与系统性，并积极与其他图书情报机构合作，实现数字资源的共建共享。

在确定了图书馆数字资源建设规划的目标和原则后，需要对数字资源建设各环节活动进行规划。用户和专家愿意参与图书馆数字资源生产、评选（评价、选择、采集）、组织与整合规划并提出意见、建议的热情较高，用户愿意参与这四个环节规划并提出意见、建议的比例依次为91.4%、87.3%、80.2%、80.3%；专家愿意参与各环节并提出意见、建议的比例依次为90.0%、86.4%、81.8%、90.9%。馆员认为用户可能参与图书馆数字资源建设各环节并提出意见的比例依次为88.3%、92.3%、92.7%、92.3%。因此，用户、专家愿意且馆员认可用户参与图书馆数字资源各环节规划并提出意见、建议的比例都超过了八成。

　　然而，对于用户是否愿意为图书馆数字资源规划各环节的具体内容提出建议进行调查，总体结果却并不理想。如在生产环节，愿意为资源上传时间提出建议的用户和专家比例仅为20.6%和18.2%。在评价、选择、采集环节，愿意为选择程序提出建议的用户和专家比例仅为19.2%和22.7%，馆员认可这一比例仅为19.2%。在组织环节，愿意为组织目标提出建议的用户和专家比例仅为26.7%和36.4%，馆员认可这一比例仅为34.3%。在整合环节，愿意为整合目标、整合层次、整合原则提出建议的用户比例为28.3%、27.4%和30.2%，专家比例为31.8%、24.3%、32.8%，馆员认可的比例为30.7%、18.8%、24.6%。愿意为其他各项具体内容提出建议的用户、专家比例也并不高，大多在三到四成之间。只有少数环节的具体内容，用户、专家愿意提出建议的比例较高。如用户、专家愿意为资源生产内容提供建议的分别占72.3%、100%，馆员认可的比例占84.3%。又如用户、专家愿意为资源整合内容提出建议的比例分别占51.3%、63.8%，馆员认可的比例占72.3%。由于资源内容与用户的学科专业有关，因此，结合用户的学科专业或兴趣爱好开展用户参与的数字资源建设是今后的发展方向。

　　由此可见，大多数用户对数字资源建设各环节工作的具体内容目前还不了解，开展用户宣传和培训在短时间内也难以达到效果，加上图书馆用户众多，意见纷纭，征求所有用户的意见，会给图书馆数字资源规划活动带了很多不便。因此，在开展用户参与图书馆资源建设规划之初，比较可行的办法是邀请用户知识团体中的核心人物（如各学科专业的学科带头人或学术骨干）参与图书馆数字资源规划活动。因为核心用户能代表其所在的学科知识团体和兴趣团体的需求，另一方面由于这些用户人数较少，开展宣传、培训和交流较为方便。在有了一定的工作基础以后，可以将此活动进一步推广。

　　一般而言，用户不会主动参与图书馆数字资源建设规划活动，必须要有一定的动力支持。据调查，88.6%的用户、95.5%的专家和88.7%的馆员认为获得更多数字资源回报是用户参与图书馆数字资源建设的动力；77.3%的用户、51.8%的专家和75.8%的馆员认为获得借阅优惠奖励是用户参与资源建设的动力；同时也有部分用户、专家和馆员表示帮助他人、体验乐趣、满足好奇心、荣誉奖励（如网币、积分和等级等）是用户参与数字资源建设的动力。因此，图书馆要采用多种措施激励用户参与图书馆数字信息资源建设和规划。

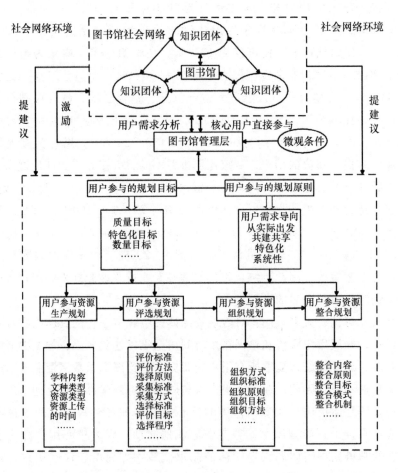

图3—8　社会网络环境下用户参与的图书馆数字资源建设规划修正模式

从以上调查数据可以看出，社会网络环境下用户参与的图书馆数字资源建设规划的理论模式在总体上得到了高校用户、专家和馆员认可，具有一定的可行性。但其中有些具体内容还需要根据用户、专家和馆员的意见进行完善和修正，使其更符合用户的实际需求和目前的认识水平。为此，我们对前面提出的社会网络环境下用户参与的图书馆数字资源建设规划的模式假说进行了修正和完善（见图3—8）。

需要指出的是，用户参与的图书馆数字资源规划应该是一个不断调整、不断完善的动态过程，图书馆应该通过社会网络将图书馆数字资源规划内容展示给用户，用户可以对各环节规划内容进行评价，并提出相关建议，从而促进图书馆数字资源规划活动模式的不断完善。

第四节　社会网络环境下图书馆开展用户参与数字资源建设的建议

为进一步提高社会网络环境下高校图书馆数字资源建设的水平，更有效地推动用户参与的图书馆数字资源建设活动。根据问卷调研的数据，我们给出如下建议：

一　转变观念，增进用户和馆员的有关知识技能

社会网络为高校图书馆数字资源建设的发展带来了契机。在社会网络平台上，图书馆更容易扩展用户群，增加用户的黏合度和活跃度。用户则可以通过社会软件和社交网站创建、贡献资源，构建各种知识库，缓解图书馆数字资源供需矛盾。这一点可以从调查的用户、专家和馆员的反馈数据中得到肯定。

目前，社会网络在美国等发达国家高校图书馆应用广泛，发展迅速，成功案例很多。而国内高校图书馆在用户参与图书馆数字资源建设的理念宣传上，与发达国家还有较大差距。调查显示，14%的用户不愿意或不知道是否愿意参与图书馆数字资源建设；10.7%的馆员不赞同或不知道用户是否应参与图书馆数字资源建设。可见这些用户和馆员对社会网络环境下用户参与图书馆数字资源建设的意义还不了解。为此我们建议，在用户和馆员中，加大对用户参与图书馆数字资源建设理念的宣传，提高用户和馆员对用户参与图书馆数字资源建设的认知度，促进其观念的转变。

社会软件和社交网站是社会网络环境下用户参与图书馆数字资源建设的基本工具,对其了解和使用程度,直接影响用户参与的图书馆数字资源建设的效果。调查发现,在常用的社会软件和社交网站中,用户、专家和馆员除了对 IM、SNS、博客和微博的认知度和使用率比较高,对于播客、RSS、标签的认知度和使用率都不高。如 78.7% 的用户对 RSS 不了解,83.3% 的用户、76.5% 的馆员对标签不了解,有的用户和馆员对维基的了解仅限于百度百科的应用。又如用户对 RSS、播客和标签的使用率分别为8.6%、11.1% 和 4.3%。可见,用户和馆员对社会软件和社交网站的认知都需要提高,对其使用率也有待提高。因此,通过各种方式,加强对社会软件和社交网站的使用宣传,提高用户和馆员对其的认知,提升其应用社会软件的能力,是开展社会网络环境下用户参与图书馆数字资源建设的重要一环。

调查发现,大部分用户对参与图书馆数字资源建设的工作有着很高的热情。但用户对数字资源建设中的资源评价、选择、采集、组织等环节的专业知识了解不够。因此,应该加强对数字资源建设专业知识的用户宣传培训,尤其是让有影响的用户熟悉图书馆数字资源建设的有关业务知识,以便带动其他用户顺利地参与图书馆数字资源建设。

二　根据用户需求和本馆情况,选用适合的社会网络模式

图书馆发展社会网络有多种模式。调查表明,用户、专家和馆员比较认可的三种是:图书馆加入已有社会网站、在图书馆网站添加社会软件、开发图书馆网站的用户个人空间,其中第三种最受欢迎,效果最好,但难度也最大。因此,图书馆发展社会网络,并不意味着一开始就要采取第三种模式,可以采取分步推进策略,从加入已有社交网站、在图书馆网站添加社会软件开始,逐渐建立起图书馆网站的个人用户空间。

鉴于不少读者对用户参与图书馆资源建设乃至图书馆的服务仍不甚了解,实现社会网络环境下用户参与图书馆资源建设的第一步,就是要利用已有的社交网站使用户接受图书馆在社会网络环境下的新面孔,这也是清华大学等许多图书馆采取"走出去"的做法。加入已有的社会网站不仅可以使用户更方便地了解图书馆的最新资讯,获得有关服务信息,还能改变用户心中图书馆原来刻板沉闷的印象,及时纠正图书馆对用户需求理解的偏差。这种模式以现有的社交网站为基础,操作简单易于维护,为图书

馆与用户交流提供了一条便捷渠道。这种模式中较有效的方法（也是用户、专家和馆员较赞同的方法），是馆员以图书馆的身份加入已有社交网站，申请公共主页，提供用户参与的图书馆数字资源建设服务。目前学生比较认可的方法是加入人人网一类的社交网站；而专家比较认可的是加入新浪微博一类的微博网站。对此，高校图书馆在选取加入社交网站时，应考虑以哪类用户为主要服务对象，在尽量满足该用户群需求的同时，兼顾其他用户群的需求。

相比加入社交网站，引进博客、维基等社会软件的方式更加灵活，也已经被图书馆广泛采用（如上海交通大学图书馆的学科博客）。社会软件作为交互工具，可以促进用户和图书馆之间社会关系的发展，促进两者之间的信息传递和共享。最初发展社会网络时，图书馆可以考虑在其网站加入某一种或几种社会软件，来吸引用户进行知识交流和资源共享。这也有助于提升图书馆的用户亲和力。调查得知，在图书馆网站添加社会软件来发展图书馆社会网络的方式，比较受用户、专家和馆员的欢迎，有68.2%的用户、77.3%的专家和75.8%的馆员支持这种方式。

开发适合用户参与数字资源建设的图书馆网站的用户个人空间，是最受欢迎的图书馆社会网络方式。国内也有成功的实例，如重庆大学图书馆的我的书斋。需要注意的是，在图书馆网站个人空间中，要体现图书馆区别于一般的 SNS 网站所具有的特有功能。即图书馆的资源建设和服务功能要尽量融合于用户的个人空间中。如提供学科资源建设、信息发布、交流和推送功能，其中学科资源建设应包括专业书评、学科导航、学科知识库和学科资源库构建等，这也是调查中大多数用户、专家和馆员共同期待的。当然，具体的功能和应用可以根据各图书馆的实际和读者的使用状况来添加和取舍。

由于第三种模式最受欢迎，但需要对图书馆系统进行升级改造，建设难度最大。建议各馆根据自身条件和情况，先行选择前两种模式之一加以应用，待取得一定效果后，争取领导和用户支持，实现第三种模式。

三　发挥图书馆在用户参与的数字资源建设中的引导作用

高校图书馆要根据高校的特点，在社会网络环境下用户参与数字资源建设中充分发挥引导作用，为用户参与数字资源建设提供技术指导与管理服务，为用户参与数字资源建设扫清障碍。

调查显示，80.7%的用户、90.9%的专家和80.6%的馆员认为要加强同一学科、专业之间用户的联结；69.3%的用户、90.9%的专家和74.2%的馆员认为要加强相关学科、专业之间用户的联结；而赞成根据知识团体的成员及其相互关系构建学科知识库和学科资源库的用户、专家和馆员比例均为六成以上。因此建设初期，图书馆首先要促进同一学科、专业和相关学科、专业用户之间的联结，即根据用户的学科背景和兴趣爱好，划分知识团体，促进知识团体内用户之间的联系与交流，让用户在形成的知识团体内奉献和分享知识，从而构建学科知识库和学科资源库。其次，图书馆也要注重引导不同团体之间用户的交流，因为不同知识背景的用户之间往往能提供更为广阔的信息来源，从而启发新的思维，为知识的扩展和延伸提供桥梁，这对于跨学科跨专业的合作研究具有重要意义。再次，图书馆要想与用户共享更多的资源，应该尽量联结较多的用户，努力提高图书馆与用户之间的网络密度。这已经得到大多数用户、专家和馆员的认同。当然，由于图书馆的人力是有限的，所以应注意在联结用户时尽量减少投入成本。如要联结那些处于网络中心的用户，或在网络边缘但有特色的用户，努力使自身成为用户的社会网络中心，提高数字资源建设的效率。

为了鼓励用户踊跃参与图书馆数字资源建设，图书馆要了解用户参与图书馆数字资源建设的动力，对积极参与的用户给予相应的回报和奖励。据调查，大多数用户、馆员和专家都认为，用户参与图书馆数字资源建设的最大动力是获得更多数字资源回报；其次，借阅优惠等奖励措施对用户也有很大的吸引力。因此，图书馆要采用数字资源回报、借阅优惠等多种措施吸引用户参与数字资源建设。我们认为：社会网络环境下用户参与图书馆资源建设的动力包括社会驱动和个体驱动两个方面。在社会驱动方面，图书馆应该建立用户参与图书馆数字资源建设的管理条例，对用户参与图书馆数字资源建设的行为加以引导和规范。在个体驱动方面，图书馆可以对用户参与图书馆数字资源建设的行为加以奖励，提供诸如数字资源回报、借阅优惠、网络积分、等级提升等精神荣誉，并根据用户贡献数字资源的情况，评选出星级或核心用户，给予相应的优惠服务。

四　以需求为导向，逐步建设高质量、特色化、多元化的数字资源体系

用户参与的图书馆数字资源建设，实质上是要以用户需求为导向建设图书馆数字资源。调查可知，用户参与的图书馆数字资源建设应在保证质量和特色的基础上，逐步建立多元化的数字资源体系。

首先，在数字资源数量急剧增长的今天，大多数用户和专家都很看重数字资源的质量和特色。多数用户和专家还认为，用户参与的图书馆数字资源建设，应先从本校有兴趣参与的学科、有特色的学科或重点学科开始。从本校有特色学科或重点学科开始的好处在于这些学科基础雄厚，资源丰富，一般在国内居领先地位，开展用户参与的数字资源建设容易形成高质量有特色的学科资源库。而在有兴趣参与的专业或用户中开始的好处在于，由于用户有较高的参与积极性，容易在较短的时间里聚集人气，取得成效。因此，这种重点突破的方法有利于形成示范效应，也有利于逐步扩展到其他学科领域。在这方面，上海交通大学图书馆提出的 IC^2 服务模式可以参考，台湾地区高校图书馆组织的参与式数位典藏活动也值得借鉴。

其次，在用户参与的图书馆数字资源建设的资源文种结构、类型结构、时间结构和馆藏级别上，也应该坚持用户需求为导向的原则。在制定建设规划时，应综合考虑当前和长远的因素，针对不同专业和不同用户群的需要，逐步形成多文种、多类型、不同时间段和不同馆藏级别数的高质量的数字馆藏体系。

最后，在组织用户参与图书馆数字资源建设时，还要充分尊重用户自由参与的意愿，注意保护用户的个人隐私。[①]

---

① 刘磊等：《社会网络环境下用户参与图书馆数字资源建设的需求调查》，《大学图书馆学报》2012 年第 5 期。

第四章 社会网络环境下用户参与的
图书馆数字资源生产模式

第一节 概述

一 研究背景

社会网络环境下用户参与图书馆数字信息资源生产，是指在社会网络环境下，图书馆工作者借鉴社会网络理论与方法，采取用户生成内容（UGC）的方式，通过引导、激励措施，组织用户生产、提供符合图书馆数字资源建设目标的数字资源，并经审核后纳入图书馆数字资源体系的活动和过程。以往的数字资源生产主要是由数据库提供商或出版商来承担，图书馆则是根据本馆的服务对象和任务，主要以购买的方式采集数据库提供商或出版商出售的数字资源，并辅之以基于互联网的开放获取（OA）资源等采集方式。①

用户生成内容（UGC）是社会网络环境下一种新型的数字资源创作与组织模式，它有别于传统的权威生成、中心辐射的形式，倡导为用户创建一个参与表达、创造、沟通和共享的环境。社会网络环境下，用户除了点击浏览行为以外，还可以在网上开辟自己的信息空间，进行信息资源内容创造、信息资源共享等相关活动。社会网络环境下大量的信息资源来自于个体贡献的微内容，用户既是网络信息资源的消费者，同时也是网络信息资源的生产者和传播者。② 近年来，随着 Web2.0 理念的兴起，基于

---

① 肖希明：《数字信息资源建设与服务研究》，武汉大学出版社 2008 年版，第 117—129 页。

② 朱庆华、赵宇翔：《Web2.0 环境下用户生成内容（UGC）研究进展》，载马费成《信息管理与信息系统研究进展》，武汉大学出版社 2010 年版，第 324—326 页。

Web2.0 的社会软件和社交网站的普及应用激发了用户参与信息资源生产的热情，用户参与信息资源生产的理念开始深入人心并迅速发展。

面对社会网络新环境，Lib2.0 逐渐走入人们的视野，图书馆界开始重视用户的参与，重视与用户之间的交互与协作。肯·查德（Ken Chad）和保罗·米勒（Paul Miller）指出 Lib2.0 应该具备四个特征：图书馆无处不在；图书馆没有障碍；图书馆鼓励参与；图书馆使用具有弹性和单项优势的系统。① 社会网络环境下，重视用户参与的 Lib2.0 理论与实践得到迅速发展。网络调查显示，截至 2012 年 4 月，美国排名前 100 位的高校图书馆中，有 45 所图书馆使用 Wiki 来鼓励用户参与图书馆的知识库、学科资源库的建设。中国内地排名前 100 位的高校图书馆中，有 32 所图书馆根据用户提问建立了基于 Wiki 的虚拟参考咨询知识库。可见，社会网络环境下，图书馆利用社会网络技术鼓励用户参与图书馆数字资源生产和服务已经不是特例。

随着用户参与图书馆数字资源生产实践的开展，相关领域的研究成果开始出现。首先是社会软件和社交网络在图书馆应用的研究。这些相关研究侧重其在图书馆服务或信息组织中的应用，也有少量成果论及用户参与图书馆数字资源生产、采访、推荐、评价等内容。其次是用户生成内容（UGC）研究。这些相关成果主要对 UGC 的概念、类型、趋势、特征、技术、动因、模型和用户行为与协作等进行研究。专门针对图书馆数字资源建设的 UGC 研究未见报道。

为了解社会网络环境下用户参与图书馆数字资源生产研究的现状，我们于 2012 年 4 月 19 日，进行了中外文数据库查新。由于这方面的文献较少，为提高检全率，我们构建了三个检索式进行了中外文查新，并通过网络调查补充相关文献。中文查新结果如下：以维普中文科技期刊数据库、万方数字化期刊、中国期刊网、中国博士论文全文数据库、中国优秀硕士学位论文全文数据库作为数据源，检索式为：M =（用户参与 + 用户生成 + 用户创造）× M =（图书馆）、M =（社会网络 + SNS + Web2.0 + lib2.0 + RSS + 博客 + 标签 + 维基 + IM）× M =（图书馆）、M =（社会网络 + SNS + Web2.0 + lib2.0 + RSS + 博客 + 标签 + 维基 + IM）× R =（数字资源+数字资源），其中 M 表示题名或关键词或主题字段，R 表示文摘字段，共检索到 131 条数据，剔除与社会网络环境下用户参与图书馆数字资源生产无直接相关性的 56 条数据，获得相关文献 75 条，按年代统计，结果如图 4—1 所示。

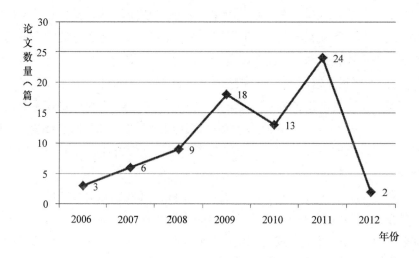

图 4—1　中文相关文献检索结果

外文查新结果如下：以 EBSCOhost、SpringerLink、Elsevier ScienceDirect、PQDD 作为数据源，检索式为：M =（UGC + UCC + user – generated content + user – created content）＊M =（library）；M =（Social Networks + Web2.0 + lib2.0 + RSS + blog + tag + Wiki + IM）＊M =（library）；M =（social networks + Web2.0 + lib2.0 +RSS + blog + Wiki + IM）＊R =（digital resources + digital information resources），其中 M 表示题名或关键词或主题字段，R 表示文摘字段，共得到 114 条数据，剔除无直接相关性的 49 条数据，获得 65 条相关数据，按年代统计，结果如图 4—2 所示。

据文献调查，国外最早有关用户参与图书馆数字资源生产的文献出现在 2005 年第 3 期的《Against the Grain》杂志上，威廉·沃尔什（William

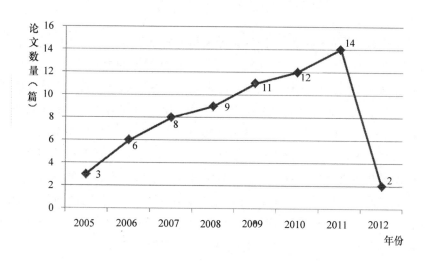

图 4—2　外文相关文献检索结果

Walsh）、蒂姆·丹尼尔斯（Tim Daniels)① 在文中介绍了佐治亚州立大学图书馆对 Blog 资源的利用，并指出 Blog 可作为学术机构学术交流系统的一部分，既可以为特定的读者服务，也可以为图书馆提供最新的信息资源。从文中可以看出，博客资源（含读者创建的博客）可以作为图书馆资源的一部分。2005 年 11 月著名联机媒体《出版》发表贾森·布格（Jason Boog)② 的《图书馆 2.0 运动有益于与用户协作》一文。文章提出：图书馆员的目标是建立一个可以使用博客、维基和标签等网络资源的（用户）参与的图书馆网络。文中还介绍了馆员利用维基与用户共同建设图书馆资源的实例。2005 年之后，国外这方面的研究成果逐渐增多，涌现出一批相关文献。国内这一主题最早的相关论文是 2006 年初范并思和胡小菁③发表的《图书馆 2.0：构建新的图书馆服务》一文，文中介绍了

①　William Walsh, Tim Daniels. Biz of Acq －－ Issues in Scholarly Communication：Creating Your Own Blog ［J］. Against the Grain, 2005, 17（3）：85 – 88.

②　Jason Boog. library 2. 0 movement sees benefits in collaboration with patrons ［EB/OL］. ［2011 – 06 – 30］. http：//www. publish. com/c/a/Online – Media/Library – 20 – Movement – Sees – Benefits – in – Collaboration – with – Patrons/.

③　范并思、胡小菁：《图书馆 2.0：构建新的图书馆服务》，《大学图书馆学报》2006 年第 1 期。

国外用户参与图书馆资源生产的研究成果和实例。2007 年之后，相关论文开始迅速增长。

从查新结果可以看出，图书馆界及相关领域在关注促进用户参与、提高用户体验的同时，也将目光投向用户交互所产生的大量动态信息资源。已有文献从不同角度对社会网络环境下用户参与的图书馆数字资源生产进行了有益的探讨。但尚未对社会网络环境下用户参与的图书馆数字资源生产进行专门、系统的研究，也尚未从用户需求的角度提出可供实践参考的用户参与图书馆数字资源生产的模式。因此，我们希望在对社会网络环境下用户参与图书馆数字资源生产的相关理论和实践进行总结的基础上，从用户需求的角度出发，了解用户通过社会网络参与资源生产的过程和问题，构建社会网络环境下用户参与的图书馆数字资源生产模式，为社会网络环境下更好地开展用户参与的图书馆数字资源生产提出建议。

二　社会网络环境下用户参与图书馆数字资源生产的研究现状

自从社会网络理论在社会学领域提出以后，逐渐在社会科学各领域得到了推广。在图书情报领域，近年来社会网络理论与方法逐渐在信息检索、信息行为、数字图书馆等领域得到推广和应用。社会网络环境下用户参与的图书馆数字资源生产，是以用户生成内容（UGC）为主要方式。因此，下面首先介绍国内外用户生成内容的研究动态，再介绍社会网络环境下用户参与图书馆数字资源生产的研究动态。

（一）社会网络环境下用户生成内容的研究现状

摩根斯坦利首席分析师玛丽·米克尔（Mary Meeker）在《2005 年度中国互联网行业报告》中，首次提出 UGC 这一术语并认为"在 Web2.0发展中，用户生成内容（UGC）是新一代网络经济成功的关键"。

国外关于 UGC 的理论研究可以分为宏观和微观两个层面。在宏观层面上，主要是探讨 UGC 的现状、发展、影响等。经济合作与发展组织（Organization for Economic Cooperation and Development，OECD）2007 年的报告对 UGC 的动机、类型、商业模式、经济和社会影响、机遇和挑战等一系列问题作了概述性的阐释。杰西卡·戴伊（Jessica Dye）[①] 在 *Meet*

---

① Jessica Dye. Meet Generation C: Creatively Connecting Through Content ［J］. EContent, 2007, 30 (4): 38 –43.

Generation C：Creatively Connecting Through Content 一文中介绍了 UGC 的发展趋势，预测数字内容将作为主要的自我表达形式。皮特·布莱克肖（Pete Blackshaw）、迈克·纳扎罗（Mike Nazzaro）① 发表的白皮书《Con-sumer – Generated Media 101》论述了用户生成内容对市场的冲击。克里斯坦·松德加德·詹森（Christian Søndergaard Jensen）等②认为，启用用户生成服务有助于推动移动革命。能够共享用户生成内容（如广受欢迎的照片和视频）的网站正在发展，能够提供创建、共享和配置用户生成移动服务网站的技术可以在移动互联网发展中起关键作用。

　　在微观层面上，网络环境下 UGC 的用户行为和影响 UGC 的技术等因素受到关注。叶强等③通过实证研究分析了旅游行业 UGC 对旅馆在线预订的影响。爱荷华大学硕士研究生吉恩·金姆（Jin Kim）④ 在其毕业论文中以 YouTube 为例，从制度上、文本研究和新媒体研究三个角度出发，探讨了个人与公众、用户生成内容与专业生成内容（PGC）之间的关系。阿梅拉·卡诺哈桑诺维奇（A. Karahasanovi）等⑤通过调查发现即使是老年人也渴望使用新技术，并通过 UGC 贡献自己的力量。车美英（M. Y. Cha）等⑥选取了 YouTube 和韩国视频平台 Daum 对内容产生的模式、用户参与度等视频 UGC 的属性进行分析比较，还对构建有效的 UGC 系统提

　　① 　Pete Blackshaw, Mike Nazzaro. Consumer Generated Media (CGM) 101 [EB/OL]. [2012 – 03 – 28]. http：//www. brandchannel. com/images/Papers/222_ CGM. pdf.

　　② 　Christian Søndergaard Jensen, Carmen Ruiz Vicente, Rico Wind. User Generated Content：The Case for Mobile Services [J]. Computer, 2008, 41 (12)：116 – 118.

　　③ 　Qiang Ye, Rob Law, Bin Gu, et al.. The influence of user – generated content on traveler be-havior：An empirical investigation on the effects of e – word – of – mouth to hotel online bookings [J]. Computers in Human Behavior, 2011, 27 (2)：634 – 639.

　　④ 　Jin Kim. User – Generated Content (UGC) revolution?：Critique of the promise of YouTuBe [D]. Des Moines：The University of Iowa, 2010.

　　⑤ 　A. Karahasanovic, P. B Brandtzæg, J. Heim , et al.. Co – creation and User – generated Content—elderly People's User Requirements [J]. Computers in Human Behavior, 2009, 25 (3)：655 – 678.

　　⑥ 　M. Y. Cha, H. W. Kwak , P. Rdriguez. I Tube, YouTube, Everybody Tubes：Analyzing the Workd's Largest User Generated Content Video System. Proceedings of the 7th ACM SIGCOMM Con-ference on Internet Measurement, San Diego, California, USA, 2007 [C]. New York：ACM, 2007, pp. 1 – 14.

出了若干建议。奥布里·斯特玛丽安娜（O. Marianna）等①的论文分析了可以通过哪些方法和技术方式来实现 UGC 的创造、上传和共享，以及需要吸收哪些群体作为用户来帮助改进、评估 UGC。

在国内，南京大学朱庆华教授 2009 年承担教育部人文社会科学规划项目"Web2.0 环境下用户生成内容激励机制与评价机制的设计及协同研究"，对现有 UGC 研究进行了综述，分别对用户生成内容动因②③、视频网站 UGC 特性等④进行实证研究。朱庆华 2010 年又承担了国家社科基金重点项目"互联网用户群体协作行为模式的理论与应用研究"，继续开展相关研究。赵宇翔等⑤提出一套多层次、多维度、多方法的用户生成视频内容质量测评框架，对社会网络环境下视频网站中用户贡献的视频质量进行测度，并就该领域今后的研究工作及亟待突破的核心问题进行了展望。常静⑥对百度百科中用户参与行为与参与动机进行了实证研究；梁朝云⑦等通过调查研究了维基百科中参与者贡献能力的影响因素和用户的参与动机。雷蔚真⑧以 KU6 网为例，对虚拟社区意识（SOV）与用户生产内容（UGC）的关系进行了探讨。高皓亮⑨、唐中实等⑩研究了社会网络环境下用户参与 GIS 地图分享平台，这种共享方式鼓励用户自己创建地图，这

---

① O. Marianna, D. Geerts, P. B Brandtzag, et al.. Design for Creating, Uploading and sharing User Generated Content CHI 2008 Proceedings, Florence, Italy, 2008［C］. New York：ACM, 2008：2391 – 2394.

② 赵宇翔、朱庆华：《Web2.0 环境下影响用户生成内容的主要动因研究》，《中国图书馆学报》2009 年第 5 期。

③ 赵宇翔、朱庆华：《Web2.0 环境下影响用户生成内容动因的实证研究：以土豆网为例》，《情报学报》2010 年第 3 期。

④ 陈欣等：《基于 YouTube 的视频网站用户生成内容的特性分析》，《图书馆杂志》2009 年第 9 期。

⑤ 赵宇翔、朱庆华：《Web2.0 环境下用户生成视频内容质量测评框架研究》，《图书馆杂志》2010 年第 4 期。

⑥ 常静、杨建梅：《百度百科用户参与行为与参与动机关系的实证研究》，《科学学研究》2009 年第 8 期。

⑦ 梁朝云：《中文维基百科管理员参与动机与工作形态之研究》，《教育资料与图书馆学》2008 年第 1 期。

⑧ 雷蔚真、郑满宁：《Web2.0 语境下虚拟社区意识（SOV）与用户生产内容（UGC）的关系探讨——对 KU6 网的案例分析》，《现代传播》2010 年第 4 期。

⑨ 高皓亮：《用户参与驱动的 GeoRSS 地图分享平台》，硕士学位论文，华东师范大学，2009 年，第 52 页。

⑩ 唐中实等：《基于 Web2.0 的 GIS 模型共享平台研究》，《测绘科学》2008 年第 4 期。

些地图会被平台所收入，供所有人共享。朱麟①提出了一个社会网络环境下的协同标注框架，用面向社区的图像数据为背景，实现了一个支持大量用户的协同图像标注原型系统，并提出了检索方法。

这些研究虽然没有直接涉及 UGC 在图书馆数字资源建设应用的内容，但其理论、方法及实证对探索社会网络环境下用户参与图书馆数字资源生产的理论基础、参与动机和用户行为等具有一定借鉴作用。

（二）社会网络环境下用户参与图书馆数字资源生产的研究现状

社会网络环境下用户参与图书馆数字资源生产的研究目前的关注点集中在两方面：

首先是借鉴社会网络理论和方法开展用户参与图书馆数字资源生产研究的探讨。

金福生等②提出用于数字图书馆和数字教育 2.0 共同体的用户生成内容的信誉模型。珍妮·亨特（Jane Hunter）③ 等人提出了一种用常规编目方法生成的权威元数据与社区注释和标签融合的混合方法，并应用到元数据收割系统中，该方法增强了特定馆藏的描述元数据，提升了资源发现的服务能力。凯伦·库姆斯（Karen A. Coombs）④ 介绍了休斯敦大学在重塑图书馆网站时将用户贡献内容作为图书馆网站的六大支柱之一，设想让用户通过编写维基、添加标签和发表评论参与图书馆资源建设，同时还开展了一项教师档案库和学习对象库项目，允许教师和研究人员分享他们的观点和与他人合作。萧德洪、肖铮⑤罗列了与图书馆相关的 30 多个 APIs 服务，如 Amazon、Library Thing 提供的图书封面、图书馆联合联机目录检索、通过标识符进行基于 XML 获取的元数据对象描述架构、维基百科的

---

① 朱麟：《Web2.0 环境下高维数据的社会化协同标注与检索》，硕士学位论文，复旦大学，2009 年，第 56 页。

② Fusheng Jin, Zhendong Niu, Quanxin Zhang, et al.. A User Reputation Model for DLDE Learning 2.0 Community, Proceedings of 11th International Conference on Asian Digital Libraries, Bali, Indonesia, 2008 [C]. Springer Berlin Heidelberg, 2008: 61 – 70.

③ Jane Hunter, Imran Khan, Anna Gerber. HarvANA – Harvesting community tags to enrich collection metadata, Proceeding of the 8th ACM/IEEE – CS Joint Conference on Digital Libraries, NY, 2008 [C]. Pittsburgh: ACM, 2008.

④ Karen A. Coombs. Building a Library Web Site on the Pillars of Web2.0 [J]. Computers in Libraries, 2007, 27 (1): 16 – 19.

⑤ 萧德洪、肖铮：《Open API 在图书馆的应用》（http://ebook.lib.bnu.edu.cn: 8080/ confmaterial/21126003060805. pdf）。

结构化信息获取、跨出版商引用的数字对象标识符解决方案、可提供图书封面、评论、评级、标签的谷歌图书检索应用接口、从网页文字内容（如博文）提供的语义元数据服务、OCLC 的开放链接网关、Elsevier 的 Scopus 信息导航等，为图书馆实现用户参与的数字资源生产提供了技术支持。杰瑞米·弗鲁姆金（Jeremy Frumkin）① 讨论了 Wiki 在数字图书馆资源生产中的作用，把它作为数字图书馆的注释工具。罗伯特·米尔森（R. Milson）等②提出了把数字图书馆重新构造成一个动态的、平民参与的知识生产环境，并建议构建一个用户协同参与的数字图书馆体系结构。

在国内，胡昌平③提出对使用社会网络相关工具如博客圈等的用户进行相似度判定，建立图书馆虚拟社区，鼓励用户在图书馆虚拟社区中进行创作并共享各种资源。魏群义④从用户、资源、管理、服务四要素出发提出图书馆 2.0 的理论架构，在此基础上构建了现代图书馆管理系统 AD-LIB2.0，并以重庆大学图书馆的实践为例进行了具体阐述。袁莉⑤认为基于社会网络的数字图书馆服务模型应包括 Blog 平台、评论平台和标签平台等用户参与图书馆数字资源生产的模块，并在《浅析社会网络理论对数字图书馆服务的影响》⑥ 一文中提出数字图书馆平台除了提供购买的数字信息资源，还可以由用户自己来创建新的知识库，利用 Wiki 的思路来编写各个学术领域的专业词典。马越⑦提出图书馆可以应用 Wiki、网摘和博客等技术工具与用户共建数字资源，以扩充图书馆数字馆藏。在硕士论文中，马超⑧还在用户参与数字图书馆资源建设的前提下构建了新环境下数字图书馆的创新服务模型，并分别从资源建设、参考咨询、个性服务等

---

① Jeremy Frumkin. The Wiki and the Digital Library [J]. OCLC systems & Science, 2005, 21 (1): 18 – 22.

② R. Milson, A. Krowne. Adapting CBPP platforms for instructional use, Proceedings of the Symposium on Free Culture and the Digital Library, Emory University, 2005 [C/OL]. [2010 – 7 – 10]. http: //arxiv. org/abs/cs. DL/0507028.

③ 胡昌平：《高校图书馆虚拟社区构建初探》，《现代图书馆情报技术》2007 年第 11 期。

④ 魏群义：《图书馆 2.0 的理论研究与实践》，《图书与情报》2009 年第 4 期。

⑤ 袁莉：《社会网络与数字图书馆服务模型》，《图书情报工作》2010 年第 3 期。

⑥ 袁莉：《浅析社会网络理论对数字图书馆服务的影响》，《情报杂志》2009 年第 S2 期。

⑦ 马越：《基于 Web2.0 的数字馆藏建设与服务》，《河南图书馆学刊》2010 年第 5 期。

⑧ 马超：《Web2.0 环境下数字图书馆的服务模型研究》，硕士学位论文，西安电子科技大学，2011 年，第 51—53 页。

方面对该服务模型的相关模块进行构建和优化。陈红艳①以 Blog 和 Wiki
为例提出了用户参与图书馆资源创建的两种主要方式，并构建了用户参与
的图书馆信息组织模式。王利萍②以 Web2.0 核心技术为基本要素，以用
户参与图书馆数字资源建设为出发点，提出了图书馆网络社区模型，并就
用户如何利用社区功能进行资源建设进行了详细介绍。陈宏东、张春燕③
以兰州大学为例，建立了基于 Wiki 的用户参与的数据库平台，探讨了用
户参与建设数据库的基本思路。孟鲁洋、王世慧④在分析数字图书馆社会
化批注一体化功能的基础上，指出用户生成的内容可直接转换成数字馆藏
条目，用户可以通过对资源添加批注的方式参与数字资源创建。

在用户主体研究方面，王天宇⑤以国内著名社交网络平台"饭否网"
为例，对用户群体特征进行分析，指出 SNS 用户网络具有"小世界效应"
与"无标度特性"，对指导用户参与图书馆数字资源生产的用户分析具有
指导作用。黄婷⑥等提出了 SNS 用户接受影响因素模型，指出感知有用
性、感知易用性和社交影响三个因素共同直接作用于用户的行为意向；系
统质量、信息质量和服务质量作为外部因素，间接影响行为意向。赵旭⑦
探索了网络社区信息交流的内部机制，归纳了网络社区信息交流的规律，
并构建了多元化网络社区信息交流模式。黄敏等⑧在论述图书馆 2.0 用户
需求多样性、层次性及关联性的基础上，充分借鉴相对成熟的 Web2.0 用
户参与激励方法，探讨了图书馆 2.0 服务模式下的用户参与激励措施，并
初步建立了优化的图书馆 2.0 用户参与激励模式。

其次是对社会网络理论、方法和技术应用于图书馆数字资源生产可行

① 陈红艳：《Web2.0 环境下用户参与的图书馆信息组织模式建构》，《情报资料工作》
2011 年第 3 期。
② 王利萍：《图书馆 2.0 网络知识社区构建》，《情报杂志》2007 年第 12 期。
③ 陈宏东、张春燕：《基于 Wiki 的中亚数据库建设——以兰州大学为例》，《兰州科技》
2010 年第 8 期。
④ 孟鲁洋、王世慧：《数字图书馆馆藏的社会化批注》，《图书馆理论与实践》2011 年第
10 期。
⑤ 王天宇：《社交网络服务的用户群体特征分析与组织探测研究》，硕士学位论文，北京
交通大学，2009 年，第 60—62 页。
⑥ 黄婷：《社交网络服务（SNS）的用户接受影响因素研究》，硕士学位论文，浙江大学，
2009 年，第 114 页。
⑦ 赵旭：《网络社区信息交流模式研究》，硕士学位论文，吉林大学，2010 年，第 57—
59 页。
⑧ 黄敏等：《图书馆 2.0 服务模式下的用户参与激励》，《情报杂志》2010 年第 6 期。

性和效果的评价。

为了提高用户参与数字资源创建的质量，哈米德·奥侯瑞（Hamed Alhoori）等①提出利用 ORSC 模型（Online Reputation – based Social Collaboration），建立开放性学术仲裁书目。该模型对用户贡献内容进行规范，有条件地控制用户对资源添加标签、引用、评级等以提高编目质量。奥尔顿·蔡（Alton Y. K. Chua）等②、莱斯利·布塞特（Leslie Bussert）③围绕图书馆服务的信息采集（Blog 和 Wiki）、信息传播（RSS）、信息组织（Tag）和信息共享（SNS 和 IM）四个方面构建图书馆网站质量评价体系，选取 120 个图书馆网站从系统质量、信息质量和服务质量三个方面评估图书馆网站质量。研究显示，注重用户生成内容的 Web2.0 应用程序已经在北美、欧洲和亚洲图书馆普及，最流行的 Web2.0 应用程序依次是博客（56.6%）、RSS（50%）、IM（46.6%）、SNS（20%）、维基（16.6%）和 Tag（16.6%）。

在文本资源之后，图片资源也是用户生成内容的主要组成部分。用户在共享图片资源时往往会加入相关的描述对图片进行解读，然而用户贡献的描述与专业人员的描述之间存在差异，阿比比·诺瑞萨（Abebe Rorissa）④ 就该问题进行了探讨，证实用户个人对图片的描述多为基层描述，而专业人员的描述则更利于检索和利用。从该研究可以看出，用户贡献内容的质量并不完美，需要专业人员把关。

三 社会网络环境下用户参与图书馆数字资源生产的实践

社会网络环境下用户参与的图书馆数字资源生产以用户生成内容

① Hamed Alhoori, Omar Alvarez. Supporting the Greation of Scholarly Bibliographies by Communities through Online Reputation Based Social Collaboration, Proceeding of 13th European Conference on Research and Advanced Technology for Digital Libraries, Corfu, Greece, 2009 [C]. Springer Berlin Heidelberg, 2009: 180 – 191.

② Alton Y. K. Chua, Dion H Goh. A study of Web2. 0 applications in library websites [J]. Library & Information Science Research, 2010, 32 (3): 203 – 211.

③ Leslie Bussert. The Presence of Web2. 0 Applications is Associated with the Overall Service Quality of Library Websites [J]. Evidence Based Library and Information Practice, 2011, 6 (1): 61 – 63.

④ Abebe Rorissa. User – generated descriptions of individual images versus labels of groups of images: A comparison using basic level theory [J]. Information Processing and Management, 2008, 44 (5): 1741 – 1753.

（UGC）为主要方式。同样，我们首先介绍用户生成内容的实践情况，再介绍社会网络环境下用户参与图书馆数字资源生产的实践。

（一）社会网络环境下用户生成内容（UGC）的实践

2001 年，美国国家航空航天局（National Aeronautics and Space Administration，简称 NASA）邀请互联网用户绘制火星地图上的飞行器，这项活动得到了网民的积极响应，而且他们完成任务的数量和质量都大大超出了发起者的预期。① 哈佛大学学者约凯·本克勒（Yochai Benkler）称此事件为"大众生产的涌现"（e - mergencing of peer production）。

2005 年 2 月，随着视频分享网站 YouTube 的推出，UGC 逐渐进入人们的视线并得到迅速发展。Flickr、Wikipedia、Facebook 等网站都是 UGC 应用成功的范例。如 Wikipedia 利用 UGC 理念，聚合群众智慧使用户自愿贡献知识，撰写 Wikipedia 条目，现已成为世界上最大的用户参与创作的网络百科全书。法比安·吉拉尔丁（Fabien Girardin）等②介绍了利用旅行中的旅游者手机移动所产生的网络数据和旅途中的照片发现旅游者的存在及其活动的相关时空数据，UGC 成为研究用户相关时空数据的新颖工具和方法。约翰·克拉姆（J. Krumm）等③利用数字网络和移动设备实现 UGC 在数据收集、模式识别、群体建立、艺术展现方面的应用，介绍了一个通过志愿者贡献出的 GPS 数据等构建免费的电子路标地图的方案。

国内的百度系列（百度百科、百度文库、百度知道）、豆瓣、优酷、土豆等网站也是 UGC 应用成功的实例。如百度百科借鉴 UGC 理念，模仿 Wikipedia 模式，组织用户贡献知识，撰写百度百科条目。豆瓣网所有的内容、分类、筛选、排序都由豆瓣成员产生和决定。

（二）社会网络环境下用户参与图书馆数字资源生产的实践

2006 年 TALIS 公司主办的"Mashing Up The Library Competition"④，就是鼓励用户参与到图书评论、图书封面提供、大众分类等，从而强化图书馆数据的显示、使用与复用，参赛的 23 个作品的设计理念和方法对于

① Bradford Brown, David Post. "Peerproduction" promises to leap in importance [J]. InformationWeek, 2002, 7: 870.

② Fabien Girardin, Francesco Calabrese, Filippo Dal Fiore, et al.. Digital Footprinting: Uncovering Tourists with User Generated Content [J]. IEEE Pervasive Computing, 2008, 7 (4): 36 - 43.

③ J. Krumm, N. Davies, C. Narayanaswami. User Generated Content. IEEE Pervasive Computing, 2008, 7 (4): 10 - 11.

④ 编目精灵Ⅲ：《TALIS 与图书馆 2.0》（http://catwizard. net/posts/2006/06）。

将社会网络资源有机融入图书馆资源与服务体系具有较高的参考价值。国外用户参与图书馆数字资源生产的实践主要集中在以下几个方面：

1. 利用 Wiki 实现资源的共享共建

俄亥俄州立大学图书馆的 BizWiki,① 以维基共享共建的方式让用户与馆员一起参与图书馆资源创建。普林斯顿公共图书馆的 BooksLoversWiki 利用 Wiki 来收集书评，允许俱乐部成员在 Wiki 上发布书评，并设立特色书评索引。

2. 利用 Flickr 收集图片资源

澳大利亚国家图书馆利用 Flickr 开展 Picture Australia 项目,② 鼓励社会大众通过上传照片的方式参与此项目，允许用户上传自己的图像到 Flickr，从而扩大了 Picture Australia 项目和澳大利亚国家图书馆的影响力。2008 年，美国国会图书馆加入 Flickr 的 "Commons" 项目，在 Flickr 上发布 "美国国会图书馆珍藏集"，邀请用户添加标签或评论，协助描述那些老照片。

3. 图书标签和书目评论

宾夕法尼亚大学图书馆开发了自己的标签系统 PennTags,③ 用户可以根据自己的喜好对图书馆的资源添加标签，还研发了可嵌入 IE 和 Firefox 浏览器的图书馆工具条插件，此外还利用社会软件提供在线辅导小组、即时信息和在线聊天咨询等一系列服务。美国维拉诺瓦大学图书馆的 VuFind 导航中，用户可添加、保存自己的标签并通过其查找图书等。OCLC 将联合目录的参与者由成员馆编目员扩大到整个 Web 用户，用户可以为书目数据库中的书目增加目次与评论。2007 年，美国安娜堡地区图书馆利用 Drupal 开源代码开发出社会化的 OPAC，用户可对馆藏图书进行加标签、打分和评论等操作。此外，网站还为用户提供了添加评论、导入日志和添加 RSS 订阅等功能。

4. 创建 SNS 社区

---

① Ohio University Libraries. Welcome to the Ohio University Libraries Biz Wiki［EB/OL］.［2008 – 2 – 17］. http：//www. library. ohiou. edu/subjects/bizwiki/index. php/Main_ Page.

② Picture Australia. About us［EB/OL］.［2011 – 12 – 20］. http：//www. pictureaustralia. org.

③ Penn libraries. Penn Tags［EB/OL］.［2014 – 07 – 23］. http：//tags. library. upenn. edu/.

2004 年，美国费城大学 Paul J. Gutman 图书馆馆长史蒂文·贝尔
（Steven Bell）和宾州州立大学贝克斯分校图书馆的技术馆员约翰·桑克
（John Shank）共同建立了 Blended Librarian① 网络学习社区，社区成员可
以彼此创作、分享、交流。ALA、Second Life librarian 借助 NING 平台创
建图书馆社区，还有以图书馆 2.0 和青少年图书馆为主题的各种社区，社
区成员可在其中展开学术及工作讨论。加拿大曼尼托巴大学图书馆② 于
2006 年构建完成的虚拟学习共享空间整合了包括图书馆、学习技术中心、
学生助理中心、计算中心以及 eTools 在内的多个部门和机构的许多学习资
源。耶鲁大学科学图书馆将其应用与服务嵌入多个社会网络站点，将它们
在若干其他网站的应用集成到一个页面"Social Net‐working‐Explore
the Interactive Web"，其中包括社交网站、网络相册和博客等。

5. 学科服务平台

康奈尔大学图书馆③学科服务平台是基于一款风靡全球图书馆界的
"内容管理和知识共享系统——LibGuides"构建的，它是一个允许用户以
Web2.0 方式参与、集中馆内外所有相关学科资源的知识共享平台，能够
实现学科资源和服务的组织、揭示与发布，共享国内外学科馆员相关的工
作成果，方便用户利用图书馆学科资源与服务，并参与学科资源建设。

6. 博客

明尼苏达大学图书馆④搭建的"Uthink Blog"则是一个综合性的博客
平台，免费向教师、馆员、管理者、学生提供博客托管服务。其中的图书
馆博客社区为图书馆知识库积累了大量的有用文献。通过 Uthink，不同院
系、专业、研究课题、项目组、特定课程的志趣相投者聚集在一起，正逐
步将图书馆从信息资源中心转变为支持教学与学习、促进学术交流、个人
表达的学术中心。

在国外，播客、RSS 等社会网络技术也在用户参与的图书馆资源建设

---

① Blended librarian Community. About Register［EB/OL］.［2014‐7‐23］. http：//blend-
edlibrarian. badgestack. net/about/.

② OCLC. Perceptions of libraries and information resources［EB/OL］.［2011‐12‐20］. ht-
tp：//www. oclc. org/ reports/2005 perceptions. htm.

③ Cornell University Library. Cornell University Library Guides［2014‐7‐24］［EB/OL］. ht-
tp：//guides. library. cornell. edu/.

④ Minnesota University Libraries. About UThink［EB/OL］.［2014‐07‐24］. http：//blog.
lib. umn. edu/uthink/.

实践中得到广泛的应用。

实践上，国内也有很多用户参与数字资源生产方面的成功案例。重庆大学图书馆①研发了 ADLIB2.0 系统，该系统为用户提供个性化空间，有文档库、共享库、图片库、私家藏书等功能，并以此为基础构建个人书斋。个人书斋是集个性化服务平台、个性化学习平台、个性化空间于一体的社会化网络系统。上海大学图书馆②构建了基于社会网络技术的学科建设服务平台，其中学科馆员博客系统、新闻聚合系统、学术百科系统都具有社会网络环境下用户参与图书馆数字资源生产的特点。上海交通大学图书馆③学科服务平台开展了经济与管理学科博客、法律学科博客等十多个学科服务平台，形成"学科馆员—咨询馆员—馆员"的服务梯队，开展"学科馆员"走进院系、融入学科团队、嵌入研究过程的服务，是利用学科博客开展资源共享共建方面的代表。厦门大学、清华大学、华中科技大学等十余所高校图书馆开发了可接入豆瓣 API 的 OPAC 馆藏查询的应用程序，读者在本地馆藏检索书目时可看到源自于用户贡献的豆瓣网的图书封面、内容介绍、作者信息、用户评论、标签等内容。

可以看出，图书馆界的学者已经从不同角度对社会网络环境下用户参与的图书馆数字资源生产和建设进行了有益的理论探讨和实践。但目前的研究还不够深入全面，尚未根据用户需求构建用户参与图书馆数字资源生产的模式。

四 社会网络环境下高校用户参与图书馆数字信息资源生产的现状

为了更好地了解社会网络环境下用户参与图书馆数字资源生产的现状，为用户参与图书馆数字资源生产模式构建做准备，我们选取了中、美两国排名前 100 位的各 100 所高校为调查对象，对其图书馆网站社会软件的提供情况、用户参与数字资源生产的情况进行网络调查。

（一）调查步骤

1. 选取调查样本

美国高校图书馆的选定，依据 2012 年美国大学综合排名（http://

① 重庆大学图书馆:《我的书斋》(http://lib. cqu. edu. cn)。

② 高峰、任树怀:《Web2.0 技术在高校图书馆学科建设中的应用:以上海大学图书馆学科馆员平台建设为例》,《图书情报工作》2007 年第 4 期。

③ 上海交通大学图书馆:《学科服务平台》(http://www. lib. sjtu. edu. cn/ssp/)。

wenku. baidu. com/view/ d847778183d049649b66585f. html），逐一访问排名前 100 位的高校图书馆网站；中国高校图书馆的选定，依据"中国大学排行榜 2012"（http：//wenku. baidu. com/view/4a54a02cbd64783e09122bfe. html）选取排名前 100 的高校图书馆逐一访问调查。

2．浏览图书馆网站

进入高校图书馆网站以浏览方式查找有博客、播客、微博、Facebook 等社会软件的链接，调查其使用了哪些用户参与图书馆数字资源生产的方式。

3．进行站内搜索

利用图书馆主页提供的站内搜索功能，以"RSS"、"博客"、"Blog"、"维基"、"Wiki"、"标签"、"Tag"、"播客"、"Podcast"等关键词进行站内搜索，调查社会软件的应用情况，避免遗漏。

4．Google 高级搜索

对于不提供站内搜索的图书馆主页，则利用"Google 高级搜索"功能，以上述关键词在各图书馆网域内限制检索，检索式为：关键词 site：域名。例如，要调查清华大学图书馆网站是否应用 RSS 技术，则以检索式：RSS site：www. lib. tsinghua. edu. cn 在 Google 上进行检索。

另外，对于中国高校图书馆使用人人网和豆瓣网的情况，通过登录人人网和豆瓣网，以"图书馆"为检索词进行检索，并对结果进行筛选。调研时间为 2012 年 4 月 15 日至 2012 年 4 月 30 日。

（二）调查结果

1．美国高校图书馆调查结果分析

表 4—1　　　　美国高校图书馆用户参与数字资源生产情况

项目	数量	描述
Facebook	96	发布消息、留言、评论，发表日志，上传音频、视频等资源，与好友联系
RSS	95	订阅图书馆各种通知公告，聚合学术资源，订阅数据库、博客、多媒体等信息
Twitter	93	可以发表、编辑、评论、回复、转发微博等
YouTube	83	上传、下载分享视频，对视频添加标签，进行评论、转载分享等
Blog	75	可以发表日志、评论、推荐、投票，为日志内容添加标签，图书评论与推荐等

续表

项目	数量	描述
Flickr	47	上传、下载图片，对图片添加标签，进行评论，分享图片等
Wiki	45	参与专题知识库、学科信息库的建设，进行知识交流与共享
Futurity	40	汇集来自美国、加拿大等国家著名大学的最新科学报道，允许用户对报道进行评论和分享
Tag	35	对资源添加标签，形成标签云
Google plus	11	与 Facebook 类似，提供社交服务项目，可以发表日志、上传图片等，同时提供了更好的隐私管理，可以在指定的圈子内分享资源

从表4—1可以看出，美国高校图书馆提供的社会软件或 SNS 网站种类较多，用户参与图书馆数字资源建设的可选择性也更大。其中，多数图书馆都提供了超过四种以上的技术工具，方便用户参与数字资源建设。

本次调查涉及的社交网站主要有 Facebook、Google plus 两种。其中有96所图书馆使用 Facebook 提供服务，是本次调查中使用数量最多的技术工具，从中也可以看出 Facebook 在美国大学生群体中的影响力。Google plus 是与 Facebook 功能类似的社交网络服务平台，但更注重用户隐私的管理，允许用户在一定范围内分享信息，同时可以提供少于10人的视频通话服务，目前有11所高校图书馆使用了该服务。

Blog 是图书馆用户参与数字资源建设的重要方式，共有75所高校图书馆提供了博客服务，其中杜克大学图书馆提供了17个不同类别的博客平台，为用户参与资源建设提供了便利条件。Twitter 是"简约版"的博客，具有短小精悍、方便快捷、随时随地传递和分享信息的特点，在用户参与的图书馆数字资源建设中也得到了高校图书馆的青睐，本次调查中共有93所图书馆使用了 Twitter。

YouTube 是美国著名的视频分享网站，用户可以通过上传、下载视频，对视频发表评论、添加标签等方式参与图书馆的数字资源建设，共有83所高校图书馆申请了图书馆群组。与视频分享网站相比，使用图片分享网站 Flickr 的图书馆共有47所，数量相对较少，通过上传图片、对图片进行评论等方式，用户可以参与数字资源建设。

RSS 是一种资源聚合工具，使用范围较广，共有95所高校图书馆提供了 RSS 服务，主要是用于订阅图书馆各种通知公告、期刊数据库信息，聚合博客等学术信息资源。Futurity 则是一个专门聚合最新科学报道的网站，有40所图书馆提供了该服务，用户可以浏览自己感兴趣的报道，并发表自己的看法，也可以通过 Facebook 等其他平台进行分享。

有45所图书馆使用了 Wiki 来鼓励用户参与图书馆知识库、学科资源库的建设，例如俄亥俄州立大学图书馆的 BizWiki 让用户与馆员一起参与图书馆资源建设。Tag 主要用于对图书、博客、期刊资源等添加标签，当标签数量达到一定数量时，可聚类成为标签云，以更加直观的方式了解资源的热度等，共有35所图书馆使用了 Tag。

2. 中国高校图书馆调查结果分析

表 4—2　　　　　　　中国高校图书馆用户参与数字资源生产情况

项目	数量	描述
RSS	63	订阅图书馆各种通知公告，聚合学术资源，订阅期刊、数据库、博客信息
Tag	52	对馆藏图书、博客等添加标签，使用标签来管理和查找资源
Wiki	33	参与专题知识库建设，进行知识交流与分享
人人网	26	发布消息、留言、评论，发表日志，上传音频、视频等资源，与好友联系
豆瓣网	19	对书籍、电影、音乐等发表评论、添加标签，建立小组，发起讨论
博客	13	发表博客，写评论，对内容添加标签，图书评论与推荐
微博	11	发表、编辑、评论、回复、转发微博等
播客	0	无

从表4—2可以看出，中国高校图书馆使用社会网络相关工具的情况整体较好，83%（83所）的高校提供了相关服务。从整体上看，RSS 和 IM 的使用情况较为普及，维基的使用案例较少，暂时没有高校图书馆使用播客。

本次调查中，RSS 是使用最多的技术工具，共有63所高校图书馆使用了 RSS。通过 RSS 订阅，用户可以在聚合站点或 RSS 阅读器上有针对性地订阅自己感兴趣的信息源，通过 RSS 订阅、分拣、重组和输出，大量用户间达成了间接协作。在图书馆中，RSS 主要用于订阅各种通知公告，聚合学术资源，订阅期刊、数据库、博客等信息。

Tag 可以用来对用户创造的不同格式、不同内容的资源添加标签，并通过标签来管理和查找资源，例如厦门大学图书馆的图书馆吱声博客即使用标签云管理相关资源。在图书馆的书目检索系统中，可以在后台通过对用户检索行为的数据挖掘和分析，提供一定时期内图书馆热门图书的标签集合，便于用户查找书籍。调查结果显示，共有 52 所高校图书馆使用了标签。

我国高校图书馆使用 Wiki 的情况分为两种，一种是利用 Wiki 专题，如同济大学图书馆百事通、上海大学图书馆互动百科、厦门大学图书馆编辑部维基版主页针对本馆工作人员的业务交流平台；另一种是使用 Wiki 技术建立基于 calis 虚拟参考咨询的系统知识库，其主要功能是通过对用户在该系统上提出的问题按照关键词等进行分类，从而建设关于参考咨询问题的知识库。国内排名前 100 位的高校中共有 32 所图书馆使用了基于 Wiki 的虚拟参考咨询知识库，其中包括同济大学和上海大学，再加上使用 Wiki 专题的厦门大学，故本次调查中使用 Wiki 的高校图书馆总数为 33 所。

人人网是国内应用广泛的社交平台，允许用户发表日志、上传音频视频文件、分享照片、进行评论等，是用户参与图书馆数字资源生产的重要方式。此次调查的 100 所高校中有 26 所高校图书馆在人人网上建立了自己的主页，其属性主要有三种：高校官方主页、校园机构和兴趣社团（俱乐部），用户数量较多，以 2011 年 10 月对外开通使用的南京农业大学图书馆人人网公共主页为例，至今已有 1757 名用户（2012 年 4 月 26 日数据）。

高校图书馆在豆瓣网主要是以小组的形式提供服务，其内容完全由用户自己组织管理，用户可以发表话题，对书籍、电影、音乐等进行讨论，可以上传书目，给图书添加标签等。本次调查中虽然有 19 所图书馆提供了此服务，但其发展应用情况却参差不齐，如创建于 2010 年 9 月 8 日的南京师范大学图书馆小组至今已有 333 名成员，同期的上海大学图书馆小组（创建于 2010 年 7 月 23 日）至今却仅有 25 名成员。

图书馆博客是进行学术交流、信息共享的重要阵地，国内的图书馆博客发展情况良好，共有 13 所高校图书馆使用了博客，如上海交通大学学科服务平台开展了经济与管理学科博客、法律学科博客等十多个学科服务平台，厦门大学图书馆吱声、武汉理工大学学科信息门户等都积累了非常广泛的用户，为用户参与的图书馆数字资源生产作出了贡献。

微博是一种通过关注机制分享简短实时信息的广播式的社交网络平台，在近两年得到广泛推广和使用。目前国内主流微博平台（如新浪微博、腾讯微博等）的用户数量已突破 1 亿。然而，国内高校图书馆加入微博的数量并不多，在本次调查的 100 所高校图书馆中，只有 11 所使用了微博。

3. 对比分析

通过对中、美两国高校图书馆的调查情况进行对比分析可以发现，国内高校图书馆在用户参与的图书馆数字资源建设方面落后于美国高校，主要表现在三个方面：一是国内高校图书馆提供的社会软件的种类不足，只有七种，而美国高校图书馆则有十种。美国高校图书馆善于将 YouTube、Flickr 等这些专门的视频、图片分享网站与本馆实际情况相结合，我国虽也有优酷、土豆等专门的视频网站，但目前高校图书馆尚未意识到其价值，还未将其引入自己的服务体系。二是国内高校图书馆社会软件和 SNS 网站的普及程度远低于美国，以社交网站为例，96% 的美国高校图书馆使用 Facebook，我国人人网的使用率却只有 26%。三是国内高校图书馆对相关社会软件和 SNS 网站的融合性较差，80% 以上的美国高校图书馆使用了三种以上的社会网络技术，国内同时使用三种以上社会网络技术的图书馆则只有 15 所。

第二节　社会网络环境下用户参与图书馆数字资源生产的模式假说

社会网络环境下用户参与图书馆数字资源生产的过程，既涉及用户参与图书馆数字资源生产的认知、需求、动机和用户类型等内在因素，也涉及用户参与图书馆数字资源生产的学科专业、主题范畴、相关的社会网络技术和用户参与的协同方式等外在因素，需要借鉴 UGC 理论、社会网络理论和认知理论，结合图书馆数字资源生产的实际进行分析，才能较为合理地提出社会网络环境下用户参与图书馆数字资源生产的模式假说。下面以高校图书馆为例，探讨这一模式假说的构建。

一　用户参与图书馆数字资源生产的内在因素分析

（一）用户参与图书馆数字资源生产的认知因素

认知理论是一种被广泛接受并经过实证检验的对个人行为研究的理论。认知理论之父，加拿大社会学家、心理学家艾伯特·班杜拉（Albert

Bandura）提出，人们的认知活动和他们的行为之间存在着因果关系，这些内在的思维活动和外部环境因素一起，决定着人们的行为。① 同时，它把人类的行为看作个人因素、行为和外在环境之间的三角的、动态和互惠的交互，并提出人的行为受到社会网络和个人认知的影响。下面将从影响个人认知的因素和认知网络理论两方面进行论述。

1. 用户认知的影响因素

认知是一个由表及里、由点到面的动态过程。认知者最初只能获得有关认知对象外部特征的信息，形成对其的初步、浅层次的了解。在此基础上，认知者开始对认知对象的内在属性等做出判断。在认知过程中，有很多因素会影响用户的认知，在这里将其归纳为认知者背景、认知对象和认知偏见等。②

（1）认知者背景

认知者背景也即用户背景，是从用户主体的角度出发对用户个人认知系统的研究，它主要包括用户主体的原有经验、价值观念、情绪、期望等相关因素。个体在一定的基础上，形成某些概括对象特征的标准、原型，这些关于对象的经验所形成的观念会参与认知的过程，从而使认知判断更加简洁明了。在经验的基础上，个体的价值观念、情绪等也会直接影响事物在自己心目中的意义或重要性。

以高校为例，用户参与的图书馆数字资源生产其主体用户多为学生、教师、科研人员等，他们在认知背景方面存在差异。例如，与年龄相对较大的教授、专家相比，学生用户对社会软件的了解和使用更加普遍；同时，专家教授在知识面的广度和深度上比学生用户更有优势，他们创作的内容价值相对更高。因此，图书馆要善于针对不同的用户群体有目的地开展服务，用不同的方式吸引多种类型的用户参与到数字资源的生产中来。

（2）认知对象

认知对象是用户所想要认识的对象，在社会认知中认知对象的身份角色也会影响用户的认知过程，这是因为个体观念会根据以往的认知经验对不同角色的对象抱有不同的期望。因此，如果我们知道某人在社会关系中

---

① Albert Bandura. Social Cognitive Theory in Annals of Child Development [M]. Greenwich, CT: Jai Press 1989: 10 – 26.

② 史忠植：《认知科学》，中国科学技术出版社 2008 年版，第 479—484 页。

占有什么地位或具有什么角色，我们就会根据对该角色的预期，判断他可能具有的特质。例如，认知对象被介绍为大学教授，我们会将对教授的角色期望归在这个人身上，推想他应该是学有专长、行为端庄的人，与他交谈时会持拘谨严肃的态度。

在用户参与的图书馆数字资源生产中，图书馆作为认知对象，被用户赋予何种角色直接影响用户参与的主动性和积极性。在人们的传统印象中，图书馆是呆板而没有情趣的，它只是一个书籍的集散地，可以借书、还书，仅此而已。实际上，社会网络环境下的图书馆是生动活泼并不断发展的现代化图书馆，是信息技术和专业人才武装起来的图书馆，是以用户为中心，鼓励用户参与和互动的数字资源中心。因此，图书馆要加强宣传的广度和力度，并以优质服务和实际行动感染用户，在用户心中建立全新的角色定位。

（3）认知偏见

在认知的过程中，个体的某些偏见可能会影响认知的准确性，使认知发生偏差。如"晕轮效应"，也叫"光环效应"，指的是如果一个人被赋予了一个肯定或有价值的特征，那么他就可能被赋予其他许多积极的特征，就像一个发光物体对周围有照明作用一样。其实质是把各种相互独立、没有必然联系的特性予以叠加，统统赋予认知的对象。与"晕轮效应"相对应的是"负晕轮效应"，是指如果一个人被赋予了一个否定、消极的特征，那么他就可能被赋予其他许多消极的特征。

在组织用户参与数字资源生产时，图书馆如果能使自身产生"晕轮效应"，无疑是有利的，但是负的晕轮效应则会给图书馆带来较大的损失。也就是说，在用户参与图书馆数字资源生产时，如果图书馆组织工作不得力，有可能会影响用户参与资源建设的热情。而且在人们的认知过程中，负面信息的影响力度要比正面评论更为显著。因此，图书馆在组织用户参与数字资源生产时，必须以用户需求为导向，不断提高用户满意度，努力使自身产生正面的"晕轮效应"。

2．认知网络理论

认知网络理论是将心理学领域的认知理论和社会学领域的社会网络理论融合在一起，探讨个体行动者对社会网络的认知，这种认知对社会网络形成的影响，以及网络对认知的反作用等问题，其核心概念包括认知平衡、认知准确度和认知图谱。

（1）认知平衡

在一定的社会关系中，个体之间通过友谊的联结联系在一起，如果个体感知到自身所在组织的友谊关系不平衡，就可能做出强烈反应。由于对不平衡状态的感知常常引起不确定感、不稳定感，所以在社会网络关系中，人们总是努力使自身的友谊关系保持平衡。弗里茨·海德对个体感知其关系的方式做了系统研究，将其归纳为平衡图式，它是指人们将情感关系（如友谊）视为对称的和可传递的这样一种认知倾向。总之，人们偏好平衡的关系，努力使自己在一定的社会关系中保持平衡。

社会网络环境下，用户通过社会软件或社交网络平台构建自己的社会关系，利用个体关系平衡图式中的可传递性，通过朋友的朋友来认识新朋友，从而扩展自己的关系网络，并通过各种方法使自己认知网络保持平衡，其本质也是小世界理论的反映。在社会网络关系的不断发展和不断平衡中，数字资源的传播和交流范围得到强化，无疑有利于用户参与的图书馆数字资源生产。

（2）认知准确度

认知网络理论聚焦于个体对网络的认知，个体的主观认知是否与现实的客观测量相吻合，即反映了认知的准确度。在同一社会网络结构中，不同个体可能会有明显不同的认知，而那些对社会网络认知更准确的人，往往能够做出更正确的决策。

为了使用户在参与数字资源生产过程中所形成的社会网络健康发展，引导用户做出正确的决策，我们有必要识别网络中的核心用户，在进行决策时尽量参考核心用户的看法。因为核心用户在整个社会网络中处于重要位置，有较高的威望和领导力，能够代表多数用户的意见或能够比较容易地说服其他用户接受其观点。

（3）认知图谱

认知图谱指的是个体对一个联结系统中所存在的关系的表述，它有助于帮助确定个体在社会网络中许多方面的体验。这种认知来源于个体与他人在人际互动中所产生的学习效应。在互动过程中，人们学会认识谁是自己的朋友，同时也观察谁与谁能友好地相处。这样每个个体都会对他们经常参与社会活动中的成员勾画出一张关系图谱，即认知图谱。当然，不同个体对某一社会网络的认知图谱会因人而异，其原因可能与前文谈到的认知偏见有关。

通过绘制用户参与数字资源生产的认知图谱，可以发现网络中的关系强度，识别其中的小群体，以及存在的结构洞。例如，从学科专业的角度来看，相同学科专业的用户之间容易形成强联结，不同学科专业的用户之间容易形成弱联结。强联结的网络结构有利于相同学科方向的用户之间隐性知识的共享共建，弱联结有利于不同学科用户之间显性知识的共享共建。

从认知的角度研究用户参与的图书馆数字资源生产，能够帮助我们更好地理解人们的认知活动与他们的行为之间存在的因果关系，有助于我们从个体认知的视角更好地理解用户之间形成的社会网络关系，使我们更清楚地认识网络的起源和发展。

（二）用户参与图书馆数字资源生产的动机因素

针对用户参与的图书馆数字资源生产研究，其中一个关键问题是如何挖掘用户参与数字资源生产的行为动机，即哪些因素会影响到用户参与图书馆数字资源生产的意图和实际行动。显然，针对用户参与图书馆数字资源生产的动机研究并不简单，很难从某个单一的领域进行概括。然而，针对动机的讨论，有助于把握影响用户参与动机的关键因素，利于图书馆对相关技术和服务进行改进，使之更好地服务于用户参与的图书馆数字资源生产。

动机理论是心理学中的一个重要理论，该理论认为，人们做出某一行为都是出于一定的动机，它是指能够引导、激发和维持人的活动，并将该活动导向一定目标，以满足个体的念头、愿望或理想等的内在动力。[1] 动机为名词，在作为动词时则多称作激励，是通过激发和鼓励，使人们产生一种内在驱动力，使之朝着所期望的目标前进的过程。[2] 从动机的形成机制分析，动机的产生一般需要两个条件：一是内在需求条件，主要指通过完成某种行为而满足个体的即时需求，因此这种行为自身具有一定内在价值和持久性，也就是说，有了需求才会有动机。二是外在诱因条件，主要指行为自身以外或行为与一些可分离的结果之间的因素，这些因素并非直接从行为中得到而是间接来源于其他途径，如物质奖励、潜在机会等一系

---

① 王伟军等:《Web2.0 信息资源管理》,科学出版社 2011 年版,第 163—167 页。

② Wikipedia. Motivation [EB/OL]. [2014 - 03 - 25]. https://en.wikipedia.org/wiki/Motivation.

列外在刺激。在这里，将上述情况归纳为内因性动机（需求）和外因性动机（诱因）。① 因此可以说动机是由需求和诱因相互作用所决定的。按照动机的形成机制，我们首先介绍用户参与图书馆数字资源生产的内因性动机——用户需求，然后介绍外因性动机——外在诱因，最后对用户参与图书馆数字资源生产的动机进行综合阐述。

1. 用户参与图书馆数字资源生产的内因性动机——用户需求分析

需求是由个体在生理上或心理上感到某种欠缺而力求获得满足的一种内心状态，它是个体进行各种活动的基本动力。在图书馆的传统服务模式中，图书馆馆员与用户之间是单向的信息传递，用户需求较为单一，仅表现为对图书等文献资源的需求。社会网络环境下，用户的需求发生了变化，用户不再是单一的对文献资源的需求，而是扩展到自我呈现与满足的需求、信息传播与分享的需求、社会交往的需求、社会资本回报等多种需求。

（1）自我呈现与满足需求

社会网络环境下，社会软件和社交网络服务的快速发展，使全民上网、全民织网成为可能，许多用户都希望借助网络将自己的观点和看法呈现出来，通过文字、照片、视频、评论等各种形式参与图书馆数字资源的生产，表达自己对资源的意见和建议。通过创造内容、贡献资源给其他用户提供帮助，并在与他人的互动和交流中得到认可，用户自我满足的需求得以实现。

（2）信息传播与分享需求

社会网络环境下，各个不同的群体都希望通过各种渠道发出自己的声音，渴望在信息的传播与分享中占据一席之地，例如通过博客传播自己的看法，通过视频网站传递自己的声音等。用户参与的图书馆数字资源生产恰好为数字信息资源的传播与分享提供了平台，使数字资源依靠互联网以迅速传播，一些专业领域的最新科研成果可以在最短的时间内被同行和相关的受众所熟悉。

（3）社会交往需求

社会交往指的是人们在生产及其他社会活动中发生的相互联系、交流

---

① 赵宇翔等：《用户生成内容（UGC）的概念解析和研究进展》，《中国图书馆学报》2012年第5期。

和交换。在当今科技高度发达的社会，许多人已经习惯通过网络来与外界联系，除了与自己熟识的朋友联系之外，人们还可以通过网络社区、博客等用户参与的形式，在网络上找到与自己有相同爱好的人，结交新朋友，并维持社会关系。

（4）社会资本回报需求

社会资本回报需求即数字资源回报的需求，用户参与图书馆数字资源生产，向他人和图书馆贡献数字资源，其中一个重要的需求是希望自己也能从别人那里获得感兴趣的资源。

当人们的自我表达、社会交往等需求未得到满足时，就会产生一种紧张不安的心理状态，用户参与的图书馆数字资源生产恰好能够满足这些需求，此时紧张的心理状态就会转化为动机，推动人们去参与图书馆数字资源生产，从而实现目标，满足需求。但是需求并不必然产生动机，只有当这种需求具有某种特定的目标时，需求才会产生动机，进而成为引起人们行为的直接原因。因此可以说需求是动机产生的内在条件，动机是在需求的基础上产生的。

2. 用户参与图书馆数字资源生产的外因性动机——外在诱因分析

所谓诱因是指能够激起有机体的定向行为、并能满足某种需要的外部条件或刺激。[①] 诱因多来自于个体的外部，如金钱、分数、惩罚、奖励等，它是个体为了取得外部收入而从事某项活动的重要原因。社会网络环境下用户参与的图书馆数字资源生产包含用户与用户、用户与馆员、馆员与馆员等多种关系，图书馆为了协调用户关系，需要鼓励用户参与数字资源生产。而驱动用户参与数字资源生产的外在动力就是为用户带来某种利益，例如物质奖励、精神奖励、认同感、易用性等。

（1）物质奖励

物质奖励指图书馆对用户参与图书馆数字资源生产的行为给予物质方面的奖励，例如金钱奖励、积分与等级提升奖励、借阅优惠奖励等多方面的激励措施，从经济和物质上对用户参与数字资源生产的行为进行表彰。

（2）精神奖励

精神奖励是指图书馆对用户参与图书馆数字资源生产的行为给予精神上的奖励和支持，对热心参与数字资源生产的优秀用户颁发荣誉证书、实

---

① 百度百科：《动机》（http://baike.baidu.com/view/354951.htm）。

行用户排名奖励等激励措施，从个人荣誉方面对用户参与数字资源生产的行为进行表彰。

（3）认同感

用户在进行内容创作与共享时，投入了一定的时间和精力，其他用户使用、传播或对该资源进行评论时，即表示了对资源的关注，多数用户的支持和赞同就是对创作者身份和能力的认同，贡献资源的人也会因得到他人的认同而更加积极地参与数字资源生产。

（4）易用性

能否更加方便地获得所需的数字信息资源，也是影响用户参与数字资源生产的外在因素。图书馆社会网络系统能否提供一个更方便、友好地获取信息的平台，能否满足用户的省力需求，也会影响用户参与的积极性。

用户参与图书馆数字资源生产的内在需求和外在诱因之间并没有明确的界线，二者是有交叉和融合的，它们相互影响，共同发挥作用，构成用户参与图书馆数字资源生产的动机。同时，应该认识到，个体可以有多种动机，某些动机比较强烈而稳定，另一些动机则比较微弱而不稳定。一个人最强烈、最稳定的动机，成为他的主导动机；这种主导动机对他而言，相对具有更大的激励作用。因此，图书馆在开展用户参与的数字资源生产时，要结合多方面的因素，挖掘用户的主要动机，提供相应的技术与服务。

（三）参与图书馆数字资源生产的用户因素

用户是社会网络环境下用户参与的图书馆数字资源生产的主体，没有用户的参与，就不存在用户参与的数字资源生产。参与数字资源生产的用户有多种角色类型，不同角色的用户发挥的作用也不同。胡赛·范·蒂克（José van Dijck）从认识论的角度将用户生成内容中的用户进行二元解析。他认为，从文化的视角，用户可分为接受者和参与者；从经济的视角，用户可分为生产者和消费者；从劳动关系的视角，用户可分为业余者和专业者。① 然而，传统的二元分类体系虽然体现出哲学价值，但在社会网络环境下缺乏可操作性。参考 Wiki 社区成员分析，借鉴清华大学毛波、尤雯

---

① José van Dijck. Users like you? Theorizing agency in user - generated content［J］. Media Culture Society，2009，31（1）：41 - 58.

雯提出的知识共享型虚拟社区成员的角色类型,[①] 将参与数字资源生产的用户角色主要分为五种，如表4—3所示：

表4—3　　　　　　　　　　　　　用户角色

用户角色	作　用
领　袖	较多地发表创作内容，愿意与他人交流与共享
呼应者	参与交流程度很高，促进成员间的相互沟通与交流
共享学习者	零散地提供信息，参与交流不是很多，自身不断进行学习
自我抒发者	关注自我，多抒发自我感情，记录自我生活
浏览者	随意浏览感兴趣的话题

第一，领袖。处于领袖地位的人数量较少，他们创作内容的数量较多，质量较好，对数字资源生产的贡献较大。这类成员乐于助人，乐于共享其个人的经验和心得，他们能接近网络中大量的其他行动者，被很多人当作朋友，在用户关系形成的社会网络中拥有较高的点入度、中心度。他们往往能够受到其他成员的信任与尊重，能够带动团体的成长和发展，是社会网络环境下用户参与数字资源生产的主力军。这种角色的用户多为核心作者、权威专家或勤于创作且乐于奉献者。

第二，呼应者。呼应者参与交流程度高，经常回应其他成员的创作内容，多是表示简单的附和或反对，一般不提供建议和意见。这类成员对于团体的成长发展并不是特别关心，他们多希望通过对成员的关注获得他人的注意，获取关心，期望能加强自己在团体中的社会关系，他们对促进团体内成员的相互沟通和交流有一定的积极作用。

第三，共享学习者。共享者很少系统地提供资源或知识，但会零散地提供信息，发表自己的意见，更多时候通过转载、分享等行为促进知识交流和共享。这类成员不会主动提供系统性知识，只是通过有关评论等给予他人帮助，同时自身不断学习。他们的角色很不稳定，有可能发展为呼应者或领袖，也有可能选择离开。

第四，自我抒发者。这类成员很少会关注其他成员的行为，他们多是

---

① 毛波、尤雯雯：《虚拟社区成员分类模型》，《清华大学学报》（自然科学版）2006年第S1期。

表达自己个人工作、学习或生活的情况，反映个人的思想动态，对用户参与的图书馆数字资源生产的意义不大。

第五，浏览者。浏览者属于沉默的大多数，他们只是随意地浏览其他成员提供的资源，属于游客。这类成员在用户之间形成的社会网络关系中处于密度较低的位置，较少与其他用户产生互动。从整体价值体现来说，这类用户的价值最低，贡献最小。

角色不同的用户，在数字资源生产过程中的行为模式是不同的，发挥的作用也不同。然而，必须认识到随着社会化媒体的繁荣发展，用户在数字资源生产过程中，其角色定位并不是一成不变，而是不断发展变化的。

在全部用户范围内，浏览者是真正的"长尾"，他们只是随意地进入自己感兴趣的主题，并不贡献自己的资源，但他们的参与使得团体的人气更旺，更容易吸引他人的关注。对于这类成员，要善于分析其心理和行为，从技术和服务方面进行改进，争取把浏览者转变为学习共享者甚至领袖。同理，其他角色定位的用户也可因参与数字资源生产的实际体验而改变自己的行为角色，因此，图书馆在扩大用户影响度的同时，应该注重维持已有的用户群体，对不同角色的用户提供差别化服务，保证用户参与的图书馆数字资源生产长期稳定发展。

二　用户参与图书馆数字资源生产的外在因素分析

社会网络环境下用户参与的图书馆数字资源生产涉及众多的外在因素，以高校为例，图书馆用户参与生产的数字资源的学科类型、主题范畴、用户利用社会网络技术、用户参与时的协同方式等，都需要综合考虑。在第二章中对社会网络技术已经作了介绍。因此，下面只讨论用户参与生产的数字资源的学科类型、主题范畴和协同方式。

（一）图书馆用户参与生产数字资源的学科类型和主题范畴

在互联网上，UGC的生产一般都是按用户感兴趣的主题进行组织的，如在网络相册Flickr上，用户上传照片按标签（Tag）进行主题组织。而在高校，用户的构成主要是学生和教师，他们都是按不同的学科专业组织划分的。因此，高校图书馆用户参与生产的数字资源既可以按照学科类型组织生产，也可以按用户感兴趣的主题范畴进行组织，同时还可以按照数字资源的类型组织生产。

1. 按照学科类型进行数字资源生产

社会网络技术的广泛应用使用户参与图书馆数字资源生产成为可能，根据高等院校的性质，按照学科专业组织用户参与图书馆数字资源生产，是高校图书馆数字资源建设重要的发展方向。

康奈尔大学图书馆基于 LibGuides 的学科服务平台是一个允许用户按照学科类型参与图书馆数字资源建设的知识共享平台，它融合了 RSS 定制、视频嵌入、资源评价、社区聊天等多项 Web2.0 元素和特征，实现学科资源和服务的组织、揭示与发布，方便用户参与学科资源建设，利用学科资源与服务。当然，目前按照学科类型进行的资源生产多以专业馆员为主，作为图书馆"长尾"的用户只是针对已有资源发表评论、发起投票或通过提交表单的方式对遗漏资源进行补充，用户参与数字资源生产的作用尚未充分发挥出来。

上海师范大学图书馆学科博客①是按照学科类型进行数字资源生产的平台，该平台目前有人文学科、教育学科、金融学科三个学科博客。它以学科馆员为核心建立学科博客，多角度、深层次揭示学科相关资源，构建学科馆员和学科用户的沟通交流平台。用户可以对学科博客添加标签，发表评论，并通过 RSS 订制博客，第一时间获得最新博文，了解学科动态。

上海大学图书馆利用博客平台建立了学科馆员博客系统，鼓励各个学科的学科馆员、专家学者或其他对学科专业有深厚研究基础的用户在平台上建立博客；利用 Wiki 平台，由学科馆员带领的学科小组，对新闻聚合系统中有价值的信息按学科分类进行整理，最终形成一部学科知识的百科全书。同时，可以将 Tag 技术引入用户参与的图书馆数字资源生产学科类型体系，即对整个学科中博客、维基等平台的有效关键词用标签进行标引，建立一套全局的标签体系。利用 Tag 标签体系，用户只要点击任意平台中学科信息的某一关键词，就可以获得所有平台中含有这一关键词的信息，方便用户使用。

2. 按照主题范畴进行数字资源生产

按照主题范畴进行数字资源生产，是指用户自发的，或者在某种机制引导下，根据自己的兴趣和目的、对特定主题的数字资源进行生产，并将自己生产的资源贡献出来，进而参与数字资源生产。

---

① 上海师范大学图书馆：《学科博客》（http：//www. lib. shnu. edu. cn/html/xxfw/xk-bk/）。

　　国内典型的 Web2.0 社区网站豆瓣网，是用户参与的按照主题范畴进行资源生产的范例，它以独到的书评、影评、乐评为核心交流内容，形成豆瓣读书、豆瓣电影、豆瓣音乐等按照主题内容聚集的社区。以豆瓣读书为例，包括新书速递、书评专区、最受关注的图书排行榜及热门标签等栏目。它以各类图书为主题，汇集用户自我创造与分享的各种书评，通过为图书添加标签的形式组织个人收藏，用户可以查看与自己标注了同一个资源的用户，找到志趣相投的人，并加为好友，从而形成无数个具有共同话题的小圈子，进而形成庞大的好友社区。

　　在国内图书馆界，重庆大学图书馆依据用户参与的理念对该馆的管理系统进行了重新构架，使用了 ADLib2.0 管理系统，于 2008 年 1 月开通基于用户服务的"我的书斋"，为用户提供创造和交流知识的社区。"我的书斋"主要功能包括 RSS、博客、我的相册、书评、文献互助、知识源等。其中"我的相册"即是按照主题范畴进行的数字资源生产，用户可以通过"我的相册"上传图片，并按照图片的主题内容对图片进行分类，也可以查看好友的图片及发表评论。汇集众多用户贡献的图片资源，"我的相册"迄今已有 37000 多张图片。

　　同济大学图书馆百事通也是按照主题范畴进行用户参与的图书馆数字资源生产的实例。百事通以维基为技术支撑，搭建面向全校师生的有关图书馆服务与功能答疑解惑的协同参与平台，平台主要分为"读者答疑"、"特色条目"、"畅所欲言"和"你知道吗"四个栏目，针对读者遇到的问题、图书馆的特色服务、读者需求和图书馆近期活动的宣传开展协同参与的数字资源生产。[①]

　　另外，按照主题范畴进行用户参与的图书馆数字资源生产也可以用于建设特色数据库。例如，以反映南京农业大学发展历程为主题的南农记忆图片数据库，即是该校信息科技学院、图书馆和宣传部为了庆祝南京农业大学建校 110 周年，面向全校师生开展的、反映南农历史传承的用户参与的数字图片资源生产活动。该数据库利用社会网络技术建设用户参与的图片征集网站，鼓励用户按照资源共享的观点，贡献自己的数字图片资源。用户在上传图片时，须按照要求对图片的标题进行说明，给图片添加标

　　① 刘悦如：《将维基技术运用在数字图书馆中：以同济大学图书馆百事通为例》，《上海高校图书情报工作研究》2011 年第 2 期。

签，并依据主题因素将图片归入设定类目。最终形成包含六个大类若干个小类的特定主题图片数据库。①

3. 按资源类型进行数字资源生产

从资源内容的表现形式来看，用户可以选择自己擅长的方式参与图书馆数字资源生产，例如写一段文字、拍一组图片、录制一段声音等。对用户生成内容的分类，本章将用户按资源类型参与的数字资源生产划分为文字、图片、视频、音频、聚合资源、共享资源等，具体如表4—4所示：

表4—4　　　　　　　　　按资源类型参与数字资源生产

类　型	描　述	实　例
文字/文学创作	用户原创型文学作品，或是进行二次创作生成的文字性内容	Blogger、豆瓣、榕树下
图片/图像	用户创造或加工过的各种图片、图像	Flickr、topit. me
音　频	用户创造、加工并上传的各类音频资源	播客、豆瓣、
视　频	用户创造、加工并上传的各类视频资源	YouTube、土豆网、优酷网
聚合资源	通过 RSS 等技术将相同主题、用户感兴趣的主题进行汇集所形成内容资源	Amazon 对用户书评的聚合、抓虾网对博客和新闻的聚合
共享资源	用户通过相关平台与其他用户分享的内容资源	Wikipedia、MailBigFile

（二）用户参与图书馆数字资源生产的协同方式

所谓协同，就是指协调两个或者两个以上的不同资源或者个体，协同一致地完成某一目标的过程或能力。② 它指的是元素对元素的相关能力，表现了元素在整体发展运行过程中协调与合作的性质。结构元素各自之间的协调、协作形成拉动效应，推动事物共同前进，对事物双方或多方而言，协同的结果使个体获益、整体加强、共同发展。考察用户参与的图书馆数字资源生产的协同方式也就是对用户参与的图书馆数字资源生产系统中要素之间的协同方式进行考察，探讨系统要素之间如何协调、协作共同维持系统的运行。

社会网络环境下用户参与的图书馆数字资源生产系统是由用户、馆

---

① 南京农业大学图书馆：《南农记忆图片大赛》（http：//photo. njau. edu. cn：8003/por-tal. php）。

② 百度百科：《协同》（http：//baike. baidu. com/view/1049260. htm）。

员、技术、数字资源、管理和环境等系统要素构成，这些要素我们已经在第二章作了介绍。系统要素之间相互联系、相互协调，以协同作用的方式共同维持系统稳定运行，其协同方式如图4—3所示：

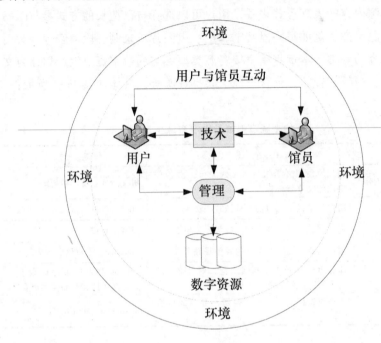

图4—3 用户参与图书馆数字资源生产系统要素的协同

用户参与图书馆数字资源生产系统要素的协同，反映了各要素之间协同互动的关系模式，是用户参与图书馆数字资源生产的全过程。其中，馆员和用户共同作为人的要素，具有很强的主动性和创造性，是图书馆数字资源生产系统的核心，两者之间的互动协同对整个系统的稳定运行具有重要作用。用户作为活动主体，在馆员的引导下，利用社会网络工具，以用户生成内容的方式在系统平台上贡献自己的资源，并与其他用户展开交流与合作。在该过程中，遇到任何问题都可以随时向馆员咨询，反馈问题，改进系统功能。馆员作为系统的管理和维护人员，需制定相关的制度和章程规范用户行为，根据用户需要对系统功能进行改进。同时，馆员应该对用户关系进行分析，发现其中的结构洞和强弱联结关系，找到网络中的核心用户，通过与核心用户的沟通引导网络发展。总之，馆员和用户是以共同的目标、愿景、相互信任和相互尊重的氛围为基础进行协作。技术作为系统的基础支撑条件，既是用户参与数字资源生产的重要工具，也是馆员管理系统、协调用户关系的手段。管理作为系统的灵魂，具有高瞻远瞩、统筹规划的作用。数字资源作为客体，它是在用户生成内容的基础上，通过专业图书馆员进行质量控制并优化组织的结果。整个系统是在特定环境下运行的，外部技术、制度和人文环境等都会对系统的运行产生影响。

三　社会网络环境下用户参与图书馆数字资源生产的模式假说

用户参与的图书馆数字资源生产以用户为中心，强调用户参与、用户创造，其实现过程涉及图书馆馆员、用户、技术支持、数字资源、外部环境等要素的协同合作。用户参与的图书馆数字资源生产模式是对用户参与数字资源生产过程中的各组成要素及其相互关系的细化的描述，实际上就是以用户为主体，以社会软件为技术基础，以用户互动、用户创造为核心，调整各构成要素之间相互关系组合而成的一种工作模式。根据国内外理论及实践研究的基础，下面我们首先构建用户参与图书馆数字资源生产系统的体系架构，然后提出模式假说。

（一）用户参与图书馆数字资源生产系统的体系架构

用户参与的图书馆数字资源生产系统需要融合先进的社会网络技术，建立基于社会网络的图书馆数字资源生产框架，将维基、博客、标签、SNS 等元素与现有的服务和技术有机结合，搭建开放、交互的系统平台，实现用户参与图书馆数字资源生产，并最终将用户创造的内容纳入图书馆的数字资源体系。因此，用户参与的图书馆数字资源生产系统构建，就是在一定的硬件基础、软件环境和网络支持下构建的特定体系结构。合理的体系结构应该能满足用户、馆员等相关人员信息处理和信息获取的需求，同时能充分展示用户参与图书馆数字资源生产系统的整体格局和规划，是深入理解用户参与的图书馆数字资源生产模式的基础。

用户参与的图书馆数字资源生产系统体系架构是数字资源生产系统的整体结构和框架，由硬件基础层、系统层、技术支持层和数据资源层四层结构组成（见图4—4）。[①]

---

① 刘磊、王贤：《社会网络环境下用户参与的图书馆数字资源生产模式及其修正》，《情报理论与实践》2014 年第 4 期。

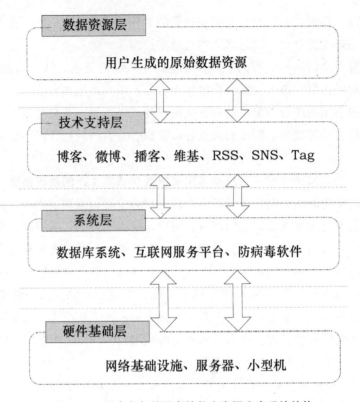

图4—4 用户参与的图书馆数字资源生产系统结构

1. 硬件基础层

硬件基础层包括网络基础设施、服务器、小型机等保证系统运行条件的硬件设备，主要是指图书馆的硬件基础设施及保证网络通信的各种设施，该层是用户参与图书馆数字资源生产系统运行的基础条件。其中网络通信设施的状况、系统的链接速度、运行速度、响应时间等因素都会影响用户的使用体验，影响用户参与数字资源建设的积极性。

2. 系统层

系统层是整个系统的软件基础平台，包括服务器或计算机的操作系统、数据库系统、中间件、互联网服务平台、防病毒软件等。系统层的建设情况会对用户参与图书馆数字资源生产系统的安全性和稳定性产生影响，只有提供一个安全、稳定的系统，用户在使用过程感知具有安全的保障因素，才会积极地参与到图书馆数字资源生产中来。

3. 技术支持层

技术支持层为面向用户的数字资源生产平台提供技术支持，它的功能是将用户服务和互动模块显示出来，如博客、维基等，为用户提供个性化的参与数字资源生产的方式。该层应该着重注意用户感知有用性和感知易用性：系统能够实现哪些功能，能够满足用户哪方面的需求，使用的程序和步骤是否简单易懂、便于操作等相关问题，都将会是影响用户是否接受系统的重要因素。因此，技术支持层的最终目标是为用户提供一个实用、方便的数字资源生产系统平台。

4. 数据资源层

数据是所有系统的核心，是图书馆提供服务的基础。用户生成的原始数据资源经过专业馆员质量把关之后，即以待评选资源的身份进入用户参与的图书馆数字资源的评选环节，在评选环节中待评选的资源除了用户生成的数字资源以外，还包括用户参与评选的有偿数字资源和开放存取类无偿数字资源。

（二）用户参与图书馆数字资源生产的模式假说

社会网络环境下用户参与的图书馆数字资源生产是指在社会网络环境下，作为图书馆代表的馆员，借鉴社会网络理论与方法，采取用户生成内容（UGC）的方式，通过引导、激励措施，组织用户生产、提供符合图书馆数字资源建设目标的数字资源，并经审核后纳入图书馆数字资源体系的活动和过程。按照系统论的观点，我们可以把社会网络环境下用户参与的图书馆数字资源生产活动，视为一个由用户、馆员、技术、数字资源、管理和环境等要素构成的动态信息系统。进而可以考察这些要素在系统中各自的作用及其相互影响，最终构建社会网络环境下用户参与的图书馆数字资源生产的理论模式。

根据要素及其相互之间的关系，可以构建社会网络环境下用户参与图书馆数字资源生产的理论模式（见图4—5）。该模式共分为用户登录与管理模块、社会网络技术支持模块、系统功能模块、管理制度模块、数字资源模块、馆员管理模块和用户交互的系统平台。

用户登录与管理模块用来储存用户登录信息，管理用户关系。由于系统用于图书馆数字资源生产，考虑系统安全方面的要求，要求用户真实身份注册，如在校师生及科研人员，可以使用学号、教工号进行登录；非在校人士，可以使用身份证进行登录注册。用户管理主要是对用户身份及其社会网络关系的分析。包括以下内容：识别用户是何种类型、何种角色，是平台的核心用户还是普通用户，以便有针对性地与核心用户开展交流，促进系统发展；根据用户认知和用户动机，制定相应的激励措施；根据用户的社会网络关系，推荐可能具有相同兴趣爱好的人作为朋友，扩展用户关系；识别用户群体中的小团体及团体领袖，在不同的知识团体之间建立联结，为社会网络关系中存在的结构洞搭建桥梁；根据用户行为推荐用户可能感兴趣的研究或话题给用户，促进资源交流与共享。

社会网络技术支持模块，是以相关社会软件为支撑，搭建系统平台。该模块中，系统设计要注重其开放性、互动性、参与性和可扩展性。在功能方面，要考虑两个因素，一是数字资源生产的实际情况；二是用户的具体需求。系统功能模块提供用户参与数字资源生产的途径，例如通过发表日志、上传图片等不同方式生产数字资源。对于平台应有的具体功能，将通过后面的调查问卷和实证分析进行补充。系统管理制度模块用于规定系统的相关制度及规范，以指导用户行为，维护系统平台的网络秩序。例如为鼓励用户参与数字资源生产的奖励机制，对用户贡献资源的审查机制，对相关敏感内容的过滤机制等。

数字资源模块的资源来自用户按照学科类型和主题范畴生成的数字资源，由馆员进行质量把关之后，经过用户、专家评价、选择等环节，按照一定的组织方式纳入图书馆的数字资源体系，以供更多的用户检索和使用。

馆员管理模块是图书馆馆员对整个系统平台的管理和控制，协调各方面的资源，处理相关情况。其工作重点一是维持系统平台的安全性和稳定性；二是管理用户关系，嵌入用户内部，有目的性地引导用户更好地参与到数字资源生产中来。用户交互的系统平台用于与用户交互。交互平台的设计要注意用户感知有用性和感知易用性两方面的问题，用户通过平台参与数字资源生产过程中，内容上传、修改和管理的技术应该简单、易学、易用，减少用户学习使用系统的时间，降低用户学习使用系统的难度。同时，系统交互平台的设计要考虑用户之间交流的需求，发挥各种社会软件在互动、沟通方面的优势，创建交流、共享的数字环境。

各个模块之间是相互联系的。只有系统各模块之间协调运作，才能保证用户参与数字资源生产的顺利进行。

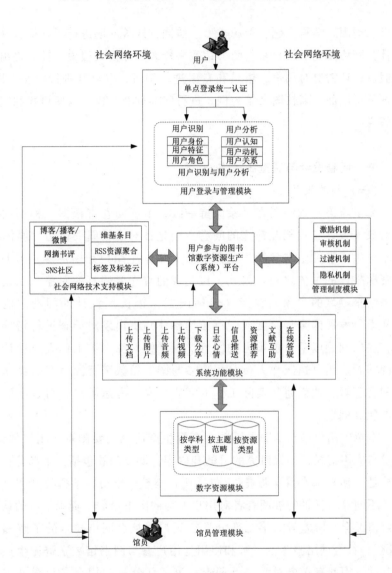

图4—5　社会网络环境下用户参与图书馆数字资源生产模式假说

第三节　社会网络环境下用户参与图书馆数字
资源生产的调查

前面已经就社会网络环境下用户参与的图书馆数字资源生产的认知、

需求、动因、学科主题、资源类型、协同方式等问题进行了分析，并提出
了社会网络环境下用户参与图书馆数字资源生产模式假说。针对提出的模
式假设，还需要对用户、馆员和专家进行调研，以对其进行检验。因此，
在本节将以部分高校图书馆为例，进行问卷调查分析，以便检验和完善模
式假说。

一 问卷设计与调查统计方法

（一）问卷设计

为了与第三章的调查对象保持一致，本章问卷将根据三种不同类型
的对象，设计三类相互补充的问卷。一是针对高校图书馆用户群体（包
括本科生、研究生和教师）的问卷，其中学生用户是用户参与图书馆数
字资源生产的主体之一。因此，也是我们首先要调查的对象。二是针对
图书情报领域的专家、教授（包括图书馆馆长）设计的问卷，他们能
够从学科发展的全局高度或图书馆的整体角度出发对调查进行指导，指
出存在的问题以及可能预见的困难。三是针对图书馆工作人员设计的馆
员的问卷。图书馆工作人员是用户参与图书馆数字资源生产的具体组织
者和管理者，他们将从实际工作的需要出发，考虑用户参与数字资源生
产的相关问题。

本章中用户参与的图书馆数字资源生产研究主要侧重于用户的认知、
需求与应用情况，围绕研究的目的和内容，调查问卷包括三个部分：第一
部分是"用户基本情况调查"，包括所在学校、学历、学科类型和身份调
查，不同身份背景的被调查者对用户参与的图书馆数字资源生产的认识和
理解情况会有所差异。第二部分是"用户对社会网络技术的了解和使用
情况"，社会网络技术的了解和使用是用户参与图书馆数字资源生产的技
术基础，因此有必要对其进行调查。第三部分是"用户参与图书馆数字
资源生产的需求与应用"，这是调查的重点，主要了解被调查者对用户参
与的图书馆数字资源生产的需求和应用情况。

为了更好地展示问卷内容，课题组对问卷题项及其考查因素进行整理
（见表4—5）。

表 4—5　　　　　　　　　　　　　问卷内容结构

题项	考查内容	所属问卷结构
1—5	用户基本情况	第一部分
6—9	社会网络技术的认知情况	第二部分
10—12	用户参与数字资源生产的认知	第三部分
13—14	用户参与数字资源生产的动机	第三部分
15	用户参与数字资源生产的角色	第三部分
16—17	用户参与数字资源生产的学科、主题和类型	第三部分
18—22	图书馆提供用户参与数字资源生产的社会网络技术	第三部分
23—24	用户参与数字资源生产的安全性	第三部分
25—26	用户参与数字资源生产的关键因素和协同配合	第三部分
27—29	其他内容及开放性问题	第三部分

为了保证研究结果的可靠性和有效性，在问卷的设计过程中，本章主要采用了以下几种方法：

1. 文献调研

尽管专门针对社会网络环境下用户参与图书馆数字资源生产的实证研究并不多，但众多关于用户生成内容、图书馆用户调查的实证研究的问卷的设计方法对本章也具有重要的参考价值。通过大量查阅关于用户生成内容、图书馆用户调查等方面的文献，在对相关问题进行归纳总结的基础上，针对本章的侧重点，设计了一系列问题项对有关内容进行调查。

2. 征求意见

在文献阅读的基础上，初步设计调查问卷后通过小组讨论、单独交流、专家咨询等多种方式广泛征求团队成员和学术专家的意见，对问卷进行修改和完善。

3. 预调查

在大量发放调查问卷之前，预调查是一项必不可少的工作。预调查往往是在正式调查之前通过对一些典型的被访者的访问来审核问卷是否有错误，及时发现问卷填写过程中可能出现的问题，并根据预调查的反馈和建议，进一步对问卷中问题项的表达方式进行修改，形成最终的调查问卷（见附录）。本章在正式调查之前选取南京农业大学图书馆工作人员和用户作为调查对象，对馆员问卷和用户问卷进行了预调查，共发放馆员问卷

10 份，有效问卷 10 份，用户问卷 30 份，有效问卷 29 份。

（二）调查对象

为了全面了解各层次高校图书馆馆员、用户以及不同专家对用户参与的图书馆数字资源生产的认知、需求、技术支持等多方面的情况，同时为了与第三章的调查对象保持一致，我们选取了北京、南京、上海、厦门等地区"985"高校、"211"高校和一般本科院校三个不同层次的高校进行调查，其中"985"高校包括北京大学、清华大学、南京大学、上海交通大学、厦门大学；"211"高校有南京农业大学、南京航空航天大学、南京理工大学、河海大学、南京师范大学、上海大学、福州大学；一般院校有南京工业大学、南京财经大学、上海电力大学和厦门理工学院。调查对象包括图书馆用户、图书馆馆员和部分专家学者。

（三）调查方法

确定最终调查问卷并选定恰当的调查对象后，即开始进行问卷的正式调查。针对不同的调查对象，主要采取两种调查方式。

1. 个别发送问卷方式调查。这种方式主要针对南京本地区的调查，笔者以面访的方式找到调查对象，向其说明调查目的和填写要求后，将问卷留下来，由调查者自行填写，待调查对象填写完毕后当场收回。在对馆员进行调查时则是事先与图书馆相关负责人联系，得到允许后到图书馆找相关馆员进行调查，同时也采取了委托方式，委托图书馆负责人代为发放和回收。

2. 网络附件式电子邮件调查。这种方式主要是针对北京、上海、厦门等地区的调查，笔者将调查问卷作为电子邮件的附件发送给调查对象，请调查对象下载后自行填写，然后将问卷返回。

（四）录入统计分析方法

调查结束后，对回收的调查问卷进行汇总，剔除无效问卷，如未答问卷，答题不完整、填写不清楚问卷等，然后对有效问卷进行录入与分析。

本章使用 EpiData 软件进行录入，首先将调查问卷导入 EpiData，并进行相应的调整与修改，使之符合软件的规范；然后根据问卷内容建立 Check 核查文件，限制输入某些数值或对输入的数字给出文字描述，增加录入的准确性；随后，待全部数据录入完毕后，将数据导入 SPSS 软件。

对导入的数据即可使用 SPSS 社会科学统计软件包进行分析，文字描述部分将以内容分析的方式进行归纳与整理。

（五）样本发放与回收情况

本次调查共发放用户问卷 1030 份，馆员问卷 237 份，专家问卷 45 份，整体发放与回收情况如表 4—6 所示：

表 4—6 　　　　　　　　　　　　　问卷发放与回收情况

样　本	发放数量（份）	有效数量（份）	有效率（％）
用户问卷	1030	945	91.7
专家问卷	45	35	77.8
馆员问卷	237	222	93.7

1. 用户问卷样本属性分析

在用户问卷中，对被调查者的性别、学历和学科专业类型进行了调查，结果如表 4—7 所示：

表 4—7 　　　　　　　　　　　　　用户问卷样本属性

项目	性别		身份						学科类型								
	男	女	本科生	硕士生	博士生	教师	科研类	行政类	人文类	外语类	经济类	管理类	信息类	理学类	工学类	农学类	其他
比例（％）	48	52	48.9	27.3	12.3	4.5	5.2	1.8	15.0	3.1	12.6	9.3	5.2	14.0	30.3	6.1	4.4

从表 4—7 可以看出，用户问卷的性别比例基本符合实际情况，各占 50% 左右。调查对象以本科生居多，占样本总数的 48.9%；硕士生数量相对本科生较少，占样本总数的 27.3%；博士生占样本总数的 12.3%；教师、科研人员的比例较少，合计约占 10%；行政人员数量最少，占样本总数的 1.8%。用户问卷的学科类型分布较为广泛，涵盖了人文、外语、经济、管理、信息、理学、工学、农学等诸多学科。其中，工学类比例最高，占样本总数的 30.3%，外语类数量最少，占 3.1%。此外，还调查了少量教育学、法学、医学等专业的学生，占 4.4%。从调查用户的比例来看，可以认为用户样本分布比较合理、均衡。

2. 馆员问卷样本属性分析

从表 4—8 可以看出，馆员样本的性别比例基本各占一半，较为合理。年龄分布中，小于 40 岁的馆员数量占样本总数的 69.3%，即图书馆的人员配备中年轻的馆员数量较多。从馆员的职称来看，馆员、助理馆员的数量较多，占样本总量的74.2%，研究馆员、副研究馆员的比例分别为1.8%、13.3%，其他类型职称的人员比例为10.7%。馆员样本的部门分布较为广泛，涵盖了行政部门、资源建设部、读者服务部、参考咨询部等部门，所占比例为78.2%，其他部门的馆员比例为21.8%。从馆员的职务分布来看，部主任的比例为16.0%，普通员工数量较多，所占比例为84.0%。具体结果如表4—8所示：

表4—8　　　　　　　　　　馆员问卷样本属性

项目	性别		年龄		职称					部门					职务	
	男	女	<40岁	>40岁	研究馆员	副研究馆员	馆员	助理馆员	其他	行政部门	资源建设部	读者服务部	参考咨询部	其他	部主任	普通员工
比例(%)	44.9	55.1	69.3	30.7	1.8	13.3	53.3	20.9	10.7	7.6	19.6	29.8	21.3	21.8	16.0	84.0

3. 专家问卷样本属性分析

专家问卷的调查对象主要是相关研究领域的资深专家及各图书馆的馆长、副馆长等。统计得出，专家中教授（副教授）和馆长（副馆长）的比例较高，均占总数的46.9%，科研人员的比例为6.3%；专家的职称中95%为正高职称。专家的学历中，有博士学历的比例为50%，硕士学历和本科学历分别为34.4%、15.6%；学科类型中，75%的专家为图书馆学、情报学或计算机科学领域，其余为管理学和人文社科类，与本文研究的领域基本相关或一致。

调查时间为2012年6—8月。

二　调查数据分析

（一）用户参与数字资源生产的认知分析

1. 用户参与数字资源生产的主观意愿

为了解用户对社会网络环境下用户参与的图书馆数字资源生产的主观意愿，根据问卷中题目设置的跳转情况，通过对调查数据的整理，可以把问卷分为两大类。一类是支持赞同或认可开展用户参与的数字资源生产活动，其中用户问卷占有效调查问卷的90.69%；专家问卷占有效问卷数量的 88.57%；馆员问卷占有效调查问卷的 95.05%（见表 4—9）。一类是认为图书馆目前尚没有必要开展用户参与的数字资源生产活动，用户、专家、馆员中分别有 9.31%、11.43%、4.95% 的人持此意见。通过以上两组数据的对比可知，社会网络环境下用户参与的图书馆数字资源生产具有良好的用户基础，约九成的被调查者认为社会网络环境下有必要开展用户参与的图书馆数字资源生产。为了解不赞同开展用户参与数字资源生产的调查者的看法，根据三套问卷中"您认为图书馆没有必要开展用户参与的数字资源生产活动的原因"一题进行分析，结果如表 4—10 所示。

表 4—9　　　　赞同开展用户参与数字资源生产的人数及百分比

	用户	专家	馆员
人数（人）	857	31	211
百分比（%）	90.69	88.57	95.05

表 4—10　　　　不赞同开展用户参与资源生产的原因

	用户无能力	图书馆资源够用	图书馆不具备条件
用户	61.36%	26.14%	12.50%
专家	50.00%	25.00%	25.00%
馆员	45.45%	36.36%	18.18%

由表 4—10 可以看出，不赞同的人中 61.36% 的用户认为用户无能力生产有用的数字资源，专家中有 50% 的人对此持相同意见，馆员中持此意见的比例为 45.45%；认为图书馆资源已够用，不需要用户参与资源生产的用户、专家和馆员比例分别为 26.14%、25.00%、36.36%；认为图书馆不具备相关条件的用户、专家、馆员比例为 12.50%、25.00%、18.18%。由此可知，对于不赞同开展用户参与的图书馆数字资源生产活动的用户和馆员来说，他们最担心的是用户没有生产优质数字资源的能力，其次是认为目前图书馆的数字资源已经够用，最后才是担心图书馆不具备相应条件。通过对问卷数据的整理发现，用户认为图书馆不具备的条件主要集中在以下几点：缺少资金、缺少技术支持、缺少领导层的政策支持；担心用户生产的数字资源中垃圾

信息较多，降低了数字资源的质量；数字资源本身便于复制，对其知识产权问题难以确认表示忧虑。

2. 用户参与图书馆数字资源生产的意愿

对用户是否愿意参与图书馆数字资源生产提问发现，六成以上用户、专家、馆员是持肯定态度的（见表4—11）。但利用方差分析可以发现，三者表达的意愿或认可程度还是存在差异的（见图4—6、图4—7、图4—8，图中横轴数值的5为非常愿意、4为愿意、3为无所谓、2为不愿意、1为非常不愿意）。图4—6显示出用户参与意愿得分接近于正态分布曲线，最高分为5分，最低分为2.75分，得4分的用户较为集中，频数为335人，占有效样本的39.09%。图4—8显示出馆员认为用户有参与意愿的基本服从正态分布，最高分为5分，频数为5；最低分为2.75分，频数为1；得4分的馆员数量最多，频数为89，占有效样本的42.18%。图4—7显示出专家参与意愿的曲线不对称，专家参与意愿得分中最高分为5分，频数为2；最低分为3.50分，频数为4；得4分的人数最多，频数为17。但由于专家有效问卷数量少，为31份，结果仅有参考作用。

表4—11   用户参与图书馆数字资源生产的愿望

	非常愿意	愿意	无所谓	不愿意	非常不愿意
用户	8.14%	56.20%	17.31%	12.92%	5.43%
专家	25.71%	42.86%	17.14%	8.57%	5.71%
馆员	15.84%	53.85%	13.57%	10.41%	6.79%

3. 社会网络技术的使用程度与用户参与意愿相关性分析

社会网络环境下，社会网络技术的使用日益广泛，用户参与的图书馆数字资源生产又是以相关社会网络技术为基础的。因此，有理由相信，现阶段用户对社会网络技术的使用情况与其参与数字资源生产的意愿相关。我们将通过数据分析过程验证这一猜测是否正确。首先确定能够体现用户社会网络技术使用程度的相关问题，即问卷第二部分第6、7、8三个题目。其中第6题为多项选择题，包括8个具体选项以及1个开放题项，首先对该题进行描述性统计分析，然后对该题进行处理，生成新变量，以衡量个案在该题目的总体水平，最后进行单变量多因素方差分析。

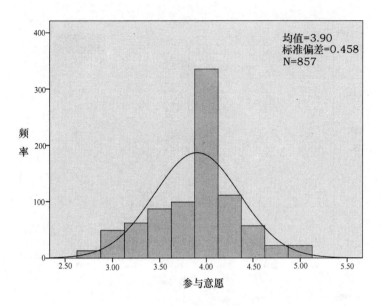

图 4—6　用户参与意愿直方图

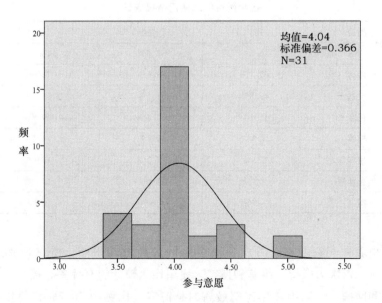

图 4—7　专家参与意愿直方图

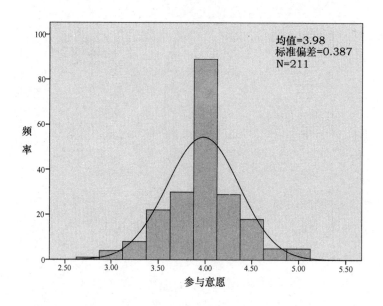

图4—8 馆员认为用户有参与意愿直方图

表4—12 社会网络技术使用情况统计

类型	用户	专家	馆员
SNS	76.5%	58.6%	43.5%
微博	67.7%	58.6%	73.9%
维基	49.8%	65.5%	37.7%
博客	33.1%	76.2%	49.8%
标签	5.8%	41.4%	14.5%
播客	3.5%	17.2%	11.6%
信息推送	3.1%	27.6%	18.8%
网摘	1.9%	6.9%	3.9%

由表4—12可知，用户中使用比例最高的为SNS，所占比例高达76.5%，依次为微博、维基和博客，使用比例较低的有标签、播客、信息推送和网摘。专家中使用比例最高的是博客，比例为76.2%，使用微博和SNS的比例均为58.6%，使用维基的比例也较高，网摘的使用比例最低，仅为6.9%。馆员使用比例最高的是微博，比例为73.9%，博客、

SNS 的使用比例均是 45% 左右。这与第三章的调查数据基本一致。另外，本次调查未涉及的主要有 IM 即时通讯工具（如 QQ、MSN 等），但根据以往调查，IM 的使用率都是名列前茅的。

　　对第 5 题多项选择题进行处理，生成新变量——使用社会网络技术的种类。然后以被调查者使用社会网络技术的种类、使用社会网络技术的频率、使用社会网络技术生产信息资源的比例三个变量衡量其参与意愿，各因素的描述统计结果如表 4—13 所示。

表 4—13　　　　　　　使用社会网络技术的因子描述统计量　　　　　　单位:%

		用户	专家	馆员
使用社会网络技术种类	0	1.3	6.5	1.9
	1	20.8	9.7	28.9
	2	33.8	13.7	26.1
	3	31.5	35.5	21.3
	4	9.9	12.9	12.3
	5	2.5	12.1	6.7
	6	0.2	6.5	1.4
	7	0	3.2	0.9
	8	0	0	0.5
使用社会网络技术的频率	基本不用	3.2	9.7	1.9
	每月 1—4 次	2.2	9.7	6.2
	每周 1—4 次	17.4	25.8	26.5
	每天 1 次	22.3	22.6	31.8
	每天多次	55.0	32.3	33.6
使用社会网络技术发布资源的类型	基本不是自己创作	22.8	16.1	21.8
	少部分是自己创作	58.7	53.2	56.9
	大部分是自己创作	18.5	30.7	21.3

　　用户参与图书馆数字资源生产的主要方式为 UGC，即通过使用社会网络技术发布、贡献资源。从表 4—13 中可以看出，用户中使用社会网络技术的人数较多，所占比例大于专家和馆员，使用 2—3 种社会网络技术的用户比例也大于专家和馆员，专家使用 4 种以上社会网络技术的比例大

于用户和馆员。用户使用社会网络技术的频率总体上比较频繁，每天使用多次的比例达到 55.0%；专家中每天使用多次社会网络技术的比例为 32.3%，9.7% 的人基本不用；馆员中只有 33.6% 的人每天使用多次，相对较多的馆员每天使用一次社会网络技术，其比例为 31.8%。在使用社会网络技术的过程中，对大多数用户来说只有少部分内容是其自己创作的，该比例为 58.7%；专家中 53.2% 的人支持只有少部分内容是自己创作的，馆员中这一数据为 56.9%。同时，18.5% 的用户、30.7% 的专家、21.3% 的馆员选择大部分内容是自己创作的。因此，在建设用户参与的图书馆数字资源生产平台时，图书馆应该着重发掘创作内容较多的使用者。

表 4—14　　　　　　　　用户参与意愿主体间效应的检验

因变量：参与意愿

源	III 型平方和	自由度	均方	F	显著性
校正模型	26.031	60	.434	2.260	.000
截　距	640.591	1	640.591	3336.265	.000
使用种类	3.205	6	.534	2.782	.011
使用频率	3.708	4	.927	4.828	.001
自创比例	.877	4	.219	1.141	.336
使用种类 * 使用频率	3.931	15	.262	1.365	.158
使用种类 * 自创比例	2.009	10	.201	1.046	.402
使用频率 * 自创比例	2.407	8	.301	1.567	.131
使用种类 * 使用频率 * 自创比例	5.606	12	.467	2.433	.004
误　差	151.111	787	.192		
总　计	13067.813	848			
校正的总计	177.141	847			

由表 4—14 用户参与意愿的主体间效应检验可以看出，社会网络技术使用种类的 F 检验 $p = 0.011$，取显著性水平为 0.05，有 $p < 0.05$，使用频率 $p = 0.001 < 0.05$，自创比例 $p = 0.336 > 0.05$，故使用种类和使用频率对用户参与意愿具有显著影响，用户自创内容的比例与用户参与意愿之间没有显著相关关系。同时，使用种类、使用频率、自创比例两两交互效应均不显著，使用频率、使用种类、自创比例三者的交互效应显著（p =

0.004＜0.05）。

表4—15　　　　　　　　　馆员参与意愿主体间效应的检验

因变量：参与意愿

源	III 型平方和	自由度	均方	F	显著性
校正模型	11.642^a	58	.201	1.540	.020
截　距	653.024	1	653.024	5009.760	.000
使用种类	1.919	8	.240	1.840	.044
使用频率	2.389	4	.597	4.582	.002
自创比例	.017	2	.008	.065	.937
使用种类＊使用频率	.976	12	.081	.624	.819
使用种类＊自创比例	2.393	10	.239	1.836	.059
使用频率＊自创比例	1.400	8	.175	1.343	.226
使用种类＊使用频率＊自创比例	2.146	13	.165	1.266	.239
误　差	19.813	152	.130		
总　计	3369.563	211			
校正的总计	31.456	210			

由表4—15可知，馆员使用社会网络技术种类（p＝0.044＜0.05）和使用频率（p＝0.002＜0.05）与参与意愿之间有显著相关关系，自创比例与参与意愿的 F 检验 p＝0.937，无显著相关关系。同时，使用种类、使用频率、自创比例交互效应不显著。

专家问卷数量较少，不宜做相关分析，故在此不做分析。

据此可以推测，用户对社会网络技术的使用情况与其参与数字资源生产的意愿之间具有相关关系，图书馆要根据用户的不同情况，制定和实施不同的激励用户参与的政策。

（二）用户参与数字资源生产的需求与应用分析

1. 用户对社会网络技术功能的使用与期望

社会网络环境下用户参与的图书馆数字资源生产是以社会网络技术为支撑，社会网络技术的相关功能是建设参与式图书馆数字资源生产平台的关键。而用户参与数字资源生产的需求与应用可以通过用户使用其功能及用户参与时期望的功能反映出来，为此我们进行了相关调查，统计结果如

表4—16所示。表中 N 为在用功能 1—9 的频数，即每个功能有多少人选择；百分比是每个选项的频数占总频数的百分比；个案百分比是每个选项的频数占有效个案总数的百分比，由于每个调查对象都可能选择两个、三个甚至更多的选项，所以百分比总和大于100.0%。

从表4—16可以看出：排在用户使用功能前两位的是下载转发分享和发表日志心情评论，所占有效个案百分比分别达到84.14%、79.05%；用户使用较少的功能为上传音频、上传视频和小组讨论功能，所占比例均在10%左右；平均每个用户在用功能为3.13个。专家中使用比例最高的功能为发表日志心情评论，比例为72.41%，其次为上传文档、下载转发分享功能，比例均为41.38%，平均每个专家在用功能为2.52个。馆员使用主要功能中，所占比例较多的是下载转发分享和发表日志心情评论，比例分别为82.86%、79.05%；使用较少的是上传音频、上传视频，比例均在10%左右；平均每个馆员在用功能为3.96个。①

表4—16　　　　　　　　　　用户在用功能频数分布表

		用户			专家			馆员		
		N	百分比 (%)	个案 (%)	N	百分比 (%)	个案 (%)	N	百分比 (%)	个案 (%)
在用功能	下载转发分享	711	26.54	84.14	12	15.38	41.38	174	20.79	82.86
	日志评论	668	24.93	79.05	21	26.92	72.41	166	19.83	79.05
	上传图片	369	13.77	43.67	10	12.82	34.48	115	13.74	54.76
	资源推荐	272	10.15	32.19	7	8.97	24.14	97	11.59	46.19
	上传文档	270	10.08	31.95	12	15.38	41.38	134	16.01	63.81
	信息推送	147	5.49	17.40	11	14.10	37.93	48	5.73	22.86
	小组讨论	86	3.21	10.18	5	6.42	17.24	50	5.97	23.81
	上传视频	83	3.10	9.82	0	0	0	24	2.87	11.43
	上传音频	73	2.72	8.64	0	0	0	29	3.46	13.81
总计		2679	100.00	317.04	78	100.00	268.97	837	100.00	398.57

① 平均用户在用功能数是以用户在用功能总数2679（见表4—16），除以赞同开展用户参与数字资源生产的用户数857（见表4—9）得到的近似值。专家、馆员类同。平均每位用户期望功能数的计算方法相同。为与在用功能作对比分析，用户期望功能只统计了与在用功能相同的部分功能，其他功能另作分析。

表 4—17　　　　　　　　　　　用户期望功能频数分布表

		用　户			专　家			馆　员		
		N	百分比（％）	个案比（％）	N	百分比（％）	个案比（％）	N	百分比（％）	个案比（％）
期望功能	上传文档	768	14.40	90.50	26	14.30	83.90	189	13.36	90.00
	上传图片	728	13.70	85.70	25	13.70	80.60	192	13.57	91.43
	下载转发分享	649	12.20	76.40	18	9.90	58.10	176	12.44	83.81
	上传视频	623	11.70	73.40	16	8.80	51.60	130	9.19	61.90
	资源推荐	607	11.40	71.50	25	13.70	80.60	178	12.58	84.76
	上传音频	599	11.30	70.60	15	8.20	48.40	150	10.60	71.43
	信息推送	476	9.00	56.10	21	11.50	67.70	137	9.68	65.24
	日志评论	464	8.70	54.70	19	10.40	61.30	141	9.96	67.14
	小组讨论	401	7.50	47.20	17	9.30	54.80	122	8.62	58.10
总　计		5315	100.00	626.00	182	100.00	587.10	1415	100.00	637.80

从表 4—17 可以看出：用户对数字资源生产平台功能的期待程度非常高，平均每位用户选择了 6.20 个功能项，每位专家选择了 5.87 个功能项，每位馆员选择了 6.71 个功能项。其中，上传文档最受青睐，用户和专家调查中，所占比例均是最高的，馆员调查中的排名也在第二位。上传图片的选择比例也相对较高，由此可见文字依然是网络环境下用户交流的主要形式，图文并茂无疑将更具吸引力。小组讨论所占比例相对较低，这可能与网络上的讨论仍然以个体文字交流形式为主，集体组织形式的讨论较少相关。

在不区分用户问卷、专家问卷、馆员问卷的情况下，将所有问卷功能 1—9 的在用比例与期望比例制作散点图，结果如图 4—9 所示。

通过图 4—9 可以看出，下载转发分享和发表日志心情评论在用户在用功能与期望功能中均占有较高的比例，因此对于用户参与的数字资源生产平台来说这两项功能是必要的，而且需要长期维持。上传文档与上传图片在用功能比例不是很高，但期望功能比例非常高，故用户参与的数字资源生产平台要与其他社会网络技术进行比较，发现问题，在自己的平台上强化这两项功能。上传音频、上传视频在用比例不高，但期望比例较高，因此属于需要加强的功能。小组讨论功能在用比例不高，期望比例也不

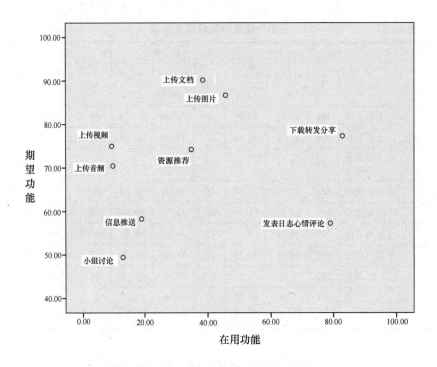

图4—9　在用功能与期望功能百分比散点图

高，可以考虑取消这项功能。

在调查涉及的排行榜、文献互助、在线答疑、好友留言另外四项功能中，用户的需求情况分别是 48.6%、68.1%、78.0%、52.1%；专家的需求情况分别是 56.0%、72.0%、84.0%、40.0%；馆员的需求情况分别是 50.3%、61.6%、83.4%、39.7%。综上分析，高校图书馆开展用户参与的数字资源生产应该以教学和科研交流为主，提供多方面的数字资源服务（如文献互助、在线答疑等），并辅以适当的社交功能（如好友留言等）。

2. 用户高校图书馆的认知分析

高校图书馆正在由以往的借还书和自习场所，向以用户为中心的数字资源中心和信息交流中心转变。用户、专家和馆员是否已经意识到这一点呢，从表4—18的调查数据来看并不乐观。八成以上用户仍认为高校图书馆是借还书和自习场所，认为图书馆是数字资源中心和信息交流中心的用户分别只有六成和四成。专家和馆员的认知好于用户，但仍有部分人持不同看法。因此，用户对图书馆的认知情况亟须得到改善。图书馆应更加主动地宣传和推广自己的服务，改变用户对图书馆呆板、刻板的印象，用户对图书馆的积极良好的认知有利于开展用户参与的图书馆数字资源生产活动。

表4—18　　　　　　　　　　对图书馆的认知　　　　　　　　　　单位：%

	借还书处	自习的地方	数字资源中心	信息交流中心
用户	81.9	89.6	60.9	41.6
专家	80.6	74.2	100.0	77.4
馆员	84.8	89.6	86.3	81.5

3．用户参与数字资源生产的动机分析

我们将用户参与数字资源生产动机归纳为内在需求和外在因素两个方面，其中内在需求的调查结果如图4—10所示。可以看出，在用户参与图书馆数字资源生产的内在需求方面，信息传播与分享的需求是最主要的，用户、专家、馆员的选择比例均为最高；寻求更多数字资源回报的需求处于用户需求的第二位；在自我呈现与满足和社会交往的需求方面，用户、专家、馆员三者的选择有所不同，用户的自我呈现与满足的需求处于第三

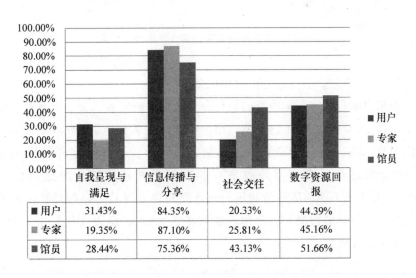

	自我呈现与满足	信息传播与分享	社会交往	数字资源回报
■用户	31.43%	84.35%	20.33%	44.39%
▨专家	19.35%	87.10%	25.81%	45.16%
■馆员	28.44%	75.36%	43.13%	51.66%

图4—10　用户参与数字资源生产的内在需求

位，最后一位是社会交往需求；馆员和专家则将社会交往的需求放在第三位，将自我呈现与满足的需求放在最后。

用户参与图书馆数字资源生产的外在因素的调查情况如图4—11所示。可以看出，用户参与图书馆数字资源生产的外在因素中，更多被调查者倾向于利用信息的便捷，其次为在信息交流与分享过程中找到认同感，再次为精神奖励方面，选择物质奖励的比例在用户、专家和馆员中均是最少的。

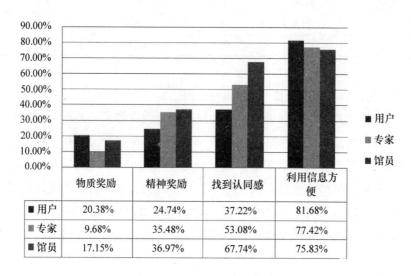

	物质奖励	精神奖励	找到认同感	利用信息方便
■用户	20.38%	24.74%	37.22%	81.68%
■专家	9.68%	35.48%	53.08%	77.42%
■馆员	17.15%	36.97%	67.74%	75.83%

图4—11　用户参与数字资源生产的外在因素

4. 用户参与数字资源生产的角色分析

把用户参与数字资源生产的角色分为领袖、响应者、共享学习者、自我抒发者、浏览者五种不同类型。用户中选择共享学习者人数最多，所占比例为63.5%，其次为浏览者，比例为14.5%，选择响应者的比例为14.1%，愿意在用户参与的数字资源生产中做领袖角色的比例仅为5.8%。为检验不同学历身份的用户在选择角色方面是否存在差异，笔者依据用户学历身份数据与用户角色数据建立6×5联列表（见表4—19），进行交叉表分析。

表4—19　　　　　　　　用户学历与用户角色交叉制表

			用户角色					合　计
			领袖	响应者	共享学习者	自我抒发者	浏览者	
身份	本科生	计数	24	65	274	21	79	463
		（%）	5.2	14.0	59.2	4.5	17.1	100.0
	硕士生	计数	21	29	152	7	22	231
		（%）	9.1	12.6	65.8	3.0	9.5	100.0
	博士生	计数	9	7	55	1	8	80
		（%）	11.3	8.8	68.8	1.3	10.0	100.0
	教　师	计数	6	2	29	1	3	41
		（%）	14.6	4.9	70.7	2.4	7.3	100.0
	科研人员	计数	3	6	19	0	3	31
		（%）	9.7	19.4	61.3	.0	9.7	100.0
	行政人员	计数	0	0	8	1	1	10
		（%）	.0	.0	80.0	10.0	10.0	100.0
合计		计数	63	109	537	31	116	856
		（%）	7.4	12.7	62.7	3.6	13.6	100.0

从表4—19可以看出，5.2%的本科学历用户愿意在用户参与的数字资源生产平台中成为贡献数字资源的领袖（或核心人物），9.1%的硕士愿意成为领袖，在博士生中这一比例为11.3%，教师和科研人员中的这一比例分别为14.6%、9.7%，而行政人员中没有人愿意成为领袖。在其他角色的选择上，不同学历身份的用户所占的比例也有所不同。因此，图书馆在组织用户参与数字资源生产时，应该根据用户的不同学历和身份有针对性地开展工作。

5. 用户愿意参与数字资源生产的学科、资源类型

对用户参与数字资源生产的学科类型进行调查，数据显示，用户、专家、馆员选择比例较高的均为自己感兴趣的资源、自己学科领域的资源，而其中用户和馆员更倾向于选择自己感兴趣的资源，而不是自己的学科专业资源。选择比例最低的是新闻时事类资源。因此，图书馆在开展用户参与的图书馆数字资源生产时，可以从用户感兴趣的资源生产入手，鼓励用户生产与自己学科专业相关的学术资源（详见表4—20）。

表4—20　　　　　　　用户参与数字资源生产的学科类型　　　　　单位:%

	自己学科	相关学科	自我兴趣	新闻时事
用户	62.32	43.37	73.00	27.11
专家	76.67	46.67	63.33	10.00
馆员	71.56	52.13	85.31	29.38

在用户乐于生产的资源类型中,文档所占个案比例为92.57%,图片比例为71.46%,这两者所占比例明显高于音频资源(21.58%)和视频资源(24.88%)。馆员调查和专家调查的数据也有同样的现象。究其原因,可能在于文档资源与图片资源生产的便捷性,音频资源和视频资源虽然在传递学术信息方面包含更大的信息量,但其制作过程较为复杂,上传也多受网络带宽的限制,因此可操作性不强(详见表4—21)。

表4—21　　　　　用户乐于参与数字资源生产的资源类型　　　　单位:%

	文档	图片	音频	视频
用户	92.57	71.46	21.58	24.88
专家	93.55	83.87	9.68	19.35
馆员	79.62	62.09	31.28	30.33

6. 用户对图书馆社会网络技术的使用情况

为了解现阶段高校图书馆在用户参与数字资源生产方面的状况,我们以"您所在学校图书馆应用了哪些社会网络技术"为题进行了调查,结果如表4—22所示。可以看出,各高校图书馆在应用社会网络技术方面步伐不一,例如南京师范大学和南京农业大学都使用了四种相关技术,而南京理工大学、南京工业大学等高校馆仅使用汇文书目系统的RSS和标签服务。另外,图书馆虽然提供了良好的技术支持,努力提升自己的服务质量,但在相关应用和服务用户推广和宣传方面仍然存在欠缺,相当一部分用户对图书馆应用的社会网络技术和服务认知不够清楚。

表4—22　　　　　　　　　图书馆应用社会网络技术情况

		博客	播客	微博	维基	标签	RSS	SNS	自建平台
南京大学	选已用比例（%）	8.33	3.70	23.15	16.67	7.41	17.59	48.15	50.93
	实际应用	否	否	是	否	是	是	是	否
南京农业大学	选已用比例（%）	6.86	4.90	26.47	10.78	12.75	13.73	42.16	48.04
	实际应用	否	否	是	否	是	是	是	否
南京理工大学	选已用比例（%）	3.92	1.96	27.45	10.78	2.94	8.82	43.14	64.71
	实际应用	否	否	是	否	是	是	否	否
南京工业大学	选已用比例（%）	6.49	0.00	20.78	16.88	12.99	22.08	36.36	49.35
	实际应用	否	否	是	否	是	是	否	否
南京财经大学	选已用比例（%）	3.23	0.00	20.97	8.06	12.90	12.90	33.87	72.58
	实际应用	否	否	是	否	是	是	是	否
南京师范大学	选已用比例（%）	5.26	0.00	36.84	3.51	13.51	19.30	64.91	24.56
	实际应用	否	否	是	否	是	是	是	否
南京航空航天大学	选已用比例（%）	1.85	5.56	18.52	0.00	5.56	7.41	38.89	66.67
	实际应用	是	否	是	否	是	是	是	否
河海大学	选已用比例（%）	2.44	0.00	31.71	7.32	17.07	4.88	58.54	48.78
	实际应用	否	否	否	否	是	是	是	否
北京大学	选已用比例（%）	7.14	7.14	28.57	21.43	7.14	21.43	42.86	64.29
	实际应用	是	否	否	否	是	否	是	是
清华大学	选已用比例（%）	16.67	16.67	20.83	8.33	12.50	41.67	25.00	79.17
	实际应用	否	否	是	否	是	是	是	是
上海交通大学	选已用比例（%）	5.88	0.00	35.29	11.76	17.65	5.88	41.18	52.94
	实际应用	是	否	否	否	是	是	否	否
上海大学	选已用比例（%）	16.67	0.00	33.33	50.00	0.00	33.33	16.67	0.00
	实际应用	是	否	否	否	是	是	否	否
上海电力学院	选已用比例（%）	25.00	12.50	37.50	25.00	25.00	62.50	37.50	62.50
	实际应用	否	否	否	否	否	否	否	否
福州大学	选已用比例（%）	0.00	0.00	16.67	33.33	16.67	33.33	0.00	50.00
	实际应用	否	否	否	否	是	否	否	否
厦门大学	选已用比例（%）	17.02	14.89	44.68	31.91	19.15	42.55	25.53	44.68
	实际应用	是	否	是	是	是	是	是	否

续表

		博客	播客	微博	维基	标签	信息推送	SNS	自建平台
厦门理工学院	选已用比例（%）	14.29	0.00	14.29	42.86	0.00	28.57	42.86	42.86
	实际应用	否	否	否	否	是	是	否	否
北京印刷学院	选已用比例（%）	20.00	0.00	20.00	10.00	10.00	30.00	50.00	60.00
	实际应用	否	否	否	否	是	是	否	否

　　我们还对各校图书馆提供的社会网络技术的用户满足程度进行了调查，结果如表4—23所示。可以看出相关技术与服务建设情况较好的南京师范大学、厦门大学、上海大学等图书馆用户整体满意度相对较高。

表4—23　　　　图书馆提供的社会网络技术与用户满意度关系分析　　　单位：%

	完全能满足	基本能满足	无所谓	不能满足	完全不能满足
南京大学	0.84	25.21	55.46	18.49	0.00
南京农业大学	0.85	27.12	58.47	13.56	0.00
南京理工大学	0.00	20.91	61.82	17.27	0.00
南京工业大学	2.13	20.21	57.45	20.21	0.00
南京财经大学	1.39	15.28	48.61	33.33	1.39
南京师范大学	0.00	32.86	50.00	17.14	0.00
南京航空航天大学	0.00	25.81	61.29	12.90	0.00
河海大学	0.00	39.29	44.64	16.07	0.00
北京大学	0.00	17.65	70.59	11.76	0.00
清华大学	0.00	21.43	67.86	10.71	0.00
上海交通大学	5.26	52.63	31.58	10.53	0.00
上海大学	0.00	50.34	42.16	7.50	0.00
上海电力学院	0.00	30.00	50.00	20.00	0.00
福州大学	14.29	28.57	42.86	14.29	0.00
厦门大学	3.85	35.00	38.08	23.08	0.00
厦门理工学院	0.00	14.29	71.43	14.29	0.00
北京印刷学院	0.00	10.00	50.00	40.00	0.00

7. 数字资源生产平台认证方式分析

　　问卷以"您认为用户参与的图书馆数字资源生产平台是否需要方便、安全的用户认证"进行调查，结果如表4—24所示。大多数用户认为参与数字资源生产需要方便安全的认证方式，专家和馆员亦持相同观点。在确定用户参与的数字资源需要安全认证方式的基础上，我们又对需要何种认证方式进行了调查，结果显示：受多数用户欢迎的方式为E-mail认证，占56.15%，其次为个人信息门户，比例为49.59%。因此，图书馆可以根据实际情况选择合适的认证方式，对于已经建立个人信息门户的学校可选择个人信息门户认证，尚未建立的学校可以选择E-mail认证或短信认证。

表4—24　　　　　　　　　　**是否需要安全的认证方式**　　　　　　　　单位：%

	非常需要	需要	无所谓	不需要	完全不需要
用户	14.12	70.13	12.95	2.22	0.58
专家	35.48	51.61	9.68	3.23	0.00
馆员	15.20	72.48	11.85	0.47	0.00

　　8. 对系统要素重要性及协同关系的认知

　　用户参与的图书馆数字资源生产系统结构由若干要素组成，包括用户、馆员、技术、数字资源、管理（含过程）和环境。我们对在用户参与的图书馆数字资源生产中哪些为关键要素进行了调查。其中用户和馆员选择数字资源要素的比例最高，专家选择用户要素的比例最高。同时，技术和管理要素也被多数调查对象认可，用户、专家、馆员在这两项要素的选择上差异不大（见图4—12）。

　　系统的要素之间并不是各自独立的，而是相互影响共同协调发展的。为探讨用户参与图书馆数字资源生产系统中用户主体要素与其他哪个要素的协同配合更为重要，我们以"您认为在用户参与图书馆数字资源生产系统中，用户与哪些要素的协同配合更为重要"进行调查，结果见图4—13。在用户中，选择用户与数字资源的比例最高，占有效样本数的71.55%；其次为用户与管理的协同配合，比例为46.96%；选择用户与技术协同配合的比例为45.20%；选择用户与馆员配合的比例为39.58%；选择用户与环境配合的比例最低，仅为15.57%。专家问卷中支持用户与管理的人数最多，比例为58.06%，接下来依次是用户与馆员、用户与数

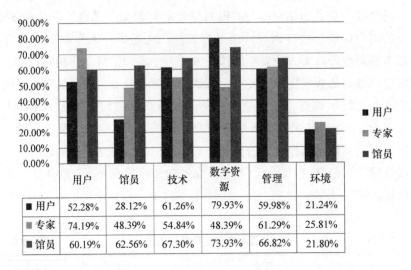

	用户	馆员	技术	数字资源	管理	环境
■ 用户	52.28%	28.12%	61.26%	79.93%	59.98%	21.24%
■ 专家	74.19%	48.39%	54.84%	48.39%	61.29%	25.81%
■ 馆员	60.19%	62.56%	67.30%	73.93%	66.82%	21.80%

图 4—12 对系统要素重要性的选择

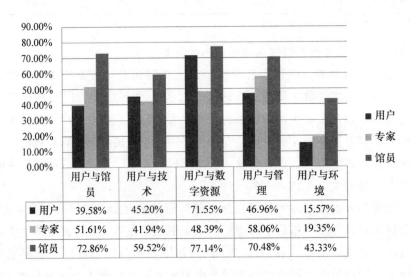

	用户与馆员	用户与技术	用户与数字资源	用户与管理	用户与环境
■ 用户	39.58%	45.20%	71.55%	46.96%	15.57%
■ 专家	51.61%	41.94%	48.39%	58.06%	19.35%
■ 馆员	72.86%	59.52%	77.14%	70.48%	43.33%

图 4—13 系统要素之间的协同配合

字资源、用户与技术，选择比例最少的为用户与环境。馆员问卷的结果显示，支持用户与数字资源配合的比例高达 77.14%，然后依次为用户与馆员的配合、用户与管理的配合、用户与技术的配合、用户与环境的协同配合。

9. 用户参与的图书馆数字资源生产系统可能面临的困难

在用户看来，数字资源生产系统建设的难点主要在于用户生产的资源质量的控制、建设系统的资金问题、开发系统的技术支持三个方面；专家认为难点主要在于数字资源质量的控制、用户推广和系统管理；馆员认为数字资源质量控制为建设难点的比例最高，其次为用户推广，再次是后期维护（详见表4—25）。

表4—25　　　　　　　　　　　　**建设难点统计**　　　　　　　　　　　单位：%

	用户推广	资金	技术开发	系统管理	资源质量	馆员素质	后期维护
用户	48.31	68.26	61.84	45.16	76.43	21.94	44.57
专家	64.52	35.48	29.03	61.29	64.52	32.26	45.16
馆员	72.04	39.81	53.08	56.40	80.57	19.91	54.98

（三）其他开放性问题分析

为了解用户、馆员和专家对问卷可能未涉及的其他问题的意见和建议，问卷最后有一道开放性题目"您对社会网络环境下用户参与图书馆数字资源生产的想法或建议"，经过归纳整理，获得以下几方面的建议：

1. 用户参与的数字资源生产建设难度较大，需要较多的资源

社会网络环境下用户参与的图书馆数字资源生产以社会网络技术为支撑，以用户生成内容为主要方式，与图书馆现有的网站和服务难以完好地整合，需要融合人力、物力、财力等各方面的资源，重新搭建系统平台，建设难度较大，需要较多的资源。

2. 加强宣传，做好用户推广工作

用户参与的数字资源生产是以用户为主体对象，以用户贡献资源为主要方式的，因此应该在建设平台的基础上，加强宣传和用户培训，针对本科生中"一、二年级没能力，三、四年级没时间"、教师虽然能力强，但时间比较紧张等现象有针对性地开展工作，不仅要在本科生中做好用户推广工作，还应重点做好硕士生、博士生的用户推广工作，为平台发展打下良好的群众基础。

3. 从用户兴趣热点着手，以学科专业资源为主，加强资源质量控制

根据高校图书馆的性质，用户参与的图书馆数字资源生产应该以专业

教学、科研服务为基本目的。一些用户和专家也建议重点生产学科专业资源。据此，专业学术性资源生产应该是图书馆工作的重点。但从调查数据来看，主张按用户兴趣热点开展数字资源生产的用户和馆员的比例，均高于主张按学科专业开展数字资源生产的比例。从目前已经开展用户参与图书馆数字资源建设的实例来看，按用户兴趣开展图书馆数字资源生产的效果也好于按学科专业组织数字资源生产的效果。因此，从用户感兴趣某个热点主题的资源生产着手，逐步向学科专业资源生产发展，是一个比较容易实现的方式。另外，建立合理的审核和管理机制，加强资源质量的控制，也是用户、专家和馆员强调的重点之一。

4. 平台功能合理适用，联合高校共享共建

用户参与的图书馆数字资源生产平台要注意建设合理适用的功能项目，注意与现在的社交网络平台（如 Google 学术等）接轨，有效促进学术思想交流，开展学术合作活动。同时，不应该闭门造车，要联合兄弟院校在更广泛的范围内开展数字资源生产，实现资源共享共建。

5. 建立实名认证机制，保护知识产权

社会网络环境下，资源的复制和备份已经越来越易于操作，在这种条件下，如何有效地保护知识产权也成为一个重要问题。因此，用户参与的图书馆数字资源生产平台宜采用实名认证机制，在充分允许沟通和交流的环境下，有意识地保护知识产权。

第四节　社会网络环境下用户参与图书馆数字资源生产模式的修正

为了检验和完善社会网络环境下用户参与图书馆数字资源建设生产的模式假说，我们在本章第三节中以问卷方式，在南京、北京、上海、厦门等地，调查 14 所不同层次高校图书馆用户、图书馆领域专家、图书馆员对社会网络环境下用户参与的图书馆数字资源建设生产的认知、需求和应用现状。同时课题组以南京农业大学 110 周年校庆为契机，以所在信息学院的名义联合南京农业大学图书馆和宣传部，建立专门的网站，面向全校师生组织开展反映南京农业大学发展历程的"南农记忆"图片征集活动。以此来验证和应用本章第二节中提出的数字资源生产模式假说。

一　社会网络环境下用户参与图书馆数字资源生产模式的检验

用户参与的图书馆数字资源生产是图书馆数字资源建设的基础环节，只有把资源生产出来，才能进入下一步的选择、评价和组织等环节。因此，探讨用户参与图书馆数字资源生产模式假说的正确与否及其适用性，形成科学合理、切实可行的生产模式很有必要。在本节首先对前文提出的用户参与的图书馆数字资源生产模式假说进行检验。

在问卷调查中，本章首先对社会网络环境下用户参与图书馆数字资源生产的意愿进行了调查。调查结果显示，约九成的用户、专家和馆员认为社会网络环境下有必要开展用户参与的图书馆数字资源生产。六成以上的用户、专家和馆员愿意参与图书馆数字资源的生产。可见，社会网络环境下用户参与的图书馆数字资源生产具有良好的基础，大部分用户、专家和馆员对于开展社会网络环境下用户参与图书馆数字资源生产活动持支持态度。

通过用户对社会网络技术的使用情况的调查可以知道，用户中使用SNS 的比例最高，达到 76.5%，其次为微博、维基。同时，专家和馆员中这三种社会网络技术的使用比例也是比较高的。这表明，大部分专家、用户和馆员对社会网络技术的选择偏好在一定程度上是相同的，与模式假说中数字资源生产平台选择的社会网络技术具有一致性。

在对用户参与的数字资源生产是否需要安全的认证方式进行调查时，选择非常需要及需要的用户、专家、馆员比例分别为 84.25%、87.09%、87.68%，只有 0.58% 的用户选择完全不需要，专家和馆员中没有人选择完全不需要。由此可以知道，模式假说中提出需使用用户统一认证登录的方式登录系统平台也得到了用户、专家和馆员的认同。

在对用户参与图书馆数字资源生产系统构建的要素重要性调查中发现，用户中选择用户、技术、数字资源、管理四要素的比例都在 50% 以上，对馆员和环境要素的选择比例稍低，分别为 28.12% 和 21.24%。五成左右的专家、馆员选择了包括用户、馆员、技术、数字资源、管理在内的五要素，同时对环境要素的选择比例也均在 20% 以上。这表明，笔者在模式假说部分提出的系统六要素基本是正确的。

以上数据说明，社会网络环境下用户参与的图书馆数字资源生产活动有较广泛的群众基础，具有可行性。同时也验证了笔者提出的用户参与的图书馆数字资源生产的模式假说总体上能够被大多数人接受。

在用户对社会网络技术使用与期望情况进行调查时发现，下载转发分享和发表日志心情评论在用户在用功能与期望功能中均占有较高的比例；上传音频、上传视频在用比例不高，但期望比例较高，属于需要加强的功能；小组讨论功能的使用和期望比例均不高，因此可以考虑取消或非优先发展这项功能。

针对用户愿意贡献的数字资源类型的调查结果表明，主张按用户兴趣热点开展数字资源生产的用户和馆员的比例，均高于主张按学科专业开展数字资源生产的比例，73.00%的用户表示最愿意生产的资源是自己感兴趣的资源，其次才是学科资源。因此可以考虑在修正的生产模式中优先发展用户感兴趣的数字资源。

其他有关的调查数据，也应依用户导向原则，尽量在修正模式中有所反映。

二　社会网络环境下用户参与图书馆数字资源生产模式的应用与修正

（一）用户登录管理模块

用户登录管理模块是模式假说中的第一个功能模块，主要用于记录用户信息，管理用户关系，因为用户参与的数字资源生产平台必然需要安全的用户认证方式及合理的管理方式。在调查问卷中以"您认为用户参与的图书馆数字资源生产平台是否需要方便安全的用户身份认证"进行提问时，选择非常需要及需要的用户、专家、馆员比例分别为84.25%、87.09%、87.68%，选择比例都比较高，且馆员、专家中均无人选择完全不需要，用户中选择完全不需要的比例也很低，仅为0.58%。以图片征集为主要目的的"南农记忆"网站也采用了要求用户使用邮箱认证的方式进行注册登录的方法，截至2012年10月网站的注册用户数已达到1748人次。

其次是对用户的身份管理，用户是社会网络环境下用户参与的图书馆数字资源生产系统的主体要素，在系统中处于重要的地位，如何有效引导用户参与到数字资源生产中来是工作的关键。通过问卷调查的结果可知用户是否愿意参与到数字资源生产中来受多方面因素的影响，如性别、年龄等人口学因素，如学历、身份职能等社会学因素，如对社会网络技术的使用程度、使用频率等个人因素。调查显示，在馆员问卷和专家问卷中小于40岁的人对用户参与的数字资源生产更有热情，参与的意愿更加强烈。用户问卷的调查显示，用户的学历身份也影响其参与数字资源生产的意愿及其在数字资源生产中愿意承担的角色，数据显示本科学历的被调查者中 5.20%的用户愿意在用户参与的数字资源生产平台中成为贡献数字资源的核心人物，成为团体领袖，硕士生中这一比例为 9.10%，博士生中的比例为 11.30%，老师和科研人员中的这一比例分别为 14.60%、9.70%，而行政人员中没有人愿意成为领袖。因此从用户需求出发，识别用户身份、用户特征、用户角色是非常有必要的。

同时，要关注用户行为和用户偏好，善于发现用户关系中的知识群体及结构洞，并加以利用使之促进工作更好地开展。通过对"南农记忆"网站上传图片数量排名前 16 位的用户进行聚类分析，发现用户的群体特征如表 4—26 所示：

表 4—26　　　　　　　　　　　　用户群体类别

群体编号	用　户	用户兴趣类别
1	Season_ou、百年南农、小花猪、轻音乐	教学科研、图书馆内外
2	Fuling、flyingfish、蓝天、mickeysun0909、zhangxian、丹淅游士、23109124、赵土豆	校园景色、校园生活
3	圆圆、南农百年	校史回顾、大事记
4	南农 he110、忘记密码	科技下乡、产学研合作

用户关系中的类别，表示一个关系密切的群体，他们往往在兴趣或内容上有着相似性或一致性。类的大小直接反映群体的集中程度和对群体对象的关注程度。观察可以发现，群体 2 的用户数较多，表明样本用户中对校园景色、校园生活的关注度大而集中，在一定程度上也反映了用户对图片资源关注的整体趋势。群体 3、群体 4 的用户较少，表明样本用户中对学校历史、学校科技发展方面的图片资源感兴趣的用户数相对较少。聚类分析的结果使我们对用户间的群体关系有了更深入的了解，有利于针对用户群体开展工作，与模式假说中识别用户关系的设定具有一致性。

（二）社会网络技术支持模块

社会网络环境下用户参与的图书馆数字资源生产平台以社会网络技术为依托，但并不是不做改变的对社会网络技术的照搬和挪用，而是根据自身的实际情况和发展需要，选择适当的功能加以应用和完善。调查问卷的结果显示，在现有的社会网络技术中，普通用户中使用比例最高的为

SNS，所占比例高达 76.5%，其次为微博，使用比例为 67.6%，再次是维基，使用比例为 49.8%，接下来是博客，使用比例为 33.1%。使用比例较低的为标签（5.8%）、播客（3.5%）、信息推送（3.1%）和网摘（1.9%）。专家中使用比例最高的是博客，比例为 76.2%，使用微博和 SNS 的比例均为 58.6%，使用维基的比例也较高，达到 65.5%，网摘的使用比例最低，仅为 6.9%。馆员中使用比例最高的是微博，比例为 73.9%，博客、维基、SNS 的使用比例均是 45% 左右，使用比例最低的是网摘，比例仅为 3.9%。综合以上情况，用户参与的数字资源生产平台对社会网络技术的选择也应有所侧重，重点选择在用户中普及程度较高的技术，如 SNS、微博等，暂不考虑使用比例太低的技术，如网摘等。具体见修正后的生产模式中社会网络技术支持模块。另外，IM 即时通讯技术（如 QQ、MSN 等）本次调查虽未涉及，但在以前多次调查中其使用比例均位列榜首。虽然使用 IM 无法直接生产数字资源，但考虑它在社交中的沟通解决问题的功能，因此在修正的生产模式中引入了 IM 工具。在"南农记忆"网站实证中，我们也是以 SNS 为主要平台，结合微博和 IM 等功能进行设计。

（三）系统平台功能模块

通过对用户正在使用的社会网络技术功能及用户期待的数字资源生产平台功能进行对比分析，本章得出以下结果：发表日志评论、上传图片、下载转发分享等，在用户使用功能与期望功能中均占有较高的比例，是用户参与的数字资源生产平台必要且需长期维持的功能；上传音频、上传视频使用比例不高，但需要比例较高，因此属于需要加强的功能等。

"南农记忆"中，网站的功能主要体现在两个方面：资源生产功能和用户之间的社交功能。其中资源生产功能包括上传图片、添加标签、对喜欢的图片进行投票，社交功能包括好友互访、好友留言、讨论小组，另外还有表达用户自我个性的个人空间、网站新闻通知等，具体功能的使用情况如表 4—27 所示：

表 4—27　　　　　　　　　网站功能使用情况

功能名称	上传图片	标签	投票	排行榜	下载转发分享	日志心情评论	好友留言	新闻公告发帖	讨论小组
使用热度	非常高	非常高	非常高	高	高	高	一般	一般	低

其中上传图片功能是网站最主要的功能，是用户参与数字资源生产的最主要的表现形式。在 100 多名用户上传的 3000 余张图片中，组委会进行了三次不同角度的质量审核、查重，最终共获得入围图片 2186 张。从中可以看出，该项功能的使用热度非常高。由于我们要求用户上传每张图片时自己附上 3—5 个标签，因此，标签功能的热度也非常高，经统计，用户共标注标签 7430 个，平均每张图片有 3.4 个标签。以社交为主要目的的好友留言功能使用热度较低，讨论小组使用程度最低，这与问卷调查的数据结果一致。根据问卷调查及实证分析的结果，修正的生产模式中对相关功能模块的顺序进行了微调。

（四）平台管理制度模块

除了用户登录管理模块以外，与管理制度有关的模块主要包括用户激励机制、审核机制、过滤机制等。其中用户激励机制用于根据用户的特定需求和动机，制定相应的措施。调查显示，激励机制中信息传播与分享的需求是最主要的，用户、专家、馆员的选择比例均为最高，具体数值分别为 84.35%、87.10%、75.36%。寻求更多数字资源回报的需求处于用户需求的第二位，用户的选择比例为 44.39%，专家的选择比例为 45.16%，馆员的选择比例为 51.66%。用户参与数字资源生产的外在因素中，更多被调查者倾向于利用信息的便捷，其次为在信息交流与分享过程中找到认同感，再次为精神奖励方面，选择物质奖励的比例在用户、专家和馆员中均是最少的，比例分别为 20.38%、9.68%、17.15%。这方面三种不同身份的被调查者没有明显差异。"南农记忆"网站在推广初期，为鼓励用户参与，也制定了相应的激励措施，如给予一定借阅优惠和精神奖励等。

数字资源的质量把关以及后期维护和保存也是用户参与数字资源生产平台必须正视的问题。在对用户参与的图书馆数字资源生产建设可能存在哪些难点进行调查时，76.43% 的用户、64.52% 的专家、80.57% 的馆员认为用户生产的数字资源的质量控制存在难点；44.57% 的用户、45.16% 的专家、54.98% 的馆员认为数字资源的后期维护存在难点。因此，用户参与的数字资源生产平台必须制定相应可行的管理制度，把好资源质量关，并做好后期的维护管理工作。"南农记忆"网站在征集图片时为了把好质量关，分别组织了前期图片基本要求审核、中期普通用户的网上投票和后期专家的评审，以提高入围数据库的图片质量。

（五）数字资源模块

在调查问卷中以"您愿意为图书馆生产哪方面的数字资源"进行调查，结果显示，用户、专家、馆员选择比例较高的均为自己感兴趣的资源和自己所在学科专业的资源，选择比例最低的是新闻时事类资源，其中愿意生产自己感兴趣的资源的用户、专家、馆员比例分别为 73.00%、63.33%、85.31%，愿意生产自己所在学科专业的数字资源的用户、专家、馆员比例分别为 62.32%、76.67%、71.56%。因此，图书馆开展用户参与的图书馆数字资源生产时，可以考虑从用户感兴趣的某个热点主题的资源生产着手，逐步向学科专业资源生产发展，如以"南农记忆"为主题的图片征集活动就属于前者。对"您愿意为图书馆生产哪种类型的数字资源"的调查显示，在用户乐于生产的资源类型中，文档所占个案比例为 92.57%，图片比例为 71.46%，这两者所占比例明显高于音频资源（21.58%）和视频资源（24.88%）。馆员调查和专家调查的数据也有同样的现象。因此，图书馆在组织用户参与图书馆数字资源生产过程中，可以先考虑文档和图片类型资源的生产。

（六）馆员管理模块

针对社会网络环境下用户参与的图书馆数字资源生产系统要素的调查显示，虽然 62.56% 的馆员认为馆员是系统的关键要素之一，但用户和专家对馆员在用户参与的图书馆数字资源生产中的作用认可度不高，分别为 28.12% 和 48.39%，这使我们感到有些意外。不过同时我们也注意到，59.98% 的用户、61.29% 的专家选择管理为必不可少的系统要素。而馆员正是实施管理、沟通用户与系统平台的桥梁和纽带，其作用的好坏，体现着系统的运作效率和水平。这一点也可以从大多数用户和专家对用户登录管理和平台管理制度的肯定得到佐证。也许这体现了用户在参与图书馆数字资源生产时，期望更多的是通过科学合理的制度管理，而不是由馆员直接进行干预。

根据上述问卷调查结果和"南农记忆"图片征集活动的实践，可以认为社会网络环境下用户参与的图书馆数字资源生产模式假说基本是合理的，不过其中有些内容还需要根据用户、专家和馆员的意见进行完善和修正（见图4—14）。

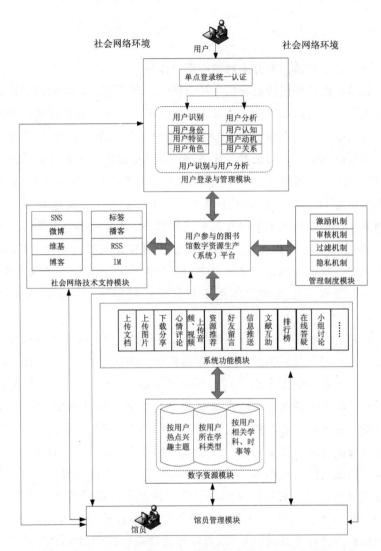

图4—14　社会网络环境下用户参与的图书馆数字资源生产修正模式

第五节　社会网络环境下图书馆开展用户参与数字资源生产的建议

为了更好地推动社会网络环境下用户参与图书馆数字资源生产的活动，根据问卷调研数据及相关研究和实践，我们对高校图书馆提出以下建议：

一　以点带面，充分发挥核心用户作用

对问卷数据分析可以看出，社会网络环境下用户参与的图书馆数字资源生产有一定的群众基础，具有可行性。同时也存在较多问题。突出表现在尽管九成以上用户认为有必要开展用户参与的图书馆数字资源生产活动，六成以上用户也愿意参与此活动，但真正愿意成为参与活动领军人物（领袖）的用户却数量很少，如本科生中为 5.2%、硕士生中为 9.1%、博士生中为 11.3%、教师中为 14.6%。在专家中，也仅有 19.4% 愿意成为领袖。这正好印证了美国知名科技博客 Businessinsider 作者马克·苏斯特（Mark Suster）的观点，在以用户生产内容为主的网站上，1% 的人是专家用户（他们为网站贡献了最多的优质内容），9% 的人是偶尔贡献者，90% 的人潜水（这些用户永远不会贡献任何内容，他们是为了摄取内容）。

针对这一特点，充分发挥参与核心用户的作用就显得十分重要。而这一点也在我们开展的实践活动中得到验证。2012 年 5 月—10 月，课题组联合南京农业大学图书馆和宣传部，建立具有 SNS 性质的专门网站，面向全校师生组织开展反映南京农业大学发展历程的"南农记忆"图片征集活动。在活动开展之初，我们对核心用户的问题并未引起高度重视，只是通过校庆网站、社交网站、海报和传单等方式进行广泛的宣传，但效果不佳，征集到的图片不多。后来我们从马克·苏斯特的观点以及问卷调查的数据得到启示，主要针对核心用户（如学校资深或有影响的摄影爱好者和教师中历史图片珍藏者）开展工作（如通过师生关系、好友关系、社团组织等进行个别访谈），取得较好的效果。仅排名前十的图片贡献者就提供了 1194 张入选图片（超过入选图片的 50%），且有不少图片为珍品。

二　从易到难，循序渐进地开展教学科研型数字资源生产

从高校图书馆的性质来看，面向学科专业的教学科研型数字资源应该是用户参与图书馆数字资源生产的重点。但从用户、专家和馆员调查数据来看，除了专家中主张按所在学科生产数字资源的人数比例最高以外，主张按用户兴趣热点开展数字资源生产的用户和馆员的比例，均高于主张按

学科专业开展数字资源生产的比例。从目前国内已经开展的用户参与图书馆数字资源建设的实践来看，前者的效果也好于后者。形成的原因主要有两方面：一是目前网上多数用户使用社会软件和社交网站的目的是为了娱乐消遣，只有少数用户用于教学或学术研究，从而形成了一种思维定式。二是目前我国知识产权制度不够完善，网上个人作品的著作权难以得到很好的保护，网上的成果也难以得到学术界的认可。

为吸引更多用户参与图书馆数字资源生产，从易到难，循序渐进，逐步向学科专业资源生产发展，是一个比较容易实现的方式。即在活动初期，从用户感兴趣的某个热点数字资源生产着手开展活动，待有了一定人气，积累到一定的用户群体后，再结合馆藏特色，逐步向教学科研资源生产发展。出于这一考虑，课题组利用南京农业大学 110 周年校庆活动，首先选择能够引起较多师生兴趣和共鸣的"南农记忆"图片征集活动，开展用户参与的图书馆图片数字资源生产活动。到校庆前，注册用户达到1748 人，上传图片用户数量达 115 人，经评选最终入选数据库的图片2186 张，成效较为显著。下一步我们将组织用户参与图书馆教学科研资源的生产。

另外，从用户对社会网络技术的期望功能可以看出，用户不仅希望能生产、上传文本数字资源，而且希望生产、上传图片、视频和音频等多种媒体的数字资源。因此，在开展用户参与数字资源生产时，图书馆应注意上传资源形式的多样性，并提供相应的数字资源生产平台和网络基础设施。

三　借鉴 UGC 模式，采取多元化的用户激励机制

近年来，国内图书馆开始采用多种方式邀请用户参与到其馆藏资源建设中来。但总的来看，用户参与积极性不高，参与的深度和效果也都有待改善。借鉴 UGC 的运营模式，建立多元化的参与激励机制，对于图书馆激励用户参与其资源生产，具有参考价值。目前 UGC 网站采取的激励机制主要有：（1）物质与金钱激励。采用该方式能在短期内迅速汇聚人气，但公益性的图书馆不宜作为主要方式。（2）积分与等级提升激励。这是以虚拟积分与用户等级为杠杆激励用户参与的方式，对于注册用户效果较好。（3）资源—积分—资源激励。这种以贡献资源换取积分，并能获得更多资源的方式是 UGC 普遍采用的激励方式。（4）用户排名激励。是一

种从用户参与心理层面激励的典型方式，激励效果较为突出。[①]

从修正模式来看，用户参与图书馆数字资源生产的动机受多种因素影响，其中内在需求按选项高低有信息传播与分享、数字资源回报、自我呈现与满足、社会交往需求，外在因素有利用信息的便捷、找到认同感、精神奖励和物质奖励。借鉴 UGC 的激励方式，在了解用户需求和影响因素的基础上，我们根据高校图书馆的实际，在"南农记忆"图片征集活动中，采取了以信息传播与分享及资源回报为主的多元化的用户激励机制，即首先对注册用户不论是否贡献图片，都可以下载、分享、评价图片；其次是在用户贡献的图片中选出 1000—3000 件入围图片，并给予用户证书和纪念品一份。入围图片达到或超过 5 件者颁发突出贡献者证书，校图书馆给予书刊借阅优惠条件，并按每件入围图片 1 元的金额奖励相应的上网费（或同等价值礼品）。最后将入围作品中点击率最高的前 10 张图片放在"南农记忆"网站展示，并在入围图片中由用户和专家共同评选出优秀作品，给予现金奖励。

四　更新理念，促进系统要素协调发展

用户对图书馆的良好认知有利于开展用户参与的图书馆数字资源生产活动。从表 4—18 可见，用户（包括部分馆员和专家）对图书馆的认知仍需转变。从图 4—9、图 4—12 也可以看出，用户对馆员的作用和信任度需要提高。这一方面要求图书馆更加主动地宣传网络时代图书馆的职能，馆员则要加强与用户的沟通；另一方面更重要的是图书馆在工作中要有所作为，真正建立起以用户为中心的数字资源中心和信息交流中心的良好形象。

社会网络环境下用户参与的图书馆数字资源生产是用户在一定的环境下，利用社会网络技术，通过与馆员的互动，在馆员的指导和管理下生产出有用的数字资源的复杂系统。据此，我们提出该系统由用户、馆员、技术、数字资源、管理、环境等要素构成。调查表明，用户、馆员和专家对笔者提出的多数要素均持肯定态度，其中对用户、技术、数字资源、管理四要素的支持率在五成以上或接近五成。

我们认为，把握并处理好这六要素之间的关系，是搞好用户参与的数

---

① 黄敏、都平平：《Lib2.0 用户参与激励机制初探》，《图家图书馆学刊》2010 年第 2 期。

字资源生产的关键。在系统要素中，用户处于核心位置，没有用户参与，就没有社会网络环境下用户参与的图书馆数字资源生产系统。但用户要素不是孤立的，而是与其他要素紧密联系、相互作用的。从用户与数字资源的关系来看，图书馆要根据用户的兴趣爱好、学科背景、学历身份来规划和指导其生产数字资源。从用户和技术的关系来看，图书馆要为用户提供易于操作的技术平台，加强用于数字资源生产的社会网络技术的培训和推广。从用户和管理的关系来看，图书馆要根据用户需求，通过制度设计，形成多元化的用户参与激励机制和管理机制。从用户和馆员的关系来看，馆员应发挥主动性和创造性，加强与用户的相互学习和交流，鼓励用户参与，规范用户行为，并根据用户反馈，完善系统功能和规章制度。而良好的组织文化氛围和人文环境有利于系统的健康发展。

对于用户参与数字资源生产可能面临的难点问题，如用户生产的资源质量控制、建设系统的资金、技术支持、后期维护等，图书馆也应未雨绸缪，在活动开展之前尽量做好相应的准备工作或提前制定对策，以保证用户参与的图书馆数字资源生产活动顺利地开展。①②

---

① 刘磊等：《社会网络环境下用户参与的图书馆数字资源生产需求调查》，《图书馆理论与实践》2014 年第 3 期。

② 王贤：《社会网络环境下用户参与的图书馆数字资源生产模式研究》，硕士学位论文，南京农业大学，2012 年，第 89—91 页。

第五章 社会网络环境下用户参与的图书馆数字资源评选模式

第一节 概述

一 研究背景

用户参与的图书馆数字资源评选,是图书馆根据用户的实际情况,依据一定的评选原则和标准,组织用户参与图书馆数字资源的评选,并通过一定的方式和途径,将用户参与选择的数字资源纳入数字馆藏体系的过程。用户参与的图书馆数字资源评选包括对资源的评价、选择和采集等活动。图书馆之所以要组织用户参与图书馆数字资源评选,是因为图书馆的数字资源是提供给用户使用的,而组织用户参与图书馆数字资源的评选,有利于更好地了解和满足用户的需求。

Web2.0 的出现为社会网络的发展提供了更大空间,也为用户参与图书馆数字资源建设的评选提供了更便利的平台。社会网络环境下用户参与图书馆数字资源的评选,是图书馆以数字资源建设和社会网络理论与技术为指导,依托社会软件和社交网站(SNS),通过引导、激励措施,组织用户参与图书馆数字资源评价、选择和采集的活动和过程。社会网络环境下,图书馆用户不仅仅是信息资源的接收者,同时他们也是图书馆数字信息资源生产的参与者和评选者。用户可以利用社会软件和社交网站,发现和评选出一些图书馆没有而又是用户感兴趣的数字资源。图书馆可以收集这一部分用户评选出的数字资源,将其作为馆藏资源的一部分。[①] 用户参与数字资源的评选活动,对于合理利用文献资源建设费用、理性地建设数

---

① 王凌:《基于图书馆 2.0 应用中的服务环境构建与思考》,《情报科学》2009 年第 12 期。

字馆藏、提高图书馆的服务质量都有着非常重要的意义。目前，国内外部分图书馆已经意识到用户在数字资源评选中的重要性，通过利用社会软件和社交网站，出台相关措施，鼓励用户参与到本馆的数字资源评选中来。

同时，有关用户参与图书馆数字资源评选的理论研究成果也逐渐增多。2012 年 3 月 21 日，我们以"社会网络环境下用户参与图书馆数字资源评选"为主题，进行了中外文数据库查新，由于这方面的文献较少，为了提高检全率，我们构建了三个检索式进行了中外文查新。中文查新结果如下：维普科技期刊数据库，检索范围为 1989—2012，检索式为"M =（用户参与 + 用户协同 + 用户生成 + 用户贡献 + 用户创造）* M =（图书馆）；M =（社会网络 + SNS）* M =（图书馆）；M =（Web2.0 + lib2.0 + RSS + 博客 + 标签 + 维基 + IM）* R =（数字资源 + 评价 + 选择 + 采集）"三个检索式，其中 M 表示题名或关键词字段，R 表示文摘字段），共获得文献 2497 篇论文，去除不相关文献 2438 篇，获得相关文献 59 篇，具体分布情况如表 5—1 所示。中国知识资源总库，包括中国期刊全文数据库、中国博士学位论文全文数据库、中国优秀硕士学位论文全文数据库、中国重要会议论文全文数据库、中国重要报纸全文数据库，检索范围为 1979—2012 年，检索式为"关键词 =（用户参与 + 用户协同 + 用户生成 + 用户贡献 + 用户创造）* 题名 =（图书馆）；题名 =（社会网络 + SNS）* 题名 =（图书馆）；题名 =（Web2.0 + lib2.0 + RSS + 博客 + 标签 + 维基 + IM）* 文摘 =（数字资源 + 评价 + 选择 + 采集）"，共获得文献 1402 篇，去除不相关文献 1310 篇，获得相关文献 92 篇，具体分布情况如表 5—2 所示。外文以 EBSCO Academic Sourse Premier 为查新数据库，在 EBSCO Academic Sourse Premier 中查找的数据库有：Library，Information Science & Technology Abstracts、Academic Source Premier、Business Source Premier、ERIC、Newspaper Source。检索范围为 1989—2011 年，检索式为"Title =（UGC、UCC、user – generated content、user – created content）* Title =（library）；Title =（Social Networks + SNS）* Title =（library）；Title =（Web2.0 + lib2.0 + rss + blog + tag + wiki + IM）* Title =（Digital resources + Evaluation + selection + acquisition）"，共获得文献 109 篇，去除不相关文献 33 篇，获得相关文献 76 篇（见表 5—3）。另外，笔者还通过网络搜索了相关的网络文献。

表 5—1　　　　　维普科技期刊数据库相关文献检索结果统计分析

年份	2006	2007	2008	2009	2010	2011	2012
篇数	3	1	7	11	13	17	7
比例（％）	5	2	12	19	22	28	12

表 5—2　　　　　中国期刊网总库相关文献检索结果统计分析

年份	2006	2007	2008	2009	2010	2011	2012
篇数	4	10	7	17	24	20	10
比例（％）	4	11	8	19	25	22	11

表 5—3　　　　　EBSCOhost 相关文献检索结果统计分析

年份	2003	2004	2005	2006	2007	2008	2009	2010	2011	2012
篇数	0	1	2	4	7	11	12	16	15	8
比例（％）	0	1	3	5	9	15	16	21	20	10

　　根据表 5—3，国外关于用户参与数字资源评选最早的论著是 2004 年琼·康格（Joan E. Conger）撰写的《电子资源合作管理：从采购到评估》① 一书，琼·康格强调数字资源的选择采购必须建立在了解用户需求的基础上。2005 年 11 月 24 日，肯·查德（Ken Chad）和保罗·米勒（Paul Miller）在 Talis 公司的白皮书②中提出图书馆 2.0 四原则，其中第二条原则提到，图书馆应邀请用户对他们已经使用和希望获取的资源提出自己的观点。与此同时，梅瑞狄斯·法卡斯（Meredith Farkas）③ 认为图书馆 2.0 的概念应包括允许读者的参与，如通过写书评、在馆藏目录中加上标签（tag），或者是通过博客与维基，使读者的声音得以被听见。在国内，2006 年第 3 期《大学图书馆学报》发表了叶鹰和黄晨的论文，④ 文

---

　　① Joan E. Conger. Collaborative electronic resource management：From acquisitions to assessment [M]. Westport, Conn.：Libraries Unlimited, 2004：249.

　　② Ken Chad, Paul Miller. Do libraries matter? The rise of Library 2. 0 [EB/OL]. [2007 - 05 - 24]. http：//www. talis. com/ downioads/ white_ papers/DoLibraries Matter. pdf.

　　③ Meredith Farkas. Preparations for HigherEd BlogCon [EB/OL]. [2006 - 04 - 28]. http：// higheredblogeon. editme. com/meredith farkas QandA.

　　④ 叶鹰、黄晨：《基于 DSpace 的 Lib2.0》，《大学图书馆学报》2006 年第 3 期。

章以 DSpace 为例，阐述了 Web2.0 环境下用户参与图书馆新书采集的过程。2008 年，刘晓霞在《基于 AHP 的数字资源用户综合评价指标体系研究》① 一文中，在分析现有数字资源指标评选体系的基础上，根据图书馆数字资源的实际情况，构建了用户参与数字资源评选指标体系。

以上查新检索到的文献大都只是有关图书馆数字资源评选、社会网络与图书馆数字资源之间的关系，用户参与数字资源评选的论文，涉及社会网络环境下用户参与数字资源评选内容的论著鲜见报道，专门探讨社会网络环境下用户参与的图书馆数字资源评选的论著、研究成果则未见报道。因此，社会网络环境下用户参与的图书馆数字资源评选还是一个新的研究领域，这方面的研究还有待深入。

二 社会网络环境下用户参与图书馆数字资源评选的理论与实践

与社会网络环境下用户参与图书馆数字资源评选的相关研究和实践包括四方面的内容：一是国外以用户需求为导向的图书馆数字资源评选的研究与实践；二是国内以用户需求为导向的图书馆数字资源评选的研究与实践；三是社会网络环境下用户参与图书馆数字资源评选的研究；四是社会网络环境下用户参与图书馆数字资源评选的实践。

（一）国外以用户需求为导向的图书馆数字资源评选的研究与实践

用户参与图书馆数字信息资源评选的最终目的，是为了使图书馆能够更方便地和用户进行信息交流，更好地了解和满足用户对图书馆数字信息资源的需求。因此，社会网络环境下用户参与图书馆数字资源评选研究的源头，可以追溯到以用户需求为导向的图书馆数字资源评选的研究。

1. 国外以用户需求为导向的图书馆数字资源评选研究

琼·康格（Joan E. Conger）在《电子资源合作管理：从采购到评估》② 一书中强调数字资源的选择采购必须建立在了解用户需求的基础上，馆藏发展政策对于数字资源选择有着重要的指导作用。爱德华·伊文

① 刘晓霞：《基于 AHP 的数字资源用户综合评价指标体系研究》，《情报科学》2008 年第 10 期。

② Joan E. Conger. Collaborative electronic resource management: From acquisitions to assessment [M]. Westport, Conn.: Libraries Unlimited, 2004: 249.

斯 (G. Edward Evans) 等人①在其著作中重点阐述了信息需求分析的方法、资源选择过程、纸本与电子连续出版物的选择、其他电子文献的选择等内容，认为在资源选择过程中，首先应理解用户的需求，其次应制定相应的馆藏发展政策。作者不仅提出了包括内容、获取、支持、成本等在内的数字资源选择标准，还结合大学图书馆、公共图书馆、学校图书馆媒体中心、专业图书馆与信息中心的各自特点提出了资源选择的侧重点。辛西娅·多布森 (Cynthia Dobson) 等②认为在数字信息资源评价中应以存取为中心和以服务为中心来补充传统的评价方法。保罗·梅斯 (Paul Metz)③ 认为数字信息资源选择的标准可以分为价格、功能、许可和存储四大指标。同时指出，向社区用户提供最相关的、高质量的信息资源以满足其需求是图书馆的目标，这一目标不随资源类型、资源存在方式的变化而改变。并列举了加利福尼亚州大学图书馆数字信息资源选择标准，分别从资源建设、费用价格、用户许可范围、功能、存储方面做了详细说明。

皮特·克莱顿 (Peter Clayton)④ 也指出，数字资源评选的最终目标就是通过数字资源服务满足用户对数字资源的需求，这个过程类似于提出假设和验证假设的过程。图书馆选择和采集数字资源是假定图书馆的目标用户需要这些数字资源，但这些资源究竟能否满足用户需求则是需要在资源的使用中才能体现出来的。罗伯特·布罗德斯 (R. N. Broadus)⑤ 将数字信息资源选择以用户现实需求和潜在需求为中心分别进行了概括。以现实需求为中心的观点认为，图书馆员无权将个人观点强加给用户；提供给用户的必须是用户需要利用的，而不是那些闲置的资源；用户需求的多层次要求资源质量广泛覆盖需要的层次；用户资助了图书馆，他们有权决定什么能选入作为馆藏；提供给用户的资源，保证他们会阅读和利用，有

---

① G. Edward Evans, Margaret Zarnosky Saponaro. Developing library and information center collections [M]. Westport, Conn. : Libraries Unlimited, 2004 : 446.

② Cynthia Dobson, et al. . Collection evaluation for interdisciplinary fields : a comprehensive approach [J]. The Journal of Academic Librarianship, 1996, 22 (4) : 279 – 284.

③ Paul Metz. Principles of selection for electronic resources [J]. Library Trends, 2000, 48 (4) : 711 – 728.

④ Peter Clayton, G. E. Gorman. Managing information resources in library : collection management in theory and practice [M]. London : Library Association Publishing, 2001 : 173 – 176.

⑤ R. N. Broadus. Selecting materials for libraries [M]. New York : H. W. Wilson Company, 1981 : 30 – 51.

助于用户形成重要的习惯。

琳达·恰基尼（Linda Ciacchini）① 提出，用户在数字图书馆中的主角地位比在传统图书馆和复合图书馆中更加明显，用户不仅决定了图书馆需要采集哪些方面的数字资源，而且用户生产的数字资源是图书馆信息资源的组成部分，图书馆有必要精确地、不断持续地根据相关用户的信息需求，评选图书馆信息资源建设计划。莱斯利·李（Leslie A. Lee）和米歇尔·吴（Michelle M. Wu）② 认为，根据不同图书馆战略发展目标、馆藏发展政策中陈述的不同需求，数字资源的选择决策也应有所不同。但他们同时指出，数字资源的内容、功能、长期使用、用户需求以及成本标准在众多数字资源选择决策中是通用的。学术研究图书馆（Academic Research Library，简称 ARL）③ 成员认为，选择图书馆数字资源最重要的因素是教师或馆员的推荐、成本、许可协议的相关问题以及联盟的影响，内容方面标准的重要性次之，出版商的声誉与学科性质是重要性最低的标准，这与纸本期刊有着很大区别。

纳塔利·库普弗伯格（N. Kupferberg）、琳达·哈特尔（L. J. Hartel）④ 为评价五个全文医药数据库的可用性，对图书馆员和药剂学专业的学生、教师进行了抽样调查，发现不同群体对数据库的评价既有相似之处，也存在一定差异。教师与学生比较关注数据库是否容易使用、能否快速找到答案，而馆员关注的焦点则是数据库内容的全面性、界面的简洁以及是否提供了帮助信息。这一结果充分说明，了解用户对于数字资源的需求和评判应当成为图书馆选择数字资源时首要考虑的因素。

2. 国外以用户需求为导向的图书馆数字资源评选实践

在实践中，美国等发达国家图书馆大都重视以用户需求为导向开展图

① Linda Ciacchini. Progettare la biblioteca digitale. La centralità dell'utente [J]. Bollettino AIB, 2007, 47（3）：327 – 330.

② Leslie A. Lee, Michelle M. Wu. Do librarians dream of electronic serials? A beginners guide to format selection [J]. The Bottom Line：Managing Library Finances, 2002, 15（3）：102 – 109.

③ Brody Elise Brody. Planning for the balance between print and electronic journals in the hybrid digital library：Lessons learned from large ARL libraries [D]. Pittsburgh：University of Pittsburgh, 2001.

④ N. Kupferberg, L. J. Hartel. Evaluation of five full – text drug databases by pharmacy students, faculty, and librarians：Do the groups agree [J]. Journal of the Medical Library Association, 2004, 92（1）：66 – 71.

书馆数字信息资源的评选。如马里兰大学图书馆①《馆藏发展政策声明：电子资源》规定："选择标准需与马里兰大学图书馆建立电子信息环境的规划相一致。数字资源采购需与现行学科馆藏发展政策中的选择指南及其他相适应的指南一致。所有数字资源应与图书馆重要部分的用户群相关且适合其使用，要反映当前的学术需求以及大学的使命。"又如宾夕法尼亚州立大学②商业图书馆与工商管理学院联合成立数字资源发展策略小组，分析、评价数字资源并做出选择决策。这种合作关系扩大了数字资源在大学的获取，提升了馆员对教师在商业研究方面的信息需求的了解以及对教师、学术部门资源使用情况的掌握。再如波士顿公共图书馆③、纽约公共图书馆④等均在其网站提出：所选择的数字资源应支持用户的需求和研究兴趣。罗彻斯特公共图书馆还提出：所选择资源的主题和形式同时要适合潜在用户。⑤

为解决馆藏与读者需求不一致的问题，国外图书馆很早就设想根据读者阅读兴趣开展藏书建设，一个重要的渠道就是读者推荐购书。在几乎所有图书馆的主页上都有"读者推荐"或类似的标签，然而多年的实践已经证实，这种读者推荐方式对图书馆馆藏贡献有限，馆藏建设主要还是依赖采访馆员与学科馆员或咨询馆员。其主要原因在于：（1）到书时间差影响读者推荐的积极性。读者（主要为教师或高级研究人员）向图书馆员推荐他们想要的图书，馆员据此查询馆藏有无复本，进而经历确定购书渠道、获准采购、书商订购、登入编目、通知推荐人等环节，等图书到读者手里，使用需求可能已经不复存在了。（2）读者推荐的不平衡性。外向型读者可能会比较频繁地同馆员交流，推荐购买图书，而占主体的学术

---

① University of Maryland Libraries. Collection development policy statement: Electronic resources [EB/OL]. [2012 – 03 – 25]. http://www. lib. umd. edu/CLMD /COLL. Policies/elecrescdp. html.

② Gary W. White. Collaborative collection building of electronic resources: A business faculty/librarian partnership [J]. Collection Building, 2004, 23 (4): 177 –181.

③ Boston Public Library. BOSTON PUBLIC LIBRARY COLLECTION DEVELOPMENT POLICY [EB/OL]. [2014 –08 –02]. http://www. bpl. org/general/policies/collectiondev_ policy. pdf.

④ New York Public Library. Selection of Electronic Resources [EB/OL]. [2012 –03 –30]. http://legacy. www. nypl. org/ databases/select. html.

⑤ Rochester Public Library. Collection Development and Management Policy [EB/OL]. [2012 –03 – 30]. http://www. rochesterpubliclibrary. org/info/policies/CollectionDevelopmentPolicy. html.

研究人员因其严谨学术风格形成的"内向"交流习惯，主动向图书馆推荐图书的频率会低一些，馆藏重心会因此而倾斜。（3）技术环境的限制。以往缺乏 Web2.0 的环境，读者、馆员、书商、物流管理等信息难以实现跨系统、跨网站的交互，设想的读者决策图书采购没有技术上实现的可能。

在简单的推荐方式难以形成以读者使用为目的的藏书采购机制的情况下，有些图书馆试图对推荐方式加以改进。如普渡大学自 2000 年确立根据馆际互借请求采购印刷本图书的模式，即在读者请求馆际互借时，如果所需图书符合图书馆设定的一些参数（英语、非小说、价格低于＄150、3—5 年内出版），就做出采购决定。这种通过馆际互借请求的方式虽然有效，但不具有普遍性，普渡大学以这种方式采购花掉的经费仅占购书费用的 5%—7%①。

（二）国内以用户需求为导向的图书馆数字资源评选的研究与实践

1. 国内以用户需求为导向的图书馆数字资源评选研究

肖希明等②指出，数字资源建设的最终目的是为目标用户提供资源服务保障，满足用户的信息需求。因此，用户对馆藏资源的体验才是评价数字馆藏的根本标准。倚海伦等③设计了图书馆资源评估读者调查系统，用于征集读者对馆藏资源的评价。雷顺利④构建了基于用户满意度的高校图书馆馆藏资源评价模型。王乐⑤认为图书馆要根据用户对试用数字资源的意见和建议来选择数字资源。罗春荣、曹树金⑥认为应从用户需求、资源内容、使用的方便程度、使用与运行环境、成本效益、后续服务等六方面考察数字资源选择问题。肖秀阳⑦提出了网上信息馆藏化，用户可以利用自身的专业优势，在充分熟悉网上资源分布状况的基础上，掌握采集网络信息的方法，分辨和筛选网上信息，利用超文本与多媒体技术相结合以组

---

① 张甲、胡小菁：《读者决策的图书馆藏书采购——藏书建设 2.0 版》，《中国图书馆学报》2011 年第 2 期。

② 肖希明等：《数字资源建设与服务研究》，武汉大学出版社 2008 年版，第 12 页。

③ 倚海伦等：《图书馆资源评估读者调查系统的设计与实现》，《现代图书情报技术》2009 年第 9 期。

④ 雷顺利：《基于用户满意度的高校图书馆馆藏资源评价模型构建》，《情报科学》2010 年第 1 期。

⑤ 王乐：《网络资源购前试用与评价体系初探》，《图书情报工作》2003 年第 12 期。

⑥ 罗春荣、曹树金：《电子馆藏及其发展政策研究》，《大学图书馆学报》2001 年第 2 期。

⑦ 肖秀阳：《试论高校数字图书馆信息资源建设》，《图书馆》2007 年第 3 期。

织利用网络信息资源，最终形成信息资源库。李容等①分析了读者参与文献采访的前期、中期、后期三个阶段的文献采访质量控制体系。王凌②提出，在图书馆 2.0 环境下，馆藏规模与质量高低依赖于用户的投入和参与。图书馆可采取以用户需求为驱动的资源建设策略，采用以"用户主导，用户参与，用户共创，用户共享"的信息资源建设方针。常春等③提出通过用户参与式调查统计，对农业古籍数字图书馆进行评价的方法，在数字图书馆立项之初，到建设过程中以及完成以后，始终以用户评价为指南，及时调整建设宗旨、方式和内容，充分考虑了用户需求，为数字图书馆的可持续发展奠定了坚实的基础。

左艺等④在强调统计数字信息资源使用人数、文章被访问和下载次数、超文本链接次数，并借鉴文献计量学中的引文分析法，利用科学引文索引数据库光盘及期刊引文报告对网上出版的电子期刊进行被引频次、影响因子分析，从而做出客观、公正的评价。郑建程、韩新月⑤重点探讨了在数字资源引进过程中，如何针对数字资源和图书馆所服务的主流用户群体，建立一套规范严谨、科学可行的用户需求分析方法和评价体系，设计适当的用户需求等级，为数字资源的合理引进提供重要的决策依据。赵林静⑥介绍了数字资源评价指标体系，并运用 Kano 模型的思想对高校用户需求指标进行研究，分析用户对数字资源的内容、检索系统性能、系统友好性、网络工具以及相关信息服务等方面的需求，进而将评价指标体系分为必备需求指标、拓展需求指标、潜在需求指标和无关特性指标四类。刘葵波⑦指出高校图书馆应根据本校用户数字资源的实际需求程度，综合考虑数字资源的具体情况，软硬件环境与设备条件，资源的运行、使用和保

①　李容、王树芬：《高校图书馆读者参与的文献采访质量控制研究》，《科技情报开发与经济》2006 年第 19 期。

②　王凌：《基于图书馆 2.0 应用中的服务环境构建与思考》，《情报科学》2009 年第 12 期。

③　常春、黄桂英：《用户参与式农业古籍数字图书馆访谈评价法》，《图书馆论坛》2006 年第 1 期。

④　左艺等：《国际互联网上信息资源优选与评价研究方法初探》，《情报学报》1999 年第 4 期。

⑤　郑建程、韩新月：《数字资源引进中的用户需求分析与评价方法》，《现代情报》2007 年第 9 期。

⑥　赵林静：《基于 Kano 模型的数字资源评价指标分类研究》，《情报探索》2011 年第 4 期。

⑦　刘葵波：《高校图书馆数字资源购买模式评析与选择》，《情报理论与实践》2007 年第 4 期。

存成本，经费投入等诸因素，从而选择最适合自己的购买模式，并可进行优化。

2. 国内以用户需求为导向的图书馆数字资源评选实践

近年来，国内一些图书馆也开始重视开展以用户需求为导向的图书馆数字资源评选活动。各馆读者参与馆藏资源选购实践主要以读者直接荐购的形式普遍存在。具体有四种方式：（1）书面荐购或当面荐购。书面荐购即读者把要推荐的书目信息填写在表单上直接交给图书馆工作人员。如辽宁师范大学图书馆等高校馆为每个二级学院配备了图书采购联络员，联络员定期下到各二级学院走访，请读者推荐图书由图书馆购买。当面荐购如 2003 年广东省科技图书馆在该馆的三楼举行"你选书，我付款"活动。由书商在图书馆举办书展，读者在书展现场选中自己需要的图书后，凭该馆的一卡通借书证就可以当即借走，没有借书证的可以当场办理，书款由图书馆与书商统一结算。（2）E - mail 等网络荐购。在网络环境下，读者推荐的渠道越来越多，E - mail、QQ、博客等方式都可以向图书馆推荐图书。我们将在后面介绍这方面的内容。（3）系统荐购。国内很多高校图书馆已经把读者荐购嵌入了读者集成管理系统，武汉大学图书荐购更进一步，采用自建集成的荐购知识库模式，图书数据来自全国数百家出版社，并每月更新。武汉大学的荐购知识库具有以下特点：一是按《中国图书馆分类法》提供树形结构书目，方便查找。二是把书目直接导入系统，读者只需选择书目，填荐购原因，简化了荐购程序。三是提供相关热门链接，如豆瓣网书评、超星数字图书馆、百度图书搜索、World - Cat、Google 图书搜索。四是对读者荐购的图书都会有回复记录。（4）与书店合作进行荐购。中山大学图书馆的荐购是与人天公司合作，以人天公司读买网为平台，读者通过登录公共账号，浏览网页，选中图书，点击"暂存架"即可完成荐购。[1][2]

（三）社会网络环境下用户参与的图书馆数字资源评选的研究

传统的图书馆资源选购模式中，选购什么样的资源主要由图书馆管理层来决定，很少有读者和普通馆员参与。造成的结果是资源的利用率不

---

[1]　侯君洁：《读者决策采购在国内高校图书馆实现的问题和解决办法》，《图书馆论坛》2013 年第 4 期。

[2]　丁一闻：《PDA 在我国图书馆的实施策略研究》，《图书馆学研究》2013 年第 21 期。

高。社会网络环境为图书馆开展用户参与资源评选活动提供了便利，有助于加强用户与图书馆管理层之间的沟通与交流，弥补了传统的图书馆选购方式中存在的不足。

社会网络环境下，随着用户参与数字资源评选活动的进行，国外出现了有关依托社会网络开展用户参与图书馆数字资源评价、选择和收集的研究成果。罗伯特·米尔森（R. Milson）等①构建了一个用户协同参与网络资源生产和评价的、用于教学的数字图书馆系统。迈克尔·波特（Michael Porter）②探讨了Web2.0环境下公共图书馆鼓励用户参与数字资源评价的方法。迪安·克拉夫特（Dean B. Krafft）等③在2008年JCDL会议上又提出了一个用户协作参与数字资源聚合、生产、推荐和评价的数字图书馆体系结构NCore。刘吉轩④也提出了一种用于数字归档的数字图书馆体系结构，鼓励用户参与归档工作，并创建了一个允许用户贡献内容并能互相评价其内容的图书馆数字典藏社区。罗伊·坦南特（Roy Tennant）罗列了与图书馆行业相关的30多个APIs服务，其中就有可提供用户参与图书评论、评级、标签的API技术支持。⑤杰克·马内斯（Jack M. Maness）⑥也指出，将SNS引入图书馆服务后，要实现用户能在图书馆网络上创建账户，向其他用户推荐资源，同时系统能基于相似的用户资料、统计信息、之前获取的资源以及一系列用户提供的数据向用户推荐信息。哈

①　R. Milson, A. Krowne. Adapting CBPP platforms for instructional use, Proceedings of the Symposium on Free Culture and the Digital Library, Emory University, 2005［C/OL］.［2010 – 07 – 10］. http：//arxiv. org/abs/cs. DL/0507028.

②　Michael Porter, David Lee King. Inviting Participation［J］. Public Libraries, 2007（6）：65 – 69.

③　Dean B. Krafft, Aaron Birkland, Ellen J. Cramer. NCore：Architecture and implementation of a flexible, collaborative digital library, Proceedings of the 8th ACM/IEEE – CS Joint Conference on Digital Libraries, Pittsburgh, NY, USA, 2008［C/OL］.［2010 – 07 – 10］. http：//arxiv. org/abs/0803. 1500v1.

④　Liu Jyishane. A participative digital archiving approach to university history and memory, Proceeding of the 12th European Conference on Research and Advanced Technology for Digital Libraries, Aarhus, Denmark, 2008［C］. Berlin Heidelberg：Springer, 2008.

⑤　杨九龙、杨雪琴：《论图书馆与社会网络的互动》，《情报杂志》2009年第9期。

⑥　Jack M. Maness. Library2. 0 Theory：Web2. 0 and Its Implications for Libraries［EB/OL］.［2014 – 08 – 05］. http：//www. webology. org/2006/v3n2/a25. html.

米德·奥侯瑞（Hamed Alhoori）等①提出了利用 ORSC 模型（Online Rep-
utation – based Social Collaboration，基于名誉的在线社会合作模型）来建
立开放性的学术仲裁书目（Scholarly Moderated Bibliography）。模型认为，
用户的贡献包括以下元素：引用（C）、标签（T）、评级（R）、评论
（V）、翻译（N）和过滤（F），用户可以通过选择一个五分制中的一个分
值来增加一个新的引用、标签、评级，其他的贡献则通过标记方式来增
加，包括评论、翻译和过滤。用户可以搜索、共享和贡献资源，但他们的
贡献需要被裁定，实质上就是有条件地控制用户参与编目时对资源所作标
签、引用、评级等以提高编目的质量。迪米特利·加利尔（Dimitris Gavr-
ilis）等②提出了一种新的 OPAC 检索模型。这个模型突出了新的功能并且
使用了 Web2.0 技术，新的服务包括社会标签、用户观点、评分和标签的
相似性检索。

在社会网络环境下，高校图书馆也积极利用社会软件或社交网站让用
户参与图书馆数字资源评选。迈克尔·哈比卜（Michael C. Habib）③ 在
其硕士论文中建议对大学图书馆的 SNS 构建与 Facebook 类似的朋友网络，
通过 RSS 技术图书馆馆员可以根据不同用户的需要，即时组织专题书目
生成 RSS feed，并将其发布到图书馆主页上，通过 RSS 推送到用户群中，
让更多的用户参与图书评选。贝斯·伊万斯（Beth Evans）④ 则介绍了布
鲁克林学院图书馆馆员米里亚姆·多伊奇（Miriam Deutch）对图书馆社
会化的看法，他提出通过邀请用户对图书馆的数据资源进行评价，利用博
客技术在网上撰写短小的介绍或者提交书评来提高用户的满意度。凯伦·

① Hamed Alhoori, Omar Alvarez. Supporting the Greation of Scholarly Bibliographies by Commu-
nities through Online Reputation Based Social Collaboration, Proceeding of 13th European Conference on
Research and Advanced Technology for Digital Libraries, Corfu, Greece, 2009 [C]. Springer Berlin Hei-
delberg, 2009：180 – 191.

② Dimitris Gavrilis, Constantia Kakali, Christos Papatheodorou. Enhancing Library Services with
Web2. 0 Functionalities, Proceeding of 12th European Conference on Research and Advanced Technology
for Digital Libraries, Aarhus, Denmark, 2008 [C]. Springer Berlin Heidelberg, 2008：148 – 159.

③ Michael C. Habib. Toward Acadmic Library 2. 0：Development and Application of a Library
2. 0 Methodoloy [D]. North Carolina：University of North Carolina, 2006.

④ Beth Evans. Library 2. 0：The Consumer as Producer [J]. Information Today, 2008, 25 (9)：
52 – 54.

库姆斯（Karen A. Coombs）① 介绍了休斯敦大学在重塑图书馆网站时将用户贡献内容作为图书馆网站的六大支柱之一，设想让用户通过编写维基、添加标签和评论参与图书馆资源评选，同时还开展了一项教师档案库和学习对象库项目，允许教师和研究人员分享他们的观点和与他人合作。杰瑞米·弗鲁姆金（Jeremy Frumkin）② 在 "The Wiki and the Digital Library" 一文中讨论了 Wiki 在数字图书馆资源生产中的作用，把它作为数字图书馆的注释工具。

　　随着社会网络的发展，国内也开始出现研究用户参与图书馆数字资源评价、选择和收集的成果。2006 年年初，范并思、胡小菁在《图书馆2.0：构建新的图书馆服务》一文③中介绍了国外用户参与图书馆资源评论的例子：2005 年巴特勒大学图书馆设立了"参考维基"，鼓励馆员与教师、职员、学生对该馆各类参考资源（订购数据库、图书及有关网站）进行评论及提供应用说明。圣约瑟公共图书馆也设立了专题指南维基，帮助用户了解专题信息、寻找图书馆资源与社区事务、发现阅读的乐趣，用户可以进行反馈、提出想法与建议；2005 年 10 月 OCLC 正式开放的维基版联合目录 Open World - Cat，将联合目录的参与者由成员馆的编目员扩大到了整个 Web 用户，用户可以为书目数据库中的书目增加目次、注释与评论。

　　周煜翔、张文华④认为，在 Web2.0 环境下，图书馆将建立一种用户主导的资源评价机制，图书馆的工作人员可以根据该资源评价机制评价出某类资源是否具有收藏价值、是否具有权威性、科学性、是否能满足读者的需要来购买合适的资源。从而避免盲目采购带来的各种损失，提升整个馆藏的质量，更好地满足读者的需求。孙锐⑤根据 Web2.0 时代高校图书馆采访馆员面临的困境，分析了用户参与图书采访的作用，提出了

　　① Karen A. Coombs. Building a Library Web Site on the Pillars of Web2.0 ［J］. Computers in Libraries，2007，27（1）：16 – 19.

　　② Jeremy Frumkin. The Wiki and the Digital Library ［J］. OCLC systems & Science，2005，21（1）：18 – 22.

　　③ 范并思、胡小菁：《图书馆2.0：构建新的图书馆服务》，《大学图书馆学报》2006 年第1 期。

　　④ 周煜翔、张文华：《互联网的发展对图书馆发展的启示》，《农业图书情报学刊》2008 年第4 期。

　　⑤ 孙锐：《基于用户参与的高校图书采访模式研究》，《情报探索》2010 年第2 期。

Web2.0 环境下基于用户参与的图书采访模式。叶鹰、黄晨①发表的文章详细阐述了用户参与图书馆资源选购过程。即书商（用户）向图书馆（Dspace）提交书目，新书通告被放入采访部（acquisition，数字空间群）的"任务池"，处于采访数字空间群的专业人员可以从"任务池"中获取书目进行审核。如果审核通过，系统产生订购单。如果审核不通过，用户将得到附有审核人员意见的通知书。用户在向 DSpace 提交的同时被要求进行简单的元数据描述，这个描述将被专业人员审核编辑后进入系统。由此，将同样的流程应用于读者书评、推荐，乃至对于书目或全文的出错举报和改正，都是很容易的。

从目前的研究成果来看，研究大多只涉及用户参与图书馆数字资源评价、选择和采集的其中一个或几个方面的内容，且没有完整构建社会网络下用户参与的图书馆数字资源评价、选择和采集模式。

（四）社会网络环境下用户参与图书馆数字资源评选的实践

用户参与图书馆数字资源评选有各种途径和方式，图书馆使用最多的就是通过社会软件和社交网站或者二者相结合，在图书馆门户网站上开辟一个虚拟资源评选社区，这个社区对图书馆用户开放，让他们畅所欲言，同时也提供即时通讯工具以及 E-mail 等沟通交流方式。在美国等发达国家，用户参与图书馆资源评选活动较为普遍。国内外社会网络环境下用户参与数字资源评选模式有四种：

1. 利用现有社交网站

使用已有的社交网站开展服务是大多数图书馆采用的模式。国内外许多图书馆都拥有社交网站主页，使用这些现有的网络工具软件能使图书馆在较短的时间内以较低的成本开展服务，达到理想的效果，且维护方便。

美国利用社交网站开展图书馆数字资源评选研究起步较早。如布鲁克林学院图书馆②、美国图书馆协会图书馆③、加州州立大学斯坦尼斯劳斯

---

① 叶鹰、黄晨：《基于 DSpace 的 Lib2.0》，《大学图书馆学报》2006 年第 3 期。

② Brooklyn College Library. Library Home ［EB/OL］. ［2012 – 03 – 20］. http：//www. brooklyn. cuny. edu/web/library. php? utm_ source = Website&utm_ medium = Header&utm_ campaign = Academics.

③ ALA Library. ALA Library Homepage ［EB/OL］. ［2012 – 03 – 25］. http：//www. ala. org/offices/library.

图书馆①等在社交网站——MySpace 建立信息发布平台、图书馆资源评选推荐平台、学科导航服务平台，以吸引更多的用户了解图书馆和使用图书馆服务，用户参与度较高。克利夫兰公共图书馆、伊利诺斯州厄本那 – 香槟分校本科图书馆、耶鲁大学科学图书馆等利用 Twitter 社交网站向用户传播本馆重要新闻，发布各种图书馆相关信息，让用户参与到图书馆资源选购中。② 明尼苏达大学图书馆③通过 Learning2.0 的方式，鼓励用户学习利用博客、社交网站、标签等工具发现、推荐和评价图书等各类资源。OCLC 的志愿者图书馆员在 Second Life④ 中的虚拟图书馆每日定时提供的参考咨询服务，其服务形式包括信息岛、阅读讨论会、创新用户教育等。以书评编目为主的社会性网站 Library Thing 鼓励用户对图书进行评论、著录和加标签，由此积累了大量编目数据，并为一些图书馆提供书目数据来源和图书封面来源服务。⑤ 2007 年，美国国会图书馆（Library of Congress，简称 LC）加入 Flickr 的"Commons"项目，在 Flickr 上发布"美国国会图书馆珍藏集"，邀请用户添加标签或评论，协助描述那些老照片。美国国会图书馆的数字化图片走出图书馆，利用 Flickr 平台，获得更广范围用户的浏览、关注和使用，这种图片展示方式比传统 OPAC 联机书目方式更吸引用户。⑥ 澳大利亚国家图书馆⑦利用 Flickr 开展 Picture Australia 项目，鼓励社会大众通过上传评论、照片的方式参与此项目。

　　我们通过网络调查发现：国内一些高校图书馆加入了如豆瓣网等社交网站，在社交网站创建小组，为用户服务。如清华大学图书馆、厦门大学图书馆、南京大学图书馆、南京师范大学图书馆、湖南大学图书馆等高校

　　① California State University Stanislaus Library. Stanislaus Library Homepage［EB/OL］.［2012 – 03 – 25］. http：//library. csustan. edu/index. php.

　　② Sarah Milstein. Twitter for libraries（and librarians）［J］. Computers in Libraries，2009，29（2）：17 – 18.

　　③ 魏蜀吴：《美国明尼苏达大学图书馆的 elearning2.0 学习工具的使用项目博客》［EB/OL］.［2014 – 08 – 06］. http：//www. 360doc. com/content/07/1216/16/15381_ 900383. shtml.

　　④ 武琳、张亚：《Second Life 中图书馆的服务模式》，《图书情报工作》2009 年第 17 期。

　　⑤ LibraryThing. See what bloggers and the media say about LibraryThing［EB/OL］.［2014 – 08 – 06］. https：//www. librarything. com/buzz.

　　⑥ 刘细文、熊瑞：《图书馆跨界服务的内涵、模式和实践》，《中国图书馆学报》2008 年第 6 期。

　　⑦ Picture Australia. About us.［EB/OL］.［2012 – 03 – 25］. http：//www. pictureaustralia. org/about/index. html.

图书馆均在豆瓣网中创建小组，允许注册用户查看书籍基本信息外，还可查看该书的内容简介、标签、读过这本书的用户以及他们读过的其他图书等，并可查看该书的星级评价、其他用户撰写的书评与评论等。这些信息有助于图书馆了解用户的需求制订购书计划。中国矿业大学图书馆、华东师范大学图书馆和北京电子科技学院图书馆等多家高校图书馆在人人网内建立了机构主页。2009 年 11 月清华大学图书馆在人人网上建立了"清华 Library"用户和"清华大学图书馆书友会"俱乐部，吸引了众多的清华大学的师生。"清华 Library"用户和"清华大学图书馆书友会"还发表了有关新闻公告、假期借书调整通知等日志，告知用户各种学术研讨会信息，书籍打分投票并且鼓励用户评论。上海师范大学图书馆①于 2009 年 11 月 2 日在国内流行的社交网站——开心网上开通了名为"涂书寮"的账号，踏上了利用开心网宣传和推广图书馆之路，吸引用户了解和使用图书馆。筛选用户想读的书，在中文联合检索系统上检索该书，并以评论形式告知该书的馆藏和电子图书的新书通报，起到新书推荐的作用。

2. 引进社会网络技术

图书馆主动引进社会网络技术，包括添加社会软件和社交网站应用。社会软件应用是指可供用户添加和使用各种内容的一系列网络工具的应用，如博客、微博、维基、标签和 RSS 等；社交网站应用是指社会化网络站点所支持的第三方开发的应用程序，这些程序普遍比较简单实用，一般通过应用程序编程接口（Application Programming Interface，API）对接到社交网站中。如 Worldcat 是由世界上 10000 多个 OCLC 成员机构共同创建和维护的联合目录，其书目信息主要是由分布于世界各地的成员馆的馆员上传的，允许成员馆的编目员为书目数据库中的书目增加目次、注释与评论，读者在检索过程中可以添加标签、评级和评论等信息，也可看到其他用户添加的信息。美国宾夕法尼亚大学图书馆开发的标签（Tag）系统，允许用户对图书馆的资源添加标签、评论，还利用社会软件提供在线辅导小组、即时信息和在线聊天咨询等服务。阿什兰大学图书馆的教学资源中心建立的名为"IRC Book Review Blog"的阅读推荐博客，其图书推荐与评论的帖子由图书馆员、教师和教育专业学生共同撰写。另外，读者

---

① 上海师范大学图书馆．[EB/OL]．[2012 – 03 – 25]．http：//www．lib．shnu．edu．cn/．

也可以通过发送邮件的方式，指定图书让他们进行评论。图书推荐阅读已经成为该中心发展的政策标准。康奈尔大学学科服务平台中的资源，主要由馆员创建，但用户也可以参与其中。例如，LibGuides 平台提供了 RSS 功能，用户可以随时关注更新的资源。每个资源的下方都有 "Comments" 链接功能，用户可以针对此信息资源发表评论。同时平台还提供了反馈表单功能，针对信息是否有效，用户可以选择 "是"、"否"、"不知道"，针对内容有效程度，用户可以在 1—5 之间选择程度轻重。利用投票功能，用户可以对感兴趣的资源进行投票，从而参与到图书馆资源购买的选择中。皮德蒙特中部社区学院图书馆建立了 "BookMarks：Beyond the Page" 图书评论博客，是该馆为图书爱好者们提供好书交流推荐的空间。该博客还为读者提供了 "Book Review Submission" 的链接，用于读者提交自己的评论或推荐意见的专门网页。由图书馆工作人员审核后发布到博客上，使读者参与到图书馆网络信息资源评选的内容建设当中来。① 普林斯顿公共图书馆的 BooksLoversWiki 利用 Wiki 来收集书评，允许该馆夏季读书俱乐部成员在 Wiki 上发布书评，并设立特色书评的索引。②

2009 年 7 月清华大学图书馆推出了基于 Firefox 和 Grease Monkey 的跨界服务工具。读者在安装了脚本之后，在使用 Firefox 浏览器访问豆瓣网、卓越网、GoogleBooks 等网站时，就能看到该书在清华大学图书馆中的基本信息及评价。③ 华中科技大学等十余所高校图书馆开发的可接入豆瓣 API 的 OPAC 馆藏查询的应用程序，安装了此应用程序的用户在浏览豆瓣网上任一种图书及用户评论时，便可在豆瓣页面浏览馆藏信息，便于用户借阅。厦门大学图书馆图林网志聚合是一种博客集合，是 Blog 和 Wiki 的综合体。它集聚了 162 个图书馆学相关的博客，充分地利用了博客的交互性、开放性等优势，利用 Wiki 来收集书评，搭建了一个图书馆用户学习、交流的平台，使得对图书馆事业的发展感兴趣的人们有了更多的交流渠道，可以对相关问题表达自己的不同见解，并与其他志同道合的人进行讨论。通过知识博客群这个平台，形成了良好的学术氛围。④

---

① 图书馆 2.0 工作室：《图书馆 2.0：升级你的服务》，北京图书馆出版社 2008 年版，第 108—169 页。
② 向菁、黄如花、吴振新：《Wiki 在图书馆领域的应用》，《图书馆杂志》2008 年第 7 期。
③ 武琳、冯园媛：《SNS 在图书馆的应用及发展策略》，《图书情报工作》2010 年第 19 期。
④ 刘晶、张秀兰：《谈社会网络在图书馆的应用》，《新世纪图书馆》2011 年第 9 期。

3. 自主开发社交网站

自主开发社交网站建立在图书馆社会软件服务有一定用户量的基础之上，图书馆可根据用户需求、自身条件开发合适的社交网站服务，不受现有的社交网站服务模式的限制，准确地解决特定目标人群的信息需求，强化用户与图书馆间和用户之间的关联性，使图书馆与用户之间形成黏性。但是这种模式对图书馆的技术水平、资金力量都有较高的要求，不是所有图书馆都适合用这种方式。武琳、冯园媛认为自主开发社交网站模式对有一定的用户积累、有相对固定的用户群体的高校图书馆和科技图书馆较为合适。①

2007 年，美国安娜堡地区图书馆利用 Drupal 开源代码开发出社会化的 OPAC，用户可对馆藏图书进行加标签、打分和评论的操作。此外，网站还为用户提供了个人空间并开放了添加评论、导入日志和添加 RSS 订阅等功能，这些已具备了 SNS 的基本特征，可看作是图书馆自主开发 SNS 的雏形。② 美国宾夕法尼亚大学图书馆利用 delicious 在线书签服务开发了自己的标签系统，允许用户对图书馆提供的资源（如目录、引文等）和网页信息加标签，并对内容评价，此外还提供了在线研究辅导小组、图书馆工具栏、即时信息、资源评选和在线聊天咨询等一系列服务。③

国内重庆大学图书馆研发了 ADLIB2.0 系统，该系统是集个性化服务平台、个性化学习平台、个性化空间为一体的社会化网络系统，为用户提供个性化空间，有文档库、共享库、图片库、私家藏书评选等功能。用户书评服务中用户可以在公共在线书目检索系统（OPAC）界面搜索相关文献后，根据需要对相关文献进行评论，并把最新文献评论动态以定制方式显示于首页，为用户提供信息资源评价平台，有利于信息资源的交流共享，给其他用户以指示引导。推荐图书和用户书评服务，是用户参与图书馆图书资源建设的重要途径，为图书馆图书的采购提供

---

① 武琳、冯园媛：《SNS 在图书馆的应用及发展策略》，《图书情报工作》2010 年第 19 期。
② OCLC. Sharing, privacy and trust in our networked world. ［EB/OL］. ［2012 - 03 - 25］. http：//www. oclc. org/reports/sharing/default. htm.
③ Penn libraries：Labs. ［EB/OL］. ［2010 - 03 - 25］. https：//labs. library. up - enn. edu/.

了依据，而电子订单推荐为图书馆商业数据库的购买提供了依据。① 中国科学技术大学图书馆从自建图书馆社交网站平台起步，逐步整合图书馆信息资源的新型服务和用户。在使用 UCenterHome 产品基础之上，逐步加入新的应用模块，例如读书、课程、期刊资源库、文献传递、馆际互借与图书评选等。②

4. 基于社会网络的读者决策采购（PDA）

Web2.0 及社会网络的出现，为推进用户决策的图书采购奠定了基础。一方面，其所崇尚的以人为本的服务理念开始影响图书馆；另一方面，图书馆网页与外部网页（包括出版商网页）的链接，造就了新型互联网集成服务的契机。同时，统一认证技术使得相关读者身份的信息可以被多个系统确认。社会网络环境下读者决策采购（Patron Driven Acquisitions，PDA）在美国大学与专业图书馆发展较快。PDA 又称 DDA（Demand – Driven Acquisitions），即需求驱动采购，其实质是指读者参与到图书馆的选书决策中，图书馆以读者的需求为导向决定哪些文献需要入藏。以印刷本图书为例：读者在网上发现一本感兴趣的图书，在下订单时，书商通过 IP 地址或用户登入认证，发现读者属于某一与书商订有 PDA 协议的大学图书馆，在该书符合图书馆预先设置的采购范围、且图书馆未收藏的条件下，网页上会提示读者，如果不是自己想拥有，图书馆可以替你买单。读者所要做的事是确定邮寄地址和寄送方法。

PDA 包括纸本图书和电子图书的 PDA。纸本图书的 PDA 是图书馆将部分图书采购决定权交给读者，由以往的馆员选书发展为由馆员把关的读者选书。依托 OPAC 的 PDA 实现流程是：图书馆把书商提供的新书书目经初筛后导入自己的 OPAC 系统中，读者在检索 OPAC 时，如果点击了导入的这些新书的书目记录，系统就会自动弹出购买对话框，提示读者本馆没有此书但可为你购买，并告知读者到书时间及是否有该书的电子版可以使用等。如果读者确实需要，就可以填写购买需求单，采访部门会每天处理这些购买需求单。电子图书的 PDA 需要图书馆与电子图书供应商紧密合作，不同的电子图书供应商有不同的 PDA 营销模

---

① 魏群义等：《图书馆 2.0 的理论研究与实践》，《图书与情报》2009 年第 4 期。
② 胡丽丽：《Web2.0 技术在高校图书馆信息服务中的应用》，《科技情报开发与经济》2011 年第 21 期。

式，其主要区别在于电子图书的触发购买机制和订购类型。如 EBSCO 的 PDA 其由图书馆设定读者点击阅读一种电子图书一次、二次还是三次后可触发购买机制，购买方式主要有两种：一种是买断，即图书馆购买该书的所有权；一种是年度购买，即图书馆每年为所购图书支付一定的使用费，五年后拥有所有权。据 Publishers Communication Group 对全美 250 家图书馆的调查，32 家已经采用、42 家计划一年内采用，另有 90 家计划在三年内采用；74 家已经或计划一年内采用的图书馆中，75% 为研究性大学。①②

三　国内外高校图书馆用户参与图书馆数字资源评选现状调查

为了更好地了解社会网络环境下用户参与图书馆数字资源评选的现状，为调查问卷设计和模式构建做准备。我们选取了美国前 100 所高校与中国内地前 100 所高校，用网络访问的方法对其图书馆网站社会软件的提供情况、用户参与图书馆数字资源评选情况进行了调查分析，同时对 Facebook、Flickr、MySpace、人人网、豆瓣网等知名度高的大型社交网站上开展的高校图书馆用户参与图书馆资源评选活动进行了调查总结，以便理清进一步研究的思路。

（一）调研方法

美国高校图书馆选定，依据"2012 美国综合性大学排行榜"（http：//wenku．baidu．com/view/ 8e6f8ed284254b35eefd3460．html），逐一访问前 100 名的美国高校图书馆网站；中国内地地区高校图书馆选定依据"中国大学排名 2012"（http：//wenku．baidu．com/view/4a54a02cbd64783e 09122bfe．html）选取排名前 100 的高校图书馆逐一访问。调研时间为 2012 年 3 月 10 日至 2012 年 3 月 20 日。

（二）调研结果

调查结果如表 5—4、表 5—5 所示：

---

① 胡小菁：《PDA：读者决策采购》，《中国图书馆学报》2011 年第 3 期。
② 王向文：《论社会及组织结构的网络化》，《商业时代》2012 年第 6 期。

表 5—4　　　　美国高校图书馆用户参与图书馆数字资源评选状况

	博客	播客	微博	RSS	Wiki	Flickr	Facebook	MySpace	YouTube
数量	75	14	35	97	47	16	38	12	11
参与资源评选内容	博客日志评论；博客评论投票；图书评论与推荐；信息资源投票	播客评论；播主评论回复	评论已发表的帖子；转发评论	选择聚合网络资源；推荐、评价RSS聚合资源	对资源和服务进行评论	组群内交流互动、评价选择推荐图片、照片	推荐和评论本地商家；订阅评论人士的评论；视频和图片评论；读书评论	人物评选；视频、音乐评选推荐	对视频进行评论、评分

表 5—5　　　　中国高校图书馆用户参与图书馆数字资源评选状况

	博客	微博	RSS	Wiki	豆瓣网	人人网
数量	13	6	60	3	19	17
参与资源评选内容	博客日志评论；图书评论与推荐；资源投票	发表、编辑、评论、回复、转发微博	评价RSS聚合资源	对资源和服务进行评论	发表对书籍、电影、音乐的评论；对书籍添加标签；收藏图书	发表留言、日志、状态、评论；相册评论

　　从表 5—4、表 5—5 可以看出，美国高校用户利用社会软件或社交网站参与图书馆数字资源评选较为普遍，参与方式也比较多样。几乎所有的美国高校都提供了不同种类的 Web2.0 技术，有 79 所高校甚至提供了三种以上的 Web2.0 技术，方便用户参与图书馆数字资源评选。提供博客技术的美国高校图书馆有 75 所，主要是用户通过撰写博客日志、对日志进行评论、对信息资源投票、对图书进行评论与推荐等方式参与图书馆数字资源评价选择。播客是博客文字和图片之上加入声音、视频，有 14 所美国高校图书馆提供了播客技术，用户通过对上传的视频评论推荐方式参与图书馆数字资源评选，如麻省理工学院图书馆博客中有播客专题，可供用户参与选择下载、订阅，还有文字内容。圣路易斯华盛顿大学图书馆让用户评选出网上的播客（以学术性质为主）加以组织，供用户选择使用。美国有 35 所高校图书馆提供了微博技术，用户通过发表读书心得、评论、回复，浏览其他用户书评等方式参与图书馆数字资源评选。提供 RSS 技术的美国高校馆较多，有

97 所,图书馆馆员可以根据不同用户的需要,即时组织专题书目生成 RSS feed,并将其发布到图书馆主页上,通过 RSS 推送到用户群中,让更多的用户参与图书推荐。如果某位用户所选的书被订购了,可以通过 RSS Feed 反馈给用户,并给予一定的鼓励,以提高用户继续选书的积极性。如加州大学伯克利分校图书馆则将图书馆要选购的书籍以 RSS 的方式向读者推送,让读者对这些书籍进行评价选择,使用户参与图书馆数字资源评选。有 47 所美国高校图书馆提供了 Wiki 技术,用户利用 Wiki 技术对资源和服务进行评论参与专题知识库构建、学科信息库建设,如俄亥俄州立大学图书馆的 Biz Wiki 让用户与馆员一起参与图书馆资源评选。Facebook 和 MySpace 是美国两个比较著名的社交网站,分别有 38 所和 12 所美国高校在这两个网站开辟了图书馆公共主页,用户通过上传书籍视频评选投票喜欢的资源等方式参与图书馆数字资源评选。如美国北卡罗来那大学、南加州大学等多所大学数字图书馆在 MySpace、Facebook 等 SNS 网站里开辟空间,提供在线资源评论、学科建设、服务评论和社交网络等服务。Flickr 和 YouTube 分别是美国比较著名的照片分享网站和视频分享网站,分别有 16 所和 11 所美国高校在这两个网站申请了图书馆群组,用户通过上传照片、视频评论、评分等方式参与图书馆数字资源建设。

中国内地排名前 100 的高校图书馆中,也有部分高校馆组织用户利用社会软件或社交网站参与图书馆数字资源评选,但与美国高校图书馆还有一定差距,技术应用不够普遍,方式比较单一,用户参与积极性也不高。从表 5—5 可以看出,国内绝大多数高校图书馆只应用了 1—2 种图书馆 2.0 技术和服务,提供 3 项以上(包括 3 项)图书馆 2.0 技术服务的仅有 17 所高校。图书馆 2.0 技术与服务主要集中在 RSS、博客,Wiki 的应用案例极少。但也有部分高校图书馆引进 SNS 技术,让用户参与图书馆数字资源评选,如国内清华大学、厦门大学、华中科技大学等十余所高校图书馆开发的可接入豆瓣 API 的 OPAC 馆藏查询的应用程序,安装了此应用程序的用户在浏览"豆瓣网"上任一种图书时,便可在豆瓣页面浏览馆藏信息并做出评价,便于其他用户借阅。有些高校自主开发 SNS 模式,如重庆大学图书馆研发了 ADLIB 2.0 系统,用户可对馆藏图书进行加标签、打分和评论。

(三)国内典型案例

随着图书馆 2.0 和社会网络的深入发展,用户参与图书馆数字资源评选的理念和应用显示出了巨大的潜力和发展前景,高校图书馆开始对自身的图书馆服务进行反思和拓展,国内外高校图书馆利用 Web2.0 社会性软件提供用户参与图书馆数字资源评选的实践应用已经出现诸多案例。

1."南农记忆"图片征集活动

为庆祝南京农业大学 110 周年华诞,课题组所在信息科技学院联合校图书馆、校党委宣传部共同发起"南农记忆"图片征集活动。活动以"南农记忆"为主题,面向师生和社会广泛征集与南京农业大学有关的南农记忆片段,寻找与南农记忆相关的图片、照片。为了评选出好作品,以便在后期建设图书馆特色数字资源库,"南农记忆"活动组委会在图书馆主页上创建了大赛社交网站(http://photo.njau.edu.cn)。网站满足了用户上传图片、馆员审核、用户和馆员评价、馆员选择和采集等系统需求,并在评价、选择和采集这三个评选环节中对功能进行细化,基本符合社会网络环境下用户参与图书馆数字资源评选的模式假说。笔者将在本章第四节选择"南农记忆"活动作为社会网络环境下用户参与图书馆数字资源评选模式的实证,作进一步研究。

2.重庆大学图书馆"我的书斋"

重庆大学图书馆"我的书斋"整合了 RSS、博客、我的相册、个性化定制、Wiki、书评、Tag 等 Web2.0 技术工具或服务,为用户提供了创造和交流知识的社区。"我的书斋"提供的用户参与资源评选的功能主要包括:资源推荐、书评、Wiki 协同写作、知识源、博客、相册、RSS、排行榜等(详见第一章第三节相关内容)。

"迷你博客"服务,用户可以根据需要开辟个人博客空间,根据图书馆发布的新闻公告、信息服务疑难以及社会经济生活热点问题等内容发表意见并对他人博文发表评论。用户书评服务中用户可以在公共在线书目检索系统(OPAC)界面搜索相关文献后,根据需要对相关文献进行评论,并把最新文献评论动态以定制方式显示于"我的书斋"首页。Wiki 协同写作是用户自己("我的文章")或自己参与("参与写作")或组建团队对相关学科问题进行协同写作的交流方式,用户在 Wiki 上发布书评,可以对相关问题表达自己的不同见解,并与其他志同道合的人们进行讨论。重庆大学图书馆知识源是知识聚合仓库,用户通过知识源获取所需的信息资源或信息资源线索。同时,"我的书斋"还提供了排行榜服务,主要是对用户利用图书馆信息服务的数量进行统计,形成用户排行榜,是激励高校用户利用图书馆信息资源和参与图书馆资源评选的重要举措。

3. 清华大学图书馆豆瓣小组

清华大学图书馆豆瓣小组整合了论坛、书评、Tag 和 Web2.0 技术工具和社交网站功能，为用户提供了创造和交流知识的社区。豆瓣小组提供的用户参与资源评选的功能主要包括：小组话题、小组收藏、友邻小组、添加书籍、书籍简介、读书笔记、读书书评、常用标签、检索浏览历史、浏览书籍馆藏信息等。

小组话题服务，话题可以是学术、书籍、心情等，用户可以写自己感兴趣的话题，并从自己的兴趣出发，多维地组织起知识网络，通过这些知识网络发现更多"兴趣相同的人"组成小组。组员可以添加自己感兴趣的书籍在小组收藏里，供其他用户查看，当用户点击书籍，可以看见书籍封面和一些基本信息如作者、出版社、出版年、页数、定价等。用户可以对书籍添加标签、自由发表"见解"，还可以根据自己的兴趣浏览其他用户的书评，将具有"共同兴趣"的其他用户加为"友邻"，随时查看"友邻"各种活动的实时更新，也可以加入所感兴趣的"小组"，参加各种小组讨论和小组活动。用户想看的书在豆瓣上没有找到，可以添加该书的基本信息，如书名、ISBN、作者等。其他用户有看过该书的可以继续添加内容简介、目录以及评论等。

清华大学豆瓣小组是一个围绕"书"这一主题所建立的 Web2.0 社会网络平台，核心是由用户所创建的"书 + 社会网络关系"。它集书评、书目推荐、以共同爱好交友等多种功能于一体。用户可以在这个平台上发表评论、创建标签、形成小组，共享自己所拥有的信息资源。在网络之外，豆瓣的忠实用户们已经将在豆瓣上所形成的社交关系搬到了现实生活中，他们已经自发组织了各种各样的聚会、活动，增进了用户之间的交流，形成"阅读—评论—社区—交流—交友"的模式。

第二节　社会网络环境下用户参与图书馆数字资源评选的模式假说

社会网络环境下用户参与图书馆数字资源的评选，是图书馆工作者借鉴社会网络理论与方法，依托社会软件和社交网站（SNS），组织用户参与图书馆数字资源评价、选择和采集的活动和过程。开展社会网络环境下用户参与的图书馆数字资源评选的研究，是从一种新的范式和视角对用户参与图书馆数字资源评选活动和过程进行探讨，其研究内容是社会网络环境下用户参与的图书馆数字资源建设理论体系的组成部分。

一 社会网络理论在用户参与图书馆数字资源评选中的应用

社会网络理论在用户参与的图书馆数字资源评选中的应用主要涉及社会网络关系理论的应用、社会网络结构理论的应用和社会资本理论的应用。下面以高校为例,探讨社会网络理论在用户参与图书馆数字资源评选中的应用。

（一）社会网络关系理论的应用

关系理论的应用要通过图书馆和用户之间的嵌入性、联结强度、联结密度和集中度,来分析和解释图书馆和用户在用户参与数字资源评选中的行为和过程。

1. 嵌入性理论的应用

按照嵌入性理论,高校图书馆可以将社会网络工具,如 Wiki、Blog、微博、标签、SNS 等嵌入到图书馆网站中,为使用社会软件的用户参与图书馆数字资源评选活动提供相应的平台。也可以在现有的社交网站如豆瓣、人人网等建立图书馆社交网站主页,将图书馆网站嵌入用户的社会关系之中,使用户能方便地对图书馆资源进行评价、推荐。通过用户对图书馆资源的评选活动,图书馆不仅可以加强与原有用户的社会关系,还可以与更多的用户建立和扩展相互之间的社会关系,鼓励更多的用户参与图书馆数字资源评选活动,最终达到提高图书馆数字资源建设水平的目的。

2. 联结强度理论的应用

强联结与弱联结是社会网络理论最基本的分析单位。在高校图书馆社会网络中,图书馆和用户之间、用户和用户之间既存在强联结,也存在弱联结。一般而言,图书馆与高校图书馆工作委员会的成员、经常使用图书馆资源和参与图书馆活动的用户之间存在强联结关系,而那些很少使用图书馆资源或很少关注图书馆活动的用户与图书馆之间存在弱联结关系。具有同一学科专业背景和同一兴趣的用户之间又往往存在强联结关系。在用户参与的图书馆数字资源评选过程中,图书馆首先应该充分发挥与之具有强联结关系的用户的作用,鼓励和引导他们积极参与图书馆数字资源的评价、选择、推荐和采集活动;其次以这些核心用户为桥梁,配套出台相应的激励政策,带动那些与之具有弱联结关系的用户参与图书馆数字资源评选活动,使参与图书馆数字资源评选的用户群体不断扩大。

3. 联结密度和集中度理论的应用

根据社会网络理论,社会网络中行动者之间联结的密度过低,则行动者之间的关系淡薄,不利于社会资源的积累。但过高的密度也会增加行动者发展社会关系的成本,得不偿失。社会网络集中度则指网络关系集中于一个或若干行动者的程度。嵌入集中度较低的网络更容易得到较多的社会资本。在图书馆数字资源评选过程中,图书馆与用户联结密度过低或过高都不利于图书馆工作的展开。换言之,图书馆在用户参与数字资源评选的过程中,应该用尽可能少的成本与用户建立较多的联结。同时要了解用户参与图书馆资源评选的社会网络中的集中度,图书馆不仅要善于发现那些集中度较高的中心用户,而且要适时地嵌入集中度较低的用户群中,以实现数字资源评选与利用的效益最大化。

(二)社会网络结构理论的应用

在网络化社会中,网络将成为社会组织的普遍存在。① 高校图书馆作为社会组织的缩影,应了解自己在社会网络中的位置是否得当,尤其应关注与用户相关联的社会网络的结构洞和中心性,以便更好地组织用户参与数字资源评选。

1. 结构洞理论的应用

无直接联结的行动者或行动者群体之间往往存在结构洞,而能够将其联结起来的行动者往往起着结构洞上的桥梁作用。如在高校图书馆数字资源评选中,同一学科的用户一般比较关注本学科的数字资源,而很少会去评选其他学科或交叉学科的数字资源。作为中介方的图书馆,可以利用自己的社会网络平台,引导用户关注、评选交叉学科领域的相关的数字资源,以达到促进学科之间交融合作,发现更多对用户有用的数字资源。

2. 中心性理论的应用

图书馆在用户参与的数字资源评选中应充分利用中心性理论,分析用户社会网络中的知识团体,考察其中的核心人物,以便了解掌握更多的用户评选信息。首先,可通过程度中心性分析,考察社会网络中不同用户的相对中心度,找到其局部中心和整体中心,进而围绕中心进行聚类,划分出各知识团体,确定其中的关键人物及每个成员的角色,根据用户的角色确定其评价和选择资源的权重,使用户参与的图书馆数字资源的评选更加精确化,并

① 王向文:《论社会及组织结构的网络化》,《商业时代》2012 年第 6 期。

能够代表用户的主要观点。其次,图书馆应该尽可能地接近和了解用户团体中的核心用户,与其建立良好的关系,并通过他们带动影响更多的用户参加图书馆数字资源评选。最后,图书馆可以利用自己的中介中心性,成为不同用户知识团体的桥梁,获取更多的用户评选信息。

(三)社会资本理论在用户参与图书馆数字资源评选中的应用

社会资本是图书馆社会网络中的重要关注点。社会资本的概念包括三种成分:镶嵌于一种社会结构中的资源;行动者摄取这些资源的能力;行动者通过目的性的行动运用或动员这些社会资源。① 这里的社会资本主要是指存在于图书馆的社会网络结构中的数字资源和图书馆或用户摄取这些数字资源的能力。图书馆或用户可以通过有目的性的行动来运用这些数字资源。

高校图书馆在组织用户参与图书馆数字资源评选时,一方面可以从用户选择和推荐过程中发掘出一些图书馆没有而用户又感兴趣的数字资源,通过收集这些数字资源以满足其他用户的信息需求。另一方面,图书馆可以利用自己的社会资本,以其丰富的馆藏数字资源、便捷的服务、充分的交流、各种奖励措施,吸引更多的用户参与图书馆的数字资源评选。在图书馆的激励机制引导下,用户为了增加自己的社会资本,获取更多的优质数字资源和其他奖励,有可能会更积极地融入图书馆数字资源评选之中,同时也有可能更多地向他人推荐和分享自己的数字资源,在不断扩充自身社会资本的同时,不断丰富图书馆的数字资源。

二 社会网络环境下用户参与图书馆数字资源评选

数字资源已经成为高校图书馆信息资源建设越来越重要的组成部分。为了确保社会网络环境下用户参与的图书馆数字资源建设的质量,需要从不同的角度对数字资源进行评价、选择、采集,以提高用户的满足率和满意度。

以往的数字资源评选体系往往评选指标以定性为主,定量指标太少;评选中感性成分较多,没有科学的评价模型;可操作性差等。更主要的是,这些评选指标体系大多是从图书馆自身的角度对数字资源进行评选,没有很

① 林南:《社会资本:关于社会结构与行动的理论》,张磊译,上海人民出版社2005年版,第8页。

好地体现用户的需求。"书是为了用的"这一定律同样适用于图书馆数字资源建设,社会网络环境下图书馆引进的数字资源首先要以用户利用为中心,而用户利用是建立在满足用户需求之上的。① 通过基于社会网络的用户参与的数字资源评选,能将图书馆与用户更紧密地联系起来,更加深入地了解用户的需求,做好以用户需求为导向的图书馆数字资源评选工作。

下面从社会网络环境下用户参与图书馆数字资源的评价、选择和采集三个方面分别进行论述。

(一)社会网络环境下用户参与图书馆数字资源的评价

为了使社会网络环境下用户参与图书馆数字资源评价能够真正体现以用户需求为导向的宗旨,需要确定用户参与图书馆数字资源评价的目标、方法和评价指标。

1. 社会网络环境下用户参与图书馆数字资源评价的目标

美国图书馆学家戈曼(G. E. Gorman)曾经提出文献信息资源评估的 11 项目标。② 借鉴戈曼的观点,结合用户参与因素和图书馆目前的实际状况,我们将社会网络环境下用户参与数字信息资源评价的目标主要确定为以下五个方面:

(1)对用户参与数字资源建设的范围和深度准确把握;

(2)对用户参与的数字资源建设提供向导和基础;

(3)对用户参与的数字资源建设政策制定提供准备;

(4)测定用户参与建设的数字资源的数量和质量;

(5)帮助调整现有数字资源馆藏不足并提出改进意见。

2. 社会网络环境下用户参与图书馆数字资源评价的方式

以往的数字资源建设中缺少用户参与,图书馆员站在自己的角度思考用户需求,并在此基础上进行数字资源建设,这与用户的真实需求有较大差距。社会网络环境下用户参与图书馆数字资源评价,为解决这一问题提供了可能。由于社会网络环境下用户参与图书馆数字资源评价的目标具有多维性,影响用户参与图书馆数字资源评价的因素也具有多重性。因此,选择数字资源评价方式时要根据数字资源评价的具体对象,有针对性地选择适

---

① 李浩凌等:《用户满意度调查法在数字资源评估中的运用》,《大学图书馆学报》2007 年第 1 期。

② 肖希明等:《数字信息资源建设与服务研究》,武汉大学出版社 2008 年版,第 78—85 页。

合用户参与的数字资源评价方式,才能保证用户参与的数字资源评价的有效性。

社会网络环境下用户参与的数字资源评价对象既包括图书馆购买的商业数字资源,也包括用户参与建设的特色数字资源。以往图书馆在选择、采集数字资源时,是假定图书馆能够发现用户需求的优质数字资源,但这些资源究竟能否满足用户需求,需要在用户参与的数字资源规划、采购、使用和描述的评价中才能体现出来。因此,社会网络环境下用户参与的数字资源评价包括四类方式:一是用户参与资源规划的评价;二是用户参与资源采购的选择评价;三是用户利用资源的测试评价;四是用户参与资源描述的评价。① 下面分别论述:

(1)用户参与资源规划的评价方式

用户参与资源规划的评价是指在数字资源建设准备阶段,图书馆可邀请用户参与数字资源建设规划、评估等方面的讨论。国外很多高校图书馆,如美国伯克利大学图书馆、Greensboro 学院图书馆都在其公开的数字馆藏发展规划中明确表明制订规划时需由图书馆员、学校教职员工和学生一起进行相关馆藏的评估,征询用户对数字馆藏及其满足程度方面的意见和建议。

用户参与资源规划的评价方式可以通过访谈、问卷调查、情景行为分析、头脑风暴法、德尔菲法等主动邀请用户参与的方式,也可以在图书馆网站或图书馆网上公告栏发布数字馆藏规划的阶段成果(包括早期调研结果、规划初稿、具体实施意见等)和意见建议反馈联系方式,被动地等待用户的参与,还可以成立相关的项目组邀请用户参与完善相关评价指标、进行评估。

(2)用户参与数字资源采购的选择评价

①图书馆提供数字资源及提供商的推荐和评价平台,邀请用户,尤其是核心用户,参与对即将购买、正在试用和已经购买的数据库资源可用性、有用性、易用性等方面的评价。如美国得克萨斯 A&M 大学图书馆的"推荐购买(Suggest a Purchase)"项目中,预留部分经费专门用于构建资源采购推荐

---

① 李书宁:《用户参与的图书馆数字资源建设研究》,《图书馆杂志》2011 年第 12 期。

平台和征集用户的采购意见,调查表明用户和图书馆员都比较满意。①

②图书馆利用数据库商推出的"按用付费"方式开展用户参与的采购评价。如 Netlibrary 推出的 Patron Driven Access 采购模式(图书馆将全部电子图书元数据纳入到馆藏数据库,用户第二次点击打开的电子图书图书馆进行采购)。美国韦恩州立大学图书馆采用此方法,电子图书的利用率提高了 10 倍。②

(3)用户资源利用的测试评价

与(2)密切相关的是用户利用资源的测试评价,包括三种方式:

①资源获取测试评价。主要测试图书馆及时提供满足用户所需数字资源的能力,包括数字馆藏资源体系为各个主体提供的资源范围;用户存取资源所需的时间;用户获得所需资源所付出的努力;资源检索系统的检全率和检准率等。

②资源可达测试评价。数字资源统计中的历史记录显示的用户成功的访问数字信息资源的数据,而用户访问资源失败的数据并未收集,因此资源可达测试能够检测某一特定时间,用户访问数字信息资源的成功率。当出现用户访问失败的情况时,便于分析是由于何种原因所致。通过资源可达测试也可以为最大并发用户数量的确定提供依据。

③资源使用测试评价。通过资源使用频率来识别哪些数字资源是用户常用的资源,并将其作为核心数字资源,哪些是不被经常使用并存在内容重复的数字资源,可将其纳入剔除的队列中,挖掘用户的数字资源使用习惯和偏好的变化。

(4)用户参与资源描述的评价方式

邀请用户对资源进行描述也是用户参与图书馆数字资源评价的重要方式,主要包括用户对数字资源(包括自己上传的资源)进行编目描述、对已有资源进行社会分类描述。

①用户对数字资源的编目描述。图书馆现有资源目录库,与亚马逊网上书店相比,最大不足就是提供的内容过于简单,包括图书的目录、相关评论、部分全文阅读等在内的很多增强记录内容对于用户选择图书很有价值,

① Leslie J. Reynolds, et al. User – Driven Acquisitions:Allowing Patron Requests to Drive Collection Development in an Academic Library[J]. Collection management, 2010, 35(3):244 – 254.

② Lynn Sutton. Collaborating with our patrons:letting the users select. [EB/OL]. [2012 – 05 – 02]. http://www. ala. org/ala// mgrps/divs/acrl/events/pdf/lsutton. PDF.

但图书馆由于人力和精力等原因没法提供。社会网络环境下,这部分可邀请用户参与补充完成。如普林斯顿大学的钱币数据库,用户需要对自己上传钱币照片中钱币出现的地区、年代、当时的统治者、货币材质等进行描述编目。北京大学"中文数字财富大全库"中资源描述编目也是由用户来补充和完成的。

②用户对数字资源的社会分类描述。用户对数字资源社会分类描述主要方式有:一是图书馆利用新一代 OPAC 系统向用户提供对资源进行评论、设置标签、资源评级和排序等功能;二是利用图书馆的资源平台提供用户参与的评论、标签、评级、排序和关联等功能。如澳大利亚国家图书馆的数字报纸归档系统就允许用户设置标签和评论;三是利用第三方社交网站。图书馆与其他社交网站合作,将资源在本馆网站发布的同时,也在社交网站发布,并利用社交网络更加活跃的用户群进行 tag 标记、评论等,用户在社交网络参与的成果也会在图书馆本地数据库中存储,以便于在本馆网站提供更加丰富的功能。

3. 社会网络环境下用户参与图书馆数字资源评价的标准

为了用户能够全面参与到数字资源的评价,所建立的指标体系必须能够对数字资源作出较为全面又具体可测的判断。通过对数字资源用户评价所涉及的各个影响因素进行分析、筛选,建立一个多级指标体系。由于图书馆的数字资源中既有为教学科研服务的学科专业学术性数字资源,也有以消遣娱乐为主的大众性数字资源,针对不同性质的数字资源评价应建立不同的评价指标体系。下面以面向学科专业服务的学术性资源为评价对象,

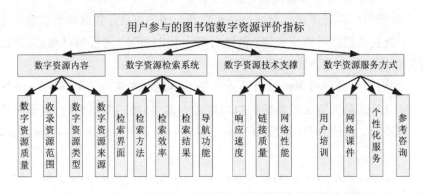

图 5—1　社会网络环境下用户参与图书馆数字资源评价体系

构建一个用户参与的数字资源评价标准。其中一级指标是用户满意度,二级指标是对用户满意度这个总目标的概括性的若干个大类,三级指标是对二级指标的详细划分,并具有可操作性。① 如图5—1所示:

各个指标含义说明如下:

(1)数字资源内容

①数字资源质量。主要是指图书馆购买和自建(含用户参建)数字资源的学术水平、权威性、准确性、新颖性、连续性。

②收录资源范围。主要包括收录的范围对相关学科内容的覆盖程度,年限覆盖范围、数字资源的文种覆盖范围等。

③数字资源类型。是否包括各类资源,如文本、图形、图像、音频、视频等。

④数字资源来源。是否包括各种来源,如数据库、网络资源和用户利用社会软件及社交网站生成的资源。

(2)数字资源检索系统

①检索界面。检索界面是否简洁、友好、易学、易用,是否符合用户习惯,是否具有交互性,帮助文件是否详细。

②检索方法。是否包括各种检索路径和方式(如标题、作者、关键词等),是否具有一站式检索功能。

③检索效率。是指拒绝访问或检索失败的频次,用户操作产生错误的数量,错误的严重性,错误的易恢复性。

④检索结果。包括查全率和查准率、显示格式、标记记录、排序方式等。

⑤导航功能。是否包括学科导航、分类导航和社会标签(Tag)应用。可视化效果如何。

(3)数字资源技术支撑

①响应速度。响应速度影响用户利用数字资源的兴趣,响应时间较长容易使用户产生焦躁以致拒绝使用数字资源,从而使用户的满意度降低。

②链接质量。死链或者错误链接也是用户常常抱怨的问题之一,链接质量是在使用数字资源中影响用户满意度的重要因素。

③网络性能。网络性能要稳定,速度要快,还要防止来自网络的攻击,

---

① 刘晓霞:《基于 AHP 的数字资源用户综合评价指标体系研究》,《情报科学》2008 年第10 期。

保证用户能够正常使用。此外,服务器容量要能够满足最大登录量。

(4)数字资源服务方式

①用户培训。用户培训是图书馆数字资源使用的重要方式,对用户使用数字资源有很大帮助,用户培训开展的形式也多种多样。

②网络课件。也是对用户使用数字资源服务的重要方式之一,可以是有关信息检索培训的课件,也可以是链接的有关专题课件。

③个性化服务。针对用户的个性化需求,提供个性化服务。

④参考咨询。用户使用数字资源中遇到的各种问题都可以通过参考咨询得到解决,包括虚拟参考咨询、咨询台、咨询电话、咨询 E - mail 等多种方式。

(二)社会网络环境下用户参与图书馆数字资源的选择

数字资源的选择直接影响着图书馆数字资源的结构和数字信息服务的内容。以往图书馆的资源采购都是由馆长统筹安排,社会网络环境下,通过网络平台,用户可以向图书馆提出所需的资源名单,图书馆在资源的选择上既要根据本馆实际需要又要考虑到用户需求,鉴别和择取最适合的资源,最大限度地满足用户的数字资源选择。

1.社会网络环境下用户参与图书馆数字资源选择的原则

数字信息资源选择的基本原则是确定数字信息资源选择标准的依据,在社会网络环境下要以用户为中心选择数字信息资源,以用户的需求为导向建设数字信息资源和提供数字信息服务。我们可以根据罗伯特·布罗德斯(Robert Broadus)的用户现实和潜在需求为中心的两个体系,把社会网络环境下用户参与图书馆资源选择的原则概括为四个方面:

(1)以图书馆数字资源建设规划和政策为依据;

(2)符合图书馆当前和未来发展的实际;

(3)最大限度地满足用户的现实和潜在需求;

(4)提供高品质的数字资源以激发用户创新。

2.社会网络环境下用户参与图书馆数字资源选择的标准

社会网络环境下用户参与图书馆数字资源选择标准就是用户对数字资

源评价和优选的过程。综合参考文献①②③④⑤⑥⑦及用户参与资源选择的特点,笔者把用户参与的数字信息资源选择的标准可以分为价值、使用、许可和存储四大指标。

（1）内容价值

用户参与图书馆资源选择,应优先考该资源内容对读者是否有益,对图书馆建设是否有价值,因为只有有价值的资源才能更好地引导读者,图书馆资源建设才能长久发展。

（2）便于使用

用户能够简单快捷地使用数字资源直接影响着数字资源能否被充分利用,用户对信息资源内容的需求能否得到满足,数字资源的使用包括资源的可达性、数字资源系统服务的层次性、系统的效率等。

（3）法律许可

选择中还需要考虑许可使用方面的问题,以确定数字资源被用户选择后图书馆和数字资源提供者的权利和义务,通过具有法律效力的条款和协议将图书馆能提供的数字资源进行限定,这是数字资源可供用户利用的必要条件。

（4）存储可靠

用户参与图书馆资源选择还应考虑到数字资源存取问题,要能方便用户跨地域长期使用,数字资源存取还包括资源利用网络环境以及各类资源的整合或跨平台检索技术应用情况。

3. 社会网络环境下用户参与图书馆数字资源选择的程序

社会网络环境下用户参与数字资源选择程序大致包括三个步骤:

（1）确定用户参与数字资源选择的目标

①　张会田:《电子馆藏评估:指标与方法》,《情报资料工作》2004 年第 2 期。

②　Library of Congress. Selection Criteria for Preservation Digital Reformatting. [EB/OL]. [2012 - 03 - 30]. http://www. loc. gov/preserv/prd/presdig/presselection. html.

③　Columbia University Libraries. Columbia University Libraries Selection Criteria For Digital Imaging. [EB/OL]. [2012 - 04 - 15]. http://www. columbia. edu/cu/libraries/digital/criteria. html.

④　张晓静:《图书馆数字资源的评价与选择之我见》,《长春大学学报》2007 年第 5 期。

⑤　臧国全:《图书馆信息资源数字化内容选择原则研究》,《图书情报知识》2006 年第 1 期。

⑥　Paul Metz. Principles of selection for electronic resources [J]. Library Trends, 2000, 48 (4): 711 - 728.

⑦　肖希明等:《数字信息资源建设与服务研究》,武汉大学出版社 2008 年版,第 101—117 页。

图书馆组织用户参与数字资源选择,首先要明确用户参与数字资源选择的目标,即用户参与数字资源选择的类型、学科专业、主题范围、服务形式、存取的条件,以及用户对资源的接受能力和适应能力,能否不借助帮助就能使用这些数字信息资源等。

(2)用户推选数字信息资源

用户利用社会软件或社交网站将自己喜爱而图书馆又没有的资源选择、推荐给图书馆馆员,馆员根据图书馆的数字资源建设目标决定是否选择用户推荐的数字资源,并把意见反馈给用户。

(3)用户试用待选的数字信息资源

馆员把优选的尚未纳入到数字馆藏资源体系中的数字资源放置到数字信息资源服务平台上,组织目标用户进行试用,向用户推送该数字信息资源内容和服务信息,统计用户使用情况,发放问卷,收集用户对使用该资源的评论和满意状态等,从数字馆藏资源总体考察选择该数字资源后的体系改善情况,明确该资源是否能进入采集环节。

(三)社会网络环境下用户参与图书馆数字资源的采集

用户参与的图书馆数字资源的采集是通过一定的方式和途径,将用户参与评价、选择的数字资源,采集、纳入到数字馆藏体系的过程。用户参与的图书馆数字资源的采集包括有偿和无偿的数字资源。前者是指图书馆根据用户对有偿数字资源的评选意见以购买的方式完成,后者是指用户参与图书馆无偿数字资源的采集。本文研究的是后者,即用户参与的无偿数字资源的采集。

1.社会网络环境下用户参与图书馆数字资源采集的目标

新网络环境为数字资源的存储及利用提供了多样性的选择,图书馆的物理存储已不再是信息资源的唯一存储途径,一方面,图书馆保存的数字资源数量急剧增长,成本不断提高;另一方面,社会网络上各种虚拟存储空间和开放存取资源的发展,使图书馆的分布式信息资源存储与利用变成了可能。因此,讨论用户参与的图书馆数字资源采集的目标,应该在满足用户需求和图书馆实际承受力之间找到平衡点,充分考虑社会网络环境下数字资源存储和利用的特点。

以高校图书馆为例,我们认为社会网络环境下高校用户参与无偿数字资源采集的目标是:从实际出发,重点采集本校用户可持续使用且不可替代的特色资源,充分利用虚拟存储空间和社会网络技术,采用多种采集和保存方法相结合的方式,充分满足以本校用户为主的信息需求。

2.社会网络环境下用户参与图书馆数字资源采集的方法

(1)选择性采集

选择性采集,即用户根据网络数字资源的历史、文化、研究和经济价值,有选择地对数字资源内容进行甄别、采集。选择性采集需要事先由用户和馆员共同确定采集标准,要求用户对所保存的每一项主题都经过认真的价值评估。这种方法有利于用户在有限的时空范围获得有价值的资源,不足之处是可能会遗漏一些重要资源,长期开展需要较高的人力和资金成本。

(2)专题采集

专题采集,即针对某一主题进行信息收集,如美国 Minerva 项目同 Internet Archive 合作,就一些主要主题进行收集,像伊拉克战争、9·11 事件等;英国的 Britain On the Web 项目;台湾政治大学图书馆的大学社群生命记忆参与式数位典藏活动等;专题采集方法较适合图书馆特色资源的采集,可以开发专门的图书馆社会网络平台或嵌入到用户所在的社会网络环境中去采集。①

(3)自动定制

自动定制,即用户利用社会软件和社交网站生产出大量有价值的数字资源,通过个人博客、Wiki 等形式发布,其相应的平台也提供了相关的检索和定制服务。图书馆可以根据不同用户的需要,通过 RSS 定制等服务,即时组织专题书目生成 RSS feed,并将其发布到图书馆主页上,通过 RSS 推送给用户。这种方法能保证采集的资源的时效性,及时了解用户试用的感受,更新定制的数字资源,但对站点服务的稳定性要求较高。

(4)全面采集

全面采集,即用户利用自动采集技术把对网站上的所有信息全部保存下来。优点是:人工干预少,采集效率也比较高。但也存在一些问题:其一,对于捕获时机要求较高。其二,Web 资源数量巨大,全采集质量监控难以保障。其三,全采集的数据下载和存储极为昂贵等。

上述方法并非相互排斥,各馆可以根据不同情况,选择其中的几种方法结合使用。

---

① 赵梦:《网络信息资源采集与保存策略分析》,《国家图书馆学刊》2010 年第 4 期。

3. 社会网络环境下用户参与图书馆数字资源采集的存储方式

（1）集中式

集中式方式指将所有用户采集的资源集中储存在一个图书馆的资源数据库中，由唯一的资源数据库统一提供服务。集中式方式方便用户的资源检索，但是在实际构建过程中成本较高。

（2）分散式

分散式方式指将用户采集的所有资源及元数据储存在源数据库中，检索的时候利用搜索引擎跨库检索，从资源的原始数据库中获取资源。分散式方式构建较为简单，但用户在实际运作中，要到各个原始数据库获取资源，程序较为复杂。

（3）混合式

混合式方式是指用户采集的元数据被转存到一个集中的图书馆数据库中的同时，还保留在来源数据库中。吸取了集中式方式和分散式方式的优势，克服了实际操作中的成本问题和程序繁杂等问题，是比较实用的方式。①

三 社会网络环境下用户参与图书馆数字资源评选的系统构成

社会网络环境下用户参与的图书馆数字资源评选系统，是社会网络环境下用户参与的图书馆数字资源建设系统的子系统，是由用户、馆员、技术、数字资源、管理、评选过程和环境等要素紧密联系、相互作用而有机构成的，以更好地满足用户的数字资源需求为目标的数字资源评选体系。下面从系统构成要素之间的关系和系统结构来了解用户参与图书馆数字资源评选的社会网络系统。

社会网络环境下以用户为中心，强调用户参与，图书馆的资源评选都是围绕用户进行。其中，馆员和用户共同作为人的要素，是图书馆数字资源评选系统的核心，两者之间的互动协同对整个系统的稳定运行具有重要影响作用。用户是活动主体，在馆员的引导下，利用社会网络工具，参与数字资源评论评级，并把优秀资源推荐给图书馆。馆员是管理主体，对技术、数字资源评选过程、数字资源等要素进行管理，保证系统的稳定运行，同时，馆员应该找出不同知识团体内的个体间关系，对他们的评论和推荐设置不同的

---

① 李文文：《我国高校数字图书馆 Science2.0 综合知识服务平台构建研究》，硕士学位论文，南京大学，2012 年，第 57—64 页。

权重,保证评选出数字资源的质量。技术是工具和实现手段,既是用户参与数字资源评选的重要工具,也是馆员管理系统和用户关系的手段。数字资源是客体,用户通过参与数字资源评选活动,发掘出图书馆没有而又是用户感兴趣的馆藏资源,图书馆收集这些资源将其作为馆藏资源的一部分,满足用户的需求。整个系统是在特定的环境下运行的,各种因素相互作用,都会对系统的运行产生影响。系统结构如图5—2所示:

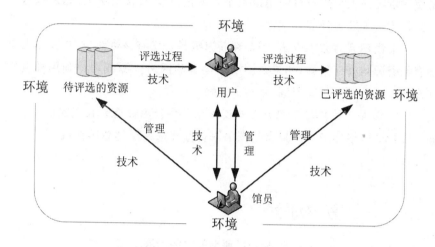

图5—2　社会网络环境下用户参与图书馆数字资源评选系统结构

四　社会网络环境下用户参与图书馆数字资源评选模式假说

模式是对真实世界所作的理论化与简单化的表达形式或再现。① 其本质上是对真实世界提出理论化与简单化的参考构架,借以重构真实。它能帮助我们描述理论中各个要素之间的关系。模式假说是有待论证的命题,模式假说经过论证、数据反复验证后,能够成为理论模式以指导实践。

（一）社会网络环境下用户参与图书馆数字资源评选的步骤

社会网络环境下用户参与图书馆数字资源评选模式的基本步骤为:

1. 用户登录图书馆个人信息中心,系统根据用户身份识别用户所属知识团体,并提取用户特征值。

2. 根据用户特征值,查找符合用户的知识库资源,生成用户个性化知识

---

① 郑翰林编译:《大众传播理论暨大众传播小词典》,风云论坛出版有限公司2001年版,第23页。

空间,用户对知识空间内资源进行评价,资源包括图书馆的数据库资源、网络资源和用户利用社会软件或社交网站生产的资源。

3.根据知识团体内不同用户所处的位置,确定核心用户和一般用户,并对不同用户赋予不同的评价权值,计算不同用户对数字资源评价的得分,确定该数字资源是否进入选择环节。

4.进入选择环节的数字资源,由馆员组织目标用户进行试用,统计用户的使用情况并收集用户对使用该数字资源的感受和满意状况,确定该数字资源是否进入采集环节。

5.采集环节的数字资源,需要判断馆藏是否已有该资源,如果是图书馆已有的资源则放弃采集;如果是图书馆没有的网络资源或用户利用社会软件或社交网站生产的新资源,则纳入馆藏。

(二)社会网络环境下用户参与图书馆数字资源评选的模式假说

1.社会网络环境下用户参与图书馆资源评选系统的总体构成

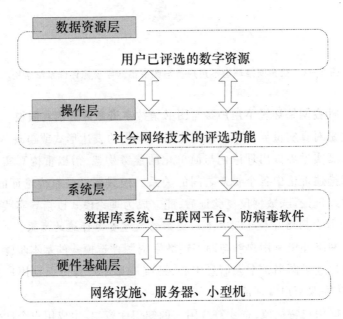

图5—3　用户参与图书馆数字资源评选模式总体构成

用户参与的图书馆数字资源评选体系架构,与用户参与的数字资源生产系统的整体结构基本相同,也是由硬件基础层、系统层、操作层和数据资源层四层结构组成(见图5—3)。所不同的有两点,一是操作层中的社会软件和社交网站主要使用其评选方面的功能,二是数据资源层产生的是已评选的数字资源(包括用户生产的原始数字资源、用户采集的无偿数字资源和用户参与图书馆采购的有偿数字资源)。

2.社会网络环境下用户参与图书馆数字资源评选模式假说

社会网络环境下用户参与图书馆数字资源评选,是借鉴社会网络理论与方法,依托社会网络技术,通过馆员引导、激励措施,推动用户参与数字资源评价、选择、采集,最终纳入图书馆数字资源体系的过程。综合以上所述的社会网络环境下用户参与图书馆数字资源相关的要素,我们以高校图书馆为例,分别提出用户参与的评价模式、选择模式和采集模式假说。

(1)用户参与的图书馆数字资源评价模式假说

用户参与的图书馆数字资源评价模式由以下模块组成,分别为用户登录模块、用户分析模块、社会网络技术支持模块、资源评价管理制度模块、图书馆数字资源评价平台、图书馆馆员管理模块。

用户登录模块是用户登录图书馆个人信息中心,系统根据用户名、用户密码,验证用户是否有登录权限;由于系统用于图书馆数字资源评选,考虑信息安全方面的要求,为防止恶意注册和破坏,要求用户使用现实社会中的真实身份注册。

用户分析模块主要是对用户社会网络关系的分析。包括以下几方面:用户关系、用户权重、用户类型。识别用户在知识团体中的位置,确定是核心用户还是一般用户,核心用户评价权重设置大一些,一般用户的权重要低于核心用户,知识团体外用户权重小于一般用户;根据联结强弱可以通过用户互动频率、用户知识背景来判断,为社会网络关系中存在的结构洞搭建桥梁;根据用户评价内容为用户推荐用户可能感兴趣的研究或话题,促进资源评价交流与共享。

社会网络技术支持模块中包括待评价的数字资源和用户用于评价数字资源的相关社会软件及社交网站(如标签、博客、微博、SNS等)。由于该模块为用户和馆员的实际操作平台,因此,在设计上不仅要注重其开放性、互动性、参与性和可扩展性,还要注意提供方便、易用的用户操作界面。

资源评价管理制度模块用于馆员和用户共同制定参与数字资源评价的目标、评价的方法和评价的标准,对用户评价的资源进行审查,对相关敏感词进行过滤,并且制定鼓励用户参与数字资源评价的奖励机制等。

图书馆数字资源评价平台是系统核心模块,该模块的工作主体是用户,管理主体是馆员。用户在馆员的组织、引导和激励下,按既定的评价目标、评价方式和评价标准对待评价的资源进行评价,从而产生评价后的数字资源。评价后的数字资源由馆员进行质量把关后,可以按照学科类型或用户感兴趣的主题范畴等组织方式纳入已评价的资源数据库中,供知识团体内目标用户选择。

管理员管理模块是馆员对评价系统平台的管理和控制,协调各方面的资源,处理相关情况。其工作重点一是维持系统平台的安全性和稳定性,二是管理用户关系,嵌入用户内部,有目的性地引导用户更好地参与到数字资源评价中来。馆员通过用户对资源评价情况以及图书馆的实际情况,决定资源是否进入选择阶段。用户参与的图书馆数字资源评价模式假说如图5—4所示①:

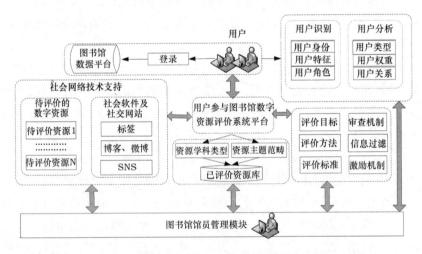

图5—4 社会网络环境下用户参与图书馆数字资源评价模式假说

(2)用户参与的图书馆数字资源选择模式假说

用户参与的图书馆数字资源选择模式有用户登录模块、用户分析模块、社会网络技术支持模块、资源选择管理制度模块、图书馆数字资源选择平

---

① 刘磊等:《社会网络环境下用户参与图书馆数字信息资源评价模式研究》,《大学图书馆学报》2014年第2期。

台、图书馆馆员管理模块。

用户登录模块是用户根据用户名、用户密码登录图书馆个人信息中心。

用户社会网络分析模块在用户参与图书馆资源选择中,识别用户在知识团体内的位置,确定是核心用户还是一般用户,要有针对性地与核心用户开展交流,促进平台发展;根据用户专业背景和兴趣爱好推送相关数字资源,让用户进行试用,促进资源交流与共享。

社会网络技术支持模块包括待选择的数字资源和用户用于选择数字资源的社会软件及社交网站(如 RSS、TAG、SNS 等)。其功能设计要求与图5—4 相同。社会网络技术支持模块中的试用模块是把资源数据库中的已评价的资源,组织知识团体内的用户进行试用以便选择。

资源选择管理制度模块用于馆员和用户共同制定参与数字资源选择的原则、选择的标准和选择的程序,对用户选择的资源进行审查、敏感词进行过滤,并且制定鼓励用户参与数字资源选择的奖励机制等。

图书馆数字资源选择平台是系统核心的模块,用户按既定的选择原则、选择标准和选择程序对待选择的资源进行选择,从而产生选择后的数字资源。选择后的数字资源由馆员进行质量把关后,可以按照学科类型或主题范畴等组织方式纳入到已选资源数据库中,供知识团体内的目标用户进行采集。

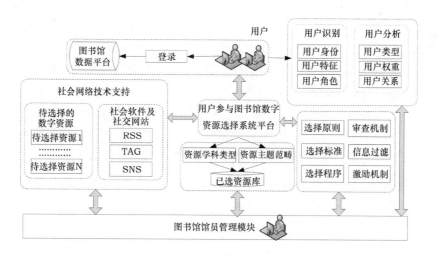

图 5—5 社会网络环境下用户参与图书馆数字资源选择模式假说

图书馆馆员管理模块是图书馆馆员对选择系统平台的管理和控制,协调各方面的资源,处理相关情况。馆员通过用户对资源试用反馈情况以及图书馆的实际情况,决定资源是否进入采集阶段。用户参与的图书馆数字资源选择模式假说如图 5—5 所示:

(3)用户参与的图书馆数字资源采集模式假说

用户参与的图书馆数字资源采集模式有用户登录模块、用户分析模块、社会网络技术支持模块、资源采集管理制度模块、图书馆数字资源采集平台、馆员管理模块。

用户登录模块是用户根据用户名、用户密码登录图书馆个人信息中心。

用户社会网络分析模块是分析用户在系统平台上处于何种类型、何种角色并且识别用户在知识团体中的位置,对核心用户使用待采集资源反馈信息设置权重大一些,一般用户的权重低于核心用户。

社会网络技术支持模块包括待采集的数字资源和用户用于采集数字资源的社会软件及社交网站(如 RSS、Wiki、SNS 等)。其功能设计要求与图5—4 相同。社会网络技术支持模块中的功能是组织知识团体内的用户参与选择数字资源。

资源采集管理制度模块用于馆员和用户共同制定参与数字资源采集的目标、采集的方法和采集的存储方式,对用户采集的资源进行审查,并且制定鼓励用户参与数字资源采集的奖励方法等。

图书馆数字资源采集平台模块,用户按照采集目标、采集方法和采集存储方式对待采集的资源进行采集,从而产生采集后的数字资源。采集后的数字资源由馆员进行质量把关后,可以按照学科类型或主题范畴等组织方式纳入已采集资源数据库中,供用户检索使用。

馆员管理模块是图书馆馆员对整个系统平台的管理和控制,有目的性地引导用户更好地参与到数字资源采集中来。馆员收集用户使用资源反馈意见以及用户资源需求并且要根据图书馆的实际情况,判断馆藏是否已有该资源,决定该资源是否被纳入已采集资源数据库。用户参与的图书馆数字资源采集模式假说如图 5—6 所示:

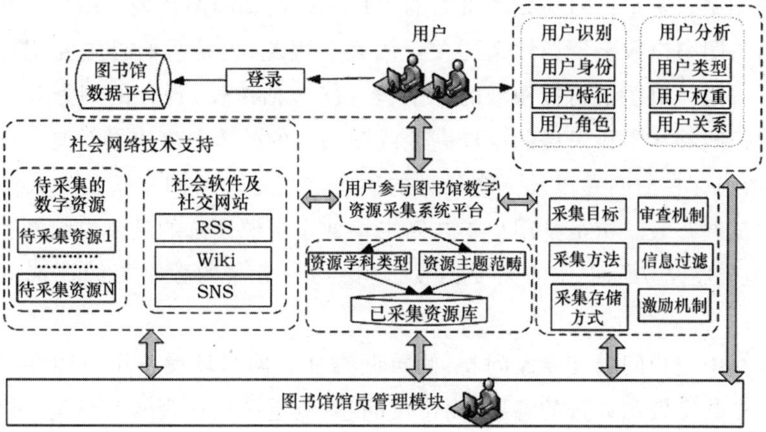

图5—6 社会网络环境下用户参与的图书馆数字资源采集模式假说

第三节 社会网络环境下用户参与图书馆数字资源评选的调查分析

通过前两节研究可知,国内外已有部分学者对社会网络环境下用户参与图书馆数字资源评选开展了初步的研究,不少图书馆也已经尝试在本馆主页上提供社会软件或在社交网站中添加图书馆服务,组织用户参与到本馆的信息资源评选中来。但总体看来,目前的研究还不够全面、深入,实践也比较单一,缺少从用户角度出发,对用户参与的图书馆数字资源评选的系统研究。

为此,本节将根据上一节提出的模式假说,按照用户需求导向的原则,以问卷方式调查高校图书馆的用户、专家、图书馆工作人员对社会网络环境下用户参与的图书馆数字资源评选的认知程度、需求和期望,力求从不同角度了解用户参与图书馆数字资源评选的需求程度和应用中的问题,为社会网络环境下开展用户参与的图书馆数字资源评选探讨新思路。

一 问卷的设计与调查统计方法

(一)问卷设计

根据不同的调查对象,我们将问卷分为用户问卷、专家问卷和馆员问卷三种类型。一是针对高校图书馆的用户群体设计的调查表。用户是开展用户参与图书馆数字资源评选的关键因素。因此,也是我们首先要调查的对象。二是针对图书情报领域的专家、教授(包括馆长)设计的调查表。专家和馆长能够从学科发展的全局高度或图书馆的整体角度出发对调查进行指导,指出存在的问题以及可能预见的困难。三是针对图书馆工作人员设计的馆员调查表。馆员是用户参与图书馆数字资源评选的具体组织者和管理者,他们将从实际工作的需要出发,考虑用户参与的数字资源评选的相关问题。

其中用户问卷和专家问卷,侧重调查社会网络环境下用户和专家参与图书馆数字资源评选的意愿;而馆员问卷,侧重调查社会网络环境下馆员对用户参与图书馆数字资源评选的认可情况。用户、专家问卷由三部分组成,其中第一部分是用户(专家)基本情况调查,包括所在学校、性别、年龄、身份和学科专业的调查,不同身份背景的用户(专家)对参与图书馆数字资源评选的意愿和参与情况会有所差异;第二部分是用户(专家)对社会软件的熟悉和使用情况调查,调查用户(专家)了解和经常使用的社会软件和社交网站,这是用户参与图书馆数字资源评选的基础条件;第三部分是用户(专家)对参与图书馆数字资源评选需求情况的调查,调查用户(专家)参与图书馆数字资源评选的意愿,是问卷的重点。馆员的调查问卷:第一部分调查馆员的基本情况,包括所在学校、性别、年龄、职称、所在部门和职务;第二部分调查馆员对社会软件或社交网站的熟悉和使用情况;第三部分调查馆员对用户参与图书馆数字资源评选的看法。

(二)调查对象

为使调查具有连续性,我们选取了以前曾调查过的南京、北京、上海、厦门等地区"985"、"211"和一般本科院校三个层次的高校进行调查。其中"985"院校包括清华大学、北京大学、南京大学、上海交通大学、厦门大学;"211"院校包括南京农业大学、南京理工大学、南京师范大学、南京航空航天大学、上海大学、福州大学;一般本科院校为南京财经大学、南京工业大学、北京印刷学院、上海电力大学、厦门理工学院等。调查对象包括图书馆用户、馆员和部分专家(其余为武汉、重庆、广州等地的专家)。其中图书馆用户主要为在校学生,包括本科生、硕士生和博士生,同时也包括部分教师,少量专职科研人员和行政人员。专家中大部分为教授,是图书馆相关研究领域(如 Web2.0 和 Lib2.0、数字资源建设和用户行为研究)的学者,其他为各图书馆的馆长、副馆长等。馆员包括图书馆各部门的工作人员,以资源建设、参考咨询和读者服务部门为主。

(三)调查方法与步骤

1. 设计问卷

问卷设计根据调查的目的和要求,确定了调查所需要的数据,拟定调查问卷。问卷的题目以选项式调查为主,并辅以填空和开放式提问方式。

2. 试调查

本次问卷调查样本量较大,三套问卷共有1200多份,所涉及的城市包括南京、北京、上海、厦门等地。为了保证调研数据的准确性和问卷设计的合理性,在正式调查之前进行了小范围的试调查。试调查的问卷选取了南京农业大学图书馆用户和馆员作为试调查对象,用户30份,有效问卷27份,馆员20份,有效问卷18份。

3. 调整和修改问卷

将试调查的问卷进行统计分析,根据调查过程中存在的问题、调查的数据结果及调查对象的意见对调查问卷进行调整和修改,使其更加完善。

4. 正式调查

调查问卷修改完善后,最终确定正式的调查问卷,随后进行正式调查。调查均采用分层随机抽样法进行调查,南京地区问卷采用现场发放和回收问卷方式,调查地点主要是图书馆和教室,其他地区问卷采取电子邮件方式进行调查,用户问卷调查时间为2012年8月。馆员、专家问卷调查时间为2012年9月。

5. 调查数据的统计分析

调查结束后,对回收的调查问卷进行汇总,剔除无效问卷,挑选出有效问卷。无效问卷剔除的标准有:未答问卷、答题不完整的问卷、答案前后矛盾的问卷、所答答案全部一致的问卷和填写不清楚问卷等,然后对有效问卷整理数据并进行数据录入和统计分析。

(四)录入、统计分析方法

采用EpiData软件对问卷进行录入,并对其进行一致性检验,保证数据输入的准确性。数据经EpiData软件录入后,导入到SPSS软件中,在属性窗口中为每一个录入的数字赋予其真正的含义,利用SPSS进行数据的统计分析。

（五）调查样本总量

调查共发放问卷1279份,具体发放与回收情况如表5—6所示:

表5—6 问卷发放与回收情况

	实际发放问卷（份）	有效问卷（份）	比率（%）
图书馆用户	997	942	94.5
馆员	237	222	93.7
专家	45	35	77.8

二 调查结果及数据分析

（一）问卷样本属性

1.用户问卷样本属性分析

本次调查发放用户问卷997份,回收有效问卷942份。在用户问卷样本属性中,我们对被调查用户的性别、身份、年龄和学科专业进行了调查,调查结果如表5—7、表5—8所示:

表5—7 用户问卷样本属性

项目		人数	比例（%）
性别	男	497	52.8
	女	445	47.2
身份	教师	230	24.4
	博士	187	19.8
	硕士	221	23.5
	本科	304	32.3
年龄	40 岁以下	721	76.5
	40 岁以上	221	23.5

表5—8　　　　　　　　　　用户问卷学科类型分布

项目	学科专业门类							
	工学	管理	经济	人文	理学	信息	农学	外语	其他
比例(%)	26.1	18.7	10.4	11.2	13.8	9.6	3.4	2.8	4.0

从表5—7和表5—8中可以看出,用户样本的性别比例基本上各占一半。从年龄分布来看,40岁以下的占大多数,学生样本(含本科生、硕士生和博士生)比例占到75.6%。除学生以外,教师用户(含少量科研和行政人员)占24.4%。可见,样本分布比较合理、均衡。用户调查问卷的样本学科(研究方向)分布较广泛,涵盖了工学、经济、管理、外语、理学、人文、农学、信息、法学等诸多学科。其中工学类比例最高。此外,调查还包括了少量的教育学类、法学类、医学类、艺术类等专业学生,共占4.0%。

2. 专家问卷样本属性分析

专家调查对象与第四章相同,因此问卷的样本属性也与第四章一致。

3. 馆员问卷样本属性分析

本次调查发放馆员问卷237份,回收有效问卷222份。在调查过程中,笔者有意识地重点选择了图书馆资源建设部、读者服务部和参考咨询部的图书馆员,因为这些部门的人员与数字资源评选的关系密切相关。馆员问卷样本属性与用户问卷类似,包括馆员的性别、职称、年龄和所在部门,调查结果如表5—9、表5—10所示:

表5—9　　　　　　馆员问卷性别、身份、年龄分布

项目		人数	比例(%)
性别	男	100	45.0
	女	122	55.0
身份	研究馆员	4	1.8
	副研究馆员	30	13.5
	馆　员	119	53.6
	助理馆员	46	20.7
	其　他	23	10.4

续表

项目		人数	比例(%)
年龄	40 岁以下	154	69.4
	40 岁以上	68	30.6

表 5—10　　　　　　　　　馆员所在部门分布

项目	所在部门					职务	
	行政部门	资源建设	读者服务	参考咨询	其他	部主任	普通工作人员
比例(%)	7.6	19.6	29.8	21.3	21.8	14.8	85.2

(二)问卷调查数据分析

1. 对本校图书馆数字资源的评价

经 Kruskal – Wallis H 检验,用户、专家和馆员对本校图书馆数字资源的评价三组数据存在差异,具有统计学意义(x^2 – 48.524,P = 0.0038 < 0.05)。调查显示,超过半数的用户认为图书馆的数字资源质量一般或质量较低,只有 4.6% 和 27.8% 的用户认为本校图书馆数字资源质量很高和较高。认为本校图书馆数字资源质量很高和较高的专家分别占 14.8%、19.5%,还有 62.2% 的专家认为图书馆数字资源质量一般,有待提高。馆员的评价较前两者均低,有超过七成的馆员认为本校图书馆的数字资源质量一般或者较低,认为本校图书馆的数字资源质量较高或很高的只占 26.7%(详见表 5—11)。由对用户、专家和馆员的调查可知,图书馆的数字资源质量还有待改进,用户参与图书馆数字资源评选为此提供了改进的可能性。

表 5—11　　　　　　　　对本校图书馆数字资源的评价　　　　　单位:%

	质量很高	质量较高	质量一般	质量较低	质量很低
用户	4.6	27.8	57.8	6.9	2.9
专家	14.8	19.5	62.2	3.5	0.0
馆员	4.8	21.9	59.7	13.6	0.0

2. 对用户参与图书馆数字资源评选活动的看法

(1)用户、专家和馆员对用户参与图书馆数字资源评选活动的观点调查显示,大部分的用户、专家和馆员都认为用户参与数字资源评选能够提高图书馆数字资源的质量(见表5—12)。与用户和馆员相比,专家更认同"用户参与数字资源评选能够提高图书馆的数字资源质量"的观点,持肯定态度的比例高达97.7%。

表5—12　　　　　　　　用户参与评选能否提高数字资源质量　　　　　　单位:%

	能够	不能够	不知道
用户	89.5	4.3	6.2
专家	97.7	0.0	2.3
馆员	92.4	4.8	2.8

(2)对用户参与图书馆数字资源评选活动的态度和看法

经 Kruskal – Wallis H 检验,用户、专家和馆员对用户参与图书馆数字资源评选态度的三组数据存在差异,具有统计学意义(x^2 = 44.651,P = 0.0026 < 0.05)。调查显示,91.5%的用户表示愿意参加图书馆数字资源评选活动,其中 9.6% 的用户表示非常愿意参与,参与积极性较高。只有6.3%的用户不愿意参与图书馆数字资源评选活动。相比较用户的选择,专家的态度更为积极。所有专家全部愿意参与图书馆数字资源评选活动,其中 10.9% 表示非常愿意。同时,90.1% 的馆员认为用户会愿意参与图书馆数字资源评选活动,其中 3.2% 的馆员认为用户会非常愿意参与图书馆数字资源评选活动。仅有 4.7% 的馆员认为用户会不愿意参与图书馆数字资源评选活动(详见表5—13)。

表5—13　　　　对用户参与图书馆数字资源评选的态度和看法　　　　单位:%

	非常愿意	愿意	无所谓	不愿意	非常不愿意
用户	9.6	81.9	2.2	4.2	2.1
专家	10.9	89.1	0.0	0.0	0.0
馆员	3.2	86.9	5.2	4.7	0.0

(3)用户不愿意参与图书馆数字资源评选的原因

对于少数人表示用户不愿意参与图书馆数字资源评选的原因调查表

明,用户、专家和馆员观点比较集中的是用户无时间参与和图书馆不具备条件(详见表5—14)。用户认为图书馆不具备评选条件有以下几方面:一是缺乏参与建设的技术平台,二是对用户宣传不到位,三是没有专门的部门组织评选活动等。

表5—14. 　　　　　　　　不愿意参与评选的原因　　　　　　　　单位:%

	无时间参与	图书馆资源质量好	图书馆不具备条件
用户	42.7	28.8	28.5
专家	39.5	26.3	34.2
馆员	35.2	19.8	45.0

　　3.用户参与图书馆数字资源评选时选用的社会网络技术

　　用户进行网上数字资源评选时常用的社会网络技术有哪些呢? 调查显示,用户常用的工具依选择比例有:SNS、微博、维基、博客、播客、RSS、标签和网摘。在此基础上,我们对用户参与图书馆数字资源评选时愿意使用的社会网络技术进行调查,结果选择的比例依然如此,其中选择 SNS 的用户超过九成。这与前文中对用户常用社会网络技术的调查情况基本一致。专家使用比例最高的是微博和SNS,馆员使用比例最高的是微博和博客(见表5—15)。

表5—15　　　　　参与图书馆数字资源评选时选用的社会网络技术　　　　　单位:%

	SNS	微博	维基	博客	播客	RSS	标签	网摘
用户	90.8	83.2	59.9	58.5	30.7	22.4	4.7	1.6
专家	66.8	76.9	60.8	64.4	11.8	73.2	11.3	3.9
馆员	68.3	79.4	57.8	78.8	20.4	50.3	10.9	2.6

　　4.用户参与图书馆数字资源评选的动力

　　用户参与图书馆数字资源评选是在一定的动力驱使下进行的,了解用户参与图书馆数字资源评选的动力,可以出台相应措施吸引更多的用户参与图书馆数字资源评选。调查得知,用户参与图书馆数字资源评选是在多种动力的共同作用下进行的。但无论是用户、专家还是馆员都认为,用户参与图书馆数字资源评选的主要动力都是为了获得更多的数字资源回报,用户和馆员还将获得借阅优惠奖励排在第二(详见表5—16)。

表5—16 　　　　　用户参与图书馆数字资源评选的动力 　　　　单位:%

	更多数字资源回报	获得借阅优惠奖励	体验参与乐趣	满足好奇心	帮助他人	获得荣誉奖励
用户	95.8	79.4	57.3	42.7	40.3	23.1
专家	98.7	37.9	42.7	43.1	76.5	27.4
馆员	97.4	67.3	43.8	23.7	22.9	19.6

5.用户参与图书馆数字资源评选愿意担任的角色

依据社会网络理论,在用户参与的数字资源评选活动中,处于评选核心位置的用户应该是少数人,持有独立评选观点的用户也应该是少数,而多数用户则是追随核心评选用户观点的一般评选者。调查数据证实了这一观点。多数用户、专家愿意做数字资源的一般评选者。馆员对用户中希望成为核心评选者、独立评选者和一般评选者的比例的估计也与用户、专家的观点基本吻合(详见表5—17)。

表5—17 　　　　　　用户愿意担任的角色 　　　　　　单位:%

	一般评选者	独立评选者	核心评选者
用户	70.9	16.8	12.3
专家	64.3	15.9	19.8
馆员	72.9	8.8	18.3

6.用户期望参与图书馆数字资源评选工作类型分析

对"用户参与图书馆数字资源评价、选择和采集中愿意担任什么工作"调查得知,愿意担任图书馆数字资源评价的用户比例最高,达到83.7%,此外,愿意担任图书馆数字资源选择、采集的用户比例分别为六成左右。专家调查则显示,专家选择愿意担任评价、选择和采集资源的比例均超过或接近七成。这可能和专家中有接近四成的人担任了馆长或副馆长,具有选择和采集资源的决定权有关。馆员认为用户愿意参与选择资源的比例最高,达到了84.2%,认为用户愿意参与评价资源、采集资源的馆员比例分别为六成和七成以上。因此,用户、专家愿意参与图书馆数字资源评选各环节的比例,以及馆员认为用户可能参与图书馆数字资源评选各环节的比例都在有效样本五成以上(详见表5—18)。

表5—18　　　　　　　对参与评选工作类型的愿望　　　　　　　单位:%

	评价资源	选择资源	采集资源
用户	83.7	64.8	57.5
专家	78.7	69.4	73.2
馆员	62.3	84.2	76.1

7.用户期望参与图书馆数字资源类型评选分析

用户参与评选的数字资源总体上可分为三种类型,包括现有的馆藏资源、互联网上的资源和用户通过社会软件和社交网站生产的资源。调查表明,九成以上用户愿意参与评选互联网资源,近五成用户愿意参与现有馆藏资源的评选,近四成用户愿意参与用户生产的资源评选。专家、馆员的观点与用户类似(详见表5—19所示)。

表5—19　　　　　　对参与评选数字资源类型的期望　　　　　　单位:%

	互联网资源	现有的馆藏资源	用户生产的资源
用户	92.6	48.9	38.6
专家	80.3	78.7	43.8
馆员	77.9	76.5	53.1

8.用户参与图书馆数字资源评价的目标分析

为了使社会网络环境下用户参与图书馆数字资源评价能够体现以用户需求为导向的宗旨,需要确定用户参与图书馆数字资源评价的目标。调查显示,接近八成的用户以帮助调整现有数字馆藏不足并提出改进意见作为参与图书馆数字资源评价的目标,超过六成的用户以把握用户参与资源建设的深度和广度为参与图书馆数字资源评价的目标,以对用户参与资源建设提供指导、测定用户参与建设资源的数量和质量、对用户参与的资源建设政策制定提供准备为数字资源评价目标的用户分别占四成以上和二到三成之间。

专家的意见与用户趋同,八成以上专家把帮助调整现有数字馆藏不足并提出改进意见作为评价目标,六成以上专家将把握用户参与资源建设的深度和广度设为目标。另外,选择对用户参与资源建设提供指导、测定用户参与建设资源的数量和质量、对用户参与的资源建设政策制定提供准备的比例均与用户接近。馆员调查的结果更为乐观,上述各项目标的选择均高于用户和专家。具体见表5—20。

表5—20　　　　　对用户参与图书馆数字资源评价目标的选择　　　　单位:%

	帮助调整现有数字馆藏不足并提出改进意见	把握用户参与资源建设的深度和广度	对用户参与资源建设提供指导	测定用户参与建设资源的数量和质量	对用户参与的资源建设政策制定提供准备
用户	79.2	62.2	46.3	29.8	24.1
专家	85.8	62.1	41.8	27.9	26.5
馆员	92.3	76.6	53.8	53.5	35.7

9.用户希望参与图书馆数字资源评价的方式

对用户希望参与哪种方式的图书馆数字资源评价进行调查,结果如表5—21所示。用户、专家都把参与数字资源采购的选择评价摆在首位,分别占82.3%、69.8%;另外,有73.7%的用户选择参与资源利用测试评价;而愿意参与资源描述和规划评选的用户不到两成。这一点与专家的意愿区别明显,与馆员对用户的期望更是大不相同。由此看来,对于大多数普通用户而言,组织他们参与数字资源选择评价和测试评价具有可行性,而对专家级用户而言,应重点考虑让其参与数字资源规划评价。

表5—21　　　　　对用户参与图书馆数字资源评价方式的选择　　　　单位:%

	参与数字资源采购的选择评价	参与资源利用测试评价	参与资源描述评价	参与数字资源规划评价
用户	82.3	73.7	19.3	17.7
专家	69.8	34.9	32.6	58.9
馆员	76.5	45.8	24.8	73.3

10.用户参与制定的图书馆数字资源标准

为了使用户能更好地参与数字资源评价活动,需要制定用户参与的数字资源评价标准。调查得知,九成左右的用户、专家、馆员认为数字资源内容是用户参与评价的首选标准。五成以上的用户、专家、馆员把对检索系统、技术支撑、服务方式的评价纳入到用户参与制定的数字资源评价标准中。因此,用户参与制定的图书馆数字资源评价标准应涵盖资源内容、检索系统、技术支撑和服务方式,但应以数字资源内容为主(见表5—22)。

表 5—22　　　　　用户参与制定的图书馆数字资源评价标准　　　　单位:%

	数字资源内容	检索系统	技术支撑	服务方式
用户	94.3	85.2	70.1	53.2
专家	92.8	74.5	67.2	50.7
馆员	86.4	64.6	56.9	57.3

11. 用户参与图书馆数字资源选择的原则

对用户参与的图书馆数字资源选择的原则进行调查,结果如表5—23所示:用户、馆员、专家对最大限度地满足用户现实和潜在需求原则的认可都超过九成。专家和馆员把以数字资源建设规划和政策为依据排在了第二位,其次是符合图书馆当前和未来发展实际。而三者赞同提供高品质的资源以激发用户创新的原则的比例都比较低,不足50%,这说明用户参与的图书馆数字资源选择的原则制定,应该遵循立足用户需求为主,逐步提高对用户参与的图书馆数字资源选择的要求。

表 5—23　　　　　对用户参与图书馆数字资源选择原则的选择　　　　单位:%

	最大限度地满足用户现实和潜在需求	符合图书馆当前和未来发展实际	以数字资源建设规划和政策为依据	提供高品质的资源以激发用户创新
用户	92.9	74.4	56.3	49.7
专家	100	49.8	82.1	33.9
馆员	98.7	72.2	78.9	42.8

12. 用户参与图书馆数字资源选择的标准

调查显示,用户、专家和馆员在用户参与图书馆数字资源选择的标准中,都将内容价值放在首位,其次是便于使用。馆员与用户和专家相比,馆员赞成法律许可和存储可靠的比例更高,这可能和馆员的工作性质有关

（见表5—24）。

表5—24　　　　　　　用户参与图书馆数字资源选择的标准　　　　　　单位:%

	内容价值	便于使用	存储可靠	法律许可
用户	90.5	64.3	45.2	19.7
专家	87.9	76.5	36.3	49.7
馆员	91.8	85.5	76.8	67.3

13. 用户参与采集的图书馆数字资源的目标范围

对用户参与采集的图书馆数字资源的目标范围进行调查表明:七成以上的用户赞成全面采集本校用户需求的资源,只有24.8%的用户赞成重点采集本校用户可持续使用且不可代替的特色资源;超过五成的专家和馆员赞成重点采集本校用户可持续使用且不可替代的特色资源。调查发现,专家和馆员选择"全面采集本校用户需要的资源"的比例都比较低,仅三到四成。造成这种原因可能是用户一般从自己所在学科的角度考虑问题,不了解全面参与采集数字资源需要较多的人力、物力。

表5—25　　　　　　　用户参与图书馆数字资源采集目标的选择　　　　　　单位:%

	全面采集本校用户需要的资源	重点采集本校用户可持续使用且不可替代的特色资源
用户	75.2	24.8
专家	35.8	64.2
馆员	41.6	58.4

14. 用户参与图书馆数字资源采集的方式

图书馆数字资源采集的方式包括:选择性采集、专题性采集、自动定制、全面采集。开展用户参与图书馆数字资源采集应选择哪些方式呢?笔者对用户、专家和馆员进行了调查,调查结果如表5—26所示。用户、专家和馆员选择这几种采集的方式的比例均超过了50%,比例相差不大。因此,高校开展用户参与的图书馆数字资源采集时,应根据用户需求和图书馆的人力、物力,选择不同的采集方式。如对于数量巨大的网络资源,采取以专题性采集和选择性采集为主的方式;对于用户长期需要的数字资源,采取自动定制的方式;对于本校有特色的研究领域和方向,采取全面采集的方式。

表 5—26　　　　　**用户参与图书馆数字资源采集的方式**　　　　单位:%

	专题性采集	自动定制	选择性采集	全面采集
用户	71.2	64.7	63.2	54.9
专家	73.8	62.9	66.1	52.3
馆员	82.9	59.3	69.1	50.4

15.用户参与图书馆数字资源采集的存储方式

对社会网络环境下用户参与图书馆数字资源采集的存储方式进行调查,结果如表 5—27 所示。超过七成的用户、专家和馆员都赞同采用集中与分散结合的方式存储数字资源。赞成集中存储在图书馆数据库中的用户、专家和馆员均在三成左右;赞成分散存储在源数据库中利用搜索引擎检索的用户、专家和馆员则在两成左右。可见,集中于分散相结合的方式汲取了集中与分散存储的优点,更具有实用性。

表 5—27　　　　　**用户参与图书馆数字资源采集的存储方式**　　　　单位:%

	集中与分散相结合	集中存储在图书馆数据库中	分散存储在源数据库中利用搜索引擎检索
用户	75.2	32.4	28.4
专家	87.7	21.3	14.6
馆员	74.3	36.2	19.8

16.用户参与图书馆数字资源评选的社会网络系统构成要素

我们认为用户、馆员、技术、数字资源、评选过程、管理和环境是社会网络环境下用户参与图书馆数字资源评选系统的构成要素(之所以在评选中强调过程要素是考虑到评选活动包含评价、选择和采集三个相互联系的环节)。这一观点是否得到大家认可呢?调查结果如表 5—28 所示。五成以上的用户、专家和馆员均认为用户、馆员、技术、数字资源、评选过程、管理和环境是用户参与图书馆数字资源评选的系统构成要素。

表 5—28　　　　　用户参与图书馆数字资源建设系统的构成要素　　　　单位:%

	数字资源	用户	技术	馆员	管理	评选过程	环境
用户	92.3	88.6	87.5	81.9	73.3	63.4	53.1
专家	98.3	100	79.5	87.6	62.3	70.1	55.7
馆员	95.4	99.1	90.2	82.4	63.6	66.8	59.4

17. 用户参与的数字资源评选系统要素的协同配合

对用户参与的数字资源评选中"用户与哪些要素的配合更为重要"进行调查。结果用户、专家和馆员三者均认为用户与数字资源配合更为重要,所占样本比例均超过70%。其余选项三者的观点则不尽相同,可能是由于所处的角色不同的缘故(详见表5—29)。

表 5—29　　　　　　用户参与数字资源评选的协同配合要素　　　　单位:%

	用户与数字资源	评价、选择和采集三者之间	用户和技术	用户与管理	用户与环境	用户和馆员
用户	78.9	69.2	54.3	40.8	32.1	24.9
专家	87.2	61.8	57.5	70.7	40.9	73.2
馆员	93.7	38.9	64.3	76.9	41.9	42.1

18. 用户参与图书馆数字资源评选的重点问题

了解用户参与图书馆数字资源评选重点需要解决的问题,有助于为用户建立更好的评选平台,使用户参与的评选活动顺利开展。调查得知,用户认为参与图书馆数字资源评选重点需解决的前三个问题依次是:技术平台开发、各方面协调合作和激励政策;专家认为参与图书馆数字资源评选重点需要解决的前三个问题是:各方面协调合作、激励政策、用户宣传培训;馆员认为用户参与图书馆数字资源评选重点需要解决的前三个问题是:领导重视、活动资金、技术平台开发。三者的选择有所不同(见表5—30)。可见,由于所处的角色不同,用户、专家、馆员对于在开展用户参与的图书馆数字资源评选中要重视的问题有着不同的选择。其深层的原因还有待进一步研究与分析。

表5—30			用户参与评选重点要解决的问题				单位:%
	技术平台开发	各方面协调合作	激励政策	用户宣传培训	活动资金	领导重视	馆员素质
用户	73.2	45.6	39.8	35.4	33.4	28.3	17.6
专家	38.2	64.2	54.7	44.1	25.9	24.3	37.5
馆员	57.4	47.8	36.9	47.2	61.3	64.3	52.3

19. 对社会网络环境下用户参与图书馆数字资源评选的意见

我们在最后设置了开放式问题,让用户、专家和馆员对社会网络环境下用户参与图书馆数字资源评选提出意见,概括起来为以下几点:

(1)重视宣传与培训,为使用户了解用户参与评选的概念并掌握相关的知识,应该成立专门的培训小组,加强评选活动的宣传力度,在此基础上引导他们参与评选。

(2)开展用户参与的数字资源评选应当有重点,有取舍,评选的目标不可能完全满足所有用户的需求。

(3)开发出方便用户参与资源评选的技术平台,完善系统环境,使评选过程简单有效,快捷便利。

(4)开展用户参与的数字资源评选活动不仅需要用户和馆员合作,同时也需要图书馆各个部门及学校相关部门的协调合作。

第四节　社会网络环境下用户参与图书馆数字信息资源评选模式的修正

我们在本章第二节中提出了用户参与图书馆数字资源评选模式假说,然后在第三节以问卷方式,在南京、北京、上海、厦门等地,对14所不同层次高校图书馆用户、图书馆领域专家、图书馆员进行了相关内容的问卷调查。同时课题组以南京农业大学110周年校庆为契机,以所在信息科技学院的名义联合南京农业大学图书馆和宣传部,建立专门的网站,面向全校师生组织开展反映南京农业大学发展历程的"南农记忆"图片征集评选活动。以验证和应用第二节中提出的评选模式假说。

一　社会网络环境下用户参与图书馆数字信息资源评选模式的检验

开展社会网络环境下用户参与图书馆数字资源评选,前提了解用户是否有此意愿。调查显示,九成以上用户表示愿意参加图书馆数字资源评选活动,其中 9.6% 的用户表示非常愿意参与,参与积极性较高。专家的态度更为积极。所有专家全部愿意参与图书馆数字资源评选活动,其中 10.9% 表示非常愿意。而且 90.1% 的馆员认为用户会愿意参与图书馆数字资源评选活动,其中 3.2% 的馆员认为用户会非常愿意参与图书馆数字资源评选活动。这表明社会网络环境下开展用户参与的图书馆数字资源评选具有可行性。

下面主要对评价、选择和采集模式假说(图 5—4、图 5—5、图 5—6)中具有共性的模块和系统平台部分进行验证。

用户登录模块是用户参与生产、评选和组织与整合模式中共有的模块,它涉及图书馆及用户个人的信息安全问题。这一模块的必要性,已经在第四章第三节的调查中得到八成以上用户、专家和馆员的肯定,在此不赘述。

在用户分析模块中,是否有必要对用户的身份和类型进行识别、分析以确定核心用户? 调查显示,只有 12.3% 的用户和 19.8% 的专家愿意做评选数字资源的核心用户,16.8% 的用户、15.9% 的专家愿意做独立评选者。超过六成的用户、专家愿意做评选数字资源的一般用户,72.9% 的馆员也认为多数用户是图书馆数字资源评选的一般用户。而且在第四章第三节调查中也证实,不同学历和身份的用户对于成为贡献最大的核心用户的意愿有着不同的倾向性。因此,有必要根据用户需求对用户身份进行识别,对其类型进行细分,以确定其中的核心用户、独立评选者和一般呼应者。

在社会网络技术支持模块中,除了选择使用标签的用户较少以外,选择使用 SNS、微博、维基和博客的用户、专家和馆员均超过或接近六成,其中选择使用 SNS 的用户最多,达到九成,与我们以往的调查基本一致。这不仅证明评选模式中提供多种社会网络技术是必要的,也为我们应用和修正评选模式提供了依据。

至于管理制度模块,依据本次调查和第三章第二节、第四章第三节的调查,在用户参与的数字资源建设系统构成诸要素中,管理要素一直被七或六成的用户、专家和馆员所认同。在第四章第三节的调查中,76.43% 的用户、64.52% 的专家和 80.57% 的馆员认为资源质量是数字资源生产系统的建设难点,而用户生产的资源质量只有通过评选环节中的审查机制和信息过滤机制才能得到较好的控制。进一步而言,也证实了图书馆馆员管理模块的必要性。管理制度模块中的激励机制的设计是以用户参与数字资源评选需要一定的动力为依据的,调查中也得到了39.8%的用户和54.7%的专家的认可。

对于用户参与图书馆数字资源评价的具体动力或激励机制,根据调查,95.8%的用户、98.7%的专家和97.4%的馆员认为获得更多数字资源回报是用户参与图书馆数字资源评选的动力;其次,79.4%的用户、37.9%的专家和67.3%的馆员认为获得借阅优惠奖励是用户参与资源建设的动力;同时也有部分用户、专家和馆员表示帮助他人、体验乐趣、满足好奇心、荣誉奖励是用户参与数字资源评选的动力。

系统平台是系统的核心部分,调查得知,用户认为参与图书馆数字资源评选重点需要解决的前三个问题是:技术平台开发(73.2%)、各方面协调合作(45.6%)和激励政策(39.8%);专家认为参与图书馆数字资源评选重点需要解决的前三个问题是:各方面协调合作(64.2%)、激励政策(54.7%)、用户宣传培训(44.1%)。可见用户对技术平台重要性的认同。同时也证明了系统中各要素和模块协作的重要性。

另外,在调查中,73%的用户和63.33%的专家选择了愿意生产自己感兴趣的数字资源,62.32%的用户和76.67%的专家选择了愿意生产自己学科领域的数字资源。以此可以类推,大部分用户和专家都倾向于评选自己感兴趣的某一主题或自己所属学科的数字资源。这也证明了评选模式中的预设的学科类型资源和主题范畴资源子模块是合理的。

综上所述,可以认为我们提出的社会网络环境下用户参与的图书馆数字资源评选模式总体上是合理的,当然还需要对具体模式进行修正和完善,并在应用中加以验证和完善。

二 社会网络环境下用户参与图书馆数字信息资源评选模式的修正和应用

(一)社会网络环境下用户参与图书馆数字信息资源评选模式的修正

1.用户参与图书馆数字信息资源评价模式的修正

在用户参与图书馆数字资源评价模式中,首先要确定数字资源评价的目标、方式与原则。对于用户参与的图书馆数字资源评价的目标,调查显示,79.2%的用户、85.8%的专家认为用户参与的图书馆数字资源评价目标是帮助调整现有数字馆藏不足;其次,62.2%的用户、62.1%的专家认为用户参与的图书馆评价目标是把握用户参与资源建设的深度和广度;再次,

46.3%的用户、41.8%的专家认为是对用户参与资源建设提供指导为评价目标;另有 29.8%的用户、27.9%的专家认为图书馆数字资源评价的目标是测定用户参与建设资源的数量和质量;仅有 24.1%的用户、26.5%的专家认为图书馆数字资源评价的目标是对用户参与的资源建设政策制定提供准备。这要求图书馆在制定用户参与的图书馆数字资源评价目标时,应对于不同的目标给予不同的权重。

　　确定评价目标后,用户可以根据自己的特点选择适合的评价方式,调查显示,82.3%的用户、69.8%的专家表示愿意参与数字资源采购的选择评价;73.7%的用户、34.9%的专家表示愿意参与资源利用测试评价;19.3%的用户、32.6%的专家表示愿意参与数字资源描述评价;17.7%的用户、58.9%的专家表示愿意参与数字资源规划评价。即用户、专家更偏重参与数字资源采购的选择评价,由于用户参与数字资源评价对象既包括图书馆商业数字资源,也包括用户参与建设的数字资源,就需要图书馆区分不同的用户提供不同的评价方式。

　　据调查,超过八成的用户、专家、馆员都认为数字资源的内容是用户参与图书馆数字资源评价标准的首选因素。超过五成的用户、专家、馆员把检索系统、技术支撑、服务方式纳入到用户参与图书馆数字资源评价的标准里。可见,无论是用户、专家还是馆员,都基本认可以上因素作为数字资源评价的标准,并以此标准对面向学科专业的数字资源的相关因素做出全面又具体的评价。

　　用户参与评价的数字资源总体上可分为三种类型,包括现有的馆藏资源、互联网上的资源和用户通过社会软件和社交网站生产的资源。调查表明,92.6%的用户愿意参与评价互联网资源,此外,48.9%的用户愿意参与现有馆藏资源的评价,38.6%的用户愿意参与用户通过社会软件和社交网站生产的资源的评价。而专家、馆员和用户的观点类似,超过七成的专家和馆员认为用户倾向于参与互联网资源的评价,认为用户倾向于对现有的馆藏资源评价的专家、馆员分别占了 80.3%和77.9%。由此可见,在开展用户参与的图书馆数字资源评价活动时,无论是用户、专家还是馆员都对互联网资源评价具有较高的热情。这可能是由于互联网资源丰富,用户极易找到自己喜欢的资源。

　　根据以上评价内容,我们对本章第二节提出的社会网络环境下用户参与的图书馆数字资源评价的模式假说进行了修正和完善。如图 5—7 所示:

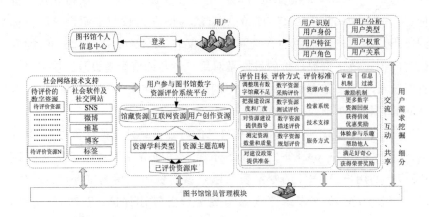

图5—7　社会网络环境下用户参与图书馆数字资源评价修正模式

2.用户参与图书馆数字信息资源选择模式的修正

用户对数字资源评价后,进入资源选择阶段,在数字资源选择环节,图书馆需要调查分析用户对数字资源选择原则和选择标准的选择。

调查显示,用户、专家和馆员赞成最大限度地满足用户现实和潜在需求为用户参与图书馆数字资源选择的原则的比例最高,分别为92.9%、100%和98.7%;同时,74.4%的用户、49.8%的专家和72.2%的馆员赞成选择原则要符合图书馆当前和未来发展实际;其次,56.3%的用户、82.1%的专家和78.9%的馆员认为是以数字资源建设规划和政策为依据;而认为以提供高品质的资源以激发用户创新为选择原则的用户、专家、馆员的比例仅为49.7%、33.9%、42.8%。可见,无论是用户、专家还是馆员,都认为应该以最大限度地满足用户现实和潜在需求为首要选择原则。这说明用户参与的图书馆数字资源选择的原则制定,应该首先立足用户需求为主的原则,逐步提高对用户参与的图书馆数字资源选择的要求。

数字资源选择标准就是对数字信息资源的优选过程。调查显示,90.5%的用户、87.9%的专家和91.8%的馆员认为数字资源内容价值是选择的标准;其次,64.3%的用户、76.5%的专家和85.5%的馆员选择了便于使用;选择"存储可靠"的用户、专家、馆员依次为45.2%、36.3%、76.8%;对于法律许可这一项的选择则用户和馆员差距很大。考虑到存储可靠和法律许可是资源能长期使用的保证,我们认为,用户参与的图书馆数字资源选择标准,应该以资源的内容价值和便于使用为前提,以存储可靠和法律许可为基础。对于内容价值,"南农记忆"图片征集、评选活动中优秀图片的选择标准中被列为首位,其规定:应征图片和照片应体现"南农记忆"主题,反映南京农业大学各个历史时期具有档案价值的重大事件和重大活动等。除此之外,"应征作品不得侵犯第三方著作权"这一法律许可标准也在优秀图片选择标准之列。

根据以上选择内容,我们对第二节提出的社会网络环境下用户参与的图书馆数字资源选择的模式假说进行了修正和完善。如图5—8所示:

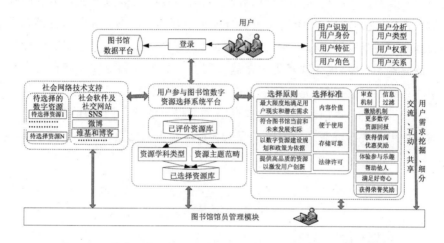

图5—8　社会网络环境下用户参与图书馆数字资源选择修正模式

3.社会网络环境下用户参与图书馆数字资源采集模式的修正

采集环节就是用户将评价、选择的数字资源,采集、纳入到数字馆藏体系的过程。在采集环节,需要对用户采集目标、采集方法和采集的存储方式进行用户需求调查。

据调查,六成左右的馆员、专家赞成用户参与的资源采集目标是重点采集本校可持续使用且不可替代的特色资源的目标,然而只有24.8%的用户赞成以上说法,用户更倾向于全面采集本校用户需要的资源。全面采集数字资源需要较高的人力和资金成本,因此,我们认为,用户参与的图书馆数字资源采集的目标要从实际出发,首先考虑重点采集本校用户可持续使用且不可替代的特色资源,充分满足以本校用户为主的信息需求,待条件成熟后再考虑全面采集的目标。

在对采集的方法调查时,我们发现,无论是用户、专家还是馆员都把专题性采集放在了首位,分别为 71.2%、73.8%、82.9%;其次,64.7% 的用户、62.9% 的专家和 59.3% 的馆员认为可以采用自动定制的方法采集数字资源;另外,63.2% 的用户、66.1% 的专家和 69.1% 的馆员赞成选择性采集;赞成全面采集的用户、专家、馆员的比例分别为 54.9%、52.3%、50.4%。用户、专家和馆员选择这几种采集的方法的比例均超过了 50%,因此,各馆可以根据不同情况,选择其中的几种方法结合使用。

用户对数字资源评价、选择、采集后需要保存在专门的数据库中,75.2% 的用户、87.7% 的专家和 74.3% 的馆员赞成集中与分散相结合的存储方式;无论是用户、专家还是馆员赞成集中存储在图书馆和分散存储在元数据库中的都没有超过 40%。因此,图书馆选择存储方式要根据实际操作中的成本和程序,优先选择集中存储在图书馆数据库和分散存储在元数据中相结合的存储方式,充分汲取集中与分散存储的优点。

根据以上采集内容,我们对本章第二节提出的社会网络环境下用户参与的图书馆数字资源采集的模式假说进行了修正。见图 5—9 所示。

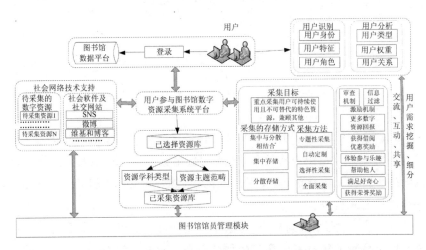

图 5—9　社会网络环境下用户参与图书馆数字资源采集修正模式

用户参与图书馆数字资源评选是一个不断调整、不断完善的动态过程,图书馆应该通过社会网络将图书馆数字资源评选过程展示给用户,用户可以对各环节进行评价,并提出相关建议,从而促进图书馆数字资源评选活动的不断完善。

（二）"南农记忆"中的用户参与评选的应用

在用户参与图书馆数字资源建设评选的应用中,课题组以信息科技学院的名义,以南京农业大学110周年校庆为契机,联合校图书馆和宣传部等部门,组织开展了一次征集反映本校发展历程的图片的活动——"南农记忆图片征集大赛"。以"南农记忆"为主题的南京农业大学历史图片征集、评选活动,旨在从光影作品中回顾南京农业大学百年风雨历程,弘扬南京农业大学"诚朴勤仁"的校训精神,展现南农人自信、乐观的精神风貌、取得的成就和对社会的贡献。活动按一定比例评出获奖作品和入围作品。所有获奖和入围作品在征得作品所有人同意后收录到图书馆多媒体特色数据库中,并在图书馆的网站上供师生长期浏览检索。

该活动包括社会网络环境下用户参与图书馆数字资源的生产、评选和组织等环节,我们希望通过此次活动来检验用户参与图书馆评选活动的可行性和评选模式假说的部分内容。"南农记忆"中用户参与图片评选活动包括前期优秀作品评价标准的制定和后期的用户参与评选的三类活动。下面对此次用户参与的评选活动作简要介绍。

1. 优秀图片作品评价标准的制定

为了让用户能够全面参与数字图片资源的评价活动,我们在小范围征求用户中的资深摄影爱好者和有关专家意见的基础上,在"南农记忆"网站发布了一个优秀作品评选标准征求意见稿,向学校师生征求意见后,最终确定了供用户评价的评选标准,发布在网站上(见图5—10)。这个用户参与的图片作品评价标准参考了图5—10中的用户参与的图书馆数字资源评价指标,同时根据问卷调查的数据和师生意见,突出了对图片内容方面的要求,并考虑到摄影图片作品的特殊性。其中一级指标是用户满意度总目标,二级指标是对用户满意度这个总目标的概括性的若干个大类,三级指标是对二级指标的详细划分(见图5—11)。每项标准后面均附有权重,即该项标准占总分的百分比,供评选时参考(如作品真实性的权重为0.2)。实际评选时可根据以上标准,以顶的方式选出优秀作品即可。

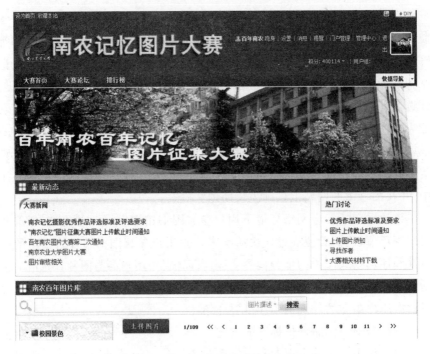

图5—10 "南农记忆"优秀作品评选标准

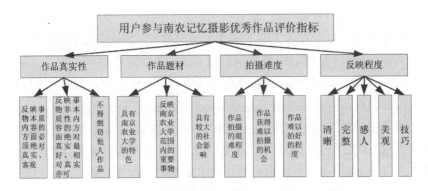

图5—11 "南农记忆"用户参与优秀图片评价指标

2.用户参与优秀图片作品评选的三类活动

首先,在图片作品征集阶段,我们邀请用户对图片进行描述。而描述也是用户参与图书馆数字资源评价的重要方式,主要包括用户对推荐上传的图片自拟标题、给出图片关键词或标签(3—5个)、提供图片文字说明(50—300字),在"南农记忆"活动中,用户可以对所有图片的标签资源进行描述。由于以"南农记忆"为主题,因此征集到的很多都是年代久远的老照片。用户(照片上传者)提供的标签并不一定能正确合理地描述出照片信息。网站允许其他用户,尤其是对照片信息(如历史背景、年代、人物事件等)比较熟悉的用户,对标签进行编辑或提供新的标签(见图5—12)。标签(Tag)本身就是一种社会网络工具。经统计,用户共标注标签7430个,平均每张图片有3.4个标签。

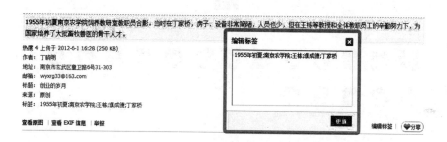

图5—12　用户参与图片资源的标签描述

其次,在上述过程中,网站上的所有用户还可以发表自己的意见,即对图片进行评论,这属于维基(Wiki)技术的功能,体现了将标签和维基两种社会网络工具嵌入到图书馆网站中的应用。另外,"南农记忆"网站与学校图书馆人人网主页、新浪微博和QQ微博均建立链接,图书馆网站嵌入用户的社会关系网络之中,使用户能方便地对图书馆网站的"南农记忆"图片资源进行评价、推荐。这也体现了社会网络结构理论中嵌入性理论在图书馆数字资源评选中的运用。

最后,用户参与优秀图片的投票。在图片征集和评选过程中,用户还可以对优秀图片进行投票,评出自己喜爱的图片。我们采取了三种不同的用户评选方式:一是在图片征集阶段由用户参考优秀图片评选标准,采取自由评选方式以顶的方式在网上投票。二是我们与图书馆、宣传部合作,组织60位自愿参加的学生,对上传入围的"南农记忆"网站的所有图片(2186张)按5%的优选率,以顶的方式进行评选。经过学生进行图片初选后,被顶10次以上的图片达119张(见图5—13)。三是在评选后期,我们组织由以用户为主体的评选小组(包括用户中的资深摄影爱好者和有关专家,相当于核心用户)对被顶 10 次以上的图片进行最终评奖工作,共选出 27 张获奖优秀图片(包括等级奖和纪念奖)。由于"南农记忆"活动主要采集本校的数字资源,又属于专题性质,因此图片采集的存储方式是采用集中式方式,将所有入围图片集中储存在一个资源数据库中,由唯一的资源数据库统一提供服务。

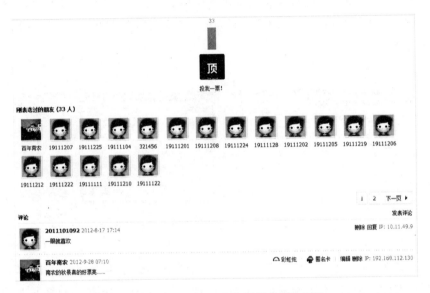

图 5—13　用户参与图片资源的投票和评论

　　可以看出,通过对"南农记忆"图片征集、评选活动的开展,社会网络环境下用户参与的图书馆数字资源建设评选的理论模式假说得到了部分验证。当然,由于"南农记忆"活动本身的局限性以及模式假说还有待完善,仅通过"南农记忆"活动作为实证并不能对评选的模式假说做全面的应用和检验,对于模式假说的检验仍需要做进一步的研究。

第五节　社会网络环境下高校图书馆开展用户参与数字信息资源评选的建议

　　根据问卷调研的数据和相关研究与实践,我们对社会网络环境下高校图书馆开展用户参与数字资源评选提出如下建议:

一　尊重用户意愿,开发便于用户使用的技术平台

技术平台的开发和选择,是包括用户参与评选在内的用户参与图书馆数字资源建设活动重点要解决的问题之一。调查中我们发现多数用户希望使用社交网站(SNS)一类的平台参与图书馆数字资源生产和评选。其原因何在呢?其实多数用户的选择反映了当前互联网发展的大趋势。近年来国内外社交网站(SNS)的迅速发展充分证明了这一点。SNS的优势在于具有娱乐、信息交流、生产、评价、选择、组织等多种功能,可以将博客、维基、标签和RSS等多种社会软件集于一身,从而满足人们多元化的需求。

我们注意到,美国安娜堡地区图书馆利用Drupal开源代码开发出社会化的OPAC,用户可对馆藏图书进行加标签、打分和评论的操作。图书馆网站还为用户提供了个人空间并开放了添加评论、导入日志和添加RSS订阅等功能,可看作是图书馆自主开发SNS的雏形。[1] 在组织用户参与的图书馆资源建设和评选活动中,重庆大学图书馆按照Lib2.0的要求,在新的OPAC系统中开发了具有SNS功能的"我的书斋",取得了较好的效果。

根据多数用户的意愿和国内外图书馆的经验,课题组在南京农业大学110周年校庆之际,联合校图书馆和宣传部,在图书馆主页上建立具有SNS性质的网站,面向全校师生组织开展反映南京农业大学发展历程的"南农记忆"图片征集评选活动。只要是注册用户,均可上传图片,并对已经上传的图片进行评论、投票或通过标签进行描述。另外,"南农记忆"网站与校图书馆的人人网主页、新浪微博和QQ微博均建立链接,嵌入用户的社会关系之中,使用户能方便地对图书馆的"南农记忆"图片资源进行评价、推荐。

提供尽可能多的社会网络技术也能推动用户的参与。如"我的书斋"向用户提供了包括RSS、博客、维基、标签、SNS等多种可用于评选的社会网络技术,促进了用户参与图书馆数字资源评选活动的有效开展。

二　以需求为导向,提供灵活多样的评选方式

从用户调查数据来看,虽然九成以上的用户表示愿意参加图书馆数字资源评选活动,但用户对于参与时担任何种角色、从事何种工作、评价何种

---

① 刘磊等:《社会网络环境下用户参与图书馆数字信息资源评价模式研究》,《大学图书馆学报》2014年第2期。

资源、选择何种方式和参与何种评价标准的制定等都显示了一定的倾向性。这就要求图书馆要根据用户的学科专业、身份角色和兴趣爱好,提供可供用户选择的评选方式。从学科专业角度来看,更多的用户倾向于选择与学科专业有关的资源评价、制定资源内容评价标准、参与资源采购的选择评价,而不是涉及较多图书馆专业技能的资源描述评价;从易于操作的角度来看,更多的用户倾向于选择资源评价和利用测试评价、专题性采集和自动定制、互联网资源评价;从身份角色角度来看,更多的用户倾向于选择一般评选者,而不是核心评选者和独立评选者。总的来说,用户参与评选时希望能利用自己的学科专业知识,评选过程省力、简便、易于操作。

　　根据用户的愿望,一些高校图书馆已经开始注意利用用户的学科背景知识帮助图书馆遴选和整理优质资源。如美国卡耐基大学图书馆科学史方面的馆藏就是聘请专家亨利·波斯纳(Henry Posner)收集整理的;北京大学历史地理数据库则聘请该校历史地理研究所的专家参与资源选择和整理;俄亥俄州大学图书馆建立的 Biz 商业维基资源库的商业参考书、网站等也是在大量用户参与帮助下收集整理建设的。① 正在美国大学图书馆兴起的基于读者使用需求的图书馆采购方式——读者决策采购(PDA),是一种值得借鉴的用户参与数字资源评选的方式。以霍普金斯大学和 EBL 公司协议提供的服务为例,图书馆定期将 EBL 电子书信息及全文链接导入图书馆联机目录,读者经过统一认证后即可浏览所有电子书全文。协议规定,读者阅览某一电子书全文 5 分钟之内免费;5 分钟到 24 小时为"短期借阅",图书馆需支付书价的 5%;如果同一本书有 4 个以上的"短期借阅",则"触发"购书,图书馆支付全部书价并拥有该电子书使用权。在"南农记忆"活动中,我们采用了用户投票、评论、排行榜、专家评选等多种用户参与的图片评选方式,对于退休教师提供的纸质照片,课题组则指定专人收集,进行数字化处理和上传。

三　注重实效,建立激励与制约相结合的管理制度

　　开展用户参与的图书馆数字资源生产和评选活动,是为了帮助图书馆调整现有馆藏,提供更多用户需要的高质量的数字资源。这里一个重要的问题就是如何设计出合理的管理制度,充分调动用户的力量和智慧(尤其

---

① 　李书宁:《用户参与的图书馆数字资源建设研究》,《图书馆杂志》2011 年第 12 期。

是核心用户的能量），切实提高图书馆数字信息资源的质量。在用户参与的数字资源生产中，我们采用了充分发挥核心用户作用和借鉴 UGC 的用户激励机制等措施。其实在用户参与的数字资源建设的各个环节中（包括用户参与的数字资源规划、生产、评选和组织等），都需要结合高校图书馆的实际，逐步建立起一套激励与制约有机结合的用户参与数字资源建设的管理机制。在这方面，重庆大学图书馆 2011 年 8 月改版后的"我的书斋"采取的管理措施值得借鉴。

　　主要措施是：针对以往"我的书斋"系统书评数量少、质量不高的问题，重点发挥自愿加入"书友会"的核心读者书评作用。具体做法是，从 2011年 11 月开始，为鼓励读者加入书友会，推出以下措施：（1）2011 年 11 月 15日之前加入书友会的同学将获得 1000 积分的特殊奖励，用于换取图书馆 2册的图书借阅权。（2）本学期按月评选三次"十佳书生"，根据图书评论、推荐书评等综合考虑，奖励购书卡一张；本学期评选三名"最佳书生"，奖励联想乐 Pad 平板电脑。（3）"书友会"会员提供的优秀书评将有机会发表在《砚溪》杂志和《书香》报纸上，或单独刊印的图书推介资料中。（4）加入"书友会"的读者借还图书流程从以前单纯的借还书，变成"借书—评论图书—还书"循环过程，即加入书友会的读者需要评论所借图书，否则将相应减少借阅册数。①

　　如果说"我的书斋"采取的措施前面三点是激励的话，那么第四点就是制约措施了。而恰恰是这一点，体现了用户权利和义务的平衡。系统开通两个月来，已经有 1400 多名同学加入虚拟的书友会。每天产生 50—100 条书评。95% 以上的同学能认真评价所借图书。到 2012 年 4 月底，书斋的书评数量达到了 27800 多条。

四　争取多方合作支持，将各项工作落在实处

　　社会网络环境下开展用户参与的数字资源建设活动（包括生产、评选和组织等），对于图书馆而言是一项开拓性的工作，面临多方面的困难和压力在所难免。这项活动不仅需要用户和馆员合作，同时也需要图书馆各个部门、学校相关部门、以至于校外第三方的合作支持。这也是调查中六成以

---

① 杨新涯、王宁：《重庆大学：以流程优化促进 SNS 社区的推广》，《中国教育网络》2012 年第5 期。

上专家和近五成用户和馆员认可的观点。

在这方面,国内一些高校已经有成功的经验。如上海交通大学图书馆在推出基于 Web2.0 理念的图书馆 IC^2 学科服务模式过程中,突破传统"中、外文图书阅览室"、"期刊阅览室"等概念,实行图书馆各部门的机构重组,创造性地按照学科、专业配置文献资源,将期刊、图书等按学科专业整合布局在同一个阅览室,使"藏、查、借、阅、参"五位一体,方便读者一站式阅读。同时,倡导团队合作精神,建立起各部门之间的协调工作机制。创立了国内高校图书馆的 2.0 服务品牌。[1] 重庆大学图书馆在开发以"我的书斋"为特色的 ADLIB2.0 系统时,与重庆亚德科技公司合作,由图书馆提出详细的业务需求和整体设计方案,亚德公司作为软件开发商进行具体的技术和编码实现,取得了良好的应用效果。课题组联合图书馆在组织用户参与"南农记忆"图片征集评选活动中,对这一点也深有体会。首先,这项活动并不单纯只是图书馆资源建设部门的一项业务工作。对于活动的宣传、推广,图片的征集和评选涉及图书馆参考咨询部、读者服务部、网络运营部、教育技术部等多部门的合作,在图书馆之外则涉及宣传部、团委、人文学院、信息科技学院等多个部门、院系和有关专家的合作,对于网站系统的开发则得到校外技术力量的支持,对于网站系统开发的费用也争取到有关部门的支持。总之,只有尽量争取有关部门的通力合作,才能将用户参与的图书馆数字资源评选活动做大做好。[2][3]

① 陈进:《服务创新,让大学图书馆焕然》(http://www.sal.edu.cn/info.asp? id=1487)。

② 刘磊等:《社会网络环境下用户参与图书馆数字资源评选的需求调查》,《图书馆理论与实践》2014 年第 4 期。

③ 余洁:《社会网络环境下用户参与的图书馆数字资源评选模式研究》,硕士学位论文,南京农业大学,2012 年,第 87 页。

第六章 社会网络环境下用户参与的图书馆数字资源组织与整合模式

第一节 概述

一 研究背景

社会网络环境下用户参与的图书馆数字资源组织与整合,是指用户在图书馆工作者的组织引导下,依托社会软件和社会网站(SNS),根据一定的原则和方法,将用户个人得到的各种分散的数字信息进行描述、揭示、序化和重组,使之成为图书馆其他用户可以使用的有序化的数字资源的活动和过程。社会网络环境为用户参与图书馆数字资源组织和整合提供了便利的平台,是用户参与图书馆数字资源建设的重要内容。

以往数字资源的组织与整合由图书馆内部的工作人员来进行,用户是信息的接收者,一般不参与图书馆数字资源的组织与整合。当前用户的信息需求有了更高的要求,新的信息环境要求数字资源组织利用最新的 Web技术,实现面向语义的精确化、个性化和及时性的信息检索,以最大限度地满足用户的信息需求。而吸引用户参与图书馆数字资源的组织与整合是准确了解用户需求,获取更多数字资源的有效途径。社会网络强调行动者的联结、互动与分享,用户已经从单纯的信息使用者转化为信息创建者、传递者和组织者。国内外已有愈来愈多的图书馆意识到用户参与数字资源组织与整合的重要性,探讨社会网络环境下图书馆数字资源组织整合过程中用户参与的方式与方法。近年来,用户参与图书馆数字资源组织与整合的理论研究也逐渐受到国内外专家学者的重视,出现了部分研究成果与报道。

为全面了解相关研究现状,我们于 2012 年 4 月 1 日进行了中外文数据库查新,并通过网络调查补充相关文献。我们构建了三个检索式分别进行中外文查新。中文查新方式及结果如下:维普科技期刊数据库,检索时间范围为 1989—2012 年,检索式为"关键词＝(用户参与＋用户协同＋用户生成＋用户贡献＋用户创造)＊题名＝(图书馆);题名＝(社会网络＋SNS)＊题名＝(图书馆);题名＝(Web2.0＋lib2.0＋RSS＋博客＋标签＋维基＋IM)＊关键词＝(数字资源组织＋信息组织＋数字资源整合＋集成)"三个检索式,共获得文献 82 篇,去除不相关文献 30 篇,获得相关文献 52 篇,具体分布情况见表 6—1。中国知识资源总库,包括中国期刊全文数据库、中国博士学位论文全文数据库、中国优秀硕士学位论文全文数据库、中国重要会议论文全文数据库、中国重要报纸全文数据库,检索范围为 1979—2012 年,检索式为"关键词＝(用户参与＋用户协同＋用户生成＋用户贡献＋用户创造)＊题名＝(图书馆);题名＝(社会网络＋SNS)＊题名＝(图书馆);题名＝(Web2.0＋lib2.0＋RSS＋博客＋标签＋维基＋IM)＊关键词＝(数字资源组织＋信息组织＋数字资源整合)",共获得文献 145 篇,去除不相关文献 74 篇,获得相关文献 71 篇,分布情况见表 6—2。

表 6—1　　　　　维普科技期刊数据库相关文献检索结果统计分析

年份	2006	2007	2008	2009	2010	2011	2012
篇数	4	2	8	10	12	14	2
比例(%)	7.8	3.8	15.4	19.2	23.1	26.9	3.8

表 6—2　　　　　中国期刊网总库相关文献检索结果统计分析

年份	2006	2007	2008	2009	2010	2011	2012
篇数	5	3	11	14	16	19	3
比例(%)	7	4.2	15.5	19.7	22.6	26.8	4.2

外文查新方式及结果:以 EBSCO Academic Sourse Premier 为查新数据库,在 EBSCO Academic Sourse Premier 中查找的数据库有:Library, Information Science & Technology Abstracts、Academic Source Premier、Business Source Premier、ERIC、Newspaper Source。检索时间范围为 1989—2012 年,检索式为"SU Subject Terms＝(UGC、UCC、user - generated content、user - created content)×SU Subject Terms＝(library);SU Subject Terms＝(Social Networks + SNS）× SU Subject Terms ＝（library）；Title ＝（Web2.0 + lib2.0 + rss + blog + tag + Wiki + IM）* SU Subject Terms ＝（Digital Resource organization + information organization + digital resource integration）"，共获得文献 85 篇，去除不相关文献 18 篇，获得相关文献 67 篇，具体分布情况如表 6—3 所示。

表 6—3　　　　　　EBSCOhost 相关文献检索结果统计分析

年份	2005	2006	2007	2008	2009	2010	2011	2012
篇数	2	4	7	11	12	16	13	2
比例(%)	3	6	10.4	16.4	17.9	23.9	19.4	3

　　据调查，关于用户参与图书馆数字资源组织与整合的最早的相关文章出现于 2005 年 4 月 4 日，史蒂夫·麦卡恩（Steve McCann）提出了标签与图书馆目录相结合的可行性问题，作为回应，罗斯·辛格（Ross Singer）认为，图书馆目录如果使用标签，读者就可以用他们自己创造的标签来打开目录。[①] 2006 年 7 月，凯西·比森（Casey Bisson）在其学科博客上发表 *Tags，Folksonomies，And Whose Library Is It Anyway?*[②] 一文，探讨了允许用户使用标签组织图书馆资源的问题。由表 6—3 可知，2005 年以后国外这方面的研究成果逐年增加，2005 年至今已累计发表相关文献 67 篇，这说明 Web2.0 及图书馆 2.0 的概念产生以后，国外对用户参与图书馆数字资源组织方式的研究日益重视。国内关于这一主题的论文最早发表于 2006 年，2008 年以后增长迅猛。

　　然而，以上查新检索到的文献大部分只是涉及用户参与图书馆数字资源组织的相关案例、社会网络与图书馆数字资源组织之间的关系，或围绕概念的阐述、技术实现、应用实例等方面的介绍，对社会网络环境下用户参与图书馆数字资源组织与整合模式的研究少有报道。其中成功的案例和成熟的理论都比较缺乏。尤其值得一提的是，当前的研究中以用户需求调查为

　　① Steve McCann. Library Websites and folksonomies［EB/OL］.［2014 – 08 – 07］. http://www. montague. com/ review/folksonomies. htm.
　　② Casey Bisson. Tags，Folksonomies，And Whose Library Is It Anyway?［EB/OL］.［2012 – 04 – 28］. http://maisonbisson. com/blog/post/11392/tags – folksonomies – and – whose – library – is – it.

基础的成果较少。因此,社会网络环境下用户参与图书馆数字资源组织与整合还是一个较新的研究领域,这方面的研究有待深入。

　　基于此,本课题将以数字信息组织和社会网络理论与技术为指导,构建社会网络环境下用户参与图书馆数字资源组织和整合模式假说,并以沿海地区部分高校图书馆用户为调研对象,辅之馆员及专家的调查,对社会网络环境下用户参与图书馆数字资源组织与整合的目标原则、优化选择、描述揭示和社会软件应用等进行用户需求调查,力求从不同角度了解用户参与图书馆数字资源组织与整合中的问题,进而验证和完善用户参与图书馆数字资源组织和整合模式,为社会网络环境下用户参与图书馆数字资源组织与整合的实践提供参考借鉴。

二　社会网络环境下用户参与图书馆数字资源组织与整合的研究现状

　　随着以用户为中心的新一代社会网络的兴起,用户个性化、社会化需求及参与意识不断增强。传统的图书馆数字信息资源组织与整合模式已经难以满足用户的需求。用户参与是社会网络环境下一种新兴的网络信息资源创作与组织模式,它有别于传统的权威生成、中心辐射的形式,为用户创建了一个参与表达、创造、沟通和分享的环境。[1] 图书馆如何利用新的互联网技术,以用户需求为中心对信息资源进行建设、分类、存储和发布,多角度、深层次地揭示信息,[2]鼓励用户主动参与图书馆数字资源的创建与组织,形成用户参与的图书馆新的信息组织模式,是值得图书馆学界探讨的课题。

　　(一)国外用户参与图书馆数字资源组织与整合研究

　　社会网络环境下,用户参与图书馆信息组织与整合是图书馆信息组织与整合的重要组成部分。由于社会网络的发展,以馆员与用户相结合的图书馆信息资源组织与整合模式逐步取代了以馆员为唯一主体的信息资源组织与整合模式。社会软件和社交网站提供了快速建构内容、建立关系的平台,为图书馆与用户、用户与用户间的交互提供了许多机遇,使得信息的组织与整合、传播与利用模式发生了巨大变革。

　　1.国外基于社会软件的用户参与图书馆数字资源组织与整合研究

---

　　① 朱庆华、赵宇翔:《Web2.0 环境下用户生成内容研究进展》,载马费成《信息管理与信息系统研究进展》,武汉大学出版社 2010 年版,第 324—363 页。

　　② 范并思、胡小菁:《图书馆 2.0:构建新的图书馆服务》,《大学图书馆学报》2006 年第 1 期。

博客在图书馆领域的应用,起步于图书馆员个人的博客。1995 年 11 月 10 日建立的"Jenny Levine 'SLibrarians' Site du Jour"被认为是最早的图书馆博客,它是由珍妮·莱文(Jenny Levine)所建立的个人博客,主要以图书情报学研究为主,现成为著名的"The Shifted Librarian"①。随后,安妮·克莱德(Anne Clyde)在 2004 年 12 月"网络信息研讨会"上提交的名为《图书馆与 Web – Blogs:潜在与现实》②的报告指出,博客可作为图书馆社区的交流工具应用于图书馆。戴安娜·施雷克(Diane L. Schrecker)③提出了 LibraryBlogs 设计的基本要素,并指出用户可以通过博客平台提供的技术如标签参与学术图书馆资源的组织。法提斯·奥古兹(Fatih Oguz)等④通过对用户参与博客而产生的垃圾信息进行调查,力求从用户需求角度进行客观分析,通过用户在线留言和调查问卷的反馈意见,鼓励用户参与图书馆资源的组织与整合。雷切尔·亚当斯(Rachel Adams)⑤对英国高校图书馆应用博客平台吸引用户参与到图书馆信息组织的成功案例进行了探讨,指出博客通过提供相关技术如标签、RSS feed 等来实现用户推荐和用户查询,已迅速成为图书馆鼓励用户参与的最佳途径之一。

Tag 概念的首次提出是在 2004 年。作为社会网络环境下社会化软件工具的典型代表,2005 年史蒂文·利维(Steven Levy)⑥提出了将标签技术运用于互联网资源可能导致的结果,该文指出用户通过互联网资源添加标签可以很方便地查找资料。目前基于 Tag 的用户参与图书馆信息组织方式主要应用于图书馆书目数据中,并已从揭示博客资源向图片、音频、视频等多媒体资源进一步拓展。皮特·罗拉(Peter J. Rolla)⑦指出图书馆应该开放自己的目录,以允许用户在目录记录的书目数据中添加描述性标签,为用

---

① Jenny Levine. The Shifted Librarian [EB/OL]. [2014 – 08 – 07]. http://www. theshiftedlibrarian. com/。

② 蔡晓川:《图书馆 2.0 应用研究》,《深图通讯》2007 年第 2 期。

③ Diane L. Schrecker. Using blogs in academic libraries:versatile information platforms[J]. New Library World,2008,109(3/4):117 – 129.

④ Fatih Oguz, Michael Holt. Library blogs and user participation:a survey about comment spam in library blogs[J]. Library Hi Tech,2011,29(1):173 – 188.

⑤ Rachel Adams. Building a User Blog with Evidence:The Health Information Skills Academic Library Blog[J]. Based Library & Information Practice,2011,6(3):84 – 89.

⑥ Steven Levy. In the New Game of Tag,All of Us Are It[J]. Newsweek,2005,145(16):14.

⑦ Peter J. Rolla. User Tags versus Subject Headings:Can User – Supplied Data Improve Subject Access to Library Collections? [J]. Library Resources & Technical Services,2009,53(3):74 – 184.

户参与图书馆编目工作提供了条件。马歇尔·布利汀（Marshall Breeding）①介绍了 LibraryAnywhere 的出现为图书馆利用移动设备吸引用户为图书馆目录添加标签提供了一个低成本解决方案,有助于图书馆把用户创建的标签和其他用户提供的内容整合到它们基于 Web 的在线目录中去。关·伊（Kwan Yi）等②通过对用户参与图书馆资源组织的协同标签与传统的信息组织方式进行比较,指出协同标记最鲜明的两个特点是:用户参与积极性高和所有用户都可以集体分享标签。悉达特·舒尔茨（Cedate Shultz）③探讨了元数据在图书馆专业人员及普通用户为图书馆数字资源添加标签过程中的作用。罗斯·霍利（Rose Holley）④探讨了用户对图书馆的图片资源添加标签的信息组织方式。伊莎贝拉·彼得斯（Isabella Peters）⑤指出大众分类法是数字资源的 Web 索引与用户自生成的标签,并探讨了它在用户参与图书馆数字资源组织方面的利与弊,还对其在未来图书馆的应用进行了展望。

　　RSS 发轫于 2000—2001 年,兴起于 2004—2005 年,在西方发达国家,尤其是美国,RSS 技术的应用已经达到了相当大的规模,克里斯·泰勒（Chris Taylor）⑥于 2005 年就提出将 RSS 技术运用到博客上,用户可以通过 RSS 订阅自己需要的信息。RSS 的出现引起了互联网领域和图书情报领域的专家学者的密切关注。玛丽·冈察尔德（Marie Guinchard）⑦等通过对 Biblioflux 的协同设计,开展用户对图书馆信息和技术共享的调查。唐娜·艾卡特（Donna F. Ekart）⑧探讨了图书馆员在发布研究指南或学习指南时,

　　①　Marshall Breeding. Automation Marketplace 2010: New Models, Core Systems[J]. Library Journal, 2010,135(6):22 - 36.

　　②　Kwan Yi, Lois M. Chan. Linking folksonomy to Library of Congress subject headings: an exploratory study[J]. Journal of Documentation,2009,65(6) :872 - 900.

　　③　Cedate Shultz. Cadavers or Corpses: Comparing User - Created Metadata[J]. PNLA Quarterly, 2011,75(4):82.

　　④　Rose Holley. Tagging Full Text Searchable Articles:An Overview of Social Tagging Activity in Historic Australian Newspapers August 2008—August 2009[J]. D - Lib Magazine,2010,16(1/2):8.

　　⑤　Isabella Peters. Folksonomies. Nutzergenerierte Schlagwörter als Indexierungswerkzeug für die Massen[J]. Mitteilungen der VÖB, 2011,64(3/4):444 - 459.

　　⑥　Chris Taylor. Let RSS go fetch[J]. Time,2005,165(22):82.

　　⑦　Marie Guinchard,Willy Tenailleau. Biblioflux:An introduction to biblioblogs and RSS feeds[EB/OL]. [2012 - 5 - 10]. http://bbf. enssib. fr/consulter/bbf - 2007 - 06 - 0060 - 013.

　　⑧　Donna F. Ekart. Tech tips for every librarian [J]. Computers in Libraries,2009,29 (4):46 - 47.

可以利用 RSS 种子将指南推送给图书馆用户。米歇尔·史蒂文斯(Michelle Stevens)①指出,用户可以利用 RSS 种子来获取资源,还可利用 RSS 搜索各类数据库。阿德莱德·麦尔斯·弗莱彻(Adelaide Myers Fletcher)②指出将如何指导用户使用 RSS 源参与图书馆电子期刊订阅与使用。金永铭(Yong – Mi Kim)等③从知识管理角度阐述了高校图书馆用户使用 RSS 的情况,通过调查,了解到用户广泛利用书签功能来参与图书馆资源组织。胡赛·卡斯蒂略(José M. Morales – del – Castillo)等④指出 RSS 作为"最新通报"可生成用户个性化的书目单。萨丽娜·伯吉斯(Sarena Burgess)⑤讨论了用户参与美国国家医学图书馆(NLM)网站的 RSS 功能的建设情况。

　　Wiki 所具有的开放性、协作性、自组织性、共享性等特点为用户参与信息的组织提供了平台。早在 1995 年,沃德·坎宁安(Ward Cunningham)为了方便社群交流创建了全世界第一个 Wiki 系统,并用它建立了波特兰模式知识库,随后霍吉·卡尔(Hodge Karl)⑥对波特兰模式网站上利用 Wiki 开放协作特点吸引用户参与的案例进行了介绍。Wiki 的出现使图书馆馆员与用户共同创建组织资源成为可能。相关理论研究也日益增多,2006 年萨拉·安·朗(Sarah Ann Long)⑦就从设计、方式、方法三方面对 Wiki 协作平台应用于图书馆的情况作了检验,得出了 Wiki 具有较好的自组织与用户参与功能,但在审核方面有待提高的结论。马修·贝琼(Matthew Bejune)⑧指

---

①　Michelle Stevens. Conduit – powered community toolbars now available[J]. Advanced Technology Libraries, 2007, 36(3):4.

②　Adelaide Myers Fletcher. Free – range RSS feeds and farm – raised journals:what to expect when using RSS as a TOC service[J]. Medical Reference Services Quarterly,2009,28(2):172 – 179.

③　Yong – Mi Kim, Junel Abbas. Adoption of Library 2. 0 Functionalities by Academic Libraries and Users: A Knowledge Management Perspective[J]. Journal of Academic Librarianship,2010,36(3):211 – 218.

④　José M. Morales – del – Castillo, et al. . A Semantic Model of Selective Dissemination of Information for Digital Libraries[J]. Information Technology and Libraries,2009,28(1):21 – 30.

⑤　Sarena Burgess. MedlinePlus RSS and Content Sharing Enhancements[J]. NLM Technical Bulletin,2011,Jul – Aug(381):e3.

⑥　Hodge Karl. Build a Wiki Web Site[J]. Library, Information Science & Technology Abstracts, 2005(136):119 – 123.

⑦　Sarah Ann Long. Exploring the wiki world: the new face of collaboration[J]. New Library World, 2006,107 (3/4):157 – 159.

⑧　Matthew M Bejune. Wikis in Libraries[J]. Information Technology and Libraries,2007,26(3): 26 – 38.

出维基为用户参与图书馆建设提供协作功能,总结出了高校开发 library-wikis 的四类分类模式。香港大学朱启华(Samuel Kai – Wah Chu)①对 Wiki 在学术图书馆的应用进行调查研究,发现 Media Wiki 是在大学图书馆中最常用的 Wiki 软件。马特·弗兰西斯(Matt Francis)②指出应建立一个维基与图书馆相结合的网站,以此为用户提供一站式服务,该网站应允许注册用户创建内容,并使用 Wiki 编辑或添加内容等方式加入到图书馆资源组织与整合中。卡罗琳·乐高·穆尼奥斯(Caroline Lego Muñoz)③提出引导学生使用 Wiki 学习市场营销课程,并为该课程创建一个基于 Wiki 的用户协作的研究图书馆,以整合不同用户的资源,用于指导学生进行相关课程学习。

2. 国外基于社交网站的用户参与图书馆数字资源组织与整合研究

社交网站是一种整合了博客、邮箱、即时通讯、公告栏、个人空间等功能的社会性网站。国外 SNS 发展较早,其中较著名的有 Facebook、MySpace。

Facebook 是当前美国 SNS 中极具特色的网站,2004 年 2 月由哈佛大学学生马克与另外两名学生创办。2007 年 5 月 24 日,Facebook 网站推出了 Facebook 平台,正式从一个社交网站向一个社交应用平台转型。甘斯特·莉伽亚(Ganster Ligaya)等④提出了图书馆可以通过 Facebook 建立一个网上交流社区,并对布法罗大学图书馆的 Facebook 在线社区进行了介绍,读者通过提供反馈意见等方式参与图书馆组织与整合。詹森·索科洛夫(Jason Sokoloff)⑤则指出用户可以通过 Facebook 来对自己喜欢的视频和照片等资源进行评论、讨论、分享,并提出图书馆运用 Facebook 实现这些功能的必要性。马歇尔·布利汀(Marshal Breeding)⑥对图书馆与在线的社交网络 Facebook 相结合进行了探讨,指出 Facebook 可以对图书馆各类服务进行集

---

① Samuel Kai – WahChu. Using Wikis in Academic Libraries[J]. Journal of Academic Librarianship, 2009, 35(2):170 – 176.

② Matt Francis. Every Child Ready to Read @ your library Wiki Goes Live[J]. Public Libraries, 2007,46(1):4.

③ Caroline Lego Muñoz. More than Just Wikipedia: Creating a Collaborative Research Library Using a Wiki[J]. Marketing Education Review,2012,22(1):21 – 25.

④ Ligaya Ganster, Bridget Schumacher. Expanding beyond Our Library Walls: Building an Active Online Community through Facebook[J]. Journal of Web Librarianship,2009,3(2):111 – 128.

⑤ Jason Sokoloff. International Libraries on Facebook [J]. Journal of Web Librarianship, 2009, 3(1):75 – 80.

⑥ Marshall Breeding. Librarians Face Online Social Networks[J]. Computers in Libraries,2007, 27(8):30 – 32.

成,一个圈子的用户可以共同参与图书馆资源的组织与整合。同年雷切尔·辛格·戈登(Rachel Singer Gordon)①探讨了图书馆通过 Facebook 提供的各类社交网络服务,用户可以定制自己的个人页面,集成各种资源如视频和照片,设置标签等对资源进行组织与整合。

MySpace 建于 2003 年,是美国一个相互沟通及结识新朋友的大型社交网站。从信息组织的角度来看,用户可以在其上面分享照片,对自己个人主页上的资源进行自组织。2007 年,布莱恩·马修斯(Brian S. Mathews)②指出图书馆是虚拟社会网络的一部分,而社交网站拥有大量用户。图书馆应该树立"哪里有用户,哪里就有图书馆"的理念。佐治亚理工学院图书馆使用 MySpace 等社交网站,来激励用户参与图书馆数字资源组织与整合。达伦·蔡斯(Darren Chase)③介绍了用户通过 MySpace 等社交网站上的图书馆网页来查找资料的情况,并探讨了在图书馆建立用户社区和共享资源库的方法,其中包括标签和 delicious 共享链接,以及用 WordPress 开发博客供用户分享在线课程和播客资源。琼·奥利克(Joan Oleck)④指出了目前美国大约有 55 所公共图书馆通过加入 MySpace 社交网站,为用户提供资源组织与整合的平台,吸引更多的用户参与图书馆建设。亚萨尔·通塔(Yaşar Tonta)⑤指出图书馆通过与 Facebook、MySpace、Flickr 和 YouTube 等社会网络特性的网站相结合,为用户提供个性化服务,并探讨了用户参与的具体的组织方式,即用户对内容进行描述、转发、添加标签与好友分享。

(二)国内用户参与图书馆数字资源组织与整合研究

目前国内有关用户参与图书馆数字资源组织与整合的理论研究可以从三方面进行概括。

1.国内基于社会软件的用户参与图书馆数字资源组织与整合研究

---

①　Rachel Singer Gordon, Michael Stephens. Building a Community:Create Your Own Social Network[J]. Computers in Libraries,2007,27(10):46 – 47.

②　Brian S. Mathews. Libraries' Place in Virtual Social Networks[J]. Journal of Web Librarianship,2007,1(2):71 – 74.

③　Darren Chase. Using online social networks, podcasting, and a blog to enhance access to Stony Brook University Health Sciences Library Resources and Services [J]. Journal of Electronic Resources in Medical Libraries,2008,5(2):123 – 132.

④　Joan Oleck. Libraries Use MySpace to Attract Teens[J]. School Library Journal,2007,53(7):16.

⑤　Yaşar Tonta. Dijital Yerliler, Sosyal Alar ve Kütüphanelerin Gelecei[J]. Türk Kütüphanecilii,2009, 23(4):742 – 768.

　　国内最早体现用户参与博客资源组织的文章出现于 2002 年,方兴东在《"博客"——信息时代的麦哲伦》①中指出博客作为信息时代的知识管理者,将工作、生活、学习三者融为一体,用户可以通过它将日常的思想精华及时记录与发布,并获取全球的信息与资源。2003 年,王敬稳等②指出图书馆应创建具有各种功能和特色的博客网站,使图书馆从知识的管理者跃升为生产者等,鼓励用户参与以实现资源的共享。张良图③提出应征询各学科权威人士的意见和建议,将他们最新的观点、方法、成果等输送到博客上,以此来协作构建图书馆重点学科信息库 Blog 站点。涂颖哲④探讨其作为一种有效的个人知识管理工具在图书馆组织内部沟通和交流方面的作用,以期更好地为用户提供服务。王欣妮⑤介绍博客在图书馆学理论研究和学术交流方面的重要作用,提出了在图书馆构建学术博客知识库。刘畅⑥介绍了图林博客对图书馆编目工作的启示与作用。林龙⑦指出图书馆开发 Book - Blog 的目的是建立一个 Book - Blog 社区,用户通过日志、RSS、Tag 等模块,进行交流、分享知识和见解,形成一种开放的、共享的、自由的学习氛围,构建一个 Book - Blog 信息资源库;曹平⑧指出微博客以信息快速获取为目的的信息组织方式对图书馆具有借鉴意义。

　　2005 年,中文博客服务商 BlogBus 在国内最早引进了 Tag 理念,"博客中国"(Blogchina)则率先设计开发了 Tag 搜索引擎,开创了网络信息分类搜索的"Tag 时代"。余丰民⑨指出在图书馆书评库中,用户可以为一个书评添加多个 Tag 标签来标记它,用户在搜索时输入标签即可查到该内容。王惠、王树乔⑩通过介绍 Delicious、Flickr、豆瓣网等网站上用户应用标签参

①　方兴东:《"博客"——信息时代的麦哲伦》,《计算机与网络》2002 年第 17 期。
②　王敬稳等:《"博客"现象及其对图书馆的启示》,《情报杂志》2003 年第 4 期。
③　张良图:《谈谈 Blog 在图书馆中的应用》,《图书馆工作与研究》2004 年第 6 期。
④　涂颖哲:《博客(Blog)及其在图书馆中的应用研究》,《图书情报工作》2004 年第 11 期。
⑤　王欣妮:《基于博客的图书馆学学术交流系统思考和启示》,《图书情报工作》2009 年第 1 期。
⑥　刘畅:《图林博客对图书馆编目工作的启示》,《图书馆工作与研究》2009 年第 6 期。
⑦　林龙:《图书馆的书之博客》,《图书馆界》2009 年第 2 期。
⑧　曹平:《微博客的信息组织建设及对图书馆的启示》,《甘肃科技》2007 年第 12 期。
⑨　余丰民:《图书馆书评库建设及其 TAG 应用设想》,《全国新书目》2006 年第 24 期。
⑩　王惠、王树乔:《Tag 引路:升级图书馆 2.0 服务》,《图书馆学研究》2010 年第 7 期。

与分类的成功方法,认为利用标签可以优化图书馆 2.0 服务。于明洁、王建军①提出了利用社会化标签(Tag)在图书馆网站上构建书目信息描述与检索新组织方式的设想,并阐述了相应的运作模式。姚晓锋②提出将用户标签和图书馆主题分类相结合的方式对图书馆资源进行合理配置。郭健峰③探讨了大众分类法在图书馆知识管理中的应用。赵需要④则以图书馆联盟为对象,研究其在 Tag 理念下的资源共享新机制。关云楠⑤在其硕士论文中对 Tag 在图书馆中的应用进行了分析,侧重从用户参与图书馆信息组织的角度研究 Tag 在图书馆中的应用,并探讨了图书馆基于个性化检索的 Tag 系统模块构建。

2004 年,袁勇智⑥就 Web 信息发布的及时性要求和集成问题,论述了 RSS 在解决这一问题时的综合运用。同年,张会娥⑦探讨了不同群体对 RSS 的不同应用方式,包括 RSS 发布网站内容、聚合多个网站内容、直接嵌入某个网站上的内容等。2006 年罗宝刚⑧介绍了基于用户需求的网络信息组织技术 RSS,探讨了图书馆可以借助 RSS 技术营造信息交流平台,实现用户参与图书馆资源组织与整合。张蓓等⑨探讨了 RSS 技术在高校图书馆个性化门户网站建设中的应用,通过将 Ajax 和 RSS 技术应用于图书馆个性化门户网站,实现了栏目可拖拽、内容可定制且可自动更新的个性化主页,读者可以根据个人兴趣和行为习惯打造出属于自己的图书馆主页。周志峰⑩探讨了 RSS 技术在高校图书馆重点学科信息导航系统中的应用。王瑞亨⑪

---

① 于明洁、王建军:《Tag 在图书馆 2.0 下的运用模式探讨》,《图书馆理论与实践》2010 年第 2 期。

② 姚晓锋:《用户标签和图书馆主题分类的比较研究:以 Librarything 为例》,《图书馆学研究》2010 年第 8 期。

③ 郭健峰:《Tag 在图书馆知识管理中的应用研究》,《价值工程》2011 年第 17 期。

④ 赵需要:《基于 Tag 的图书馆联盟资源共享机制研究》,《图书馆学研究》2011 年第 9 期。

⑤ 关云楠:《Tag 在图书馆中的应用研究》,硕士学位论文,东北师范大学,2011 年,第 34—35 页。

⑥ 袁勇智:《基于 RSS 的 Web 信息发布和集成技术》,《现代图书情报技术》2004 年第 2 期。

⑦ 张会娥:《RSS 的应用研究》,《图书馆杂志》2005 年第 2 期。

⑧ 罗宝刚:《基于用户需求的网络信息组织技术——RSS》,《晋图学刊》2006 年第 3 期。

⑨ 张蓓等:《Ajax 和 RSS 在图书馆个性化门户网站中的应用》,《现代图书情报技术》2007 年第 3 期。

⑩ 周志峰:《基于 RSS 的高校图书馆重点学科信息导航系统研究》,《现代情报》2008 年第 11 期。

⑪ 王瑞亨:《谈 RSS 与图书馆图书采访工作》,《农业网络信息》2008 年第 8 期。

介绍了用户利用 RSS 技术参与到图书馆图书采访工作的可行性。肖红等①则从系统开发的角度,用 UML 对高校图书馆推送服务系统进行了设计与分析,描述了系统的模块划分与实现过程。樊五妹②从用户参与的角度构建了基于 RSS 技术的高校图书馆虚拟参考咨询系统的应用模型。李寰等③将 RSS 聚合与本体检索相结合,开发了数字图书馆个性化门户网站,构建了基于 RSS 聚合和本体检索的个性化门户的构架。

在 Wiki 研究方面,黄勇等④探讨了用户参与图书馆数字资源建设的意义,提出了一个基于 Wiki 的数字资源建设知识库的构想。关思思⑤对美国 Stevens 县图书馆社区在线指南 Wiki 计划取得成功的经验进行了探讨,并对我国未来社区图书馆用户参与信息组织进行了展望。曾玄⑥从 OPAC、参考咨询、知识库建设三个方面分析了维基技术在数字图书馆网站中的应用,对未来用户利用 Wiki 技术参与数字图书馆资源的组织进行了探讨。曾展鹏⑦指出通过图书馆网站上建立的基于 Wiki 的读者交流平台,构建网上读者社区,用以征求意见、建议和支持,以进一步完善图书馆的信息组织与整合。王勇⑧探讨了 Wiki 知识库的优势,知识库和图书馆问题库的关系,重点分析了图书馆问题库对 Wiki 知识库条目的结构、选择和分类的影响,并结合经验和实例,对如何利用 Wiki 建设图书馆知识库的相关问题进行了阐述。郭利伟⑨借鉴了维基百科的信息自组织模式,提出了基于 Wiki 的高校数字图书馆知识自组织模式,并探讨了 Wiki 在高校数字图书馆知识自组织

①　肖红、肖静波:《基于 RSS 的高校图书馆推送服务系统的设计与实现》,《情报杂志》2009年第 3 期。

②　樊五妹:《基于 RSS 技术的图书馆虚拟参考咨询系统的设计与实现》,《江西图书馆学刊》2009 年第 2 期。

③　李寰、贾保先:《基于 RSS 聚合和本体检索的数字图书馆个性化门户设计》,《情报杂志》2009 年第 2 期。

④　黄勇、钟远薪:《基于 Wiki 的数字资源建设知识库》,《图书馆》2008 年第 3 期。

⑤　关思思:《美国 Stevens 县图书馆社区在线指南 Wiki 计划介绍》,《图书馆建设》2009 年第 11 期。

⑥　曾玄:《维基在数字图书馆网站中的应用分析》,《电脑知识与技术》2008 年第 5 期。

⑦　曾展鹏:《维基技术在高校数字图书馆建设中的应用研究》,《科技情报开发与经济》2007 年第 34 期。

⑧　王勇:《图书馆参考咨询工作两种手段之探究:从问题库到 Wiki 知识库》,《情报探索》2009 年第 11 期。

⑨　郭利伟:《基于 Wiki 的高校数字图书馆知识自组织探讨》,《情报杂志》2009 年第 S1 期。

中的应用。罗学妹①指出通过构建科研信息交流协作空间、个人知识库、机构知识库、专题知识库及信息素养协作检索实践平台,可以调动维基用户的协作力量,实现知识的共享。

2. 国内基于社交网站的用户参与图书馆数字资源组织与整合研究

国内社交网站在用户参与图书馆信息组织中的研究起步于 2008 年。刘心舜等②以社会网络嵌入性应用为例,指出越来越多图书馆把数字图书馆网站嵌入读者的工作和生活场所以及数字教学科研环境。之后,卢志国等③分析了九所美国大学图书馆对社会网络应用的情况,总结了大学图书馆利用社会网络为用户提供了资源评论、学科建设、服务评价、社交网络等体现用户参与的方式。袁辉等④指出:知识社区具有和人际社交网相似的特征,探讨了 SNS 与图书馆 2.0 知识社区的关系,并以重庆大学图书馆 2.0 知识社区为例,介绍了 SNS 在图书馆的实践。武琳等⑤介绍了图书馆应用 SNS 的不同模式,即直接加入 SNS、积极引进 SNS 以及自主开发 SNS,认为高校图书馆应根据本校图书馆用户参与的情况,准确定位图书馆 SNS,合理选择 SNS 的信息组织与交流模式。陈定权等⑥在其论文中指出:在社会网络时代,图书馆应把握住社会交往站点中的微内容、自组织及去中心化、应用程序以及双向交流的特征,主动将图书馆的资源和服务延伸到用户所在的网络社区。

3. 国内社会网络环境下用户参与图书馆数字资源组织与整合的研究

除了基于某一社会软件和社交网站的用户参与图书馆数字资源组织的研究以外,国内还有从总体上开展社会网络环境下用户参与图书馆数字资源组织与整合的课题及成果。

相关的课题有:王伟军 2006 年的国家社会科学基金项目"基于 Web2.0 的企业信息资源组织与集成管理研究"、马费成 2007 年的国家自然科学基

① 罗学妹:《基于维基(Wiki)的图书馆知识协作创新服务研究》,《图书情报工作》2010 年第 5 期。

② 刘心舜、苏海潮:《图书馆社会网络观与嵌入性的应用》,《图书馆杂志》2008 年第 9 期。

③ 卢志国等:《社会网络在美国大学图书馆的应用分析》,《图书馆工作与研究》2009 年第 1 期。

④ 袁辉等:《SNS 应用于图书馆 2.0 知识社区的实践》,《数字图书馆论坛》2009 年第 5 期。

⑤ 武琳、冯园媛:《SNS 在图书馆的应用及发展策略》,《图书情报工作》2010 年第 19 期。

⑥ 陈定权、刘颉颃:《社会化交往站点(SNS)中的图书馆服务》,《新世纪图书馆》2011 年第 6 期。

金项目"基于 Web2.0 的信息自组织和有序化研究"、司莉 2009 年的国家社会科学基金项目"Web2.0 环境下用户参与的图书馆信息组织模式研究"、黄如花 2010 年的国家社会科学基金项目"社会化网络环境下信息组织的理论与方法创新研究",这些课题从不同角度对社会网络下用户参与数字信息资源组织进行了有益的探讨。

相关的论文有:范并思、胡小菁的《图书馆 2.0:构建新的图书馆服务》①是国内第一篇涉及 Web2.0 环境下用户参与图书馆信息组织研究的学术论文。张文亮等②分析了 Web2.0 环境下用户参与数字图书馆信息组织带来的问题,并对用户贡献微内容的信息组织方式、安全控制提出了相关建议。马新蕾③分析了用户的集体智慧对图书馆的资源建设和信息组织带来的变化及其实现过程,提出用户可以通过创造资源、聚合资源、参与图书馆资源建设,通过标引、编辑、评论资源参与信息组织。伏琰④提出社会网络的信息活动是围绕着用户开展,信息组织和检索不能脱离用户而独立存在,基于 Web2.0 的信息组织本质是"以人为本"。欧阳剑⑤⑥⑦分析了新网络环境下,用户信息获取方式对图书馆信息组织的影响,研究了社会网络环境下信息组织的运动规律和特征,提出了社会网络环境下个人信息组织的驱动力和模式。袁莉⑧分析了六度空间理论、弱连带理论等理论及其对用户参与数字图书馆资源组织与整合的影响,利用自我中心网分析和社会网络中心网分析方法确定数字图书馆平台上的知识团体、知识库,并在此基础上建立知识过滤模型。赵春琳⑨在其硕士论文中分析了 Web2.0 信息组织技术,将 Web2.0 环境下用户参与的图书馆信息组织模式归纳为学科信息

---

① 范并思、胡小菁:《图书馆 2.0:构建新的图书馆服务》,《大学图书馆学报》2006 年第 1 期。

② 张文亮、宫平:《Web2.0 环境下数字图书馆信息资源建设的问题及对策》,《中国信息导报》2007 年第 12 期。

③ 马新蕾:《图书馆 2.0:变化中的图书馆服务》,硕士学位论文,天津工业大学,2007 年,第 50—52 页。

④ 伏琰:《Web2.0 环境下的信息组织模式研究》,《河南科技》2009 年第 10 期。

⑤ 欧阳剑:《社会网络环境下个人信息组织的驱动力及模式特征》,《情报资料工作》2009 年第 1 期。

⑥ 欧阳剑:《社会网络情景下信息组织的运动规律及特征》,《图书情报工作》2009 年第 6 期。

⑦ 欧阳剑:《新网络环境下用户信息获取方式对图书馆信息组织的影响》,《中国图书馆学报》2009 年第 6 期。

⑧ 袁莉:《浅析社会网络理论对数字图书馆服务的影响》,《情报杂志》2009 年第 S2 期。

⑨ 赵春琳:《Web2.0 环境下用户参与的信息组织研究》,硕士学位论文,吉林大学,2010 年,第 52—54 页。

门户和个人数字图书馆,并对他们的类型、特性及运行机制进行了探讨。陈红艳等①在比较用户参与图书馆信息组织不同形式的基础上,分析用户参与的信息组织模式的主要特征及功能,并构建了在 Web2.0 环境下用户参与的图书馆信息组织模式平台。王翠英②运用了扎根理论来研究社会网络环境下的信息组织与共享活动的社会过程,分析影响社会网络环境下的信息组织与共享活动的因素,并提出了基于社会网络理论及社会网络分析的概念框架。

三　社会网络环境下用户参与图书馆数字信息资源组织与整合的实践

(一)国外用户参与图书馆数字资源组织与整合的实践

1. 国外基于社会软件的用户参与图书馆数字资源组织与整合的实践

目前,国外图书馆服务更加强调以用户为中心,提供充分、个性化的服务。社会网络相关技术作为图书馆实现个性化服务的有效方式,已经成为图书馆与用户进行即时交流的枢纽,并为图书馆与用户的沟通提供了重要的信息平台。

在国外,有关用户通过图书馆博客平台参与数字资源组织与整合的实践出现得较早,2003 年由美国佐治亚州立大学图书馆③创建的博客是一个典型的新闻型博客,它将新闻进行分类,然后在博客上发布,读者可以对自己感兴趣的新闻进行阅读、标记、讨论。美国圣爵士堡乡村公共图书馆④的馆员就开发了两个博客:新书博客和视听博客。通过对用户的调查反馈结果,向公众推荐经过遴选的最新的图书和视听资料、读者培训等。明尼苏达大学图书馆创建的名为 Uthink⑤ 的 Blog 项目,免费为大学师生提供 Blog 托管服务,各个院系、专业、研究课题项目组或特定课程都可以通过 Blog 将有着共同专业兴趣的人聚集在一起,共同参与图书馆资源进行组织与整合。宾厄姆顿大学图书馆建立了以专业分类的学科博客,如:"科学图书馆博客"、"国际研究资源博客"、"贸易学博客"、"电影学博客"等,按学科分类

---

①　陈红艳、司莉:《Web2.0 环境下用户参与的图书馆信息组织模式建构》,《情报资料工作》2011 年第 3 期。

②　王翠英:《社会网络环境下的信息组织与共享研究》,《情报资料工作》2012 年第 1 期。

③　Georgia State University Library. Georgia State University Library Home[EB/OL].[2014 - 08 - 08]. http://library. gsu. edu/.

④　沈健:《"博客"在图书馆界的应用实践与发展》,《图书馆建设》2005 年第 6 期。

⑤　LibraryThing[EB/OL].[2014 - 08 - 08]. https://www. librarything. com/.

组织信息资源。

社会化编目网站 LibraryThing① 成立于 2005 年 9 月,是标签网站中的典型代表之一。该网站允许用户添加标签并创建个人虚拟数字图书馆,用户通过添加标签的方式与其他用户建立联系,在 LibraryThing 中任何用户都可以根据兴趣创立讨论小组,同时对小组创建标签,该应用可以使更多的用户通过查找标签的方式找到这个小组,提出申请后成为组员,同有着共同兴趣爱好的用户进行讨论。2007 年,Ann Arbor District Library(简称 AADL)对传统的 OPAC 系统进行了升级,添加了对馆藏资源评级、标注、评论、回复的功能,突出了互动性的特点,升级后的系统更加注重社会化功能以及大众的参与。美国纳什维尔公共图书馆首页有个"Teen web"板块,该板块是通过嵌入 Flickr 的链接间接地实现了 Tag 的功能,点击该链接可以自动进入到 Flickr 中关于纳什维尔图书馆的板块,板块中有青少年参加活动时的照片,用户可以对图片资源添加标签。② 美国维拉诺瓦大学是大学图书馆的 VuFind 为图书馆提供一种全新的资源揭示方案,在 VuFind 导航中,用户添加、保存自己的标签和通过标签进行图书的查找等。宾夕法尼亚大学图书馆开发了标签插件 PennTags,通过 PennTags,用户可以根据自己的喜好添加标签,从而能迅速定位和分享他们收藏的各类资源,包括图书馆馆藏书目、电子期刊全文、电子图书和音视频资料,也包括各类在线资源。③

美国肯塔基州大学图书馆建立的 RSS 订阅咨询平台,对读者提问留言和咨询员的解答信息进行组织,实现了相似提问信息的聚合和相同提问信息的过滤;西雅图公共图书馆建立的 RSS Feeds 帮助用户从图书馆目录中追踪他们关注的作者或学科动态;康奈尔大学图书馆利用 RSS 技术将博客、播客以及 BBS 论坛上的日志和评论等信息资源进行聚合,并实时更新,实现了多信息源的信息组织。④ 安娜堡区图书馆不但提供新资源(书刊、音像制品等)的 RSS 通报服务,还能够对 OPAC 搜索结果定制 RSS,使用户能

---

① University of Minnesota Libraries. The Power Uthink[EB/OL]. [2014 - 08 - 08]. http://www. continuum. umn. edu/2014/07/the - power - of - uthink/.

② 关云楠:《Tag 在图书馆中的应用研究》,硕士学位论文,东北师范大学,2011 年,第 34—35 页。

③ 王惠、王树乔:《Tag 引路:升级图书馆 2.0 服务》,《图书馆学研究》2010 年第 7 期。

④ 穆丽娜:《图书馆 2.0 在高校图书馆服务中的应用研究》,硕士学位论文,南京农业大学,2008 年,第 80—81 页。

够及时专指地掌握图书馆最新资源。① 除图书馆自主开发的 RSS 应用外，著名数据库供应商 ProQuest 和 EBSCO 已计划提供 RSS，图书馆集成系统（ILS）供应商 Innovative 和 Sirsi 也计划在系统升级版中提供 RSS。马里兰州国家癌症研究所图书馆，研制了一个叫做 LION 的数据库，收集了大量癌症研究相关领域的网络 RSS Feeds，并实现了和本馆自动化系统的集成，供局域网上的用户使用。②

图书馆界影响最大的维基应用，是 2005 年 10 月 OCLC 正式开放的维基版联合目录 Open World Cat。它将联合目录的参与者由成员馆的编目员扩大到了整个 Web 用户，用户可以为书目数据库中的书目增加目次、注释与评论以丰富书目数据；巴特勒大学图书馆设立了"参考维基（Wiki Ref）"，为馆员、教师、职员及学生对该馆各类参考资源（如订购数据库、图书及有关网站等）进行评论提供了一个信息交流平台，对各类交流信息进行组织。③ 美国国家科学数字图书馆（NSDL）建立了项目管理部和项目评估部的维基，专门用于组织部门内部成员间的交流信息和成员上传的相关技术信息资源。圣约瑟公共图书馆也设立了专题指南维基，帮助用户了解专题信息、寻找图书馆资源与社区事务、发现阅读的乐趣，用户可以进行反馈、提出想法与建议。丹佛公共图书馆提供的 shelfari 展示了最受欢迎的书籍列表及其链接。④ 贝勒大学图书馆⑤将 IM 嵌入 OPAC 网页，使用者不需要另外安装软件，当读者通过 OPAC 无法找到资料时，搜寻结果页会嵌入一个 Meebowidget，通过这个 widget，读者可以马上寻求馆员的帮助。

2. 国外基于社交网站的用户参与图书馆数字资源组织与整合的实践

MySpace 是美国一个相互沟通及结识新朋友的社会交友网站。在 MySpace 网站上，用户可以展示自我，与世界上志同道合、兴趣相投的朋友建立社交圈，讨论彼此感兴趣的话题，分享照片，分享心情。从图书馆 MySpace 的实践来看，目前已经有很多大学图书馆参与到 MySpace 的社交

① 凌宇飞：《RSS 在图书馆个性化服务中的应用》，《科技情报开发与经济》2009 年第 18 期。

② 董伟、贾东琴：《RSS 在图书馆应用实例分析》，《图书情报工作》2009 年第 9 期。

③ 罗晓鸣、李雯：《Web2.0 带给图书馆信息资源建设的启示》，《高校图书馆工作》2011 年第 4 期。

④ 穆丽娜：《图书馆 2.0 在高校图书馆服务中的应用研究》，硕士学位论文，南京农业大学，2008 年，第 80—81 页。

⑤ Baylor University Libraries. Baylor University Libraries Home［EB/OL］.［2014 - 08 - 08］. http://www.baylor.edu/lib/.

网络中。根据著名的图书馆维基"libsuccess"的不精确统计,目前已经有 51 个公共图书馆成为 MySpace 的用户,如亚历山大、伯明翰、丹佛等公共图书馆。美国图书馆协会也有自己的 MySpace 空间,图书馆利用 MySpace 空间的主要目的是参与到用户的活动中去,成为用户的一员。图书馆还可以通过 MySpace 提供的聊天、交友、视频、图片、群组等功能加强与用户的联系,增进交流并促进相互理解。另外,美国图书馆协会的下属组织 YALSA 在 MySpace 也建立了自己的社区。该页面上主要链接 YALSA 的一些资料,如专门网站、博客、播客、Flickr 相册以及美味书签。截至 2010 年,YALSA 的 MySpace 空间中有 789 个朋友,其中有很多朋友发表了建议和评论。布鲁克林大学图书馆将 MySpace 整合到服务中,读者可以方便地注册成为这些社交网站的会员,并通过成员在博客、视频、邮件、群组讨论中直观地展示图书馆服务,吸引更多的用户了解图书馆和使用图书馆服务。

　　Facebook 把众多社会网络技术应用融于一体,集 Blog、Tag、RSS 等功能于一身,不仅使传播的范围更广,内容更深入,而且效率更高,方式更活泼。同时,还提供了方便快捷的聚合功能,帮助用户找到和自己有共同点的人。我们在 Facebook 上以关键词"Library"进行搜索,有专页大约 11000 个,应用程序 256 个,群组大约 58000 个。拉格兰奇公园图书馆、伯明翰公共图书馆和杜佩奇公共图书馆等 74 个图书馆是通过在 Flickr 上建立账号,通过嵌入相关链接,进入网站页面并以图片展示的方式进行的。Flickr 网站上也建立了"Libraries and Librarians"的专题,截至 2011 年 3 月,该专题已有 3645 名会员,37543 张图片,并且正吸引着越来越多的人参与其中,不久的将来该网站也会创建更多的类似专题。

　　Second Life(第二人生)是全球最大的虚拟三维世界,完全模仿现实生活的社区交友型网络游戏。如今,有许多用户加入 Second Life 虚拟空间中,可以获取虚拟和现实中各类信息。全球已有 400 多个图书馆在 Second Life 中建立了社区并开展各项服务,2006 年,联盟图书馆系统(ALS)与联机图书馆一起合作在"第二人生"中建立了一个名为"Cybrary City"的图书馆社区。2007 年,美国图书馆学会华盛顿办公室也宣布在"第二人生"中的"虚拟办公室"向所有人开放。同年,著名图书馆自动化系统厂商 SirsiDynix 宣布将赞助联盟图书馆系统的"第二人生"计划——"信息岛"及"青少年信息岛"。①

　　此外,国外高校图书馆也通过构建专业社区鼓励用户参与,2004 年美国费城大学 Paul J. Gutman 图书馆馆长史蒂文·贝尔(Steven Bell)和宾州州立大学贝克斯分校图书馆的技术馆员约翰·桑克(John Shank)共同建立了 Blended Librarian 网络学习社区,该社区旨在营造一个创新、合作、交流的平台,使成员可以通过虚拟得到职业发展和学习的机会,2009 年底,成员总数接近4000 人,是较成熟的图情专业人员社区。②③　ALA、Second Life librarian 借助 NING 平台创建图书馆社区,还有以图书馆 2.0 和青少年图书馆为主题的各种社区,社区成员可在其中展开学术及工作讨论。④

　　以上可以看出,国外有关社会软件与社交网站在图书馆数字资源组织与整合中处于尝试、发展阶段,但其独特的优势和良好的发展前景是毋庸置疑的。

　　(二)国内用户参与图书馆数字资源组织与整合的实践

　　1. 国内基于社会软件的用户参与图书馆数字资源组织与整合的实践

　　厦门大学图书情报学研究生创办"图林网志集",首次将图书馆界学者的博客进行了集中归类和管理,其中"新闻聚合集"类似于国外的 LIS Feeds,是图书馆相关的 Weblog 聚合器,其服务就是摘取各个博客的最新发表内容,以"一站式商店"的方式展示出来,用户上网只需查看"新闻聚合集"就可有针对性地阅读图书馆界的专业博客。⑤　上海交通大学图书馆从用户参与角度入手,以学科为基础,引入社会网络信息组织技术创建了"学科博客"服务平台,构建了一种高校图书馆学科化知识服务模式。⑥

　　目前国内学者将 Tag 在图书馆领域中的应用分为两种模式:嵌入式服务模式和延伸式服务模式。嵌入式服务模式主要是指将 Tag 直接引入到图

---

　　①　郑晓乐:《SNS 和 IM 在图书馆服务中的实践》(http://www. libnet. sh. cn/upload/htmleditor/ File/080516040117. ppt.)。

　　②　Blended Librarian. Blended librarian profile[EB/OL]. [2012 - 04 - 17]. http://blendedlibrarian. org/profiles. html.

　　③　Blended Librarian. About blended librarian[EB/OL]. [2012 - 04 - 16]. http://www. blendedlibrarian. org/overview. html.

　　④　OCLC. Perceptions of libraries and information resources(2005) [EB/OL]. [2014 - 08 - 18]. http://www. oclc. org/zhcn - asiapacific/reports/2005 perceptions. html.

　　⑤　马爱芳:《国内图书馆学人学术性博客浅析》,《情报理论与实践》2005 年第 5 期。

　　⑥　孙翌、郭晶:《基于博客的高校图书馆学科化知识服务平台实证研究》,《图书与情报》2009 年第 5 期。

书馆中的服务模式;延伸式服务模式是指图书馆借助 Tag 将服务辐射出去,形成更加有特色的服务模式。厦门大学图书馆开发的基于汇文 OPAC 系统的标签服务,是一个与 LIS 相结合的标签系统,通过标签的方式使读者参与到数字图书馆建设中来;上海交通大学图书馆使用 Tag 对博客及博文信息进行标引,并以云图的方式显示 Tag,以标签字体来体现信息的关注度,并支持标签检索和关键词匹配检索。①

　　厦门大学图书馆将读者关心的问题分为 25 个热点,以此 25 个学科主题为分类标准利用 RSS 来组织相关信息,这种按学科主题将订阅源信息分类的信息组织方式便于读者获取相关学科专业的信息,还能有效提高信息检索及信息服务的查准率和查全率。台湾大学图书馆开通的 RSS 资讯模块,则集图书馆新闻,热门图书推荐和新到资源分类定制于一体。专题指南如武汉理工大学图书馆的专题信息门户 RSS 推送服务。随着更多图书馆开始应用 RSS 技术,其服务方式也更富创新性,如厦门大学图书馆预约取书通知,可以根据借书证号定制 RSS Feeds。

　　目前国内用户通过 Wiki 技术参与图书馆数字资源组织与整合的实践较少。如上海大学图书馆在"学科建设服务门户"中组织相关信息资源,为用户的专业信息查找带来便利。用户还能通过这一平台进行专业学术交流,积极地发掘和组织用户群中不易挖掘的隐性信息。同济大学图书馆建立的"图书馆百事通"属于参考咨询维基,它是一个为用户和馆员间提供交流的信息平台,有事就问"百事通",解决了用户对图书馆网站操作的困惑,帮助用户更好地获取信息,也帮助馆员更好地了解用户需求,完善其信息服务。

　　2. 国内基于社交网站的用户参与图书馆数字资源组织与整合的实践

　　上海图书馆在"豆瓣同城"中申请了"上图讲座"主办方的身份,通过豆瓣同城活动推广上海图书馆的讲座,有意参加讲座活动的用户只需在豆瓣活动页面上点击"我要参加",讲座前凭借豆瓣 ID 即可入场。上海图书馆还能及时获得用户对讲座的信息反馈,通过"参加"和"感兴趣"的人数了解活动的受欢迎程度,通过活动论坛中的留言了解用户对讲座的满意程度,从而有针对性地对讲座的内容和形式进行改进;厦门大学、清华大学、华中科技大学等十余所高校图书馆开发了可接入豆瓣 API 的 OPAC 馆藏查询应用

---

① 　徐险峰:《基于图书馆 2.0 的个性化信息服务模型研究》,黑龙江大学,2009 年,第 51—52 页。

程序,安装了此应用程序的用户在浏览豆瓣上任何一本图书时,这本书在图书馆的馆藏信息便直接显示在用户所浏览的豆瓣页面中,告知用户该图书可通过图书馆渠道获取。同时用户可对该图书通过设置标签,寻找与自己具有相同兴趣的朋友。①

重庆大学图书馆②研发了 ADLib2.0 系统,该系统按照以人为本和以书为本的原则,除了与图书馆系统的关联外,还利用 SNS 理论构建了 Lib2.0 知识服务社区"个人书斋",为读者提供藏书架、文档库、知识源、文献互助、买书卖书、写写文章、迷你博客、相册和读书笔记九大知识服务功能,此外读者还可以互相访问,从而实现知识共享服务,是国内图书馆自主开发 SNS 的先例。中国科学技术大学图书馆③从自建图书馆 SNS 社交平台起步,逐步整合图书馆信息资源的新型服务和用户。在使用 UCemerHome 产品基础之上,图书馆从用户参与角度出发,逐步加入新的应用模块,例如读书、课程、期刊资源库、文献传递与馆际互借等,实现了书目、期刊和电子资源等资源内容的整合,包含读书模块、期刊模块、资源库模块等,让越来越多的用户参与到图书馆资源的组织与整合中,提高图书馆数字资源的利用率。上海大学图书馆④构建了基于 Web2.0 技术的学科建设服务平台,其中学科馆员博客系统、新闻聚合系统、学术百科系统都具有社会网络环境下用户参与图书馆数字资源组织与整合的特点。

四 社会网络环境下国内外高校用户参与图书馆数字信息资源组织与整合的现状

为了更好地了解社会网络环境下用户参与图书馆数字资源组织与整合的现状,为调查问卷设计和模式构建做准备,我们对美国 100 所高校与中国内地 100 所高校图书馆对社会软件和社交网站的使用和用户参与数字资源组织与整合的情况进行了网络调研。

(一)调研方法

美国高校图书馆选定,依据"2012 美国综合性大学排行榜"(http://wenku. baidu. com/view/ 8348fad028ea81c758f578d4. html)逐一访问前 100

① 武琳、冯园媛:《SNS 在图书馆的应用及发展策略》,《图书情报工作》2010 年第 19 期。
② 重庆大学图书馆:《重庆大学图书馆主页》(http://lib. cqu. edu. cn.)。
③ 中国科技大学图书馆:《栗子网》(http://liser. ustc. edu. cn/uchome/index. php.)。
④ 上海大学图书馆:《乐乎社区》(http://www. lehu. shu. edu. cn/.)。

名的美国高校图书馆网站；中国内地高校图书馆选定依据"中国大学排名2012"（http://wenku. baidu. com/view/5621ef650b1c59 eef8c7b417. html）选取排名前100位的高校图书馆逐一访问。调研时间为2012年4月24日至2012年5月6日。

（二）调研结果

调查结果如表6—4、表6—5所示：

表6—4　　美国高校图书馆用户参与图书馆数字资源组织与整合状况

社会化工具	数量	参与资源组织与整合内容
博客	71	博客日志定制与归类；图书推荐；为信息内容添加标签标注；提交资源或链接
播客	18	分享、转发、下载、定制音视频资源
微博	93	分享、编辑、回复、转发微博
RSS	95	聚合网络原创学术资源；订阅图书馆公告；订阅新书通告、订阅检索信息；订阅读者服务、论坛交流；订阅博客、播客、多媒体资源；订阅期刊、商业数据库；订阅学科主题资源
Wiki	43	虚拟参考咨询；参与专题知识库构建；参与学科信息库建设；进行知识交流与共享；添加、编辑资源
Tag	35	对馆藏目录、电子期刊、电子图书、音视频资料、互联网在线资源、博客日志等添加标签
Flickr	47	为照片添加标题、标签；照片分组；组群内交流互动、分享图片、知识，互发邮件
Facebook	42	分享照片、视频、状态、日志；回复、转发留言、消息
MySpace	21	分享微博、博客日志、音乐、视频；添加标签
YouTube	83	下载、分享视频；视频分组；对视频添加标签；视频订阅；组群功能

表6—5　　中国高校图书馆用户参与图书馆数字资源组织与整合状况

社会化工具	数量	参与资源组织与整合内容
博客	13	对内容添加标签标注；聚集分散在多处主题内容；用户沟通与协作；分享日志、视频、状态等
播客	0	无
微博	6	分享、编辑、回复、转发微博
RSS	63	聚合网络原创学术资源；聚合图书馆公告；订阅新书通告；订阅读者服务、论坛交流；订阅博客、多媒体资源；订阅期刊、商业数据库；订阅学科主题资源；定制"Internet学科导航系统

续表

社会化工具	数量	参与资源组织与整合内容
Wiki	3	进行知识交流与共享;添加、编辑资源;对知识的自组织管理;用户之间的知识协作;实现个人隐性知识的共享
Tag	52	对馆藏目录、电子期刊、电子图书、音视频资料、互联网在线资源、博客日志等添加标签;信息分类标引
豆瓣网	19	对书籍、电影、音乐添加标签;记录个人所读书目及爱好;将收藏图书归类;图书定制;小组交流互动;协同推荐
人人网	14	分享日志、状态、照片、音乐、视频等;添加标签;将相关信息推荐好友;群组讨论

　　从表6—4、表6—5可以看出,美国高校用户使用社会软件或社交网站参与图书馆数字资源组织与整合的现象较为普遍,社会软件或社交网站在美国高校图书馆的应用已较为普及,用户参与方式也具有多样性。99%的美国高校使用了不同种类的图书馆2.0技术,79%的高校甚至使用了三种以上的社会网络技术,为用户参与图书馆数字资源组织与整合提供了便利。

　　目前美国有71所高校图书馆使用了博客,其主题包括新闻消息类、学科专题类、用户培训类、技术服务类、读者馆员交流类、参考咨询类、好书推荐、书评类等多种类型,用户通过对内容添加标签标注、聚集分散在多处主题内容及分享日志、视频、状态等方式参与到图书馆数字资源组织与整合中。如美国圣路易斯大学同时提供的博客服务,用户可以通过博客探讨热门话题、共享信息。播客是博客的影音视频版,有18所美国高校图书馆使用了播客技术,用户通过分享、转发、下载、定制音视频资源等方式参与图书馆数字资源组织与整合。微博是Web2.0时代新兴的极具代表性的实时信息系统,它最大的特点就是集成化和开放化。① 目前美国有93所高校图书馆提供了微博技术,用户通过分享、编辑、回复、转发微博等方式参与图书馆数字资源组织与整合。

　　RSS相关的技术和软件包括:RSS Feeds、OPML和RSS阅读器。使用RSS技术的美国高校图书馆有95所。用户通过聚合网络原创学术资源;订阅图书馆公告;订阅新书通告、订阅检索信息;订阅读者服务、论坛交流;订阅博客、播客、多媒体资源;订阅期刊、商业数据库;订阅学科主题资源等方式,参与图书馆数字资源组织与整合,如美国俄亥俄州立大学哥伦布分校图

---

① 　李华、赵文伟:《微博客:图书馆的下一个网络新贵工具》,《图书与情报》2009年第4期。

书馆的 RSS 定制服务,可定制内容包括新闻公告、活动、展览、博客、播客和微博等。

有43所美国高校图书馆使用了 Wiki 技术。用户利用 Wiki 技术参与图书馆数字资源组织与整合的方式包括:虚拟参考咨询;参与专题知识库构建;参与学科信息库建设;进行知识交流与共享;添加、编辑资源等,如美国俄亥俄大学图书馆建立了商务信息主题指南维基。美国高校馆有35所使用了 Tag 技术,用户通过对馆藏目录、电子期刊、电子图书、音视频资料、互联网在线资源、博客日志等添加标签参与图书馆数字资源组织与整合,如宾州大学图书馆开发的标签插件 PennTags,通过 PennTags,用户可以根据自己的喜好添加标签,从而能迅速定位和分享他们收藏的各类资源,这些资源包括图书馆的馆藏书目、电子期刊全文、电子图书和视音频资料,也包括各类互联网在线资源。

Facebook 和 MySpace 作为美国两个比较著名的社交网站,分别有42所和21所美国高校在这两个网站开辟了图书馆公共主页。用户通过分享照片、视频、状态、日志;回复、转发留言、消息等方式参与图书馆数字资源组织与整合。Flickr 和 YouTube 分别是美国比较著名的照片分享网站和视频分享网站,分别有47所和83所美国高校在这两个网站申请了图书馆群组,用户通过分享、转发照片、视频;添加标题、标签;组群内交流互动等方式参与图书馆数字资源组织与整合。

中国内地排名前100的高校图书馆应用社会网络技术也逐渐普及,超过70%的高校都应用了不同种类的社会网络技术。不过图书馆2.0技术与服务主要集中在 RSS、Tag 上,博客和 Wiki 的应用案例极少,播客则没有相关案例。绝大多数高校图书馆只应用了1—2种社会网络技术,使用3项以上(含3项)社会网络技术的仅有17所高校。如厦门大学图书馆、上海大学图书馆和同济大学图书馆在多项技术和服务融合上都有较成熟的尝试。

社会软件和社交网站是用户参与图书馆数字资源组织与整合的基础条件。调查的美国高校图书馆中,同时使用4种社会网络信息组织技术的高校图书馆有16所,同时使用2种或3种技术的高校图书馆27所。但是国内高校图书馆中,同时使用4种社会网络信息组织技术的只有厦门大学、上海大学和同济大学3所;同时使用3种技术的也只有东北师范大学、上海师范大学和燕山大学3所。因此从社会网络信息组织技术使用种类的丰富性和综合性来看,美国高校图书馆也远好于中国内地高校图书馆。

由此看来,国内用户依托社会网络参与图书馆数字资源组织与整合的普及程度与美国相比,还有明显差距,用户参与的方式也比较单一,积极性有待提高。但也有少部分高校图书馆,开发了集成多项社会网络技术的平台,让用户参与图书馆数字资源组织与整合,如重庆大学的我的书斋,上海交通大学的学科服务平台等。总体而言,图书馆2.0在内地高校图书馆服务中的应用还处于理念推广和应用探索阶段。因此,中国内地高校图书馆有必要借鉴美国高校图书馆的经验,结合本馆的特点,引入社会网络技术和理念,并以用户需求为导向,开发资源、服务和技术高度集成的更实用、功能更强大的服务系统,让用户积极参与到图书馆数字资源组织与整合中来。

从目前研究和实践来看,国内外已经出现了一批社会网络环境下用户参与图书馆数字资源组织与整合的研究和实践成果。但总体上理论研究还较为薄弱,实践比较单一,还未形成基于用户需求和实证研究的社会网络环境下用户参与图书馆数字资源组织与整合的理论体系及相关模式。因此,深入开展这一领域的研究很有必要。

第二节　社会网络环境下用户参与图书馆数字信息资源组织与整合的模式假说

社会网络环境下用户参与图书馆数字信息资源组织与整合的过程,既涉及用户参与图书馆数字资源组织与整合的目标与原则,也涉及以满足用户个性化数字信息需求为宗旨的用户参与图书馆数字资源组织与整合体系,需要用户参与图书馆数字资源组织与整合和社会网络等有关理论与方法,结合图书馆数字资源组织与整合的实际进行分析,才能较为合理地提出社会网络环境下用户参与图书馆数字组织与整合的模式假说。下面以高校图书馆为例,探讨这一模式假说的构建。

一　用户参与图书馆数字资源组织与整合的目标与原则

(一)用户参与图书馆数字资源组织与整合的目标

新一代的社会网络以用户为中心,用户的个人主页或个人空间将成为数字信息交流、组织与整合的中心。① 传统的图书馆馆员构建的数字信息资源组织与整合模式,已经不能满足用户的个性化信息需求。因此,只有在深入了解用户信息行为与学习机制的基础上,充分了解掌握最新的社会网络技术,对符合用户个性化需求的图书馆数字资源进行深层组织与描述,将各种数字资源整序、集成,实现各类数字资源内容间的无缝关联,才能更好地满足用户的个性化信息需求。

社会网络环境下用户参与数字资源组织与整合的目标是:利用 Blog、RSS、Wiki、Tag 和 SNS 等社会网络技术,以用户为中心构建用户与馆员互动的工作模式,努力为用户提供面向语义的(智能化的)数字信息检索和高效的服务,最大限度地满足用户的个性化信息需求。②

(二)用户参与图书馆数字资源组织与整合的原则

按照上述目标,根据社会网络环境下用户参与图书馆信息组织与整合的特点,考虑到我国图书馆应用社会网络技术的总体水平。我们认为,社会网络环境下用户参与图书馆数字资源组织与整合应该遵循以下五项原则:

一是满足需求导向。社会网络环境下用户参与图书馆数字资源建设与组织的主要目的在于更好地满足用户的个性化需求。因此,用户参与数字资源组织与整合要以需求为导向来设计数字资源组织体系,将被动的信息资源检索变为主动的资源推送和知识导航,在基于数字资源组织与整合的个性化服务上下工夫,以优质的服务吸引用户,更好地满足用户的个性化信息需求。

二是鼓励用户参与。用户之所以乐于参与图书馆数字资源建设,除了获得更多的数字资源回报以外,享受借阅优惠、获得各种奖励、希望能帮助别人、体验参与乐趣等均为其动因。③ 因此,图书馆在组织用户参与数字资源组织与整合时,应该深入了解其内外动因,出台相应的激励政策和吸引措施,努力为用户参与活动营造一个良好的氛围和环境。

三是操作方便实用。操作方便实用是吸引用户参与的基础,是任何数字资源组织与整合系统中遵守的一条通则。考虑到不同用户的信息需求特点,检索页面和内容设计应做到以下几点:第一,信息显示清晰明了;第二,

① 欧阳剑:《社会网络情景下信息组织的运动规律及特征》,《图书情报工作》2009 年第 6 期。
② 肖希明等:《数字信息资源建设与服务研究》,武汉大学出版社 2008 年版,第 130 页。
③ 林小娟:《社会网络环境下用户参与的图书馆数字资源建设规划模式研究——以高校图书馆为例》,硕士学位论文,南京农业大学,2011 年,第 100—101 页。

用户操作简单方便,如提供元数据的标签格式,便于用户添加评注等;①第三,传递信息及时准确;第四,参与方式与途径切实可行,给用户以实惠。

四是循序渐进发展。用户参与图书馆数字资源组织与整合是循序渐进的过程。一方面是由于用户需求的动态性和层次性;另一方面是由于社会网络技术和环境还在不断发展中,用户和馆员对社会网络技术的熟悉和掌握也有一个发展的过程。因此,根据用户多元化的需求,按照多种类型、多种方式、多元结构进行数字资源组织与整合,才能满足用户不同层次的信息需求。

五是整体协调最优。为实现向用户提供一站式服务的整体目标,图书馆应对用户参与数字资源组织与整合活动进行整体规划。在参与过程中,要对用户参与图书馆数字资源组织的各环节的工作全面考虑,使之相互衔接。在参与层次上,要对用户参与数字资源的微观组织和宏观整合进行系统设计。尤为重要的是,要加强馆员和用户之间的协作配合,达到整体协调最优化。

二　用户参与图书馆数字资源组织研究

本节所述社会网络环境下用户参与图书馆数字资源组织,主要包括在微观层次上用户参与的图书馆数字资源的优化选择、描述揭示、标识确定等内容。

(一)用户参与图书馆数字资源组织的优化选择

社会网络环境下,图书馆应从用户反馈的信息中,了解用户的信息需求,在此基础上利用社会网络技术,实现用户参与图书馆的数字资源的优化选择。优化选择是对初选数字资源的再次鉴别、筛选和剔除,是对信息流的进一步过滤和深层次控制,其主要任务是去粗取精、去伪存真,使选择后的数字资源能够达到上传图书馆社会网络平台的质量标准,最终能够满足用户的个性化需求。

由于数字信息易于生成、复制与传播,又缺乏完善的选择、评价制度,造成数字信息的质量与价值参差不齐。用户参与图书馆数字资源组织优化选择时需依据一定的方法与标准,以对其进行有效的评价和筛选,实现对质量

①　陈红艳、司莉:《Web2.0 环境下用户参与的图书馆信息组织模式建构》,《情报资料工作》2011 年第 3 期。

较高、有价值的数字信息进行有效组织。

社会网络环境下用户参与数字资源优化选择的方法有比较法、分析法、核查法、专家评估法。比较法是用户对照图书馆提供的各种数字资源,利用社会软件来提示它们的共同点和差异。通过比较,判定数字资源信息真伪,鉴别数字资源信息的优劣,从而排除虚假数字资源,去掉无用数字资源。分析法是指通过用户利用社会网络技术对数字资源内容的分析而判断其正确与否、质量高低、价值大小等。核查法是指通过用户对有关数字资源所涉及的问题利用社会网络技术进行审核查对来优化图书馆数字资源的质量。专家评估法指的是对某些内容专深且又不易找到佐证材料的数字资源,图书馆可以请用户中的专家运用指标分析法、德尔斐法等方法进行评价,以估测其水平价值,判断其可靠性。

用户参与数字资源优化选择可参照相关性、可靠性、先进性与适用性等标准。社会网络环境下相关性选择是用户借助社会软件从图书馆数字资源中挑选出与用户需求有关的数字资源,排除无关数字资源的过程。可靠性判断用来鉴别图书馆数字资源所描述的事物是否存在、情况是否属实、数据是否准确、逻辑是否严密、反映是否客观等。先进性是指用户参与选择的图书馆数字资源的新颖性,主要指用户参与选择的数字资源成果的领先水平。适应性是指经过选择的图书馆数字资源适合用户当前需要、便于用户使用的程度。

(二)用户参与图书馆数字资源组织的描述揭示

用户参与优化选择收集来的各种信息仍只是单纯意义上的信息,并不能形成一个体系,不能称之为资源,这样的信息难以浏览与查询检索。在社会网络平台上,用户通过使用社会软件或社交网站对图书馆各种数字信息资源进行描述、序化、揭示等过程以形成一个体系,最终形成数字资源数据库。这其中首要工作便是由用户对信息进行描述与揭示来完成。一般而言,对数字信息资源的形式特征进行的选择记录称为描述,而对数字信息资源的内容特征进行的标引称为揭示。社会网络环境下各种信息组织技术的渗透性、关联性日益增加,两者之间的界限日益模糊。因此,本书对两者不加区分,统称数字资源组织的描述揭示技术。

1. 用户参与图书馆数字资源组织的描述揭示技术

社会网络环境下,直接运用到图书馆数字资源组织的社会网络技术主要有 Blog、Wiki、RSS、Tag、SNS 等。它们为图书馆用户提供了创建、组织、描述、揭示、发布、更新和共享数字资源的开放平台。表6—6 对图书馆数字资源组织中应用的社会网络描述与揭示技术的主要功能、参与方式进行了比较。

表6—6　　各种社会网络技术的数字资源描述与揭示功能比较

技术	主要功能	用户参与图书馆数字资源描述与揭示的方式
Blog	提供创建、发布、分类、描述、评论、更新个人信息及共享和交流数字资源的平台	用户的博文、留言、评论、引用丰富了图书馆数字资源内容； 以时间顺序对图书馆相关数字资源进行排列； 通过分类法、主题法以及关键词聚类进行揭示、描述①； 以标签聚合技术将相关知识集成在一起； 用户可对数字资源进行自组织
Wiki	提供用户与馆员共同创作、编辑、描述和揭示数字资源内容的平台	作为集体创作和组织的公共知识库，形成集体智慧的平台； 可帮助用户分享和利用图书馆数字资源； 是用户参与图书馆协作组织的工具，利用群体共识描述、揭示、积累用户认同的知识
RSS	将经过 RSS 描述的数字资源分发、汇集的技术平台，以便不同站点间共享内容	用户订阅所需专题，图书馆将 RSS 描述的数字资源自动推送； 用户可即时地对订阅内容进行更新； 用户只需粘贴 RSS 网址即可完成订阅和退订； 可将博客、维基、搜索引擎、新闻通告、馆藏资源等内容进行聚合
Tag	提供由用户自由选择的关键词对数字资源进行描述、分类的平台	自发性。允许用户自由创建 Tag②、自由描述、标引数字资源； 共享性。用户可以访问任意 Tag 标注的数字资源； 动态自适应性③。越受欢迎的资源被越多的用户用 Tag 标注；使用频率越高的 Tag 对资源内容的概括越准确；最受欢迎的资源和最能概括资源的 Tag 能够被更多的用户所发现
SNS	用户与用户、用户与馆员之间的交流、共享和组织的数字资源集成平台	基于用户与用户、用户与馆员交流的信息组织。交流驱动的知识生产机制和资源形成机制以及结构，基于多样化的交流内容，形成了不同的社群和动态的资源结构； 基于兴趣和问题的资源结构，即所谓垂直化的社交群； 多样化的互动社交群体组织模式。基于知识、数字资源、交友、咨询、活动等交流内容； 可将 Blog、Tag、RSS、Wiki 等描述、揭示的数字资源组织方式集成到 SNS 社区平台，为用户提供个性化服务

---

① 　陈志新：《博客（Blog）资源的信息组织》，《图书情报知识》2007 年第 4 期。

② 　黄国彬：《tag 信息组织机制研究：以 delicious、flickr 系统为例》，《图书馆杂志》2008 年第 5 期。

③ 　夏天等：《Tag 和现代教育技术》，《中国电化教育》2006 年第 9 期。

Blog、RSS、Wiki、Tag、SNS 在用户参与图书馆数字信息资源组织方面具有各自不同的作用,易用性、开放性、共享性、创新性、个性化和社会化是它们追求的共同目标。当然,从应用的角度看,Tag 具有广泛的渗透性,SNS则更具有以用户为中心的资源集成功能。总之,社会网络技术为图书馆用户提供了一个全新的数字信息资源组织、整合和服务平台。

2. 用户参与图书馆数字资源组织描述揭示的主要方法

用户参与图书馆数字资源描述的过程是用户揭示数字化信息形式与内容基本特征的过程。社会网络环境下,用户参与图书馆数字资源描述和揭示的主要方法包括:对图书馆数字资源的编目、对数字资源的社会化分类和二次组织等。

(1)用户参与数字资源编目

社会网络环境下,对图书馆数字资源编目不再是馆员这一职业特有的工作,用户可以通过社会软件为书目数据库的书目增加目次、注释与评论,[①]如 2005 年 9 月井始,OCLC 的 Open WorldCat 开发的 Wikid 允许用户添加记录,并对书目记录进行评论的功能。2007 年 5 月,美国丹伯里公共图书馆(Danbury Public Library)加入 LibraryThing for Libraries(LTFL)计划,成为第一个将 OPAC 与 LibraryThing 结合的图书馆,随后多家图书馆也相继加入 LTFL,用户可以通过 LibraryThing 网站添加、创建书目信息。

(2)用户参与数字资源分类

图书馆数字资源的分类描述可从用户参与方面多角度揭示资源,以满足用户个性化的需求。目前用户对数字资源分类描述主要通过:图书馆提供的新一代 OPAC 系统;利用资源平台提供的标签(tag)、评论、评级、排序和关联功能参与;利用第三方社交网络,图书馆与社交网络合作,将资源在本馆网站发布的同时,也在社交网络发布,鼓励用户进行标记、评注等。

(3)用户参与数字资源的二次分类

图书馆各类资源的组织一般都是图书馆员按照行业惯有的分类体系进行分类,在社会网络环境下,用户更喜欢自己动手寻找自己需要的资源,图书馆可以邀请用户对图书馆的全部或部分数字资源按照用户学科专业的特点、以用户熟悉的方式设置类目体系,在图书馆原有资源导航之外提供另外

---

① 李书宁:《用户参与的图书馆数字资源建设研究》,《图书馆杂志》2011 年第 12 期。

一种用户熟悉的分类导航体系。

3. 用户参与图书馆数字资源组织描述揭示的方法体系

用户参与图书馆数字资源组织方法随着社会网络技术的更新而发生变化。一方面,传统的信息组织方法如分类法与主题法不断改变以适应社会网络环境;①另一方面,社会网络技术发展又衍生出适应新环境的组织方法,以实体文献为基础的传统信息组织方法向以数据单元为基础的信息组织方法转变,在此基础上形成以语义网为基础的数字资源组织方法和社会网络技术等方法共存的、用户参与的多层次数字资源描述揭示的方法体系。如表6—7所示。

表6—7　　　　**用户参与图书馆数字资源组织的描述揭示方法**

描述揭示方法	描述揭示方式	功能
分类法	用标记符号表示类目体系的逻辑关系	从学科角度组织与揭示信息满足用户族性检索
叙词法	通过用、代、属、分、参等关系显示概念之间的相互关系	从事物名称方面组织揭示信息,满足用户特性检索
元数据（MARC、DC）	提供一种框架体系和方法来描述、表征数字化信息的基本特征	从形式、主题和内容方面描述、发现和鉴别数字化信息对象
搜索引擎	用计算机软件(网络爬虫)描述与揭示	建立索引库、信息检索
主题图	用主题、出处、关联揭示信息知识结构	揭示与导航信息内含的知识结构
本　体	用声明、公理、概念、属性、函数和实例组织领域知识	用户参与领域知识的理解、描述、共享与重用
社会网络技术	用户通过社会软件及社交网站自发、主动地对信息资源的内容特征和外在特征进行深入描述与揭示	为用户提供描述、揭示、发现与交流信息的平台

相对于传统的图书馆数字资源描述揭示方法而言,社会网络技术等动态信息描述揭示方法则从用户的角度阐释信息,有力地补充了图书馆员从信息专业角度描述揭示信息的不足,加强了数字资源的多元化与深度揭示,并实现了用户对图书馆数字资源的自组织与自联结。该方法强调的是用户参与性和交互性,但在对数字资源进行描述揭示过程中,因用户个体间的差

---

① 陈红艳:《图书馆信息组织模式的发展与演变分析》,《科技创业月刊》2012年第4期。

异性,易造成描述揭示的内容通用性差、难以揭示信息之间复杂的关系等局限性。引入本体后,可利用本体提供的语义在用户参与数字资源描述揭示时,对其进行推荐、语义扩展或与本体建立关联。[①] 图书馆若能结合社会网络技术与传统信息组织的优势,则能在对资源进行有效控制的基础上提高信息系统的易用性,便于读者对资源的快速发现。目前将社会网络技术中的标签技术与本体结合的案例较多,如北京大学信息管理系的师生基于这一思想创立了"兜乐"社会书签网站,在用户自定义标签的基础上,加入等级结构,进行词汇控制和类目组织,实现了社会网络技术与传统分类法和主题法的有机融合。[②] 著名的美味书签也将等级分类引入其标签体系中,可见,社会网络技术与传统信息组织的融合已成为一种趋势。

(三)用户参与图书馆数字资源组织的标识确定

用户参与优化选择后的数字资源在描述揭示时要确定其检索标识,使人们能够通过各种方便的形式查询、识别并获取该信息资源。这里关键是要确定该信息所具有区别于其他信息的不同特征,并消除描述标识的同义性和多义性,以达到语义检索。这就涉及数字信息资源检索标识确定中的规范控制和描述标准问题。下面以标签为例进行分析。

社会网络环境下用户参与图书馆数字资源描述揭示技术中使用最广泛的是标签。作为社会网络技术核心应用之一,标签具有自由性、平面性、社会性、聚合性等特点,能够形成对数字资源的多维描述、迅速反映用户的词汇和需求变化。但因存在的同义、多义、缺乏层次等不足,影响了标签效用的充分发挥。因此要形成稳定的用户参与的图书馆标签系统,应该对用户添加的标签进行构建、组织,实现对标签语义关系的导航,以控制作为检索标识的标签的使用。目前有关标签的语义规范控制的方法包括:利用受控词表的控制、利用权威元数据的标签控制、对标签的聚类控制和标签与本体资源建立关联等。

1. 基于受控词表的标签映射

2006 年,斯坦福大学的学者提出了将标注系统中的标签转换成可导航的、具有等级结构的标签分类词表的算法。关·伊(Kwan Yi)等对 Delicious

---

① 何继媛等:《大众标注系统中基于本体的语义检索研究综述》,《现代图书情报技术》2011年第 3 期。

② 欧阳红红:《Web2.0 环境下的图书馆信息资源管理研究》,《情报资料工作》2009 年第5 期。

和国会图书馆主题词表(LCSH)进行了词汇的匹配实验,探究将 LCSH 引入社会标签的规范控制方法。2008 年,玛丽泽·托马斯(Marliese Thomas)等分析了 Library thing 最热门的 10 本图书的全部标签,统计表明"标签变体"占到 36%,从而得出这是导致标签混乱无序的首要因素,并提出链接专业主题词表供用户参考、允许用户反复编辑标签等优化措施。

2. 利用权威元数据的标签控制

陈苗(Miao Chen)等在 2008 年都柏林核心及元数据应用国际研讨会会议论文中以 Flickr 标签为例证,通过实验提出了一种利用丰富的社会语义来增强主题元数据的方法。珍妮·亨特(Jane Hunter)等提出了把通过传统的编目方法生成的权威元数据和社区标注的标签合并的方法,激发参与者标注和注释的热情等。①

3. 对标签的聚类控制

伴随着用户标签的发展,folksonomy 即公众分类法逐渐成为标签聚类控制的主流思想。其基本思想是通过对用户标签数据的词频统计以及共现分析,将用户标签聚类成一个符合用户个人认知习惯的分类体系。2006年,格里高利·比格尔曼(Grigory Begelman)等采用"Spectral bisection Clustering"算法对标签进行聚类分析,实验表明对标签聚类控制可规范用户的标注行为以及标签的组织能力。② 同年保罗·海曼(Paul Heymann)等从 Delicious 上搜集 6000 多个标签,根据标签的向量相似度确定相关标签,将相关标签连接成无权重的无向图,采用相关算法将无向图转换为层次结构的分类树。③ 有学者还提出了通过凝聚式层次聚类算法,利用相关标签的权重,计算标签之间的相关度,从而实现标签聚类。

4. 标签与本体资源建立关联

2005 年,汤姆·格鲁伯(Tom Gruber)提出标签本体概念以来,许多研究者开始投入其中的研究。标签本体的关联发展从标签活动的关注发展为关注协同标注活动;从考虑标注要素发展为考虑标注目的、标签共现频率、

---

①　林若楠等:《社会标签的规范性研究:图书标注》,《图书馆论坛》2012 年第 1 期。

②　Grigory Begelman,Philipp Keller,Frank Smadja. Automated Tag Clustering:Improving search and exploration in the tag space[C]. Proceedings of Collaborative Web Tagging Workshop at www, 2006,Edinburgh,Scotland, 2006:15 – 33.

③　Paul Heymann, Hector Garcia – Molina. Collaborative Creation of Communal Hierarchical Taxonomies in Social Tagging Systems[EB/OL]. [2014 – 08 – 08]. http://ilpubs. stanford. edu:8090/775/.

标签词性变异等协同标注;从考虑标签含义角度,创建 MOAT 跨越标注行为与语义检索。同时,金鹤莱(Hak Lae Kim)等人提出整合多个标签本体,建立一个统一、共享、完整、通用的标签本体。① 北京大学信息管理系 Kvi-sion 课题组开发的社会书签系统"兜乐"采取了标签和本体相融合的思想。用户在收藏、分类资源的过程中,基于后台的本体为用户推荐相关概念来引导用户分类,从而规范用户标签使用行为和词汇。②

三　用户参与图书馆数字资源整合研究

用户参与数字资源整合是指图书馆根据用户的个性化需求,利用用户的智慧和社会网络技术,将分散的、异构的数字信息资源和信息服务按照一定的方式进行优化组合,形成高效率、高质量的数字资源服务保障体系,以满足用户信息需求的活动和过程。无疑,用户参与图书馆数字资源整合是用户参与图书馆数字资源微观组织的进一步重组,两者互相融合,互相渗透。

(一)用户参与图书馆数字资源整合的目的

从总体上说,社会网络环境下用户参与图书馆数字资源组织与整合的目标和原则是相同的。但是,用户参与图书馆数字资源整合是数字资源组织的宏观层次,其重点是把用户参与组织的零散的数字资源通过社会网络技术彼此衔接,以统一、简化的形式提供给用户,形成更有利用价值的数字资源系统。因此,其主要目的是通过用户参与数字资源的整合,提升数字资源内容之间的关联度,形成方便快捷的数字资源利用环境,实现数字资源与服务的高度集成和无缝结合,以便为用户提供个性化的优质信息和知识服务。③

(二)用户参与图书馆数字资源组织与整合的方式

根据用户参与图书馆数字资源整合的目的,结合不同社会网络技术的特点和图书馆的实践,用户参与图书馆数字资源组织与整合可以有以下方式:

1. 以某种社会软件为主的组织与整合

---

①　熊回香等:《典型标签本体模型的比较分析研究》,《情报学报》2011 年第 5 期。

②　张有志、王军:《基于 Folksonomy 的本体构建探索》,《图书情报工作》2008 年第 12 期。

③　肖希明等:《数字信息资源建设与服务研究》,武汉大学出版社 2008 年版,第 130 页。

以某种社会软件为主体的组织与整合方式是指以博客、维基和 RSS 等某种技术为主体,结合应用其他社会软件的数字资源组织、整合方式。如美国俄亥俄州立大学图书馆建立的商业博客平台上嵌入了 RSS 技术供读者定制,并提供一个入口链接到图书馆维基平台,允许用户对某些需要探讨的话题共同编辑相关条目;还嵌入 IM 和网络书签列表,允许用户任选其中之一进行网页收藏。这是社会网络技术应用初级阶段的组织与整合方式。

2. 以标签为标引工具的组织与整合

标签是一种灵活、开放的标引方式,用户可以根据自己的需要选择标签对图书馆内外的任何数字资源进行标注。如 PennTags 是由宾夕法尼亚大学图书馆开发的社会标签工具,它将社会标签引入到图书馆的建设中,对用户感兴趣的在线资源进行定位、组织和共享。使用 PennTags 的用户可以通过收集和保存网站的 URL 来组织资源,可链接的资源包括图书馆期刊目录、数字音乐目录和视频目录等。一旦这些资源被收集,就可以通过分配标签或关键词将它们组织起来。

3. 基于 SNS 的专题资源组织与整合

以 SNS 为平台的专题资源组织与整合有两种方式,一是直接加入现有的社交网站,如美国国会图书馆将本馆收藏的老照片放在 Flickr 上,一方面可以让更多公众看到 LC 的大量馆藏照片,另一方面借助网民实现照片的大众标引和网络社区存储;二是图书馆建设专门的 SNS 平台,开展用户参与的专题数字资源组织与整合。如南京农业大学图书馆在 110 周年校庆之际,专门建立具有 SNS 性质的南农记忆图片征集平台,组织师生上传、标注、评论具有本校历史价值的各类照片。

4. 面向学科专业的资源组织与整合

为学科专业服务是高校图书馆的特点。康奈尔大学图书馆学科服务平台是基于 LibGuides 的软件系统。该系统融合了学科标签和分类、RSS 定制、Podcast、信息评价、用户评论、社区聊天等多项社会软件功能,允许用户参与其中,其目的是实现学科资源和服务的组织、揭示与发布,共享学科馆员之间的工作成果,方便用户利用图书馆学科资源与服务,并参与学科资源组织与建设。目前已有多所美国高校图书馆采用 LibGuides 构建了本校的学科服务平台。这种组织整合可以基于社会软件或者社交网站。

5. 基于个性化需求的一体化资源组织与整合

满足用户的个性化需求是数字资源组织与整合的目标,目前国内的个性化服务系统多数功能都不够强大,难以满足用户的个性化需求。重庆大学图书馆按图书馆2.0的要求和SNS性质对该馆的管理系统重新构架,开发了用户参与创造、交流和组织知识的"我的书斋"系统。"我的书斋"提供的用户参与数字信息组织与整合手段包括:我的图书馆、书评、藏书架、文档库、RSS订阅、迷你博客、相册等,基本上实现了以用户个性化需求为中心的数字资源系统整合。此种方式效果最佳,但难度最大。

四　用户参与图书馆数字资源组织与整合的系统构建

社会网络环境下用户参与图书馆数字资源组织与整合是由用户、馆员、社会网络技术等要素紧密联系、相互作用而有机构成的,以满足用户个性化数字信息需求为宗旨的数字资源组织与整合体系。不同知识背景的用户在馆员管理与引导下,利用社会软件或社交网站贡献自己的知识、与他人交流讨论和分享,对数字资源进行分类、评论并添加标签等,从而形成用户参与图书馆数字资源组织与整合的社会网络系统。下面从系统构成要素及其协作机制来了解用户参与图书馆数字资源组织与整合的社会网络系统。

（一）系统要素

用户参与图书馆数字资源组织与整合系统的构成要素与规划系统、生产系统和评选系统的构成要素类型基本相同,但工作侧重点不同,内容如下:

1. 用户要素

社会网络环境下,用户是参与数字资源组织的活跃要素。用户参与数字资源组织要以用户个性化需求为中心。在操作上要体现用户信息组织的个性化结构。在管理上要体现用户的参与主体作用。为了更好地了解用户的个性化需求,馆员要嵌入用户的网络社区,深入研究用户参与数字资源组织与整合的动因,鼓励用户依托社会网络技术,积极参与图书馆数字资源的描述、揭示与整合。通过社会网络分析,掌握用户的个性化需求和共同兴趣,发现更多用户需要的资源,使图书馆成为用户个人信息组织中不可或缺的信息中介和整合平台。

2. 馆员要素

作为用户参与图书馆数字资源组织与整合系统的要素之一,馆员在系统管理中起主导作用。图书馆数字资源组织与整合是一个高度专业化和需要长期实践训练的工作,既要熟练掌握数字资源组织与描述的语言与相关工具,还要熟悉信息资源对象。目前大多数用户尚不具备直接进行数字资源组织的能力与基础。而拥有专业知识与技能的馆员对用户参与数字资源组织进行引导和控制,能够保证数字资源组织的质量。因此,馆员必须不断提高自己的业务、管理能力和个人魅力,吸引更多的用户参与图书馆的数字资源组织与整合。

3. 技术要素

社会网络技术既是用户与馆员的沟通手段,也是组织和整合数字资源的工具。各种社会软件和社交网站均有其自身的特点和优势,用户参与数字资源组织离不开这些工具与平台的支持。如用户对数字资源添加标签和评论需要使用标签技术,参与对网络信息资源的生产、推荐与组织需要博客、维基和 RSS 平台等,而社交网站(SNS)更是集各种社会软件功能于一身的数字资源组织与整合的平台。

4. 数字资源要素

数字资源的类型随着网络和数字化技术的发展而日益丰富。用户参与图书馆数字资源组织与整合除了以往的文字型外,正在向多媒体、富媒体资源的方向发展。用户参与图书馆数字资源组织与整合中的数字资源来源于三个方面:图书馆已购买的数据库;基于网络的第三方资源(含共享资源);用户生产的资源。例如:用户的博文、添加的标签、RSS 推荐资源、维基条目、播客资源、网摘资源甚至用户的留言都可以通过组织和规范而成为图书馆数字资源的有益补充。

5. 管理要素

对用户参与图书馆数字资源组织与整合管理的内容主要包括两个方面,一是以社会网络理论为指导,加强对用户的社会网络分析和需求调查,出台激励用户参与数字资源组织与整合的政策规章;二是对用户参与数字资源组织进行质量控制,对用户参与资源组织的行为进行引导和规范,如当用户添加标签时,系统应该提供可参考的规范标签;又如借鉴维基百科通过用户的交流与协作来促进维基条目质量的提高,还可给予部分核心用户一定的管理权限,对其他用户参与信息组织的内容进行质量审核等。

6. 环境要素

图书馆的人文环境、技术环境和管理环境对用户参与数字资源组织与整合活动都会产生影响。这里强调的是馆员和用户、用户和用户之间人际关系环境的形成。Web2.0 社会网络强调互动、协作和共享,只有充分利用社会网络理念和技术,在馆员和用户、用户和用户之间形成一种相互了解、相互信任、相互协作的机制,才有利于激发用户参与图书馆数字资源组织与整合的热情,为用户参与数字资源组织与整合营造良好的氛围。

(二)系统要素的协作机制

系统要素协作关系的构建,是在用户个人空间利用社会网络理论与技术对用户参与的数字资源系统的诸要素进行集成、优化组合和系统管理,以形成集人、技术、资源、管理和环境于一体的、以满足用户个性化需求为宗旨,实现用户与馆员互动的数字资源组织与整合模式。其中人包括馆员与用户,技术主要指社会网络技术,资源包括本馆资源、第三方资源和用户生产的资源,管理指通过出台各种激励政策、标准规范及加强互动沟通推动目标的实现,各要素间的协作关系如图 6—1 所示。

在用户参与图书馆数字资源组织与整合的目标引导下,根据用户一站式、个性化地获取和利用数字资源的需求,图书馆馆员有目的地运用社会网络理论,与用户互动、沟通,广泛协作,组织、引导用户利用博客、维基、RSS、标签和 SNS 等各种社会网络技术,对用户需要的各种异质、异构的数字资源进行描述、揭示、整序、集成和重组,努力实现各类数字资源内容间的无缝关联,并最终将数字资源整合于用户的个性化服务的平台之上,方便用户统一检索和利用。在嵌入用户个人空间与用户交互的过程中,馆员还可以将偶然发现的用户推荐的有价值的数字资源,通过社会网络特有的方式(如 RSS 推送、维客协作、标签、网摘、博文推荐等),按学科资源平台、专题资源库等方式对数字资源进行有序化组织,以便于更多的用户能够共享、交流有价值的数字资源。相对于传统的信息资源组织与整合模式,用户参与图书馆数字资源组织与整合互动模式的核心是:用户在馆员的管理、引导下,形成一个基于社会网络的互动、协同、密切合作的工作环境,利用社会网络技术参与对图书馆数字资源的优化选择、描述揭示、标识确定和重组整合的过程。在此基础上,图书馆可向用户提供学科信息服务、专题信息服务和基于用户个性化需求的信息服务及各种基于社会软件的信息服务。

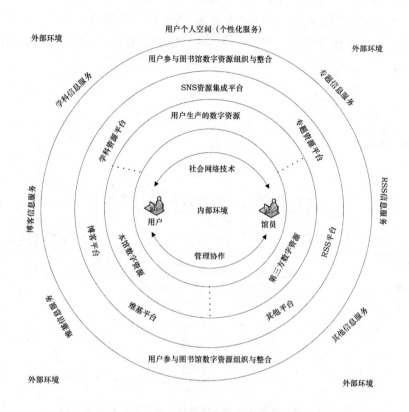

图 6—1　用户参与图书馆数字资源组织与整合系统要素协作关系

五　用户参与图书馆数字资源组织与整合模式假说

用户参与图书馆数字资源组织与整合以馆员为主导,用户是数字资源组织的参与者和合作者,强调用户参与、用户资源共享,其实现过程涉及图书馆馆员、用户、技术支持、数字资源、外部环境等要素。用户参与图书馆数字资源组织与整合模式是对用户参与数字资源组织与整合中的各种组成要素及其相互关系的细化的描述,实际上就是以用户为研究对象,以社会软件为技术基础,以用户参与组织为核心,调整各构成要素之间相互关系组合而成的一种工作模式。根据国内外理论及实践研究的基础,本节首先构建用户参与图书馆数字资源组织与整合系统的体系架构,提出模式假说,并通过后续章节的问卷调查和实证研究对模式进行修正。

（一）用户参与图书馆数字资源组织与整合系统的体系架构

综合利用社会网络及 Web2.0 技术，可以分三层构建用户参与图书馆数字资源组织模式平台，如图 6—2 所示，分别是用户层、应用集成层和资源层。

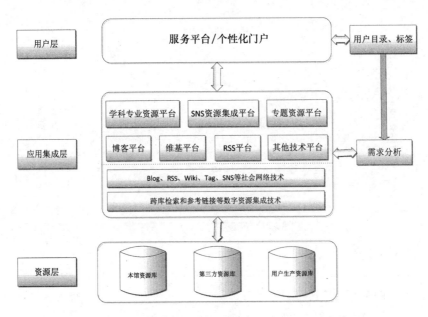

图6—2　用户参与图书馆数字资源组织与整合的体系架构

1. 用户层是平台的入口，也是与用户的接口。该层主要目的是为多样化、分布式存在的数字资源提供逻辑组织和导引。并为用户提供很好的导航，但不涉及资源的内容、结构，不能解决异构、交叉所带来的使用上的问题。要解决此问题需借助社会网络技术，并在更深层面（应用层或元数据层）进行集成。收集用户需求及偏好信息，实现对用户及其权限功能管理，提供个性化定制界面，鼓励用户参与资源组织与整合。

2. 应用集成层是数字资源信息集成的核心，利用先进的数字资源集成技术与社会网络技术实现各系统、各数据库间的连接交换，并根据用户需求分析的结果对集成信息进行处理，以此形成用户参与的个性化数字资源目录及标签。该层包括学科专业资源平台、SNS 资源集成平台、专题资源平台和基于博客等社会软件的平台等，具体应用技术包括 Wiki、SNS、Blog、RSS、Tag 等社会网络技术以及跨库检索技术和参考链接技术等数字资源集成技术。将基于 Web2.0 社会网络的这些典型应用与服务平台的资源管理相结合,能有效实现用户参与数字资源的组织与整合,从而实现对用户的资源交流与共享。

3. 资源层主要是本馆资源(如图书馆购买的数据库和电子书等电子资源、图书馆自建的学科博客、Wiki 参考咨询平台等)、用户生产的资源(包括用户创作、转载、评论的信息等)、第三方资源(主要指网络资源、馆际互借合作资源)、图书馆 OPAC 系统等。在社会网络环境下,本地图书馆的 OPAC 可通过 Z39.50 检索协议检索到其他图书馆的 OPAC 信息,也可通过开放接口获取相关网络资源。

社会网络环境下,用户参与图书馆信息组织平台应具备如下特点:利用社会网络的开放性,广泛收集用户生产的资源、相关的网络资源及其他图书馆资源,为用户提供更多的信息;通过社会网络与数字资源集成技术,为用户参与图书馆资源的组织、整合、交流互动提供不同层次的平台和相应的检索界面,并最终实现用户对数字资源的一站式检索与利用。

(二)用户参与图书馆数字资源组织与整合系统的模式假说

用户在图书馆的引导下,依托社会软件和社会网站(SNS),依据一定的原则和方法,将用户个人生产和获得的各种分散的数字信息进行描述、揭示和序化。图书馆可以根据自己的实力,将描述、揭示后的数字资源按照社会软件的特点或特定的目的进行整合,使之成为其他用户方便使用的有序化的数字信息资源。综合社会网络环境下用户参与图书馆数字资源组织系统的相关要素,我们以高校图书馆为例,构建了不同层次的模式假说。

1. 以某种社会软件为主体的组织与整合模式

以某种社会软件应用为主体的数字资源组织与整合,可以视为社会网络技术在图书馆的初步应用,主要有 BLOG、Wiki 和 RSS 的应用。

(1)以 BLOG 为平台用户参与的组织与整合模式

作为数字资源组织的主体技术,BLOG 既是用户参与数字资源组织的工具,又是数字资源发布的平台。图书馆应根据本馆的规模和实力选择博客的类型,如专业的博客开发软件和商业性的博客网站。选择博客平台后,馆员可以组织用户参与博客数字信息资源的生产、评论、组织和整合,形成新闻博客、馆藏资源博客、学科专业博客、用户服务博客、参考咨询博客、图书馆员博客等。图书馆将所有的博客信息连同用户评论信息一道存入本馆的数字信息资源系统中。

　　用户参与的博客平台构建中可使用标签作为信息分类标引工具。如撰写博文时用户可对该文章添加标签,增加对博文信息资源揭示的深度与广度,提高用户检索利用率。图书馆馆员利用隐私保护、激励机制、过滤机制以及审查机制等相关制度来规范用户参与博客平台的组织与整合行为,并将图书馆所有博客类型汇集于整个博客系统平台,博客系统会在检索栏显示标签或标签云,可对该系统平台中所有的博文提供基于标签的分类标引,并向用户提供标签检索。体现用户通过博客平台参与图书馆数字资源组织与整合的模式如图6—3所示。

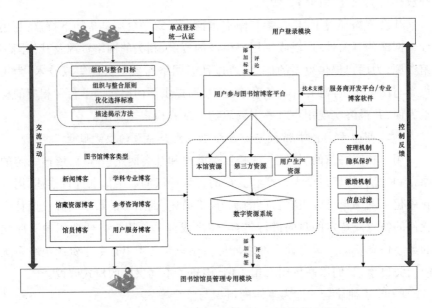

图6—3　以 BLOG 为平台用户参与组织与整合模式

　　(2)以 Wiki 为平台用户参与的组织与整合模式

　　基于 Wiki 的数字资源创建与交流也是一种用户参与信息组织的重要形式,其主要优势体现在用户在参与组织的过程中形成了新的人际网络。Wiki 的内容生成机制一方面是内容指向明确,能激发一些主导型的用户参与内容生成的积极性;另一方面,用户又可以轻松的方式对内容的关系产生贡献,如推荐信息等。更重要的是,它提供了一种以兴趣爱好为纽带的用户人际关系,将志趣相同的用户聚集、组织在一起,促进图书馆数字资源的共享。

馆员在用户参与图书馆 Wiki 数字资源组织与整合中应发挥引导作用,以建立相关的数字资源库,并为用户提供数字资源发布和交流的平台。在该模式的运行中,图书馆资源建设部需将专业知识库、课程资源库、书目信息评价库和多媒体信息评价库等知识库整合到图书馆数字信息资源系统中,最终构建了以 Wiki 为平台用户参与组织与整合模式。如图 6—4 所示。

在各类知识库建立过程中,馆员与用户通过对资源条目或评论信息进行添加标签的方式,共同参与图书馆 Wiki 资源组织与整合。为避免用户随意地添加标签,可为用户提供标签选项,让其在系统预设的相关标签选项中进行选择标引,这样的标签限定机制可以更有效地帮助馆员对 WiKi 数据进行管理并保证数字资源的完整性、有效性和安全性。

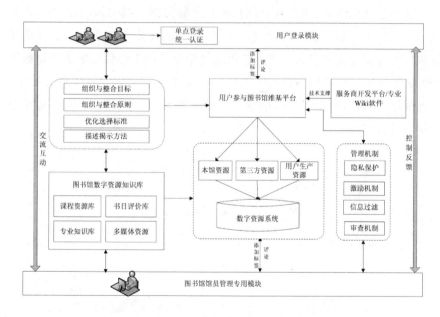

图6—4　以 Wiki 为平台用户参与组织与整合模式

(3)以 RSS 为平台的用户参与的组织与整合模式

RSS 模式如图 6—5 所示,馆员将纸质馆藏及其他非数字资源进行数字化处理,连同新闻公告、新书列表、商业数据库、馆藏书目、网络信息资源、多媒体资源、图书推荐信息、学科信息门户以及博客、维基信息等数字资源存入数字信息资源系统中。图书馆在 RSS 订阅页面提供 RSS Feeds 列表,并按类别将同主题的视频、播客、图片、文本等数字资源聚合在一起,一并推送给需要该主题的定制用户。在 RSS 订阅、分类、重组和输出过程中,具有相似阅读兴趣和知识水平的用户通过相互订阅达成协作,使 RSS 中的内容不断地被重新组合,并呈现不断优化和改进的内容组织形式,从而形成以用户为中心的数字资源组织与整合方式。

该模式引入 TAG 技术进行信息的分类标引。首先,馆员在资源建设时依学科、主题、信息类型和来源对信息进行了分类,这就为各类信息加上学科、主题、类型和来源的标签,并且在 RSS 页面中将用户订阅频繁的热门信息标签以标签云的形式展现出来。用户在订阅信息和阅读信息过程中,又可依据自己的分类标准和标注习惯为信息添加标签,按照用户添加的标签进行信息检索。

在信息获取方面,用户可通过在线阅读器阅读。图书馆应在 RSS 页面上提供离线阅读器下载并指导安装,用户将其下载并安装在自己的终端计算机后方可阅读订阅信息。图书馆可通过学生及教工邮件系统为用户提供 RSS 信息订阅。此外图书馆需使用即时通讯软件建立 RSS 订阅群,用户可加入通讯群与馆员进行交流,申请获取自己所需的 RSS Feeds,由馆员发送给用户进行订阅。

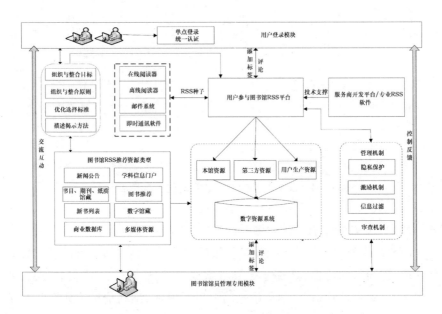

图 6—5 以 RSS 为平台用户参与组织与整合模式

2. 基于特定目的的组织与整合模式

相比较以某种社会软件为主体的组织与整合模式,基于特定目的的数字资源组织与整合更贴近用户的实际需求,难度也更大一些。根据图书馆的实践,这种模式又可具体分为三种形式。

(1)面向学科专业的数字资源组织与整合模式

为各学科的教学科研服务是高校图书馆的主要任务。学科专业平台将特定学科领域的数字资源、工具与服务集成到一个系统中,并按照某学科用户的要求对相关数字资源进行有针对性的揭示,为用户提供一个方便的信息检索和服务入口。从用户角度来看,它完成了对某一学科数字资源内容的高度组织集成以及相关技术的聚集,并将这些资源与技术集成到一个可定制的个性化界面中,以满足用户的个性化需求。我们构建了为学科专业服务的数字资源组织与整合模式,如图6—6所示。

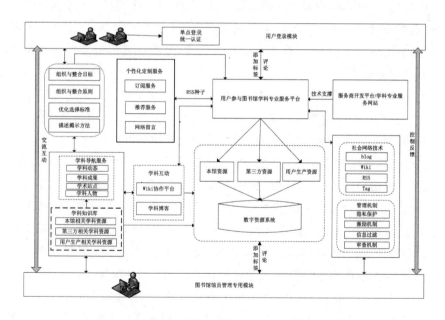

图6—6 面向学科专业的数字资源组织与整合模式

在该模式中,学科专业平台组织与整合建立在用户登录模块、馆员模块、学术互动模块、学科知识库模块、学科导航模块、个性化定制服务模块和管理机制模块的基础上,按照用户需求,将定制的数字资源按一定的类型、形式反馈给用户。

　　用户登录模块是用户进入学科专业服务平台的接口,用户通过注册后即可登录该平台并实现对相关学科数字资源的统一检索。馆员模块主要是对该模式中的数字资源与服务进行反馈控制,针对不同的用户进行分类管理,并收集用户反馈的内容,以进一步改善模式功能。

　　交互性平台与参考咨询服务共同构成了学科互动模块,用户可向馆员与其他用户寻求解决问题的方法,并对服务的评价和意见及时反馈。交互平台主要由 Wiki 协作平台和学科博客两部分构成,Wiki 协作平台为学科馆员和用户提供一个持久和稳定的共同创作平台,馆员和用户对值得长期保存的信息按学科类别进行整理,通过互动方式沉淀知识,集体参与共同创作,以此构建学科知识库。馆员可通过学科博客发布最近的学科领域新闻、提供专题信息服务,吸收用户参与讨论,共享学科动态和文档材料。

　　参考咨询服务是馆员与用户实现数字资源传递的最直接方式,随着社会网络技术的推动,咨询方式越来越多元化,模块实现多种咨询方式统一管理,使服务效益最大化。该模块包括实时咨询、异步咨询、联合咨询三项服务,馆员可及时、有效地解答用户的相关咨询,并形成虚拟的学科信息交流平台和服务枢纽。

　　将学科知识挖掘的资源、用户定制的资源以及学科互动模块等数字资源进行整理最终形成学科知识库,可细分为本馆资源、第三方资源、用户生产的资源等,这些数字资源是形成学科导航服务的基础。

　　学科导航服务是对数字资源的多元化整合以及数字资源导航组织的 2.0 化,用户可根据自己的需求定制相关学科的数字资源。它集成了相关学科的各种数字资源(包括学科动态、学科成果、学术站点、学科人物等),并按照一定的规范严格选择和描述,形成规范的数字资源组织体系,使用户用最少的步骤获得所需要的多种服务。该模块帮助用户快速把握本学科最新学术动态,并能逐渐清晰信息需求,转而通过学科专业服务平台获取特定信息。

　　个性化定制服务通常是通过 RSS 技术实现的,它主要包括订阅服务、推荐服务、网络留言等内容。注册用户登录学科专业门户后根据自己的需求保存定义信息,系统会根据用户的定义条件定期搜索资源,并通过频道式推送、邮件式推送、网址式推送、移动短信推送等 RSS 技术,将最新的信息根据用户需求以用户定制的方式主动提供给用户,方便用户随时了解感兴趣的本专业数字资源。

　　以上各模块的运行须在管理机制模块的指导下进行,该模块对用户参与学科专业服务平台的组织与整合过程进行了协调控制,并制定了相关制度及规范行为,以控制和惩罚违规者,调适用户的行为,维护系统平台的网络秩序。面向学科专业的组织与整合模式针对特定专业的用户需求对数字资源进行筛选、分类、标引、注释和无缝链接,支持用户对学科专业信息的个性化集成定制,从而将一个分布杂乱的信息空间组织成一个方便的用户信息系统。

(2)基于社交网络的专题资源组织与整合模式

社会网络环境下,为向用户提供更优质的服务,交流互动已成为研究的热点。社交网站重视参与性,强调发挥用户的主导作用,为用户与馆员提供了一个交流互动平台。它集各种社会软件功能于一体,可将本地或远程用户和馆员纳入交流与共享环境中。通过开展用户参与的某个热点或特色专题资源组织与整合活动,在丰富图书馆馆藏的同时也加强了用户与馆员的沟通交流,以满足用户个性化需求。为此我们构建了基于 SNS 的专题资源组织与整合模式,如图 6—7 所示。

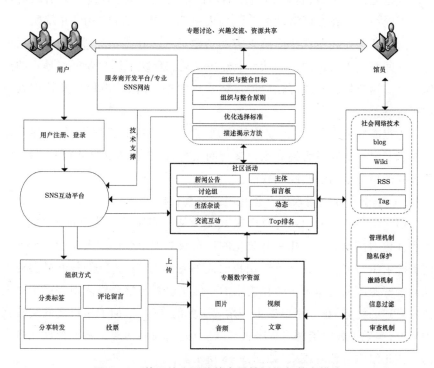

图 6—7　基于社交网站的专题性组织与整合模式

在该模式中用户注册登录社交网站后,即可进入 SNS 互动平台,在社会网络技术的支持下,用户以分类标签、评论留言、分享转发、投票等方式对专题数字资源(图片、视频、音频、文章等)以及社区活动模块中的内容进行组织与整合。标签是一种新的组织和管理在线资源的方式,用户对数字资源增加标签后,相关资源会被关联到社交网站相应标签的内容页面中,以便查找使用相同标签的资源及作者。用户可对任一种专题数字资源发起评论、留言和投票,图书馆则根据用户对专题资源的投票,将其通过 Top 排名的形式显示出来,以吸引更多的用户参与。图书馆借助用户推荐和评价来判断该资源的价值。用户在对感兴趣的资源进行分享转发时,可对内容进行分类管理,并吸引好友参与对该资源的组织与整合。在浏览资源时,用户可通过投票的方式对专题资源进行组织排序。

社区活动为用户与用户、用户与馆员提供了更深层次的交流互动社区。该模块包括新闻公告、主题、讨论组、留言板、生活杂谈、动态、交流互动、Top 排名等栏目。如用户想对感兴趣的话题及主题进行探讨交流时,可在社区活动中建立讨论小组,将志趣相投的用户聚集到一起,形成一个活跃的群体。不同用户可在社区活动的小组列表中选择想去的讨论组,并从所有小组的最新话题列表中选择你感兴趣的话题进入。在生活杂谈一栏中,用户与用户间可交流最近的生活状态及经历。动态反映了用户及好友最近的操作行为。用户如遇问题可在交流反馈一栏中进行留言,由用户及管理人员进行解答。

为提高服务质量,以上模块的实现,需遵守相应的管理机制,并注重用户的隐私保护。同时为提高用户参与的热情,在激励机制的引导下,给予活跃度高的用户适当的奖励与权限。

(3)基于个性化需求的一体化组织与整合模式

面向学科专业的组织与整合模式无论从内容还是功能上都相对单一,离个性化、智能化、集成化和开放化的信息服务理念存在较大差距。SNS 专题资源组织与整合模式侧重于用户之间的互动,无法整合图书馆提供的各项数字资源服务。基于个性化需求的一体化组织与整合模式则集成了以上两种模式的优势,在为用户提供一站式服务的同时,增加了用户之间交流互动环节,实现了数字资源与服务的整合。综上,我们构建了基于个性化需求的一体化组织与整合模式,如图 6—8 所示。

该模式主要由用户与馆员的 SNS 互动社区、用户个人空间、我的数字

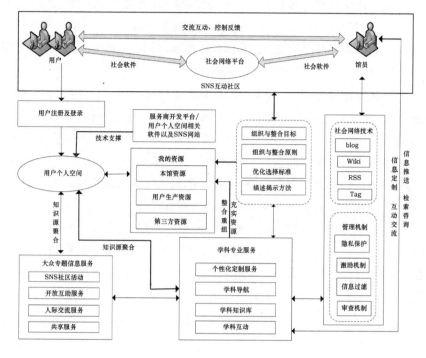

图6—8　基于个性化需求的一体化组织与整合模式

资源、组织与整合过程、大众专题信息服务、学科专业服务、技术与管理机制等七个模块构成。

　　用户与馆员的 SNS 互动社区由用户、馆员、社会软件及社交网络平台组成,通过社交网络平台及社会软件,用户与馆员之间实现了交流互动、实时反馈以及控制协调。

　　用户个人空间作为个人知识管理的空间,记录了用户自身研究和学习轨迹。在个人空间里,用户利用相关技术与平台,参与对各类数字资源与服务进行组织与整合的过程,促进了用户与用户之间数字资源的共享与交流。用户可根据自身兴趣爱好定制相关资源与服务如大众专题信息服务、学科专业服务以及相关数字资源,保存在个人空间里,既吸引了感兴趣的用户进行评论和探讨,又方便馆员了解用户的个性化需求。

　　我的资源模块由本馆资源、用户生产资源、第三方资源三部分组成,在社会网络环境下,用户在馆员的引导下,参与了图书馆数字资源的优化选择、描述揭示、标识确定、资源与服务整合等组织与整合的过程。

大众专题信息服务模块包括 SNS 社区活动、开放互动服务、人际交流服务、共享服务四部分。该模块基于用户的兴趣出发,为用户提供各种不同专题信息服务。并集成了 Blog、Tag、RSS、Wiki 等社会网络技术,以实现用户与用户、用户与馆员之间的互动交流。

个性化定制服务、学科导航、学科知识库、学科互动共同构成了学科专业服务模块,该模块从用户需求角度出发,将相关学科的数字资源、工具与服务集成到一个整体中,为用户提供一个方便的信息检索与服务入口。

其中大众专题服务和学科专业服务均利用了知识源嵌入 RSS 和 Tag 技术定制和推送各类数字资源和服务,及时把相关资源和服务发送给用户,从而将分散的数字资源按用户的个性化需求整合起来。

社会网络环境下该模式的工作流程是:用户注册登录个人空间,进入个性化定制界面,对界面、馆藏数字资源、搜索引擎、新闻通告和新书目录等服务进行个性设置。图书馆通过数据挖掘生成用户信息需求库,并动态更新和维护。最后用户选择个性化需求的功能模块在相关技术(Blog、Wiki、RSS、Tag 等)与管理机制(隐私保护、审查机制、激励机制、数据挖掘等)的支撑下完成相应操作。

第三节　社会网络环境下用户参与图书馆数字信息资源组织与整合的调查分析

本章第二节已经就社会网络环境下用户参与图书馆数字资源组织与整合的目标、原则、方式以及用户参与图书馆数字资源组织的优化选择、描述揭示、标识确定等问题进行了理论研究,并提出了社会网络环境下用户参与图书馆数字资源组织与整合的模式假说。针对分析中提出的模式假说,还需要对用户、馆员和专家进行调研对其进行检验。因此,在本节将以部分高校图书馆为例,进行问卷调查分析,以便检验和完善模式假说。

一　问卷设计与调查统计方法

（一）问卷设计

为了与第三章、第四章的调查对象保持一致,本章问卷将根据三种不同类型的对象,设计三类相互补充的问卷。一是针对高校图书馆用户群体(包括本科生、研究生和教师)的问卷,其中学生用户是用户参与图书馆数字资源组织与整合的主体之一。因此,也是我们首先要调查的对象。二是针对各高校图书馆(副)馆长、图书情报领域的专家、教授与科研人员设计的问卷,他们能够从学科发展的全局高度或图书馆的整体角度出发对调查进行指导,指出存在的问题以及可能预见的困难。三是针对图书馆工作人员设计的问卷。图书馆工作人员是用户参与图书馆数字资源组织与整合的具体组织者和管理者,他们将从实际工作的需要出发,考虑用户参与数字资源组织与整合的相关问题。

用户问卷由三个部分组成,第一部分是"基本情况"的调查,包括所在学校、年龄、性别、学历和学科类型,因为不同年龄、性别、学历、专业背景的用户对社会软件和社交网站的熟悉和使用以及对参与图书馆数字资源组织与整合的需求存在差异;第二部分是"社会软件和社交网站的使用情况",了解用户对社会软件和社交网站的了解、使用频率和组织与整合情况;第三部分是"参与图书馆数字资源组织与整合的需求情况",了解被调查者对用户参与图书馆数字资源组织与整合的需求和应用情况。

专家问卷主要是针对兼备研究和管理两种性质的特殊用户如图书情报领域著名教授或研究人员、图书馆馆长或副馆长等。他们可从学科发展的角度出发,站在全局的高度对本调查进行指导,因学术的威望及权威性,其意见可对图书馆管理层产生一定的影响,对图书馆是否要开展用户参与数字资源组织与整合起决定性的作用。该类型问卷的第一部分是"基本情况"的调查,包括所在学校、性别、年龄、身份和学科专业的调查;第二部分是专家对社会软件和社交网站的熟悉和使用情况调查;第三部分是专家对参与图书馆数字资源组织与整合需求情况的调查,调查专家参与图书馆数字资源组织与整合的意愿,是问卷的重点。

图书馆馆员问卷也分为三个部分,第一部分是"基本情况"的调查,包括所在学校和所在图书馆部门、职称、学历以及年龄情况;第二部分调查馆员对社会软件和社交网站的熟悉和使用情况;第三部分调查馆员对用户参与图书馆数字资源组织与整合的认知。

(二)调查对象

调查对象是所要研究的现象总体,是所要收集的信息资料的承担者,认识调查对象是问卷设计的开端。考虑到调查的连续性,我们选取了以前曾调查过的南京、北京、上海、厦门等地区"985"、"211"和一般本科院校三个层次的高校进行了调查。其中"985"院校包括清华大学、北京大学、南京大学、上海交通大学、厦门大学;"211"院校包括南京农业大学、南京理工大学、南京师范大学、南京航空航天大学、上海大学、福州大学;一般本科院校为南京财经大学、南京工业大学、北京印刷学院、上海电力大学、厦门理工学院等。调查对象包括图书馆用户、馆员和部分专家(其余为武汉、重庆、广州等地的专家)。

(三)调查方案与步骤

1. 设计问卷

问卷设计是调查的关键环节,理想的问卷能够保证调查的顺利进行和调查结果的可信性。因此,此次调查依据调查目的和要求,确定适当的调查数据,拟定调查问卷。问卷的题目由封闭式、半封闭式和开放式组成。

2. 试调查

本次问卷调查的样本量共有1280份,涉及南京、北京、上海、厦门等地十余所高校。为了使问卷的设计更加合理和准确,正式调查之前进行了小范围样本的试调查。选取了南京农业大学用户作为试调查对象,有效用户问卷30份。

3. 调整和修改问卷

对试调查的问卷进行了统计分析,根据调查的数据结果和调查过程中存在的问题对调查问卷进行调整和修改,使其更加完善。

4. 正式调查

调查问卷最终确定后,便进行正式调查。此次调查采用分层随机抽样法进行调查,现场发放和回收问卷,调查地点主要是图书馆和教室。调查时间为2012年8月至9月。

5. 调查数据的统计分析

调查结束后,对回收的调查问卷进行汇总,剔除无效问卷,如未答问卷、答题不完整、填写不清楚问卷等,然后对有效问卷进行统计分析。

(四)录入、统计分析方法

调查结束后,对回收的调查问卷进行汇总,剔除无效问卷,如未答问卷、答题不完整、填写不清楚问卷等,然后对有效问卷进行录入与分析。

本文采用EpiData软件对问卷进行录入,采用SPSS软件进行数据的统计分析。调查问卷产生的数据经EpiData软件录入后,导入到SPSS软件中,在属性窗口中为每一个录入的数字赋予其真正的含义,利用SPSS进行数据的统计分析。

（五）样本发放与回收情况

本次调查共发放问卷 1285 份,其中用户问卷 1003 份,图书馆馆员问卷 237 份,专家问卷 45 份。整个调查过程得到了大部分同学和老师的帮助和支持,有效率较高,具体回收情况如表6—8 所示。

表 6—8　　　　　　　　　　　问卷样本数量

样本	发放数量(份)	有效数量(份)	有效率(%)
用户问卷	1003	956	95.3
馆员问卷	237	222	93.7
专家问卷	45	35	77.8

二　调查结果及数据分析

（一）问卷样本属性

1. 用户问卷样本属性分析

表 6—9　　　　　　　用户问卷样本的性别、年龄分布情况

		人数	比例(%)
性别	男	618	50.9
	女	595	49.1
年龄	40 岁以下	1090	89.9
	40 岁以上	123	10.1

表 6—9 显示了有效样本的性别与年龄等用户问卷样本分布情况。可以看出,调查对象的性别比例基本上各占一半,分布比较合理。用户参与图书馆数字资源组织与整合活动的参与者与服务对象主要是各高校的学生用户,本次调查对象的选择侧重于各高校的学生用户。因此有效样本中用户的年龄 40 岁以下的比例较高,占 89.9%。

表6—10　　　　　用户问卷样本的身份与学科类型分布情况

项目	身份						学科类型								
	行政人员	科研人员	教师	博士	硕士	本科	人文	外语	经济	管理	信息	理学	工学	农学	其他
比例(%)	4.1	4.6	17.2	22.1	23.2	28.8	13.2	5.8	14.1	13.9	6.6	12.2	29.5	3.0	1.7

　　表6—10显示了有效样本的身份与学科专业等分布情况。本次调查对象中学生用户比例最多,包括本科生、硕士和博士研究生,三者的分布率分别为28.8%、23.2%、22.1%;其次是教师用户占17.2%,科研人员和行政人员分别占4.6%、4.1%。可见,问卷样本的分布比较合理。样本的学科类型分布比较广泛,涉及人文、外语、经济、管理、信息、理学、工学、农学等诸多学科。其中,工学类比例最高,占有效调查样本的29.5%,管理类占13.9%,经济类占14.1%,人文类占13.2%,理学类占12.2%,信息类占6.6%,外语类占5.8%,农学类占3.0%,此外,调查还包括了少量的社科类、法学类、医学、航空类、艺术类等专业学生,共占1.7%。

　　2. 专家问卷样本属性分析

　　专家调查对象与第四章相同,因此问卷的样本属性也与第四章一致。

　　3. 馆员问卷样本属性分析

　　馆员问卷样本属性与用户问卷类似,包括馆员的性别、年龄、职称、所在部门及职务等,调查结果如表6—11、表6—12所示:

表6—11　　　　　馆员问卷样本性别、年龄分布情况

项目		人数	比例(%)
性别	男	101	44.9
	女	124	55.1
年龄	40岁以下	156	69.3
	40岁以上	69	30.7

　　从表6—11可以看出,馆员样本的性别也基本各占一半,分布较为合理;年龄分布呈年轻化,40岁以下的馆员较多,占69.3%。

　　从表6—12可以看出,职称分布中以馆员、助理馆员居多,占有效样本

数量的 74.2% 。副研究馆员、研究馆员分别占 13.3%、1.8% ,按抽样调查的原则来看样本分布比较合理。馆员问卷样本的部门分布广泛,涵盖了行政部门、资源建设部、读者服务部、参考咨询部等部门。其中读者服务部样本最多,行政部门比例最低。此外,调查还涉及一些其他部门如多媒体部、物种文献部、信息战略研究部、技术网等部门。馆员中普通工作人员的比例占八成以上。

表6—12　　　　馆员问卷样本职称、所在部门、职务分布情况　　　　单位:%

项目	职称					所在部门					职务	
	研究馆员	副研究馆员	馆员	助理馆员	其他	行政部门	资源建设	读者服务	参考咨询	其他部门	部主任	普通工作人员
比例(%)	1.8	13.3	53.3	20.9	10.7	7.6	19.6	29.8	21.3	21.8	16.0	84.0

(二)对社会软件和社交网站认知情况调查

1. 对社会软件和社交网站使用频率分析

调查发现,被调查的用户每周使用社会软件和社交网站的比例高达 96.0% ,基本不用的比例仅为 1.8% ,从表 6—13 可以看出,80.1% 被调查用户每天都会使用社会软件和社交网站,包括每天多次使用与每天使用一次。可见,在社会网络环境下,多数用户会经常使用社会软件和社交网站进行交流与沟通,它们已成为用户生活、工作与学习的一部分。

对专家调查发现,专家每周使用社会软件和社交网站的比例占 78.2% ,低于用户;每月使用 1—4 次和基本不用的比例则高于用户。对馆员调查发现,馆员每周使用社会软件和社交网站的比例占 90.7% ,低于用户,但高于专家。每月使用 1—4 次和基本不用的比例则高于用户,但低于专家。

经 Kruskal – Wallis H 检验,用户、专家和馆员对社会软件和社交网站的使用频率差别有统计学意义(x^2 =42.511,P =0.000),可看出用户、专家与馆员对社会软件和社交网站的使用频率都很高,但相对于专家、馆员,用户每天多次使用社会软件和社交网站的比例较高。这可能和年龄相关,专家年龄一般都超过 40 岁,馆员中也有近 1/3 超过 40 岁,用户中以学生居多,年龄偏小。

表 6—13　　　　　　　对社会软件和社交网站的使用频率　　　　　　　单位:%

	每天多次	每天一次	每周1—4次	每月1—4次	基本不用	x^2	P
用户	503(52.6)	263(27.5)	152(15.9)	21(2.2)	17(1.8)		
专家	11(34.4)	7(21.9)	7(21.9)	4(12.5)	3(9.3)	42.511	0.000
馆员	75(33.4)	68(30.2)	61(27.1)	16(7.1)	5(2.2)		

2. 对用户利用社会软件和社交网站进行信息组织与整合分析

随着用户对社会软件和社交网站的使用率与使用频率的不断增高,用户使用社会软件和社交网站进行信息组织与整合已成为一种发展趋势。

从表 6—14 可以看出,用户在进行信息组织与整合时,经常使用的社会软件和社交网站的情况与我们多次调查中用户经常使用的社会软件和社交网站相同,依次是 SNS、微博、维基、博客、播客,利用标签、RSS、网摘等进行信息组织与整合的比例较低。专家使用社会软件和社交网站进行组织与整合的比例普遍较低,仅有博客的比例超过 50%,选择维基、RSS、SNS、微博、标签、网摘的比例依次为 43.8%、34.4%、31.3%、25.0%、15.6%、6.3%。馆员中仅微博的比例超过了 50%,博客的比例次之,维基和 SNS 的比例较高,RSS 与播客比例较低,与用户、专家的情况相似,使用标签和网摘的比例较低。

表 6—14　　　　使用社会软件和社交网站进行信息组织与整合情况　　　　单位:%

	SNS	微博	维基	博客	播客	标签	RSS	网摘	其他
用户	90.6	65.3	58.9	41.8	13.5	6.8	5.2	3.9	3.3
专家	31.3	25.0	43.8	56.3	0	15.6	34.4	6.3	9.4
馆员	33.8	56.9	30.2	36.0	11.6	8.0	17.3	6.2	5.2

(三)对社会网络环境下参与图书馆数字资源组织与整合需求的调查

1. 对本校图书馆数字资源组织与整合的满意度

高校图书馆的数字资源组织与整合是否能让用户满意呢? 调查得知,43.3%的用户对本校图书馆数字资源组织与整合情况满意,近半数的用户对本校图书馆数字资源组织与整合的满意程度一般,7.5%的用户对图书馆数字资源组织与整合不满意。调查显示,五成的专家表示对本校图书馆的数字资源组织与整合情况满意,37.5%的专家认为本校图书馆数字资源组织与整合的情况一般,12.6%的专家表示不满意。馆员调查显示,近七成的馆员对本校图书馆的数字资源组织与整合较满意,24.4%的馆员认为本校图书馆数字资源组织与整合情况一般,仅5.8%的馆员表示不满意。

经 Kruskal – Wallis H 检验,用户、专家和馆员对本校图书馆的数字资源组织与整合满意度差别有统计学意义(x^2 = 44.839,P = 0.000),进一步做两两比较,结果显示,用户和专家对本校数字资源组织与整合的满意度均低于馆员,图书馆的数字资源组织与整合的水平还有待改进,组织用户参与图书馆数字资源组织与整合则有可能提高用户的满意度。如表6—15所示。

表6—15　　　　对本校图书馆数字资源组织与整合的满意度　　　　单位:%

满意度	非常满意	比较满意	一般	不太满意	非常不满意	x^2	P
用户	73(7.6)	341(35.7)	470(49.2)	61(6.4)	11(1.1)		
专家	1(3.1)	15(46.9)	12(37.5)	2(6.3)	2(6.3)	44.839	0.000
馆员	33(14.7)	123(54.7)	55(24.4)	7(3.1)	6(2.7)		

2. 对参与图书馆数字资源组织与整合活动的看法

(1)对用户参与图书馆数字资源组织与整合活动的观点

调查显示,超九成的用户、专家和馆员赞同"用户参与数字资源组织与整合能提高图书馆数字资源建设水平",仅有少部分用户、专家和馆员不赞同该观点以及不知道如何表态。经 Mann – Whitney U 检验,用户、专家和馆员对参与图书馆数字资源组织与整合活动的观点差异均有统计学意义(P < 0.05),超九成的用户和专家赞同用户参与图书馆数字资源组织与整合活动。超九成的馆员认为用户参与图书馆数字资源组织与整合能提高图书馆的数字资源建设水平,因此开展该项活动十分必要(详见表6—16)。

表 6—16　　对用户参与图书馆数字资源组织与整合活动的观点　　　　单位:%

	观点				
	非常赞同	比较赞同	基本赞同	不赞同	不知道
用户	16.8	50.2	25.6	5.2	2.2
专家	18.8	40.7	31.3	3.1	6.3
馆员	14.2	48.4	28.4	4.9	4.1
Z	0.073				
P	0.025				

(2)对图书馆数字资源组织与整合活动的参与意愿

调查表明,近八成的用户、专家表示用户愿意参与图书馆数字资源组织与整合活动(如在馆藏目录中加标签、写书评、提建议),仅一成左右的用户和专家不愿意参与该活动,少部分用户和专家没表态。超八成的馆员认为用户愿意参与图书馆数字资源组织与整合活动,仅有 15.6% 的馆员认为用户不愿意参与图书馆数字资源组织与整合,另有极少数馆员表示不知道。经 Mann – Whitney U 检验,用户、专家和馆员对参与图书馆数字资源组织与整合活动的参与意愿差异均有统计学意义(P < 0.05),用户与专家对于该活动的参与热情较高,均超过了七成,馆员认为用户的参与意愿的结果与用户的选择情况较一致(详见表 6—17)。

表 6—17　　对图书馆数字资源组织与整合活动的参与意愿　　　　单位:%

	参与意愿			
	非常愿意	愿意	不愿意	不知道
用户	9.8	68.4	17.9	3.9
专家	6.3	71.9	15.7	6.3
馆员	12.9	67.8	15.6	3.8
Z	0.421			
P	0.032			

3. 用户不愿参与图书馆数字资源组织与整合活动的原因分析

为了深入了解用户不愿参与图书馆数字资源组织与整合的原因,我们就"您不愿意参与图书馆数字资源组织与整合活动的原因是?"对三者进行了调查,经调查发现,超过七成的用户不参与该活动是因为缺乏数字资源组织与整合的相关技能,部分用户表示因图书馆不具备条件,导致不能参与相关活动,另有少部分的用户表示没有兴趣参与和自己没有时间参与。专家调查显示,大部分专家表示自己没有时间参与,少数专家表示没有兴趣和图书馆不具备条件(如没有提供用户参与组织与整合的平台),没有专家选择缺乏数字资源组织与整合的相关技能这个选项。调查显示,近七成的馆员认为用户因缺乏数字资源组织与整合的相关技能才没参与图书馆数字资源组织与整合活动的,认为用户没有时间以及没有兴趣参与的比例较低,而认为图书馆不具备条件的比例最低。

经 x^2 检验,用户、专家和馆员不愿参与图书馆数字资源组织与整合活动的原因差别有统计学意义(P < 0.05)(详见表6—18)。可以看出,如何提高数字资源组织整合的相关技能是目前图书馆亟须解决的问题,用户只有具备了相关技能,才会参与数字资源组织与整合的相关活动,同时图书馆应提供易用、快捷的数字资源组织与整合平台,让更多的用户有机会参与到图书馆的数字资源组织与整合中。

表6—18　　**用户不愿参与图书馆数字资源组织与整合活动的原因**　　　　单位:%

原因	缺乏数字资源组织整合的相关技能	图书馆不具备条件	自己没有时间参与	没有兴趣参与	x^2	P
用户	696(72.8)	119(12.4)	79(8.3)	62(6.5)		
专家	0(0.0)	5(14.8)	23(70.4)	5(14.8)	115.182	0.000
馆员	152(68.4)	18(8.1)	29(12.9)	21(9.3)		

4. 选择数字资源类型进行组织与整合的倾向性分析

用户参与的数字资源除了以往的文字型外,正在向多媒体、富媒体资源的方向发展,而用户倾向于选择的数字资源的类型关系到图书馆未来数字资源组织与整合工作的发展。目前用户参与图书馆数字资源组织与整合中的数字资源包括三个方面:图书馆现有的数字资源、第三方资源以及用户通过社会软件和社交网站生产、提供的资源。

在对用户进行调查中,被调查者选择用户通过社会软件和社交网站生产、提供的资源的比例超过七成,35.6%的用户倾向于图书馆现有的数字资源,超五成的用户倾向于选择第三方资源,可以看出,随着社会网络的发展,用户更偏向于选择第三方资源与用户通过社会软件和社交网站生产、提供的资源。所调查专家中,选择图书馆现有的数字资源的比例最高,选择第三方资源的比例超过六成,而选择用户通过社会软件和社交网站生产、提供的资源的比例最低。近七成的馆员认为用户倾向于选择通过社会软件和社交网站生产、提供的资源,此外,46.1% 的馆员认为用户倾向于选择第三方资源,仅两成左右的馆员认为用户倾向于图书馆现有数字资源。该调查结果与对用户的调查基本一致(详见图 6—9)。

因此,高校在开展用户参与图书馆数字资源组织与整合时,应从用户生产的数字资源入手开展工作,逐步引导用户对第三方资源和图书馆现有的资源进行组织与整合。

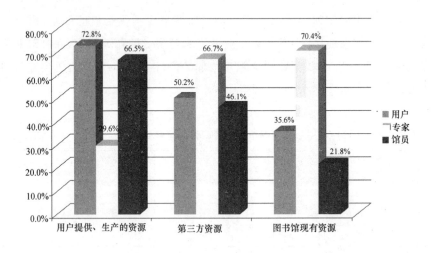

图 6—9 用户、专家和馆员倾向于选择图书馆数字资源的类型

5. 使用社会软件和社交网站对图书馆数字资源进行组织与整合的倾向性

就用户参与图书馆数字资源组织与整合中倾向于选择的社会软件和社交网站类型进行了调查,结果如表 6—19 所示。超过七成的用户倾向于选择 SNS、微博,而选择维基、博客、标签、RSS、播客及网摘的比例相对较低,分别为46.2%、38.7%、11.6%、8.7%、7.5% 及 4.3%。对专家的调查显示,仅选择微博、RSS、SNS 的比例超过半数,选择博客、维基、标签、网摘的比例较低,没有专家选择播客。馆员认为用户倾向于选择参与图书馆数字资源组织与整合的社会软件和社交网站排名前五项是微博、博客、SNS、维基、播客,选择 RSS、网摘、标签的比例相近且较低。可见,馆员认为用户倾向于选择 SNS、微博、维基、标签的比例相对用户的调查结果较低,而选择博客、播客、RSS、网摘等社会软件和社交网站类型比例高于用户的调查结果,我们认为调查对象之间的年龄差异对此有一定的影响。这与前面表6—14 的统计数据反映的情况是一致的。

表6—19　　用户和专家倾向于使用社会软件和社交网站类型　　　　　单位:%

	SNS	微博	维基	博客	标签	RSS	播客	网摘	其他
用户	86.8	71.4	46.2	38.7	11.6	8.7	7.5	4.3	1.7
专家	51.9	77.8	33.3	44.4	25.9	59.3	0.0	3.7	3.7
馆员	51.5	68.4	41.3	54.9	11.2	14.6	24.8	12.1	1.5

6. 对参与图书馆数字资源的组织与整合工作类型的调查

在对“您愿意参与图书馆数字资源组织与整合中哪些工作”进行调查时,愿意对资源优化选择提出建议的用户和专家最多。45.3%的用户和37.0%的专家愿意参与资源描述揭示,41.5%的用户和40.7%的专家愿意参与不同类型资源的整合,31.6%的用户和44.4%的专家倾向于选择确定工作目标和原则,30.8%的用户和25.9%的专家选择了对检索标识的确定。此外,超七成的馆员认为用户愿意参与资源优化选择的工作,认为用户愿意选择资源描述揭示、不同类型资源的整合与确定工作目标和原则等工

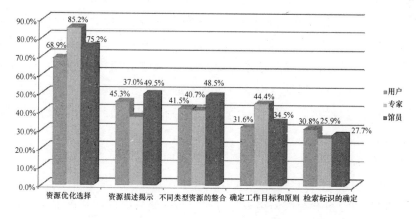

图6—10　用户、专家和馆员愿意参与图书馆数字资源组织与整合的工作类型

作类型的比例分别为49.5%、48.5%、34.5%,认为用户愿意参与检索标识的确定工作的比例最低(详见图6—10)。

为何资源优化选择是用户、专家和馆员都比较认可的用户参与的工作类型呢? 这可能与用户具有学科专业背景,但比较缺乏数字资源组织与整合的技术有关。这就要求馆员在组织用户参与数字资源组织与整合活动时,要尽量发挥用户的学科专业特长,补己之短。

7. 对参与图书馆数字资源组织与整合的目标的分析

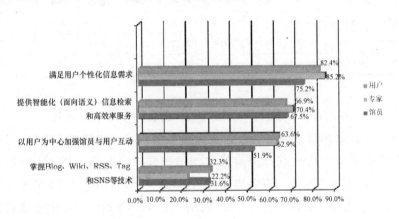

图6—11   用户和专家对参与图书馆数字资源组织与整合目标的期望

由图6—11可以看出,用户和专家认为参与图书馆数字资源组织与整合的目标为"满足用户个性化信息需求"的比例最高,均超过八成;选择"提供智能化信息检索和高效率服务"的次之;再次为"以用户为中心加强馆员与用户互动";最后才是"掌握 Blog、Wiki、RSS、Tag 和 SNS 等技术"。馆员的观点与用户、专家的观点基本一致。可见,大部分用户、专家和馆员都认为满足个性化需求、提供高质量的服务才是用户参与图书馆数字资源组织与整合的最终目的,而掌握 Blog 等社会网络技术只是提高信息服务水平的工具或手段。

8. 对参与图书馆数字资源组织与整合的原则的期望

用户参与图书馆数字资源组织与整合活动时需要遵守相应的原则。调查显示,在用户对参与图书馆数字资源组织与整合原则的建议中,超七成的被调查者选择了用户需求导向、操作方便。社会网络环境下,强调的是用户参与,接近六成的用户选择了该选项。专家调查显示,超过八成的专家把用户需求导向摆在图书馆数字资源组织与整合原则的首位,74.1%的专家认为应鼓励用户参与原则,62.9%的专家认可操作方便实用原则。馆员调查显示,七成以上的馆员认为用户可能参与图书馆数字资源组织与整合的原则是用户需求导向、操作方便实用,选择鼓励用户参与的比例也超过了六成(详见图6—12)。

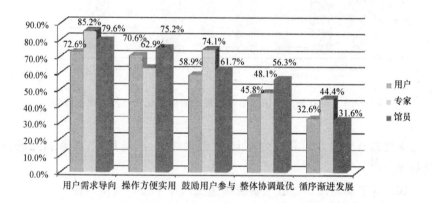

图6—12 用户和专家对参与图书馆数字资源组织与整合原则的期望

可见,图书馆在进行数字资源组织与整合的实施过程中,应着重从用户需求角度出发,注重操作方便实用的功能,深入了解用户参与的动因,以便有针对性地出台相应的激励政策和吸引措施,鼓励用户参与,再考虑其他相关的原则。

9. 对参与图书馆数字资源组织信息优化选择标准的期望

优化选择是对初选数字资源的再次鉴别、筛选和剔除,使选择后的数字资源能够达到上传图书馆社会网络平台的质量标准,最终能够满足用户的个性化需求。调查显示,用户选择可靠性的比例最多,为85.3%,选择相关性、适应性、先进性三者的比例均超五成。专家调查显示,81.5%的专家认为对图书馆数字资源进行优化选择首先需要保证可靠性,其次是相关性和适应性,选择先进性的专家最低。

馆员调查显示,馆员也将可靠性摆在首位,近九成的馆员认为对图书馆数字资源进行优化选择要保证可靠性,超五成的馆员选择了先进性和适应性,选择相关性的比例最低(详见图6—13)。

从用户、专家和馆员的调查可以看出,用户参与图书馆数字资源组织的

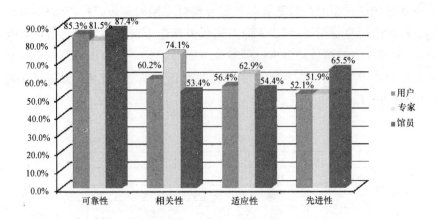

图6—13 对参与图书馆数字资源组织的信息优化选择标准的期望

信息优化选择中要以可靠性为导向,并遵循相关性、适应性,并兼顾先进性等标准。

10. 对于参与图书馆数字资源描述揭示技术选择的倾向性

社会网络技术作为创建、组织、发布数字资源的工具,主要包括博客、维基、RSS、标签、SNS 等,而用户更愿意使用哪种社会网络技术进行图书馆数字资源描述揭示呢?从表6—20 中可看出,用户选择 SNS、维基和博客作为图书馆数字资源组织描述揭示的技术的比例较高,而标签、RSS 的比例相对较低。

专家调查显示,专家选择博客的比例最高,其次是 RSS、维基、SNS 和标签。与用户及馆员相比,SNS 的比例较低,但选择博客、RSS、标签的比例要高于两者,而选择维基的比例稍低于用户,但高于馆员。

馆员调查显示,选择博客比例最高,其次是 RSS、标签、SNS,而选择维基的比例最低。与用户和专家调查相比,馆员选择维基、博客、SNS 的比例低于两者,此外选择 RSS、标签的比例高于用户,但低于专家。

表6—20　　　选择参与图书馆数字资源描述揭示的社会网络技术　　单位:%

	SNS	维基	博客	标签	RSS
用户	72.5	68.2	56.8	34.5	28.8
专家	59.3	62.9	70.4	55.6	66.7
馆员	36.9	23.3	68.4	46.6	48.1

调查表明,图书馆在选择社会网络技术进行数字资源描述揭示中,应重点应用 SNS、维基和博客技术,并根据需要和不同资源类型,适当地运用标签与 RSS 等技术。

11. 对参与图书馆数字资源描述和揭示的方法的选择

(1)对于选择数字资源组织的描述和揭示方法的倾向性

用户调查显示,认可用户参与图书馆数字资源的描述和揭示的方法是在网上为图书添加目录、注释和评论和为图书添加标签、评级的用户比例较高,均超过六成半,只有约 1/3 的用户认可根据需要重新设计数字资源分类体系。专家调查显示,专家比较重视在网上为图书添加目录、注释和评论该选项,92.6% 的专家选择了该方法,其次是在网上为图书添加标签、评级,选择根据需要重新设计数字资源分类体系的专家最低,只有 1/3。

馆员调查显示,馆员也将在网上为图书添加目录、注释和评论摆在首位。选择根据用户需要重新设计数字资源分类体系、在网上为图书添加标签、评级的馆员比例相近,均超过五成半(详见图 6—14)。

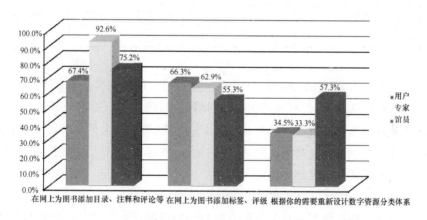

图 6—14　对选择数字资源组织的描述和揭示方法的倾向性

可见,用户、专家和馆员都比较看重用户在网上为图书添加目录、注释和评论以及在网上为图书添加标签、评级等。所以图书馆应多提供条件,鼓励用户参与对图书添加目录、注释、评论和添加标签等,可实现多方面多角度揭示数字资源,以满足用户个性化的需求。

(2)对数字资源组织的描述和揭示方法的了解

　　用户参与图书馆数字资源组织方法随着社会网络技术的更新而发生变化。目前图书馆数字资源组织的描述和揭示的方法有分类法、叙词法、元数据、搜索引擎、主题图、本体以及社会网络技术。调查显示,用户选择社会网络技术的比例接近九成,搜索引擎的比例次之,选择分类法的比例也超过五成,选择元数据与叙词法在四成左右,相对而言,用户选择主题图与本体的比例最低。专家调查显示,专家对分类法、元数据及搜索引擎、叙词法的了解度较高,六成以上的专家选择了社会网络技术,而选择主题图、本体的比例最低。

　　馆员调查显示,与专家相似,对分类法的了解程度最高,比例为88.4%,五成以上的馆员比较了解社会网络技术、搜索引擎、叙词法、元数据和主题图等方法,而对于本体的了解程度最低(详见表6—21)。

表6—21　　　　　对图书馆数字资源组织的描述和揭示方法的了解　　　　　单位:%

	社会网络技术	搜索引擎	分类法	元数据	叙词法	主题图	本体
用户	88.2	76.3	53.2	40.9	39.1	12.8	10.1
专家	62.9	81.5	92.6	81.5	70.4	48.1	44.4
馆员	66.5	65.5	88.4	52.4	55.8	51.5	36.2

　　可以看出,与专家、馆员相比,用户对于传统的数字资源描述揭示的方法的了解程度较低,但对新兴的社会网络技术、搜索引擎等方法的了解程度较高。而专家和馆员对于分类法、叙词法、元数据有较大的优势,这与专家和馆员的专业与职业相关。此外,因主题图、本体的概念比较抽象,用户、专家和馆员对其熟识度都不高。

　　12.对标签进行语义规范控制的认可度

　　社会网络环境下用户参与图书馆数字资源描述揭示技术中使用最广泛的是标签,但因其存在的同义、多义、缺乏层次等不足,影响了标签效用的充分发挥。我们就用户对参与图书馆数字资源添加的标签进行语义规范控制的认可度进行了调查,调查结果见图6—15,可以看出大部分被调查者(90.2%的用户、75.9%的专家、79.1%的馆员)认为图书馆应该对标签进行语义规范控制,只有少数用户、专家和馆员表示无所谓或不知道。可见对标签进行语义规范控制是大势所趋。

　　13.对图书馆数字资源整合目的的倾向性

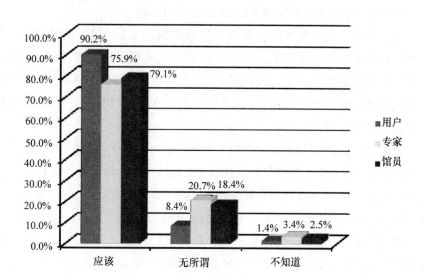

图6—15 对标签进行语义规范控制的认可度

为了探究用户参与图书馆数字资源整合的目的,我们针对该问题对用户专家与馆员进行了调查研究。如表6—22所示,用户、专家和馆员认为图书馆数字资源整合的目的是为用户提供个性化优质信息和知识服务的比例最高,接近九成或超过八成;三者选择形成方便快捷的数字资源利用环境的比例稍低,但也都在六成或七成以上;即使后面两项也在六成左右。

这表明,用户、专家和馆员更看中为用户提供个性化优质信息和知识服务。因此图书馆进行数字资源的整合中,在以提升数字资源内容之间的关联度、形成方便快捷的数字资源利用环境、实现数字资源与服务的高度集成和无缝结合为目的的基础上,要更注重为用户提供个性化的优质信息和知识服务。

表6—22　　　　对参与图书馆数字资源整合目的的倾向性　　　　单位:%

	为用户提供个性化优质信息和知识服务	形成方便快捷的数字资源利用环境	提升数字资源内容之间的关联度	实现数字资源与服务的高度集成和无缝结合
用户	88.6	77.2	64.8	60.6
专家	88.9	62.9	70.4	55.6
馆员	83.5	76.2	60.2	68.9

14. 对图书馆数字资源组织与整合方式的选择

用户倾向于选择哪种图书馆数字资源组织与整合方式? 调查显示,基于个性化需求的一体化资源组织与整合的方式最受用户欢迎,面向学科专业的资源组织与整合的方式紧随其后,近七成的被调查者倾向于基于 SNS 的专题资源组织与整合的方式,近六成的用户选择了以某种社会软件为主的组织与整合的方式。

专家调查显示,专家将面向学科专业的资源组织与整合放在首位,基于个性化需求的一体化资源组织与整合比例次之,此外,认为以某种社会软件为主的组织与整合、基于 SNS 的专题资源组织与整合和以标签为工具的组织与整合是用户参与图书馆数字资源组织与整合的方式的比例接近且均超五成。

馆员调查显示,馆员也将基于个性化需求的一体化资源组织与整合放在首位,其次是面向学科专业的资源组织与整合,超半数的馆员选择了以某种社会软件为主的组织与整合的方式,而选择基于 SNS 的专题资源组织与整合、以标签为工具的组织与整合的比例较低(详见表 6—23)。

可以看出,用户更乐意参与基于个性化需求的一体化资源组织与整合的方式,专家和馆员对此方式也有较高比例的倾向性。因此图书馆在对组织与整合选择时,应从用户需求角度出发,尽可能地选择基于个性化需求的一体化资源组织与整合的方式。

表 6—23　　　　**对参与图书馆数字资源组织与整合方式的选择**　　　单位:%

	基于个性化需求的一体化资源组织与整合	面向学科专业的资源组织与整合	基于 SNS 的专题资源组织与整合	以某种社会软件为主的组织与整合	以标签为工具的组织与整合
用户	80.4	75.2	69.2	57.5	52.8
专家	66.7	92.6	51.9	59.3	55.6
馆员	73.8	72.8	50.5	56.8	47.1

15. 用户参与数字资源组织与整合的社会网络系统构成要素分析

用户参与图书馆数字资源组织与整合的社会网络系统包括哪些要素? 我们对用户、馆员和专家对此问题的观点进行了调查,调查结果如表 6—24 所示。可见,五成以上的调查者均认为用户、馆员、技术、数字资源、管理和环境都是用户参与图书馆数字资源建设的社会网络系统的构成要素。由此可以说明,我们提出的用户、馆员、技术、数字资源、管理和环境是用户参与图书馆数字资源建设的社会网络系统的构成要素是合理的。

表6—24 **用户参与数字资源组织与整合系统的构成要素** 单位:%

	用户	馆员	数字资源	环境	管理	技术
用户	90.2	85.6	74.2	66.9	64.6	64.5
专家	77.8	74.1	70.4	55.6	62.9	62.9
馆员	81.1	78.2	71.4	55.3	72.3	68.4

16. 用户参与数字资源组织与整合的社会网络系统要素的协同配合分析

从表6—25中可以看出,用户、专家和馆员对于用户与馆员、用户与技术、用户与数字资源以及用户与管理的认同程度较高,如用户、专家和馆员主张用户与馆员协同配合的分别为83.4%、59.3%和67.5%,再如用户、专家和馆员主张用户与数字资源协同配合的分别为70.1%、62.9%和57.8%。用户对于选择用户与环境的比例也较高,为65.7%,而专家和馆员选择该选项的比例较低,在该题六项选项中,选择组织与整合的用户、专家和馆员,均最低。

表6—25 **用户参与数字资源组织与整合系统的协同配合** 单位:%

	用户与馆员	用户与技术	用户与数字资源	用户与环境	用户与管理	组织与整合
用户	83.4	80.3	70.1	65.7	64.7	44.2
专家	59.3	55.6	62.9	33.3	55.6	37.1
馆员	67.5	48.5	57.8	40.1	46.7	35.9

可以看出,在社会网络环境下,应该加大用户与馆员、技术、数字资源、管理等要素的协调配合力度,为用户提供良好的人文环境、技术环境和管理环境,最终实现了用户参与图书馆数字资源的组织与整合。

17. 用户参与数字资源组织与整合活动需重点解决的问题

用户作为图书馆数字资源组织与整合的参与者与使用者,他们认为本校图书馆数字资源组织与整合还有哪些问题需重点解决呢?从表6—26中可以看出,超过五成的用户认为用户宣传培训、激励政策、技术平台开发和各方协调合作需要进行改进,而提出馆员素质、活动资金、领导重视等相关建议的用户比例较低。专家和馆员的调查显示,超七成的专家和馆员认为本校图书馆首先需重点解决的问题是各方协调合作,超过六成的专家和馆员选择了用户宣传培训、激励政策,专家和馆员认为技术平台开发需重点解决、领导重视的比例也均过半,选择活动资金、馆员素质还需改进的比例较低。

表6—26　　　　本校图书馆数字资源组织与整合重点解决的问题　　　　单位:%

	用户宣传培训	激励政策	技术平台开发	各方协调合作	领导重视	馆员素质	活动资金
用户	65.6	62.1	52.9	51.3	35.4	34.8	36.1
专家	66.7	62.9	55.6	74.1	59.3	37.1	40.7
馆员	67.5	60.2	55.8	76.7	50.5	34.5	29.6

在对用户、专家和馆员的调查中可看出,激励政策、用户宣传培训和各方协调合作这三个选项是三者公认的目前本校图书馆开展图书馆数字资源组织与整合活动需重点解决的问题。因此高校图书馆在开展数字资源组织与整合活动时,应在注重技术平台开发、争取学校领导重视和加大活动资金投入及提高馆员素质的同时,更要出台相应的激励政策,并加强对用户宣传培训以及各方协调合作,以吸引更多的用户参与数字资源组织与整合的平台。

18. 对社会网络环境下用户参与数字资源组织与整合的建议

调查中,大部分用户、专家和馆员对社会网络环境下开展用户参与图书馆数字资源组织与整合活动比较支持,认为该活动值得推广。为了更好地开展该项活动,部分调查对象提出了宝贵的建议,我们对三者提出的建议总结、概括为以下几个方面:(1)以用户需求为导向,提供具有竞争力、快捷方便的系统;(2)加大项目资金投入,加强宣传和管理;(3)组织用户参与图书馆数字资源组织与整合,要注意控制数字资源质量;(4)理论联系实际,依托图书馆进行实证研究;(5)充分调研,形成可操作的方案,并根据工作进行中的实际情况及时调整实施方案;(6)对用户参与数字资源组织与整合的产品要加强后续维护,使其可持续发展,让用户感受到参与图书馆数字资源组织与整合的价值;(7)加强用户与馆员的互动交流;(8)制定和强化相应的激励政策;(9)提高馆员自身素质。

第四节　社会网络环境下用户参与图书馆数字信息资源组织与整合模式的修正

为了检验和完善社会网络环境下用户参与图书馆数字资源组织与整合的模式假说,我们在上一节中以问卷方式,对南京、北京、上海、厦门等地的14 所不同层次高校图书馆用户、图书馆学专家、图书馆员进行调查,了解其对社会网络环境下用户参与图书馆数字资源组织与整合的认知、需求和应用现状。同时课题组以南京农业大学 110 周年校庆为契机,以所在信息学院的名义联合南京农业大学图书馆和宣传部,建立专门社交网站,面向全校师生组织开展反映南京农业大学发展历程的"南农记忆"图片征集活动,并参考重庆大学图书馆"我的书斋"相关数据,对本章第二节提出的用户参与数字资源组织与整合的模式假说进行检验、修正和调整。

一　用户参与图书馆数字资源组织与整合模式的检验

对社会网络环境下图书馆数字资源组织与整合活动的参与意愿的调查结果表明,用户和专家愿意参与图书馆数字资源组织与整合活动的热情较高,78.2%的用户、78.2%的专家愿意参与该活动。馆员认为用户可能参与图书馆数字资源组织与整合活动的为 83.4%。可见,用户、专家以及馆员认可用户参与图书馆数字资源组织与整合活动的比例都在有效样本的八成左右。这表明,大部分用户、专家和馆员对于开展社会网络环境下用户参与图书馆数字资源组织与整合活动持支持态度。

用户倾向于选择哪种图书馆数字资源组织与整合的方式呢?调查显示,基于个性化需求的一体化资源组织与整合最受用户欢迎,占 80.4%;面向学科专业的资源组织与整合的方式紧随其后,占 75.2%;选择基于 SNS 的专题资源组织与整合的方式为 69.2%;57.5%的用户选择了以某种社会软件为主的组织与整合。专家将面向学科专业的资源组织与整合放在首位,占 92.6%;其余各种方式均超过 50%。馆员与用户的选择相近,除标签以外,对各种方式的选择均超过 50%。这表明多数用户、专家和馆员对于本章第二节提出的各类用户参与数字资源组织与整合模式假说持肯定态度。

在对用户参与图书馆数字资源组织与整合的系统构建的要素调查中发现，六成以上的用户、五成以上的专家和馆员，认为用户参与图书馆数字资源组织与整合的社会网络系统包括用户、馆员、技术、数字资源、管理和环境等要素。六成以上用户对六个要素中前五个要素之间的协调配合，持肯定态度。这也表明，我们在本章第二节中提出的系统六要素基本是正确的。

以上数据说明，社会网络环境下用户参与图书馆数字资源组织与整合活动有较广泛的群众基础，具有可行性。同时也验证了我们提出的两个层次不同类型的用户参与图书馆数字资源组织与整合的模式假说总体上能够被大多数人接受。

二　用户参与图书馆数字资源组织与整合模式的修正和完善

从调查数据中我们发现，本章第二节提出的模式假说的部分内容应根据用户的意愿和需求进行适当调整和完善。具体内容如下：

对于用户参与图书馆数字资源组织与整合的目标进行的调查表明：82.4%的用户、85.2%的专家和75.2%的馆员认可满足用户个性化信息需求的目标；66.9%的用户、70.4%的专家和67.5%的馆员认可为用户提供智能化信息检索和高效率服务的目标；63.6%的用户、62.9%的专家和51.9%的馆员认为要以用户为中心加强馆员与用户互动。这三项被大多数人认可的目标应在修正的模式中有所体现。

关于图书馆数字资源组织与整合的原则，72.6%的用户、85.2%的专家和79.6%的馆员认为应遵循用户需求导向原则；操作方便实用原则也被较多的用户、专家与馆员认可，分别为70.6%、74.1%和75.2%；58.9%的用户、74.1%的专家和61.7%的馆员认可了鼓励用户参与原则；另外，45.8%的用户、48.1%的专家和56.3%的馆员认为还需重视整体协调最优原则；这些被较多人认可的原则应贯彻到修正的模式中去。

在对"您倾向于参与图书馆哪一类数字资源的组织与整合"进行调查时发现，72.8%的用户、29.6%的专家倾向于选择用户通过社会软件和社交网站生产、提供的资源；50.2%的用户、66.7%的专家选择了第三方资源（网络资源、图书馆之间的共享资源等）；35.6%的用户、70.4%的专家倾向于对图书馆现有的数字资源进行组织与整合。馆员的观点与用户的观点比较接近。按用户需求导向原则，修正模式中应该反映多数用户的倾向性。

图书馆数字资源组织的描述和揭示方法有分类法、叙词法、元数据、主题图、本体、搜索引擎及社会网络技术等。对数字资源组织的描述和揭示方法的了解情况调查显示,用户选择社会网络技术的比例接近九成,搜索引擎的比例超过七成,选择分类法的比例也超过五成,选择元数据与叙词法在四成左右,用户选择主题图与本体的比例最低。而专家和馆员中对于分类法、叙词法、元数据熟悉者占多数。在修正模式的相关方法采用中,也应体现用户导向原则。

对数字资源的优化选择标准调查显示,用户、专家和馆员选择可靠性标准的比例最高,为85.3%,选择相关性、适应性、先进性标准的比例也均超过五成。调查还显示,大部分被调查者(90.2%的用户、75.9%的专家、79.1%的馆员)认为图书馆应该对标签进行语义规范控制。这些在修正模式中都应体现。

其他有关的调查数据,也应依用户导向原则,尽量在修正模式中有所反映。

我们在本章第二节中以高校图书馆为例,构建了两个层次的模式假说:一是以某种社会软件应用为主体的数字资源组织与整合模式;二是基于特定目的的数字资源组织与整合模式。下面将根据调查数据或有关实证数据,分别对两个层次不同类型的模式进行修正。

(一)以某种社会软件为主体的组织与整合模式的修正

在选择社会软件和社交网站的数字资源组织与整合的调查中,用户更倾向于选择 SNS、微博、维基、博客、标签,专家倾向于选择微博、RSS、SNS、博客、维基。可以看出,用户和专家的意见大同小异,馆员与用户的意见也较为趋同。因此,图书馆在开展数字资源组织与整合活动时,应提供用户和专家均认可度较高的社会网络技术选项,以实现多数用户利用自己熟悉的社会软件和社交网站(如 SNS、微博、维基、博客)组织与整合数字资源。而RSS 目前的用户认知度与使用率均较低,因此,建议暂不使用此方式。同理,在下面的修正模式中也不包括 RSS 模式。

1. 以微博/BLOG 为平台用户参与组织与整合的修正模式

因微博与博客的组织与整合功能较相似且用户认知度和使用率较高,依据前面的调查数据,我们提出了以微博/BLOG 为平台用户参与的组织与整合的修正模式图,如图6—16 所示,该修正模式中馆员对用户需求进行挖掘,以了解用户对于博客平台的需求情况,用户也可将参与博客平台中存在的问题,反馈给馆员予以解决。

据调查,用户、专家、馆员认为用户参与图书馆数字资源组织的信息优化选择标准是可靠性的比例最高,分别为85.3%、81.5%、87.4%,三者选择相关性、适应性、先进性的比例较接近,分别为60.2%、74.1%和53.4%;56.4%、62.9%和54.4%;52.1%、51.9%和53.4%。67.4%的用户、92.6%的专家和75.2%的馆员认为图书馆数字资源的描述和揭示的方法应包括在网上为图书添加目录、注释和评论,选择在网上为图书添加标签、评级的比例分别为66.3%、62.9%和55.3%,此外34.5%的用户、33.3%的专家、57.3%的馆员选择了根据你的需要重新设计数字资源分类体系。在调查中,发现用户、专家和馆员比较了解的图书馆数字资源组织的描述和揭示方法有社会网络技术、搜索引擎、分类法、元数据、叙词法,而对主题图和本体的了解度均较低。此外我们就用户对参与图书馆数字资源添加的标签进行语义规范控制的认可度进行了调查,大部分被调查者(90.2%的用户、75.9%的专家、79.1%的馆员)认为图书馆应该对标签进行语义规范控制。

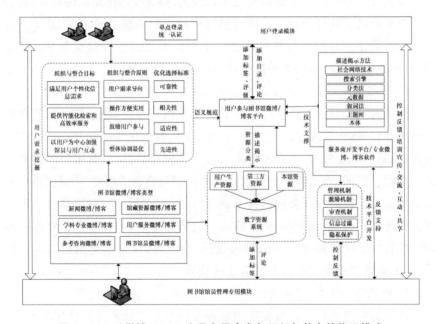

图6—16 以微博/BLOG为平台用户参与组织与整合的修正模式

因此,图书馆在对数字资源进行优化选择时应保证数字资源的可靠性,兼顾相关性、适应性、先进性等标准,在对数字资源进行描述揭示时,应侧重选择社会网络技术、搜索引擎、分类法、元数据、叙词法等描述和揭示方法，并对用户使用率较低的 RSS、标签等技术以及主题图、本体等方法进行相关培训与宣传，在选择用户参与图书馆数字资源的描述和揭示的方法时，可考虑先实现用户在网上为图书添加目录、注释和评论，逐渐过渡到用户可在网上为图书添加标签、评级以及根据用户需要重新设计数字资源分类体系等方式。

　　前文的调查数据表明用户对于参与数字资源组织与整合的一些技术、方法及方式的认知度不高，因此该修正模式中也增加了馆员对用户的培训宣传，以及对开发博客平台提供相应的技术支撑等内容。从整体上看，该修正模式在用户参与数字资源与整合的目标原则的指导下，遵循数字资源组织的信息优化选择标准，为用户提供了描述揭示的技术与方法，并加强对用户描述揭示行为（如添加标签、评论等）的语义规范控制，以期提高用户参与图书馆博客平台的质量，为用户提供更优质的服务。

　　2. 以 Wiki 为平台用户参与组织与整合模式的修正

　　以 Wiki 为平台用户参与组织与整合模式存在的问题与以 BLOG 为平

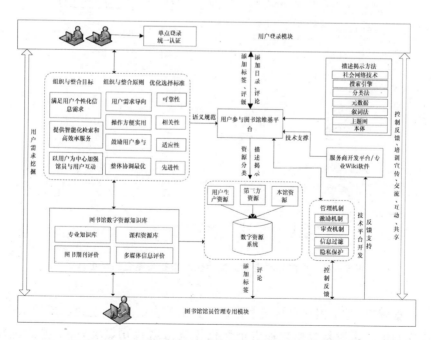

图6—17　以 Wiki 为平台用户参与组织与整合的修正模式

台用户参与组织与整合的模式相似,具体的修正方法与图6—17相似,在组织与整合的目标原则的指导下,依据优化选择标准对用户参与Wiki平台进行组织与整合活动进行控制,为解决标签的同义、多义、缺乏层次等问题,馆员加强了对用户添加标签行为的语义规范,如图6—17所示。

(二)基本特定目的的数字资源组织与整合模式的修正

相比较以某种社会软件为主体的组织与整合模式而言,基于特定目的的数字资源组织与整合更贴近用户的实际需求,难度也更大一些。根据图书馆的实践,这种模式又可具体分为面向学科专业的数字资源组织与整合模式、基于SNS的专题资源组织与整合模式和基于个性化需求的一体化组织与整合模式。

1. 面向学科专业的数字资源组织与整合的模式修正

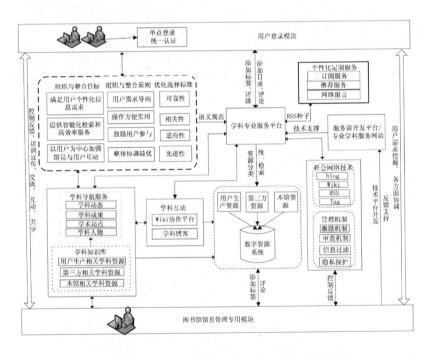

图6—18　面向学科专业的数字资源组织与整合的修正模式

据调查,对于用户参与图书馆数字资源整合的目的,超过八成的用户、专家和馆员认为是为用户提供个性化优质信息和知识服务,比例分别为88.6%、88.9%和83.5%,认为数字资源整合的目的是形成方便快捷的数字资源利用环境、提升数字资源内容之间的关联度与实现资源与服务的高度集成和无缝结合的用户、专家和馆员比例也均超过了五成,因此,我们认为其主要目的是通过用户参与数字资源的整合,提升数字资源内容之间的关联度,形成方便快捷的数字资源利用环境,实现了数字资源与服务的高度集成和无缝结合,最终为用户提供个性化的优质信息和知识服务。

我们针对本校开展用户参与数字资源组织与整合系统需重点解决的问题对用户、馆员和专家进行了调查,结果表明,目前激励政策、用户宣传培训和各方协调合作是需重点解决的问题。高校图书馆在开展数字资源组织与整合活动时,应首先加强对用户宣传培训以及各方协调合作力度,并加大对技术平台的开发及活动资金的投入,提高领导重视度和馆员素质,更要出台相应的激励政策,如数字资源回报、借阅优惠奖励等多种措施吸引用户参与数字资源组织与整合的平台。

据调查,用户对组织与整合活动的各环节并不十分了解,愿意为参与各个环节的用户比例还有待提高,这在前面的论述中已经有所提及,因此,图书馆一方面需要对用户的需求进行分析,对开展数字资源组织与整合活动制定目标和原则,另一方面,需要对活动进行宣传、对用户进行相关技能的培训,并对用户的行为进行引导,鼓励他们参与图书馆数字资源的组织与整合活动。

根据前面提出的问题,我们对面向学科专业的数字资源组织与整合模式进行了修正,具体如图6—18所示。

2. 基于SNS的专题资源组织与整合模式的修正

南京农业大学图书馆在110周年校庆之际,专门建立具有SNS性质的南农记忆图片征集平台,组织师生上传、标注、评论具有本校历史价值的各类照片。具有图片上传、图片分类、图片标签、图片投票、图片推荐、图片分享等功能,自建网站以来,共有1748名用户参与了该活动并上传了2156张图片,但仅有67位用户对网站的图片进行分类与添加标签,比例比较低,仅为3.8%,在所上传的2156张图片中,被用户分为校园景色、校园生活、教学科研、服务社会、校史回顾和大事记六大一级类目,便于对图片的分类,每个一级类目下均设了二级类目,各类目中图片均有详细文字说明。其中被顶的图片超六成(65.7%),被顶次数超过10次以上的图片比例仅为8.4%,所上传的图片作者共有110位,28.2%的用户对图片进行推荐,另还有少部分用户对图片进行了分享。以上调查结果表明,目前该网站会员数目较多,上传图片数目已超过了 2000 张,同时用户参与图片分类、描述、添加标签、推荐等内容的准确度较高,这与该网站提供的详细操作说明与设立的管理员审核制度有关,在首页中有用户参与活动的相关说明,并介绍了操作步骤以及相应的格式等,同时用户对图片进行组织与整合后,管理员会在24 小时之内对用户的操作行为进行审核,将没审核通过的原因反馈给用户,用户对相关操作进行修改,直至管理员审核通过。在调查中,我们也发现,注册会员数目虽多,但真正参与图片的组织与整合工作的用户比例很少,如参与图书描述与揭示的用户仅为 3.8%,在上传图片的作者中仅有28.2% 的用户参与了图片推荐等,因此该网站应加强宣传,并应给予参与活动的用户奖励,只有提高用户参与热情,才能开展好该项活动。

　　根据前面调查问卷分析数据以及对南农百年记忆网站的实例分析,我们构建了以 SNS 为平台的用户参与组织与整合的修正模式。如图 6—19所示。

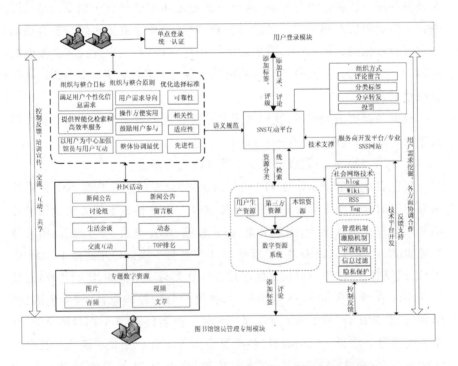

图 6—19　以 SNS 为平台的用户参与组织与整合的修正模式

3. 基于个性化需求的一体化组织与整合模式的修正

满足用户的个性化需求是数字资源组织与整合的目标,目前国内的个性化服务系统多数功能都不够强大,难以满足用户的个性化需求。重庆大学图书馆按图书馆2.0的要求和SNS性质对该馆的管理系统重新构架,开发了用户参与创造、交流和组织知识的"我的书斋"系统。

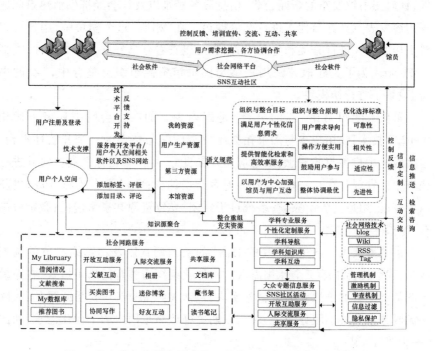

图6—20　基于个性化需求的一体化组织与整合的修正模式

重庆大学的"我的书斋"整合了 RSS、博客、个性化定制、Wiki、Tag 等 Web2.0 技术工具或服务。其中我的图书馆可实现对18个学科属性定制数据库资源或称基于分类的个性化收藏,在藏书架模块中,用户可以通过上传私人藏书目录并与其他用户进行共享及交流并对自己感兴趣的数字资源进行定制和收藏。文档库模块中用户可上传和共享自己的文档,并将自己上传的文献按照自定义的标准进行分类,方便用户管理文档。知识源嵌入 RSS 和 Tag 技术定制和推送各类信息资源和服务,及时把相关资源和服务发送给用户。文献互助模块是用户参与信息资源共享的有效形式,用户可以通过"我的求助"发布资源需求,也可以查看其他用户的信息需求。读书笔记是对书评的一种层次上的上升,用户可在这个功能中与整个知识社区的用户分享读书心得与收获。Wiki 协同写作在"写写文章"版块中,用户对写作的文章按照自己的阅读习惯进行分类,其他用户可以对相关信息进行修改,从而通过团队智慧使主题内容更加丰富和充实。在"迷你博客"服务中,用户可对自己发表的博文分类,也可对好友发表的博文进行分享和转发,针对图书馆发布的新闻公告、信息服务疑难以及社会经济生活热点问题等内容发表意见并与他人进行交流探讨。在"相册"这个模块中,用户可以对上传的照片进行分类和隐私设置,也可以查看分享好友公开的照片,类似于 Flickr。为了更好地鼓励用户参与图书馆资源组织与整合中,"我的书斋"设置了排行榜模块。

重庆大学图书馆"我的书斋"是国内少有的在社会网络环境下运用Web2.0 技术,让用户参与图书馆数字资源组织与整合的一个开放性平台,它实践了用户参与的理念;系统应用效果良好;用户参与热情高。对其进行调查中也发现其存在一些问题,如博客类型偏少;Wiki 平台不够开放;更新内容较慢;用户交流不频繁;系统过于封闭,导致资源共享率偏低;激励机制有待完善等。

借鉴重庆大学图书馆"我的书斋"的实证调查以及本章第二节的调查数据,我们提出了基于个性化需求的一体化组织与整合的修正模式,在原模式的基础上增加了社会网络服务模块,包括 My library、开放互助服务、人际交流服务以及共享服务四个方面,以期更好地满足用户的个性化需求,如图6—20 所示。[①]

需要指出的是,用户参与图书馆数字资源组织与整合活动应该是一个不断调整、不断完善的动态过程,图书馆应该通过社交网络将图书馆数字资源组织与整合的过程及目标原则,向用户进行展示,用户可以提出反馈意见,从而促进图书馆数字资源组织与整合活动的不断完善,最终满足用户的个性化需求。

---

① 刘磊等:《社会网络环境下用户参与的图书馆数字资源组织与整合模式研究》,《图书情报知识》2014 年第 2 期。

第五节　社会网络环境下图书馆开展用户参与数字资源组织与整合的建议

为进一步提高社会网络环境下用户参与高校图书馆数字资源组织与整合的水平,更广泛地开展用户参与图书馆数字资源组织与整合活动,为满足用户个性化信息需求提供更多的优质数字资源或个性化服务,我们根据问卷调查数据及相关研究和实践,提出以下建议:

一　强化用户宣传教育,倡导体验式技能培训

调查中多数用户认为,社会网络环境下组织用户参与图书馆数字资源组织与整合,要强化宣传培训,尤其是对基于 Web2.0 的社会网络技术和信息组织技能的培训。我们注意到,超过九成的用户、专家和馆员都赞同用户参与图书馆数字资源组织与整合。但同时持反对意见的用户和馆员中多数都认为用户缺乏相关技能。对于 Web2.0 技能的培训问题我们曾多次呼吁,但从我们调查的情况看并未好转,仅有五成左右用户对 SNS、微博、博客、维基比较了解和经常使用,而对其他社会网络技术的了解和使用的用户都很少。另一方面,传统的信息组织与整合原本是图书馆的核心业务,图书馆专业技能门槛也给用户参与数字资源组织与整合增加了难度。

社会网络技术本身就具有不少信息组织与整合的功能。我们认为,根据用户愿望,结合社会网络技术的推广,适当加入信息组织技能,来促进用户对信息组织与整合技能的掌握和应用,是较为实际的选择。目前国内开设 Web2.0 技术课程的高校极为少见,这种状况不利于社会网络理念和技术在我国高校的推广和普及。我们建议高校的信息管理院系与图书馆相结合,面向全校开设有关 Web2.0 技术的公选课,或在文献检索课中嵌入 Web2.0 技术的相关内容。在课程内容上,要有意识地将利用 Web2.0 技术生产、评选、组织和整合数字资源的技能融入其中。在教学方式上,要实施体验式教学,即不仅要求用户掌握有关技能的操作,更应强调如何将这些技术应用于实际工作。[①] 以博客为例,可以先建设某一学科专业的学科博客平台,在培训中重点指导用户如何撰写精彩博文、如何将学科专业信息通过

[①]　庄秀丽:《Web2.0 技术学习的课程研究》,《中国远程教育》2007 年第 9 期。

博客组织起来、如何嵌入标签实现对博文的标注并形成聚类、如何利用 RSS 订阅博客内容、如何对博文进行评价以提高博客信息质量。除了课堂教学，图书馆要多提供有关课程内容的动画、视频及图文并茂的宣传材料供用户下载观看，使用户在轻松、愉悦的氛围中掌握有关技能，体验这些技能在教学科研中的作用。

二　借助用户力量，加强数字资源组织质量控制

数字资源组织质量包括数字资源内容和组织与整合方式的质量。图书馆数字资源及其组织与整合的质量高低最终要由用户来评判。因此，图书馆数字资源组织与建设就应当借助用户力量，吸引用户参加。借助用户力量的方式包括利用用户的专业知识、发挥用户的兴趣特长、不断完善激励手段和加强参与平台的推广介绍。

在对用户希望参与数字资源组织与整合中哪些工作进行调查时，愿意对资源优化选择提出建议的用户最多（见图6—10）。其次为参与资源描述揭示和参与不同类型资源的整合。这很可能与用户具有学科专业背景，但缺乏数字资源组织与整合的技能有关。因此，图书馆在数字资源组织中应引入用户优化选择机制，如让用户对拟采购或续购的数据库进行投票，对电子书先行试用等。对于用户推荐、生产、提供的专业数字资源，则可以邀请用户中的专家或骨干教师参与优选，判断其是否达到可靠性、相关性和先进性等标准，并决定是否最终纳入图书馆数字资源体系。利用用户的专业知识和兴趣特长，不局限于对资源的优化选择，也包括用户在图书馆网站上为其专业书籍或感兴趣的图书添加目录、注释、评论、标签、评级等，或用户对其熟悉的领域为数字资源重新设计分类体系以及构建领域本体（如"南农记忆"图片数据库分类体系中就吸收了许多用户的建议）。

我们发现，许多用户对图书馆已经提供的参与平台并不知情。如南京师范大学图书馆在图书馆网站上提供了包括 SNS、微博、RSS 和标签四种社会网络技术，但调查中本校用户知道的除了 SNS 达到 64.91% 以外，其余三种分别是：微博 36.84%、RSS 19.30%、标签 13.51%。因此，加强对图书馆参与平台的可用性推广很有必要。

加强用户参与数字资源组织的质量控制，馆员要发挥主导作用。在调查中，九成以上用户认为图书馆应对用户添加的标签进行规范控制。至于

具体措施,司莉等①②对用户使用标签、维基、博客和社会书签的管理提出了对策,可以借鉴。

三　嵌入用户环境,推动数字资源组织与整合的学科化

按学科专业提供深入的数字资源服务是高校图书馆数字资源组织、整合与服务的发展方向。引导用户参与数字资源组织的主要目的,是为了能为用户提供更多、更好的专业数字资源。在用户选择参与哪种数字资源组织与整合方式的调查中,七成半以上用户选择了面向学科专业的资源组织与整合,九成以上专家和七成以上馆员也选择了这一方式(见表6—23)。而嵌入用户的教学、科研环境,有利于馆员与用户深度互动,了解用户知识团体的关系结构,发现核心用户、忠实用户和积极参与者,赢得其信赖,是推动用户参与图书馆学科化数字资源组织、建设与服务的有效途径。在这方面,国内外一些高校图书馆已经开始实践。

在国外,康奈尔大学图书馆学科服务平台是一个允许用户以 Web2.0 方式参与、集中馆内外所有相关学科资源的知识共享平台,能够实现学科资源和服务的组织、揭示与发布,方便用户利用图书馆学科资源与服务,并参与学科资源建设。③ 在国内,上海交通大学图书馆推出 IC2 创新服务模式,从两方面嵌入用户环境。在网下,通过在院系建立学科服务基地,学科馆员带领服务团队定期走入院系和实验室,开展一系列量身定做的专题活动,如拜访教授、服务咨询、学科动态跟踪、师生需求调研、嵌入式信息素养培训等,及时地解决师生在教学、研究中对学术资源的利用问题。在网上,通过学科博客、学科服务平台、图书选书系统、MSN、QQ 群、微博等,组织师生参与图书馆数字资源生产、评选、组织与整合。以学科博客为例,图书馆依据学校的大学科群设定了 12 个相应的博客,以"关心您所关注的学科热点,提供您所需要的学科服务"为宗旨,以学科馆员为核心,力求体现学科特色,对学科信息进行深入搜集和整理,博客中包含学科常用资源的介绍和链

①　司莉、王思敏:《Web2.0 环境下用户参与图书馆信息组织的质量调查及改进》,《国家图书馆学刊》2012 年第 6 期。

②　高海燕:《社会网络环境下用户参与的图书馆数字资源组织与整合模式研究》,硕士学位论文,南京农业大学,2012 年,第 91—92 页。

③　Cornell University Library. Cornell University Library Home[EB/OL]. [2013-08-20]. http://www.library.cornell.edu /resrch/libguides.

接,多角度、深层次揭示各类学术资源,构建学科馆员和教学科研人员的互动平台,使院系师生在学科资源建设中可以保有充分的参与度和了解度。①

四　挖掘用户需求,促进数字资源组织与整合的个性化

如果说面向学科专业的数字资源组织与整合体现了高校图书馆的主要任务,那么基于个性化需求的一体化资源组织与整合则是高校图书馆要为之奋斗的完美境界。调查中八成以上用户选择了基于个性化需求的一体化资源组织与整合参与方式,馆员中也有七成以上认可这一方式(见表6—23)。而对于用户参与资源整合的目标,近九成用户选择了为用户提供个性化优质信息和知识服务,专家和馆员选择此目标的人数也是最多的(见表6—22)。之所以用户钟情于参与基于个性化需求的一体化资源组织与整合,是因为目前高校图书馆拥有的资源检索系统,各种数字资源分散在不同的系统,用户在利用和参与这些数字资源的组织整合时费时、费力。如果将这些数字资源、检索系统全部整合于用户的个人网络空间,则用户利用和参与数字资源建设更加易用和省时,有利于图书馆挖掘用户个性化需求,根据用户的学历、专业、兴趣偏好提供更精准的信息服务和参与方式。

重庆大学"我的书斋"可视为用户参与的个性化信息资源组织、整合与服务的雏形。改版后的"我的书斋"具有的功能模块包括我的图书馆、书评中心、藏书架、文档库、文献互助、RSS 订阅、迷你博客、相册、校友中心。其中书评中心包括的个性化选择有推荐书评、我的书评、好友书评、大家的书评、我表态过的书评,文档库中我的分类用户可以根据自己的需要为文档库资源进行个性化分类,RSS 订阅中用户可以根据自己的偏好订阅互联网信息和书斋中好友的迷你博客信息。"我的书斋"的不足是功能不够完善、博客类型偏少、系统不够开放,导致资源共享率偏低。上海交通大学的"思源探索"平台根据读者需求,进行了大量第三方资源信息混搭的二次开发,在系统平台组合了多个不同来源的表示层对象,使用户在一个或者多个自定义页面里使用多个网站提供的功能,实现了馆藏图书期刊封面、书评、检索词百科以及图书期刊目次等功能。

---

①　上海交通大学图书馆:《IC2》(http://www.lib.sjtu.edu.cn/welcome.do)。

第七章 社会网络环境下用户参与的图书馆数字资源建设实证应用

根据课题计划,本章将分别介绍一个面向热点主题的高校用户参与图书馆数字资源建设的应用实例,一个面向专业教学的高校用户参与图书馆数字资源建设的应用实例,并在此基础上提出今后高校用户参与图书馆数字信息资源建设的发展思路。

第一节 "南农记忆"图片征集活动

一 征集活动背景

在社会网络环境下用户参与图书馆数字资源建设的各个具体活动环节中,用户参与数字资源生产是首当其冲的重要环节。从高校图书馆的性质来看,面向学科专业的教学、科研型数字资源应该是用户参与图书馆数字资源生产的重点。但根据国内已经开展的用户参与高校图书馆数字资源生产的实践来看,多数用户更钟情于参与自己感兴趣的数字资源生产活动,而不是与自己专业相关的学术型数字资源生产活动。在课题的问卷调查中,除了专家中主张按所在学科生产数字资源的人数比例较高以外,主张按用户兴趣热点开展数字资源生产的用户和馆员的比例,均高于主张按学科专业开展数字资源生产的比例。

因此,为吸引更多用户参与图书馆数字资源生产,从易到难,循序渐进,逐步向学科专业资源生产发展,是一个比较容易实现的方式。待有了一定人气,积累到一定的用户群体后,再结合馆藏特色,逐步向教学科研资源生产发展。出于这一考虑,课题组利用南京农业大学 110 周年校庆活动,首先选择能够引起较多师生兴趣和共鸣的"南农记忆"图片征集,开展用户参与的图书馆图片数字资源生产及其后续环节相关的资源建设活动。

二　活动策划与准备

(一)确定活动主题

2012年10月20日为南京农业大学110周年校庆,届时南农全校师生和校友将举行各类纪念活动。课题组决定抓住校庆纪念机会,以所在信息科技学院的名义,联合校图书馆、宣传部和人文学院等部门,开展以南京农业大学历史回顾及现状为内容的历史图片征集及摄影作品大赛活动。此次活动主要分为两个部分:

1.历史图片征集,主要参赛对象是南农校友、校友亲属及其他对南农有特殊感情、曾留下南农印象的人,图片类型为能表现南农历史的变迁,可以表达出对南农的深厚感情的图片。

2.现代摄影作品征集,主要参赛对象是南京农业大学各学院、各单位以及在校师生,通过数码设备留下南农的美好瞬间。

将活动内容高度浓缩的活动主题是"百年南农,百年记忆",简称"南农记忆"。

"南农记忆"将尽可能吸引师生参与图片征集的规划、收集(生产)、评选、分类组织等各环节的活动。

所有入选作品在征得所有人同意后将收录到南京农业大学图书馆"南农记忆"特藏图片数据库,并在图书馆的网站上供师生长期浏览检索。

(二)开展宣传推广

活动主题确定后,进入宣传推广阶段。为达到更好的宣传推广效果,课题组在宣传部的支持下,在网上和网下开展了各种方式的宣传活动,包括:

1.在学校主干道挂横幅、海报;

2.通过南京农业大学校友会、退离休办进行宣传;

3.通过宣传部校庆主页、图书馆主页、信息学院主页进行宣传;

4.通过人人网南京农业大学论坛、图书馆等相关单位的公共主页进行宣传;

5.通过南京农业大学图书馆注册的新浪、腾讯微博进行宣传;

6.通过BBS南农试验田发帖宣传。

图 7—1　图书馆主页宣传

图 7—2　人人网图书馆公共主页宣传

图7—3　南京农业大学校庆网站宣传

（三）开发活动平台

为了使师生能够随时、方便地参与"南农记忆"图片征集活动，课题组除了提供图片征集邮箱和上门征集以外，专门开发了具有 SNS 性质的"南农记忆"图片大赛网站以及相应的数据库。

1. 网站定位

（1）核心定位：提供师生参与的"南农记忆"图片的宣传、征集、上传、评选、组织整理的网络互动平台，形成师生能从不同角度浏览、检索的图片数据库。

（2）平台作用：有效地吸引南农师生、校友参与南农记忆图片和摄影作品的资源建设，广泛收集、精心评选和组织整合反映南农历史和现状的图片和摄影作品资源，为南农师生、校友和关心南农发展的社会各界人士提供记录南农发展的数字图片资源服务，为学校图书馆增加具有本校特色的馆藏资源。

（3）网站目标

对外宣传功能：准确发布南农记忆图片征集信息，成为外界了解本次活动的窗口。

图片资源中心：收集南农图片资源，形象反映南农历史沿革和发展风采。

师生互动平台：提供师生的图片提交、评论、投票、推荐、下载、标签等互动功能。

图片检索功能：提供能从图片标题、关键词等多角度检索、分类浏览数据库。

后台管理功能：网站内容动态更新，在线编辑，管理简便。

版面要求：体现活动特色，使用简便，结构清晰，美观大方。

2. 平台需求分析

以下为本网站建设确定的初步需求意向，包括但不限于本文所提及的内容。要求网站能最大限度地满足地方校友会各方面的要求，并不断地改进和优化。

（1）主要功能点

◆分类目录（重点栏目）；

◆新闻中心；

◆发表图片（重点栏目）；

◆活动教程；

◆个人空间；

◆图片检索（重点栏目）；

◆讨论群组；

◆活动论坛；

（2）域名及 IP

由学校校庆 110 周年主页链接进入，网址为：photo. njau. edu. cn。

3. 网站页面总体风格及美工效果

网站作为师生参与互动平台，又是关于南农校庆 110 周年系列活动网站之一，需要与南京农业大学的校庆主页风格相仿，同时也需要具有图片网站的特色。

4. 用户管理

网站采用会员制，所有师生、校友通过注册成为会员。会员可以自行对其信息进行修改。

5. 系统管理员

系统管理员负责网站上所有信息（不含"校友群组"）的更新和维护；对

图7—4 "南农记忆"网站主页

大赛论坛中的信息进行审核;对准会员的身份进行审核;对图片信息进行维

护,对个人空间的信息进行审核。

6.栏目设置要求

随着图片网站的发展和壮大,将会对图片大赛网站提出新的要求。所以,网站在栏目设置上要求后期能够对一级栏目和各子栏目进行技术允许范围内的修改和添减。

三　用户参与情况

(一)用户参与活动规划

"南农记忆"图片征集活动开展之初,就整个活动的规划设计(如活动主题的确定、宣传方式的选择、平台开发的方式、目标和功能、图片的分类等),课题组邀请了图书馆、宣传部、人文学院、信息学院的部分师生员工进行了座谈和意见征求活动,以保证在活动一开始,就组织用户参与活动各个环节的工作。

(二)用户参与图片征集(生产)

1.图片的征集(生产)方式及署名权

目前关于用户生成内容(UGC)还没有一个公认的定义。在"南农记忆"图片征集活动中,不仅涉及原创者、继承者和推荐者的问题,还涉及纸质的历史图片的电子化(数字化)的问题,这方面的情况就更加复杂。

"南农记忆"图片征集活动组委会规定:历史图片的征集将采用扫描登记的方式进行,图片所有人可以自行将图片通过扫描转换成电子图片,也可将图片通过邮寄或直接送达的方式送至大赛组委会联系人。组委会收到图片后,组织相关人员妥善保管并尽快扫描电子化后归还。若本身图片为电子图片则可通过"南农记忆"网站直接上传。

为避免知识产权纠纷,组委会还规定:组委会对参赛作品拥有展出、出版的权限。参展作者拥有作品的永久署名权。参赛作品(包括原创和推荐)不得侵犯第三方著作权,参赛作品应确保无第三方对作品中所涉及的肖像、建筑物、物品或其他标识等方面提出异议。如有侵权组委会将取消其参选资格,并由作品提供者承担所有法律责任。参赛作品的署名原则上应署名原创者,历史作品如找不到原创者,可以推荐者或继承者参赛,但署名时应注明为"推荐",同时在网站上通知原作者认领。

2.历史图片征集的问题

"南农记忆"的历史图片往往是纸质的,而且许多珍贵的图片都在离、退休人员手中。因此,课题组组织了专人到离、退休人员中收集历史图片,有些还需要登门收集。纸质图片收集后由工作人员将其扫描,并按规定方式对作品添加标题、关键词、作品记载的事件、地点、背景等内容介绍,做了大量的工作,使历史图片的价值得以体现。

(三)用户参与图片评选

依靠用户的智慧优选信息资源,是用户参与图书馆数字信息资源建设的重要内容。图片征集活动中首先将优秀图片评选标准初稿公布在"南农记忆"网站上,以广泛征求师生意见,在此基础上修改确定正式评选标准。用户可以通过三种方式参与图片评选活动:

1.海选投票

当图片作品上传到"南农记忆"网站后,任何注册的用户都可以参考评选标准,对自己喜爱的图片作品投票或评论,并将点击率高的图片以一周热门图片的方式在网站首页展示。

图7—5 一周热门图片与标签

2.师生投票

采取自愿方式,组织60名本科学生对所有的2158张图片进行网上投票,参考前期海选投票情况,从中筛选出100张优秀图片。以研究生和教师相结合的小组方式从100张图片中再选出40张图片,为专家评审最后获奖图片做好准备。

3.专家评审

邀请教师中的资深摄影爱好者、图书馆、宣传部的相关专家共五人组成评审小组,从40张图片中评出二等、三等及优秀奖的图片作品(一等奖空缺)。

(四)用户参与图片分类与描述

在"南农记忆"网站开发过程中,课题组曾在小范围内就"南农记忆"图片分类中的大类和二级类目的划分和类名等问题多次征求师生的意见,最终根据师生的意见和图片的数量,确定了将图片划分为校园景色、校图生活、教学科研、服务社会、校史回顾、大事记6个大类共计39个二级类目。

在用户上传图片时,我们要求上传者以"百年南农,百年记忆"为主题,为每张图片添加作者、作者地址、作者邮箱、图片标题、图片来源、图片标签(3—5个关键词)及图片的内容说明等信息。如果上传者提供的图片信息不全或缺失,我们还会根据上传者提供的联系方式主动联系用户,了解补充有关信息,以便于以后在网站数据库上进行多字段的检索。

图7—6　用户参与图片的标签描述

四　活动总结

(一)争取多方支持

社会网络环境下开展用户参与的数字资源建设活动(包括生产、评选和组织等),对于课题组和图书馆而言是一项开拓性的工作,面临多方面的困难和压力在所难免。这项活动不仅需要用户和馆员合作,同时也需要图书馆各个部门、学校相关部门、以至于校外第三方的合作支持。这是我们调查中近一半用户和多数专家认可的观点。

在组织师生参与"南农记忆"图片征集活动中,对这一点也深有体会。

首先,这项活动并不单纯只是图书馆资源建设部门的一项业务工作。对于活动的宣传、推广,图片的征集和评选涉及图书馆参考咨询部、读者服务部、网络运营部、教育技术部等多部门的合作,在图书馆之外则涉及宣传部、团委、人文学院、信息学院等多个部门、院系和有关专家的合作,对于网站系统的开发则得到校外技术力量的支持,对于网站系统开发的费用也争取到有关部门的支持。总之,只有尽量争取有关部门的通力合作,才能将用户参与的图书馆数字资源建设活动做大做好。

(二)重视核心用户

调查发现,尽管九成以上用户认为有必要开展用户参与的图书馆数字资源生产活动,六成以上用户也愿意参与此活动。但真正愿意成为参与活动领军人物(领袖)的用户却数量很少。美国知名科技博客 Businessinsider 作者马克·苏斯特尔(Mark Suster)认为,在以用户生产内容为主的网站上,1%的人是专家用户(他们为网站贡献了最多的优质内容),9%的人是偶尔贡献者,90%的人潜水(这些用户永远不会贡献任何内容,他们是为了摄取内容)。

针对这一特点,充分发挥参与核心用户的作用就显得十分重要。对于这一点,在"南农记忆"图片征集活动开展之初,我们并未引起高度重视,只是通过校庆网站、社交网站、海报和传单等方式进行广泛的宣传,但效果不佳,征集到的图片不多,总体质量也不高。后来我们从 Mark Suster 的观点以及问卷调查的数据得到启示,主要针对核心用户(如学校资深或有影响的摄影爱好者和教师中历史图片珍藏者)开展工作(如通过师生关系、好友关系、社团组织等进行个别访谈),取得了较好的效果。仅排名前 10 的图片贡献者就提供了 1194 张入选图片(超过入选图片的 50%),且有不少图片为珍品。

(三)多元激励机制

近年来,国内图书馆开始采用多种方式邀请用户参与到其馆藏资源建设中来。但总的来看,用户参与积极性不高,参与的深度和效果也都有待改善。借鉴 UGC 的运营模式,建立多元化的参与激励机制,对于图书馆激励用户参与其资源生产,具有参考价值。在了解用户需求和影响因素的基础上,我们根据高校图书馆的实际,在"南农记忆"图片征集活动中,采取了以信息传播与分享及资源回报为主的多元化的用户激励机制,即首先对注册用户不论是否贡献图片,都可以下载、分享、评价图片;其次是在用户贡献的图片中选出 1000—3000 件入围图片,并给予用户证书和纪念品 1 份。入围图片达到或超过 5 件者颁发突出贡献者证书,校图书馆给予书刊借阅优惠条件,并按每件入围图片 1 元的金额奖励相应的上网费(或同等价值礼品)。最后将入围作品中点击率最高的前 10 张图片放在"南农记忆"网站展示,并在入围图片中由用户和专家共同评选出优秀作品,给予现金奖励。

(四)活动后期问题

按课题组开始的设想,与图书馆等部门合作开展的"南农记忆"图片征集系统在校庆活动以后,将以图片数据库的方式长期存放在图书馆服务器上,由图书馆的工作人员接替课题组维护和更新图片数据,成为图书馆特色数字资源的一部分。这样既便于社会各界了解南京农业大学的发展历程,展现南农人的自信、乐观的精神风貌。同时,也可以满足我校各个部门及师生对南农图片的欣赏、利用和检索的需求,以形象生动的方式使南农人加深对南农精神的认识和理解。

遗憾的是,由于经费原因,"南农记忆"系统开发技术人员是以信息学院某在读硕士生为主,该生校外朋友为辅,该生在系统开发三个月后因需赴英学习一年,不能继续担负系统的维护工作,转由其他人员维护。由于替换的人员对系统开发的语言不熟,对系统的底层结构亦无深入了解,致使系统在半年后因故障停止运行且无法恢复。因此,真正要想让用户参与图书馆数字资源建设的活动长久地开展下去,单靠某一项目的经费、人力和物力的支持是不够的。关于这一点,我们将在"e 学之家"系统开发中一并讨论。

第二节　"e 学之家"系统开发与实现

一　系统开发背景

在前期用户参与图书馆数字资源建设的研究中,考虑到用户的参与度,我们曾以"南农记忆"图片征集为实证,较为成功地开展了社会网络环境下用户参与图书馆数字资源建设的实践。但从高校图书馆的性质来看,面向学科专业的教学和科研型数字资源生产应该是用户参与图书馆数字资源建设的重点。[①] 因此,在课题研究后期,课题组将依据高校图书馆的发展趋

---

① 刘磊等:《社会网络环境下用户参与的图书馆数字资源生产需求调查》,《图书馆理论与实践》2014 年第 3 期。

势,重点研究高校图书馆如何嵌入到用户的专业教学环境之中,开展社会网络环境下师生参与图书馆数字教学资源活动的模式研究。[①]

图书馆数字教学资源建设只有与用户的需求相匹配,才能彰显其建设效益,并得到用户的认可和支持。据此,课题组通过问卷为主,辅以访谈,以南京农业大学为例,调查高校学生、教师对高校数字教学资源建设的认知、需求和应用现状,力求从学生、教师不同角度了解当前数字教学资源建设的需求和应用中的问题,并参考前期调查数据,以构建师生参与的图书馆数字教学资源系统模式,进而开发相应的数字教学资源建设系统。

二 需求调查分析

(一)问卷对象与问卷类型

调查分为两种对象。一是南京农业大学学生用户(包括本科生和研究生);二是该校教师用户(其中各院系教师约占3/4、图书馆馆员和教务处工作人员共占1/4)。本次调查共发放问卷230份,问卷以当面填写方式为主,因此多数情况下可同时对填写问卷者访谈。笔者还选取该校信息科技学院的部分教师、学生进行了有关系统建设的深度访谈。整体发放与回收情况如表7—1所示:

表7—1 问卷发放与回收情况

样本	发放数量(份)	有效问卷(份)	有效率(%)
学生问卷	186	180	96.8
教师问卷	44	40	90.9

(二)调查数据分析

1.用户对数字教学资源建设现状的认知状况

(1)师生数字教学资源的获取情况

在对学生和教师问卷调查中提出"您在学习/教学中如果需要相关数字教学资源一般从哪里获取?"73.33%的学生、92.86%的教师选择从互联网上获取,55.56%的学生、57.14%的教师选择去图书馆网站搜索资源,只

---

① 刘磊等:《社会网络环境下用户参与的图书馆数字资源评价模式研究》,《大学图书馆学报》2014年第2期。

有21.43%的教师及33.89%的学生选择会去教务处提供的"课程中心"和"精品课程网站"获取相关资源。

（2）对学校提供的数字教学资源的评价及其原因

调查"您对学校在校园网上提供的教学资源（如课程中心及精品课程建设）是否满意？"10.56%的学生表示没用过，在用过的学生中，39.75%的学生的满意度表示"一般"，23.6%的学生选择了"不满意"，仅有36.65%的学生选择"满意"；对教师的调查发现，85.71%的教师选择"一般"，14.29%的教师选择"不满意"，没有教师选择"非常满意"或"满意"；在"您对'课程中心'和'精品课程网站'不满意原因"的调查中，学生与教师集中反映了"资源数量少（71.19%）、资源质量不高（46.61%）、资源类型单一（38.98%）、找不到所需的资源（55.93%）、资源分散（41.53%）"等问题（详见图7—7）。

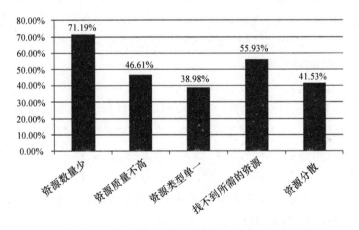

图7—7　用户对"学校数字教学资源"不满意的原因

2.用户对在线教学的认知及需求状况

（1）对传统教学方式的评价

在对"您对学校传统的教学方式（课堂教学）是否满意"的调查中发现，11.11%的学生表示"不满意"，0.55%的学生表示"很不满意"，62.22%的学生选择"一般"，只有26.11%的学生选择"满意"；78.57%的教师表示"一般"，21.43%的教师表示"不满意"，没有教师表示"满意"。可见，无论是学生还是教师对传统教学（课堂教学）的满意度都不是很高。

(2)对参与在线参与式教学的意愿

进一步调查"如果在您教授(学习)的课程中开展在线参与式教学(网络教学),您愿意参与吗?"72.78%的学生表示愿意参与,其中12.22%表示"很愿意",20%的学生表示"无所谓",仅有7.22%的学生不愿意参与;35.71%的教师表示很愿意参与,64.29%的教师表示愿意参与,没有教师不愿意参与。由此可见,教师和学生对参与网络教学的积极性普遍较高。

(3)在线参与式教学平台需提供的基本学习功能

在对"希望社会网络环境下参与式教学平台提供哪些基本学习功能"进行调查时,87.78%的学生选择"获得课程大纲、课件等资料",77.22%的学生选择"自选喜爱的课程",46.67%的学生选择"在线提交作业",32.78%的学生选择"在线测验",22.78%的学生选择"在线课堂调查"。71.43%的教师选择了"获得课程大纲、课件等资料"及"在线提交作业"功能,64.29%的教师选择了"在线课堂调查"及"自选喜爱的课程"功能,57.14%的教师选择了"在线测验"功能。可见,学生和教师都比较重视平台的资源获取。此外,教师对教学常规的信息化比较感兴趣,学生则对自由地选择所喜爱的课程感兴趣。

(4)在线参与式教学平台需提供的参与、互动学习功能

调查显示,80.56%的学生及78.57%的教师选择"课程数据库",67.22%的学生及78.57%的教师选择了"专题讨论区",47.78%的学生及58.57%的教师选择"学科博客",42.78%的学生及58.57%的教师选择"Wiki协作",61.11%的学生及45.71%的教师选择"即时通讯"。由此可知,参与式在线教学平台应提供教师和学生比较感兴趣的课程数据库、专题讨论区、学科博客、Wiki即时通讯等协作功能。

3. 用户对参与图书馆数字教学资源建设的看法和意愿

(1)在线教学中开展参与式图书馆数字教学资源建设的必要性

学生与教师参与在线教学的积极性给参与式图书馆数字教学资源建设提供了有利的条件。在此基础上有必要了解学生、教师对在线教学中参与图书馆数字教学资源建设的看法与意愿。76.67%的学生表示"有必要",其中8.89%的学生表示"很有必要",20.56%的学生觉得"无所谓",只有2.78%的学生觉得"没必要";同样,78.57%的教师表示"有必要"开展参与式图书馆数字教学资源建设活动,其中14.29%的教师表示"非常有必要",21.43%的教师表示"无所谓",没有教师觉得"没必要"。

（2）对参加参与式图书馆数字教学资源建设的意愿

在此基础上,73.89%的学生表示如果开展参与式图书馆数字教学资源建设活动,他们"愿意"参加,21.11%的学生称"无所谓",只有5%的学生"不愿意"参加;同样,78.57%的教师表示他们"愿意"参加;21.43%的教师称"无所谓",没有教师不愿意参加。可见,把数字教学资源建设融入在线教学过程中,开展参与式图书馆数字教学资源建设是可行的。

4.对参与式图书馆数字教学资源建设平台的功能需求

（1）期望参与式平台具有的资源建设功能

调查表明,学生期望参与式平台具有的资源建设功能及比例为:资源下载(占92.78%)、资源检索(占66.11%)、信息发布与接收(占52.22%)、资源上传(占50.56%)、资源组织整合(占48.33%)、资源评论(占47.78%)、资源导航(占44.44%)、激励功能(占41.11%);教师期望参与式平台具有的资源建设功能及比例为:资源下载(占92.86%)、资源检索(占78.57%%)、信息发布与接收(占42.86%)、资源上传(占85.71%)、资源组织整合(占57.14%)、资源评价(占57.14%)、资源导航(占50.00%)、激励功能(占37.14%)。

（2）期望参与式平台能整合的教学资源来源

调查显示,学生期望参与式平台能整合的教学资源来源及比例如下:教师的资源(占72.22%)、网上精品或开放课程资源(占69.44%)、现代教育技术中心(占68.89%)、图书馆网站(占65.00%)、其他网络资源(占45.00%)、教务处网站(占41.67%)、同学的资源(占36.11%);教师期望参与式平台能整合的教学资源来源及比例如下:教师的资源(占64.29%)、网上精品或开放课程资源(占92.86%)、现代教育技术中心(占85.71%)、图书馆网站(占42.86%)、其他网络资源(占71.43%)、教务处网站(占41.67%)、同学的资源(占35.43%)。

（3）期望参与式平台提供的教学资料形式

调查中学生期望平台提供的教学资料形式及其比例如下:视频(占84.44%)、文本(占73.89%)、网页(占51.11%)、图片(占46.67%)、音频(占41.11%);调查中教师期望平台提供的教学资料形式及其比例为:视频(占92.86%)、文本(占92.86%)、网页(占71.43%)、图片(占57.14%)、音频(占42.86%)。

（4）期望参与式平台具有的社会网络技术功能

调查中学生期望参与式平台具有的社会网络技术功能前五项依次是发表日志、心情、评论（83.89%），聊天及讨论（83.33%），下载、转发、分享（76.67%），上传图片（52.78%），上传文档（32.78%）；教师期望参与式平台具有的社会网络技术功能前五项依次是下载、转发、分享（64.29%），聊天及讨论（50%），上传图片（50%），上传文档（42.86%），资源推荐（35.71%）。由此可见，相当比例的学生和教师对社会网络常用的互动参与功能有兴趣。

5. 访谈的有关问题

在与学生、教师、馆员和教务处工作人员的访谈中，我们主要针对目前高校数字教学资源由图书馆、教务处和现代教育技术中心分散建设，资源难以共享的问题，了解大家对数字教学资源建设管理的主体、协作者和与教学的关系和看法。反馈信息概括如下：

访谈中有约 3/4 的访谈对象认为图书馆应成为数字教学资源建设管理的主体，有约 1/4 的人认为教务处应成为数字教学资源建设管理的主体，只有极少数人认为现代教育技术中心应成为数字教学资源建设管理的主体。大家普遍认为，图书馆应发挥其专业优势，在数字教学资源建设中应承担资源系统建设和资源整合的任务，教务处和现代教育技术中心等相关部门应与图书馆积极配合，相互协作，共建共享数字教学资源。

在谈到教学资源建设与教学的关系时，多数访谈对象认为在社会网络环境中，图书馆的数字教学资源建设应与师生的教学需求密切联系，应多与教师和学生沟通、互动，充分发挥教师和学生参与的积极性。而把数字教学资源建设融入教学过程中，有助于提高教学资源的质量和针对性。当然，也有些教师和馆员认为协作过程中可能会出现一些管理问题，要有相应到的管理体制配套。

通过调查和访谈可以看出高校数字教学资源建设的问题根源在于：高校网络教学过程与数字教学资源建设相分离，各部门的数字教学资源不能共建共享，而且不能有效地吸收师生的智慧，针对师生的教学需求开展教学资源建设。解决问题的关键在于图书馆应该和教学部门相配合，适时地嵌入到师生的专业教学环境中，结合开放式在线教学，引导和激励师生参与到图书馆数字教学资源的建设中来，在互动、参与和协作的教学环境中，开展基于社会网络的以用户的课程信息需求为中心的协作式教学资源建设。而Moodle 的应用可以为这一活动提供一个好的平台。

三　Moodle 平台的功能

社会网络环境下,在 E‑learning 思想和社会建构主义学习理论的影响下,以 Moodle 为代表的学习管理系统 LMS 应运而生。Moodle 是基于“建构主义学习理论”设计开发的开放源代码的网络教学平台,其集成了 Blog、Wiki、RSS 等 Web2.0 工具,实现了学习管理、课程管理和网站管理功能,强调教育者(老师)和学习者(学生)都是平等的主体,在教学活动中,他们相互协作,共同参与教学,可根据自己的经验共同建构课程的知识结构和开展相应的参与式教学资源建设。

除了具有开放式教学的各项功能以外,从参与式教学资源建设的角度来看,Moodle 至少具有以下三项功能:

1.多元化的参与式资源建设功能。在 Moodle 平台上,教师可以通过平台提供的资源模块,为课程添加各种形式的资源,这些资源可以来自本地,也可以以添加文件或站点的方式添加一个外部 URL 地址,把自创内容或网络信息整合为课程资源。此外,课程本身提供的课程活动模块,使得教师与学生,学生与学生可以互动协作、共同创建课程资源。

2.丰富的互动协作机制。Moodle 平台可提供基于社会网络技术的丰富的用户互动协作机制,这些机制可以通过 Moodle 课程中的各种活动模块来实现。如平台提供的 Wiki 模块允许参与者共同创建、扩充或修改页面内容。

3.代码开放、结构灵活且具有二次开发功能。Moodle 是开源软件,可以免费获取。Moodle 平台的结构采用模块设计方式。课程开发过程中各种活动模块的设计是灵活性、便捷性的最好体现。管理员可以通过管理界面选择安装各种模块,而开发者可以依据定义的接口进行二次开发。

从目前检索到的文献来看,国内对 Moodle 的研究主要集中在 Moodle 的国内推广研究、利用 Moodle 平台进行课程设计、利用 Moodle 进行网络教学与网络协作学习的深化研究、基于 Moodle 平台的培训系统、Moodle 平台的二次设计与开发几个方面。随着人们对 Moodle 进行网络教学和课程设计的研究及应用,部分学者意识到 Moodle 在数字教学资源建设方面的作用。研究集中在两个方面:一是利用 Moodle 平台进行精品课程建设的探讨;二是利用 moodle 平台进行教学资源库建设的研究。①②③

虽然 Moodle 研究与应用已经涉及数字教学资源建设,但多限于从教学管理角度开展基于 Moodle 的教学资源建设,没有关注如何长期管理和更新基于 Moodle 的教学资源。尤其缺乏以 Moodle 为平台,图书馆和教学部门合作开展基于用户需求的图书馆数字教学资源建设研究。从国外著名高校发展趋势来看,高校图书馆只有与教、学、研紧密结合,深入参与专业教学和研究过程,才能有发展前途④。Moodle 平台代码的开放性、平台结构设计的灵活性和丰富的资源建设功能,决定了 Moodle 可以很好地实现网络教学过程和图书馆数字教学资源建设相结合。通过学习者的主动参与,图书馆的管理和引导,实现在线教学互动、师生资源共建共享,从而实现可持续发展的数字教学资源建设过程。

根据用户需求调查的结果,结合 Moodle 的功能,我们构建了基于 Moodle 的参与式图书馆数字教学资源建设系统模式。

四　系统模式构建

社会网络环境以用户为中心,强调用户参与,教师和学生作为人的要素,是参与式图书馆数字教学资源建设系统的核心,两者之间的互动协同对整个系统的稳定运行具有重要的作用。在参与式图书馆数字教学资源建设系统中,教学主体(主要由学生与教师组成)在开放的在线教学过程中,借助系统提供的功能互动、参与,积极贡献自己的知识、经验,对别人的观点修改、补充和完善,减少知识的不确定性,并最终达成共识,共同构建和共享知识库,参与图书馆数字教学资源建设。

基于 Moodle 的参与式图书馆数字教学资源建设系统提供的功能模块有站内讨论区、站内消息、站点博客、个人空间、课程活动、课程资源等。

课程活动模块和课程资源模块是系统的核心模块,在课程活动模块中,用户可参与课程博客、Wiki 协作、讨论区、数据库、实时聊天、作业、投票、测

---

①　卢好蕊、张瑞:《Moodle 平台在精品课程建设中的应用》,《电脑知识与技术》2010 年第6 期。

②　杨慧玲、张志洁:《Moodle 平台在网络教育资源建设中的应用》,《软件导刊》2007 年第16 期。

③　王最等:《基于 Moodle 平台教学资源库的建设研究》,《软件导刊》2010 年第 12 期。

④　朱强等:《感受变革　探访未来:美国三所著名大学图书馆考察报告》,《大学图书馆学报》2012 年第 2 期。

验等课程活动,通过彼此间的交互协作,贡献自己的资源,共享其他用户贡献的资源。在课程资源中,学生可以查看/下载教师通过文件、网页、文件夹、URL 四种方式上传的课程资源。

　　系统通过积分奖励等方式,对学生/教师中参与课程资源建设者予以激励,鼓励其积极参与系统数字教学资源建设。

　　系统整合外部资源,包括由图书馆、教务处、现代教育技术中心、科研中心等部门的自建资源以及包括网上精品课程或开放课程资源在内的各类网络资源。

　　据此,我们构建了基于 Moodle 的参与式图书馆数字教学资源系统模式(见图 7—8)。

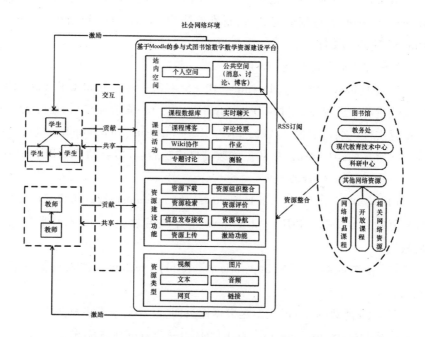

图 7—8　基于 Moodle 的参与式图书馆数字教学资源系统模式

五　系统开发与实现

(一)平台构建

Moodle 是基于开放源代码的 Linux + Apache + MySQL + PHP 体系构建

的，同时，Moodle 平台也支持跨操作系统，可以实现在其他操作系统平台（如 Linux、WindowsXP、MacOSX）、Web 服务器软件（如 Apache 或 IIS）以及数据库系统（如 MySQL）上运行。笔者将 Moodle 在 Windows 操作系统平台上进行安装与开发。安装步骤如下：

1. 下载 EasyPHP 安装套件。EasyPHP – 12.1_with_PHP – 5.4.6 – set-up.exe（EasyPHP 在 http://www.easyphp.org/save – easyphp – latest.php 上下载）。EasyPHP 安装套件是一个 Windows 下的 Apache + Mysql + Perl/PHP/Python 集成开发包，包中集成了 PHP、Apache、MySQL，同时也集成了一些辅助开发工具。EasyPHP 可以完成一键安装 Apache、MySQL 及 PHP，且运行速度比独立安装的 Apache、MySQL 及 PHP 相对较快且比较稳定。

值得注意的是，安装之前首先确保以前没有在所需服务器上安装过 MySQL 和 PHP，若有则应先卸载，特别要删除 my.cnf、my.ini、php4ts.dll 和 php.ini 这四个文件。

2. 停止本服务器中的 IIS 服务。

3. 双击 EasyPHP – 12.1_with_PHP – 5.4.6 – setup 开始安装 EasyPHP，在安装过程中选择安装目录 D:\EasyPHP – 12.1。安装完毕后，修改 apache 的配置文件（文件路径：D:\EasyPHP – 12.1\apache\conf\httpd.conf），变更 apache 服务的端口 8887 为 80。修改端口成功后，重新启动 EasyPHP。

4. 为 Moodle 配置数据库

（1）将 D:\EasyPHP – 12.1\modules\phpmyadmin3522x130430213434 文件夹复制到 D:\Easy PHP – 12.1\www 中并改名为 phpmyadmin（删除文件后缀）。

（2）在浏览器中打开 http://localhost/phpmyadmin/，进入数据库管理页面。

（3）点击【数据库】进入新建数据库页面，设置数据库名称为"moodle"，编码类型为"utf8_unicode_ci"，点击【创建】完成数据库的创建。

5. 安装配置 Moodle

（1）从 http://moodle.org/download 下载 moodle 最新中文版本，解压后将 moodle 文件夹拷贝到 D:\EasyPHP – 12.1\www 中。

（2）在 IE 浏览器打开 http://localhost/moodle/install.php，出现 Moodle 的安装页面，按照提示完成安装。

Ⅰ选择语言为简体中文。

值得注意的是,安装过程中,出现了以下错误(最大执行时间超过 30秒):

Fatal error：Maximum execution time of 30 seconds exceeded in D：\ EasyPHP－12.1\EasyPHP－12.1\www\moodle\lib\filelib.php on line 1285 改正方法：D：\EasyPHP－12.1\conf_files\php.ini 中找到 max_execution_ time 参数,将 max_execution_time＝30 修改为 max_execution_time＝300。

Ⅱ确认路径。

Ⅲ数据库设置,设置数据库名为 moodle,数据用户名为 root,密码为空。另外在安装时需设置好邮件服务器,如果服务器不支持发送邮件,也可不配置。

Ⅳ按照页面提示创建主管理员账号。

6.安装结束后,在浏览器中输入 http：//localhost/moodle/login/index.php 即可进入 Moodle 平台。

(二)系统二次开发

1.网站主题风格

网站主题风格是指站点的整体形象给浏览者的综合感受,也是网站整体形象给浏览者感觉的一种整体趋向,准确定位并设计网站的主题风格,对于宣传网站、提高网站点击率,给用户留下美好印象,能起到重要作用。①"e 学之家"的目标用户为高校教师、学生,这就要求网站的人文气息浓厚,同时考虑到大学生朝气、时尚、易于接受新事物,崇尚自由、个性化等特点,所以网站整体风格应力争做到庄重、大气而不失活泼、个性。

笔者选取"theme"文件夹下"anomaly"主题,进行自定义主题二次开发,步骤如下：

(1)修改 general.php 定制了主页的显示项目,删除了语言选择下拉框。

(2)修改 general.css 和 browser.css 定制了整个页面的显示样式。

(3)修改 menu.css 定制了导航栏的显示样式。

(4)将 banner 图片拷贝到"pix"文件夹下,修改 general.css 显示自定义的 banner 图片。

(5)在主题选择器中选择"anomaly"主题,点击"清除主题缓存"按钮,就可以看到自定义的显示风格(见图 7—9)。

---

① 班祥东：《论网站整体风格定位》,《电脑知识与技术》2010 年第 26 期。

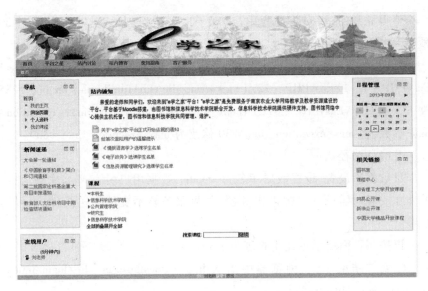

图 7—9 "e 学之家"系统首页

2.积分统计功能

教学资源建设存在的一个突出问题是资源建设交互性不强,用户参与度不够,即当前教学资源的建设没有很好地发挥教学主体参与的积极性。

Moodle 系统以学习者为中心的自主探索和协作学习的互动环境为学习者的参与提供了保障。如系统提供了不同类别的论坛,学习者在完成知识意义的初步建构之后,即可以登录论坛参加讨论、发表意见。系统也提供了可供学习者进行协作编辑的 Wiki 功能等。但是关键在于如何最大限度地调动用户的积极性,参与到基于系统的课程活动和资源建设中去。这需要对学习者的参与动机进行研究。

动机理论认为,人们做出某一行为都是出于一定的动机。[①] 从动机的形成机制分析,动机的产生一般需要两个条件:一是内在需求条件,主要指通过完成某种行为而满足个体的即时需求,也就是说,有了需求才会有动机;二是外在诱因条件,主要指行为自身以外,或行为和一些可分离的结果之间的因素,这些因素并非直接从行为中得到而是间接来源于其他途径,如物质奖励、潜在机会等一系列外在刺激,即动机可以分为外部动机和内部动机。

---

① 王伟军等:《Web2.0 信息资源管理》,科学出版社 2011 年版,第 163—167 页。

个体的内部动机即个体的内在需求,即用户对教学数字资源的需求(这在以往调研中已得到证实)。在肯定了个体内部需求的基础上,外在动机的实施就显得尤为重要。为了激励用户使用平台的热情,笔者开发了针对学生的积分统计功能,用于平台之星评选,根据学习者参与系统的表现情况,在一定时间段评选出积极学习者,并最终作为课程成绩及可获取资源数量的一个重要参考。学习者在系统内的不同动作,被赋予了一定的分数。管理员可以利用"积分统计"功能统计出某段时间内用户在平台上的积分情况,进而评选出该时间段内的平台之星。积分动作和积分值的对应关系如表7—2所示。

在实现过程中,表7—2的积分对应情况以定义文件的形式存放到系统的代码块中,以支持"积分统计"功能的运行;用户在系统平台上执行的动作被记录在日志中;"积分统计"功能通过分析系统的用户日志从而获取某时间段内每个用户的动作,然后根据积分定义文件取得每个动作对应的积分,从而计算出用户在这段时间内的所有积分。

表7—2　　　　　　　　　　系统用户积分动作和积分值

动作	分数
发表站内讨论区帖子	3
评论站内讨论区帖子	1
发表站内博客	5
注册外部博客	1
评论站内博客	1
发表课程讨论区帖子	3
评论课程讨论区帖子	1
进入课程聊天室	2
添加课程数据库条目	5
编辑课程 Wiki 词条	5
评论课程 Wiki 词条	2
填写课程调查问卷	5
参加课程投票活动	3

3. 课程类别组织

　　为了科学合理地组织课程,系统参照体系分类法,对系统的课程进行了分类组织。类目结构如下所示:

　　　　课程(一级类目)
　　　　研究生(二级类目)……按学习阶段分类
　　　　　　　信息科技学院(三级类目)……按院系分类
　　　　　　　　　信息资源管理研究(四级类目)……按课程分类
　　　　本科生 (二级类目)
　　　　　　　信息科技学院 (三级类目)
　　　　　　　　　情报语言学 (四级类目)
　　　　　　　公共管理学院 (三级类目)
　　　　　　　　　电子政务 (四级类目)
　　　　……

　　以上仅举例列出了一些类目,系统可根据实际需要添加子类目。这样将课程类目体系组织成一个树状结构,逐级列出详尽的子目来表示类目的等级关系,使得类目结构系统合理,显示直观,易于使用和进行课程检索。

　　4. 课程主题设计

　　一个好的教学系统应该做到以学生为中心,强调学生学习的主动性,教师的作用则体现在组织、引导和促进学生的自主学习,充分发挥学生学习的主动性、积极性和创造性,从而充分挖掘学习者的自主学习的潜能,提高学生的创新能力。

　　系统中结合课堂教学实际的实施环节,设计了以主题单元的形式组织课程,即将整个课程教学内容按照单元主题的形式进行呈现,学生可根据自身需要,进入相关主题进行课程的自主学习 (见图 7—10)。以主题的形式组织课程资源、活动,不仅可以最大限度地发挥学习的自学能力,而且分门别类的组织课程的方式,在资源利用上也给学习者提供了极大的便利,学习者可以根据自身需要方便、快捷地获取不同主题的资源。例如在具体的某门课程中,把课程内容分为课程通知公告、答疑社区、实时交流、课程资源、发散思维、在线作业、在线测验、课堂调查八个主题进行组织,当然教师也可根据需要添加别的主题或修改以上主题。添加、修改

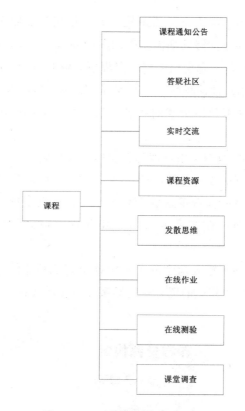

图 7—10　系统课程的主题设置

主题后，在每个主题下，教师可以添加相应的课程活动或资源。学生则可以进入相关主题进行课程学习。

5．课程资源建设与检索功能

系统的课程模块提供了强大的资源建设功能，如教师可以通过添加课程资源以文件、网页、文件夹、URL 的形式上传本地课程资源，编辑课程资源以及整合网络资源。可以通过添加课程活动，如 Wiki 协作、数据库、讨论区、问卷调查等课程活动，引导学生参与课程资源的生产建设，上传本地课程资源及整合网络资源等。大量的课程资源在给师生在线教学、在线学习提供强大支持的同时，也造成了一定的困扰，师生将面临如何快速、准确地从大量课程资源中找到自己所需的信息的困惑。因此，检索功能显得尤为重要。基于课程的检索功能可以帮助师生准确找到所需的课程资源。

Moodle 系统采用模块化设计思想，允许使用者在原有基础上开发安装教学模块和插件以扩展其功能。OOHOO Course Search 插件是一款优秀的课程资源检索插件，它可以实现对课程所有资源的全文检索，包括添加的课程资源、所添加的课程活动以及课程活动下产生的课程资源，能较好地满足用户对检准率及检全率的要求。下面介绍 Course Search 插件的安装与使用。

（1）从 moodle 官网上下载课程资源检索安装包。

（2）将下载好的安装包解压到 moodle/blocks 目录下。

（3）以管理员的身份重新登录系统平台，根据系统提示完成插件安装。安装成功后即可在课程中添加"课程资源检索"板块（见图 7—11）。

（4）在检索框中输入检索的关键字即可得到检索结果，检索结果以链接形式出现，如需相应的资源点击链接即可实现查看、下载等操作。

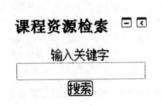

图 7—11　资源检索功能

六　系统应用情况

"e 学之家"系统于 2013 年 8 月上旬上线试运行，经过一个月的测试、调试后正式运营。前期上线三门课程，分别为：南京农业大学信息科技学院信息管理系本科生必修课《情报语言学》，选课 59 人；公共管理学院本科生选修课《电子政务》（由信息管理系开设），选课 27 人；信息科技学院信息管理系研究生必修课《信息资源管理研究》，选课 12 人。下面以《信息资源管理研究》课程为例，总结"e 学之家"系统建设成效：

（一）"e学之家"突破了以往教学管理系统少有互动参与的教学方式

该系统以专业课程为单元，开发了诸如 Wiki、博客、聊天室等互动功能，允许老师和学生在网上充分双向交流，互相启发，贡献自己发现或创建的与课程相关的教学资源，存入系统的课程数据库，共同参与图书馆数字教学资源建设。并以积分激励方式，充分调动学生参与数字资源建设的积极性。如《信息资源管理研究》研究生课程选课仅 12 人，学期末课程数字资源建设量达 353M，加上教学小视频超过 1G。资源种类涵盖网页、URL、文件、文件夹、数据库、Wiki、视频等形式，其中学生推荐的课程资源达 80M 左右，用户原创资源达到 273M。

（二）"e学之家"克服了高校各部门教学资源建设各自为政、共享性差的弊端

该系统以课程为中心，不仅可以通过 RSS 订阅、网络资源聚合等方式，将师生贡献的资源、网上各类与课程相关网站资源、开放课程、维基、博客等整合在一起，而且可以整合教务处课程中心的相关课程资源及图书馆的数据库资源。该系统同时包括研究生课程与本科生课程，打通了不同层次的课程资源隔阂。这使得系统的课程资源来源丰富、资源的整合性、可用性、共享性有较大提高。

（三）"e学之家"具有较强的课程导航和资源检索功能

系统首页设计有我的主页、网站页面、个人资料和我的课程等导航栏目，并依据体系分类法，对于研究生和本科生课程分别进行了分类组织，学科专业资源导航信息明确。同时提供课程搜索引擎，方便师生尽快找到自己的课程。系统安装的 OOHOO Course Search 插件，具有"课程资源检索"功能。可以实现对课程所有资源的全文检索，包括添加的课程资源、添加的课程活动以及课程活动下产生的课程资源，能较好地满足用户对检准率及检全率的要求。

（四）"e学之家"具有资源动态更新能力

以课程为单元的参与式教学资源系统设计，可以随着同一课程每届的开设和师生的反馈，不断更新、增加和充实该课程的数字资源，具有动态发展性。如《信息资源管理研究》课程就累积了五届研究生专题发言的 PPT。

（五）"e学之家"实现了参与式教学资源建设和互动式教学"双赢"

系统以"图书馆搭台、教学唱戏"的模式构建，发挥图书馆作为教

学"第一课堂"的功能，教师和学生可实现在线教学互动、资源共享、协作研究，并最终实现了参与式数字教学资源的建设。系统的资源丰富了图书馆的数字教学资源体系，并由图书馆维护、管理和长期利用，达到参与式图书馆资源建设与互动式教学的"双赢"。

由于研究时间、精力有限，目前"e学之家"系统正式运营的课程只有三门，仅仅涉及两个院系，系统运营范围和受众还不够广泛。

第三节　用户参与图书馆数字资源建设今后的发展思路

以项目完成为目标开展的活动或开发的系统往往会出现各种问题，难以可持续发展，这在以往的研究中已经被证实。"南农记忆"系统后期因故障停止运行再一次证实了这一点。"e学之家"系统同样也涉及一个长期维护、更新、常态化持续发展的问题。我们认为只有建立相应的保障机制，形成良好的制度环境，才能实现用户参与图书馆数字资源建设的可持续发展。为此我们提出以下发展思路：

一　将用户参与数字资源建设纳入图书馆常规工作

只有图书馆领导充分认识到用户参与对图书馆数字资源建设的重要意义，而不是当成一种作秀或完成一个项目的短期行为。把用户参与数字资源建设作为图书馆数字资源建设的重要组成部分，将其纳入图书馆工作的议事日程和有关部门的业绩考核内容，并有相应的人、财、物的长期制度安排，用户参与图书馆数字资源建设的工作才能真正有组织、有计划、常态化地开展起来，并通过实践摸索，不断总结经验教训，使其做大做好。

二　加强学校层面的顶层设计和协调

图书馆数字资源建设是高校的一项战略任务。以师生为主体的用户参与建设是建立高质量的图书馆信息资源体系的前提条件，学校相关部门的支持则是用户参与图书馆数字资源建设的重要保障。图书馆馆长应努力说服主管校领导和学校主要领导，将这项活动作为一项常规工作列入学校议事日程，并形成具体的、可操作的全校资源建设协调方案，以便学校相关部门，如教务处、现代教育技术中心、网络中心、科研部门及各院系更好地配合图书馆开展师生参与的信息资源建设工作。

三　研究设计相应的参与激励与考核机制

在"南农记忆"和"e 学之家"的活动中，我们已经设计了以完成项目任务为中心的用户参与的激励机制。但从长远来看，要吸收更多的用户和相关部门参与图书馆数字资源建设，还需要更强有力的激励措施来促进这一工作的展开。只有在学校层面上，研究和设计出与全校师生和相关部门利益相关的参与激励与考核机制，并形成制度，才能充分调动更多师生员工和部门的积极性，从而更加有效地推动用户参与图书馆数字资源建设工作的发展。

附录

附录 1　社会网络环境下用户参与的图书馆数字资源建设规划需求调查（用户问卷Ⅰ）

　　本项调查旨在了解社会网络环境下用户参与图书馆数字资源建设规划的需求。请您在相应项目打"√"，若选有横线项目，请填答案。衷心感谢您的大力支持！

　　说明：用户参与的图书馆数字资源建设，是指用户参与所在图书馆的数字资源规划、生产、选择、采集、组织与整合等活动环节，以形成可用的数字资源体系的过程。

一　您的基本情况

1. 学校：_____

2. 性别：　A. 男　　B. 女

3. 您的身份：A. 博士生　B. 硕士生　　C. 本科生　　D. 教师

E. 科研人员　F. 行政人员

4. 您的学科专业：①人文类　　②经济类　　③管理类　　④外语类

⑤理学类　⑥工学类　⑦农学类　⑧信息类　⑨其他_____

二　您对社会软件的熟悉和使用情况

5. 您了解的社会软件有（可多选）：

A. 博客（Blog）　B. 播客（Podcast）　　C. 维基（如 Wiki、百度百科）

D. 信息推送（RSS）　　E. 标签（Tag）　　F. 微博　G. IM（如 QQ）

H. SNS（如人人网）　I. 其他_____

6. 您常用的社会软件有（可多选）：

A. 博客（Blog）　　B. 播客（Podcast）　　C. 维基（如 Wiki、百度百科）

D. 信息推送（RSS）　　E. 标签（Tag）　　F. 微博　G. IM（如 QQ）

H. SNS（如人人网）　　I. _____

7. 您自己具有哪些社会软件平台（可多选）：

A. 博客（Blog）　　B. 播客（Podcast）　　C. 维基（如 Wiki、百度百科）

D. 信息推送（RSS）　　E. 标签（Tag）　　F. 微博　G. IM（如 QQ）

H. SNS（如人人网）　　I. 其他_____

8. 您是否愿意通过社会软件与他人共享数字资源？

A. 愿意　　B. 不愿意　　C. 只愿意和熟人或好友分享

三　您对参与图书馆数字资源建设的需求情况

9. 您认为贵校图书馆的数字资源是否能满足您的需求？

A. 完全能满足　　B. 比较能满足　　C. 基本能满足

D. 不能满足　　E. 不知道

10. 您赞同"用户参与数字资源建设能提高图书馆的信息资源建设水平"吗？

A. 非常赞同　B. 比较赞同　C. 基本赞同　D. 不赞同　E. 不知道

11. 如果开展用户参与图书馆数字资源建设与规划活动，您愿意参加吗？

A. 非常愿意　　　B. 愿意　　　C. 不愿意　　　D. 不知道

12. 您愿意参与图书馆数字资源生产并提出意见、建议吗？

A. 非常愿意　　　B. 愿意　　　C. 不愿意　　　D. 不知道

13. 您愿意为图书馆数字资源的生产提出哪些建议（可多选）？

A. 资源内容　　B. 资源文种　　C. 资源类型　　D. 资源上传时间

E. 其他_____

14. 您愿意参与图书馆数字资源评价、选择和采集并提出意见、建议吗？

A. 非常愿意　　　B. 愿意　　　C. 不愿意　　　D. 不知道

15. 您愿意为图书馆数字资源的评价、选择和采集提出哪些建议（可多选）？

A. 评价目标　B. 评价方法　C. 评价标准　D. 选择原则　E. 选择标准　F. 选择程序　G. 采集标准　H. 采集方式　I. 其他_____

16. 您愿意参与图书馆数字资源的组织并提出意见、建议吗？

A．非常愿意　　　B．愿意　　　　C．不愿意　　　　D．不知道

17．您愿意为图书馆数字资源的组织提出哪些建议（可多选）？

A．组织目标　　B．组织原则　　C．组织标准　　D．组织方式

E．组织方法　　F．其他_____

18．您愿意参与图书馆数字资源的整合并提出意见、建议吗？

A．非常愿意　　　B．愿意　　　　C．不愿意　　　　D．不知道

19．您愿意为图书馆数字资源的整合提出哪些建议（可多选）？

A．整合目标　　B．整合原则　　C．整合层次　　　D．整合内容

E．整合机制　　F．整合模式　　G．其他_____

20．您认为图书馆数字资源建设的目标应该包括（可多选）：

A．数量目标　　B．质量目标　　C．特色化目标　　D．其他_____

21．您认为图书馆数字资源建设的原则应该包括（可多选）：

A．从实际出发　　　B．用户需求导向　　　C．系统性　　　D．特色化

E．共建共享　　F．其他_____

22．您对用户参与图书馆数字资源建设还有其他的想法或建议（请填写）：

_____

_____

_____

附录2 社会网络环境下用户参与的图书馆数字资源建设规划认识调查（馆员问卷Ⅰ）

本调查旨在了解馆员对社会网络环境下用户参与图书馆数字资源建设规划的看法。请您在相应项目打"√"，若选有横线项目，请填答案。衷心感谢您的大力支持！

一　您的基本情况

1. 学校：＿＿＿＿＿＿＿＿＿＿＿＿

2. 性别：A．男　　B．女

3. 您的职称：

A．正高　B．副高　C．中级　D．初级　E．其他＿＿＿＿＿

4. 所在部门和职务：

（1）部门：A．行政部门　　B．资源建设部　　C．参考咨询部

D．读者服务部　　E．多媒体部　　F．其他＿＿＿＿＿

（2）职务：A．馆长　　　　B．部主任　　　　C．无

二　您对社会软件的熟悉和使用情况

5. 您了解的社会软件有（可多选）：

A.博客(Blog)　B.播客(Podcast)　C.维基(Wiki)　D.信息推送(RSS)

E.标签(Tag)　F.微博　G.IM(如 QQ、MSN)　H.SNS(如人人网、开心网等)　I.其他＿＿＿＿＿

6.您常用的社会软件有(可多选)：

A.博客(Blog)　B.播客(Podcast)　C.维基(Wiki)

D. 信息推送（RSS）　E. 标签（Tag）　F. 微博　G. IM（如 QQ、MSN）

H. SNS（如人人网、开心网等）　I. 其他_____

7. 您自己具有哪些社会软件平台（可多选）：

A. 博客（Blog）　B. 播客（Podcast）　C. 维基（Wiki）　D. 信息推送（RSS）

E. 标签（Tag）　F. 微博　　　G. IM（如 QQ、MSN）　　H. SNS（如人人网、开心网等）　I. 其他_____

8. 您是否愿意通过社会软件与他人共享数字资源？

A. 愿意　　B. 不愿意　　C. 只愿意和熟人或好友分享

三　您对用户参与图书馆数字资源建设的看法

9. 您认为贵校图书馆的数字资源是否能满足用户的需求？

A. 完全能满足　　B. 比较能满足　　C. 基本能满足

D. 不能满足　　E. 不知道

10. 您认为"用户参与数字资源建设能提高图书馆的信息资源建设水平"吗？

A. 很可能　B. 可能性较大　C. 有可能　D. 不可能　E. 不知道

11. 你赞同图书馆开展用户参与数字资源建设规划的活动吗？

A. 非常赞同　　B. 比较赞同　　C. 基本赞同

D. 不赞同（跳答至 22 题）　E. 不知道

12. 您认为用户可能为图书馆数字资源生产提出意见、建议吗？

A. 很可能　　B. 可能性较大　　C. 有可能　　D. 不可能

E. 不知道

13. 您认为用户可能为图书馆数字资源生产提出哪些建议（可多选）？

A. 资源内容　B. 资源文种　C. 资源类型　D. 资源上传时间

E. 其他_____

14. 您认为用户可能为图书馆数字资源评价、选择和采集提出意见、建议吗？

A. 很可能　　B. 可能性较大　　C. 有可能　　D. 不可能

E. 不知道

15. 您认为用户可能为图书馆数字资源评价、选择和采集提出哪些建议（可多选）？

A. 评价目标　B. 评价方法　C. 评价标准　D. 选择原则

E.　选择标准　　　F.　选择程序　　　G.　采集标准　　　H.　采集方式

I.　其他＿＿＿＿＿＿

16.　您认为用户可能为图书馆数字资源组织提出意见、建议吗（可多选）？

A.　很可能　　　　B.　可能性较大　　　　C.　有可能　　　　D.　不可能

E.　不知道

17.　您认为用户可能为图书馆数字资源组织提出哪些建议（可多选）？

A.　组织目标　　　B.　组织原则　　　C.　组织标准　　　D.　组织方式

E.　组织方法　　　F.　其他＿＿＿＿＿＿

18.　您认为用户可能为图书馆数字资源整合提出意见、建议吗（可多选）？

A.　很可能　　　　B.　可能性较大　　　　C.　有可能　　　　D.　不可能

E.　不知道

19.　您认为用户可能为图书馆数字资源整合提出哪些建议（可多选）？

A.　整合目标　　　B.　整合原则　　　C.　整合层次　　　D.　整合内容

E.　整合机制　　　F.　整合模式　　　G.　其他＿＿＿＿＿＿

20.　您认为用户参与的图书馆数字资源建设的目标应该包括（可多选）：

A.　数量目标　　B.　质量目标　　C.　特色化目标　　D.　其他＿＿＿＿＿＿

21.　您认为用户参与的图书馆数字资源建设的原则应该包括（可多选）：

A.　从实际出发　　　B.　用户需求导向　　　C.　系统性　　　D.　特色化

E.　共建共享　　　F.　其他＿＿＿＿＿＿

22.　您不赞同用户参与图书馆数字资源建设规划的原因是？

A.　图书馆有能力独立完成数字资源建设的规划

B.　用户没有能力参与数字资源建设的规划

C.　用户参与数字资源建设规划不好管理

D.　图书馆不具备相关条件

E.　其他

23.　您对用户参与图书馆数字资源建设的规划有何其他意见或建议：

＿＿＿＿＿＿＿＿＿＿＿＿＿＿＿＿＿＿＿＿＿＿＿＿＿＿＿＿＿＿＿＿＿＿＿＿＿

＿＿＿＿＿＿＿＿＿＿＿＿＿＿＿＿＿＿＿＿＿＿＿＿＿＿＿＿＿＿＿＿＿＿＿＿＿

＿＿＿＿＿＿＿＿＿＿＿＿＿＿＿＿＿＿＿＿＿＿＿＿＿＿＿＿＿＿＿＿＿＿＿＿＿

附录 3　社会网络环境下用户参与的图书馆数字资源建设规划需求调查（用户问卷Ⅱ）

　　本项调查旨在了解用户利用社会软件或社交网站参与图书馆数字资源建设的认识和需求。请您在相应项目打"√"，若有横线项目，请填答案。衷心感谢您的大力支持！

　　注：基于 Web2.0 的社会网络是指由博客、维基、微博等社会软件和 Facebook、人人网等社交网站（SNS）构成的社会关系网。网络联结是指利用 Web2.0 社会网络建立个人和个人或个人和组织之间的联系。知识团体指社会网络中进行知识交换的成员组成的小团体。

一　您的基本情况

1. 学校：_____

2. 性别：A. 男　　B. 女

3. 身份：A. 学生（学位：博士、硕士、本科）

B. 教师（职称：高级、中级、初级）

C. 科研人员（职称：高级、中级、初级）

D. 教辅或行政人员（请填职务）_____

4. 学科：①人文类　　②经济类　　③管理类　　④外语类

⑤理学类　　⑥工学类　　⑦农学类　　⑧信息类

⑨其他（请填）_____　E－mail（请填）_____

二　您对用户参与图书馆数字资源建设的社会网络理念的认可

5. 您认为高校图书馆嵌入用户的社会网络环境（教学科研中）有助于加

强图书馆数字资源建设吗（单选)？

A．是　　　B．否　　　C．不知道

6. 为获取更多的数字资源，您认为图书馆应该在用户之间建立哪类网络联结（可多选)？

A．加强同一学科、专业方向之间的用户的网络联结

B．加强相关学科、专业方向之间的用户的网络联结

C．加强不同学科、专业方向之间的用户的网络联结

D．其他（请填) _____

7. 为与用户共享更多的资源，您认为图书馆应该和用户建立何种网络联结（可多选)？

A．尽量联结较多的用户，努力提高自己与用户之间的网络密度

B．尽量联结较少的用户，以节省图书馆员的精力

C．用较少的投入联结尽可能多的用户

D．联结处于网络中心的用户

E．联结处于网络边缘，但有特色资源的用户

F．联结不同性质（如不同兴趣）的用户群

G．努力使图书馆成为用户社会网络的中心

H．其他（请填) _____

8. 您认为社会网络环境下用户能够在图书馆组织下共建共享数字资源吗（单选)？

A．能　　　　B．不能　　　C．有时能　　　D．不知道

9. 您认为社会网络环境下用户能自主决定与图书馆共享某种具体的数字资源吗（单选)？

A．能　　　　B．不能　　　C．有时能　　　D．不知道

10. 社会网络环境下用户在与图书馆共享数字资源时需要保护自己的个人隐私吗（单选)？

A．需要　　　B．不需要　　　C．有时需要

11. 您认为用户参与图书馆数字资源建设的动力是（可多选)：

A．更多数字资源回报

B．借阅优惠奖励（在借阅权限、馆际互借、文献传递等服务享受优惠)

C．荣誉奖励（网币、积分和等级等)

D．满足好奇心或兴趣　　　E．体验参与乐趣

F. 希望能帮助他人　　G. 其他（请填）_____

12. 您认为用户参与图书馆数字资源建设的社会网络系统应由哪些要素构成（可多选）：

A. 用户　　B. 馆员　　C. 技术　　D. 数字资源

E. 建设过程（含服务）　　F. 管理　　G. 环境

H. 其他（请填）_____

三　您对用户参与图书馆数字资源建设的社会网络应用的观点

13. 您认为高校图书馆当前发展社会网络的模式应该是（可多选）：

A. 馆员以个人身份直接加入社交网站（如在人人网、Facebook 上申请个人主页）

B. 馆员以图书馆的身份加入社交网站（如在人人网上申请公共主页）

C. 在图书馆网站添加社会软件（包括博客、维基、微博、RSS 等）

D. 开发图书馆网站的用户个人空间（如重庆大学图书馆的我的书斋）

E. 其他（请填）_____

14. 您认为高校图书馆当前加入社会网络可选择（可多选）：

A. 加入人人网一类的社交网站

B. 加入豆瓣网一类的兴趣小组

C. 加入新浪微博一类的微博网站

D. 加入博客网一类的博客群

E. 其他（请填）_____

15. 如果图书馆网站提供用户空间，从共建资源的角度您认为需要有哪些功能（可多选）？

A. 信息交流功能（如好友、留言、站内信等）

B. 信息推送功能（如新鲜事、日志、分享等）

C. 资源发布功能（如日志、相册、分享等）

D. 学科资源建设（如专业书评、学科导航、学科知识库和学科资源库等）

E. 其他（请填）_____

16. 您同意用户参与图书馆数字资源建设工作的以下思路吗（可多选）？

A. 为用户参与数字资源建设提供社会软件技术指导与管理服务

B. 按学科专业和兴趣对用户进行知识团体划分

C. 根据知识团体的成员及其相互关系构建学科知识库和学科资源库

D. 在不同知识团体不同背景的用户之间建立联结

E. 确定知识团体中的核心用户并与之建立联结

F. 其他（请填）_____

四　您对社会网络环境下用户参与图书馆数字资源建设的资源结构的观点

17. 您认为高校开展用户参与的图书馆数字资源建设的学科结构是（可多选）：

A. 针对本校的重点学科专业开展资源建设

B. 针对本校的特色学科专业开展资源建设

C. 针对有兴趣参与的学科专业开展资源建设

D. 面向所有学科专业开展资源建设

E. 其他（请填）_____

18. 您认为高校开展用户参与的图书馆数字资源建设的文种结构是（单选）：

A. 以中文资源为主　　B. 以外文资源为主　　C. 包括中外文资源

D. 根据不同专业用户需要而定　　E. 其他（请填）_____

19. 您认为高校开展用户参与的图书馆数字资源建设的类型结构是（单选）：

A. 以文本为主　　B. 以图片为主　　C. 以音频为主

D. 以视频为主　　E. 包括各类资源

F. 根据不同专业用户需要而定　　G. 其他（请填）_____

20. 您认为高校开展用户参与的图书馆数字资源建设的时间结构是（单选）：

A. 以存储新颖数字资源为主　　B. 存储不同时间段的资源

C. 根据不同专业用户需要而定　　D. 其他（请填）_____

21. 您认为高校开展用户参与的图书馆数字资源建设的馆藏级别应该是（可多选）：

A. 永久保存级馆藏（本校用户非常需要且具有唯一性，只保存在本馆服务器上）

B. 服务级馆藏（本校用户非常需要但不具有唯一性，保存在本馆以外的服务器上）

C. 镜像级馆藏（本校用户需要，拷贝本馆以外服务器上的资源且经常不可存取）

D. 链接级馆藏（本校用户有一定需要，本馆以外有许多同样的资源，本馆只提供链接）

E. 其他（请填）_____

22. 您对社会网络环境下用户参与图书馆数字资源建设的想法或建议（请填）：

_____

_____

_____

附录4 社会网络环境下用户参与的图书馆数字资源建设规划认识调查（馆员问卷Ⅱ）

本项调查旨在了解馆员对用户利用社会软件或社交网站参与图书馆数字资源建设的认识。请您在相应项目打"√"，若有横线项目，请填答案。衷心感谢您的大力支持！

注：基于 Web2.0 的社会网络是指由博客、维基、微博等社会软件和 Facebook、人人网等社交网站（SNS）构成的社会关系网。网络联结是指利用 Web2.0 社会网络建立个人和个人或个人和组织之间的联系。知识团体指社会网络中进行知识交换的成员组成的小团体。

一 您的基本情况

1. 学校：_____

2. 性别：A．男　　B．女

3. 职称：A．正高　B．副高　C．中级　D．初级　E．其他_____

4. 所在部门和职务：

（1）部门：A．行政部门　　B．资源建设部　　C．参考咨询部

D．读者服务部　　E．多媒体部　　F．其他_____

（2）职务：A．馆长　B．部主任　C．无

二 您对用户参与图书馆数字资源建设的社会网络理念的认可

5. 您认为高校图书馆嵌入用户的社会网络环境（教学科研中）有助于加强图书馆数字资源建设吗（单选)？

A．是　　B．否　　C．不知道

6. 为获取更多的数字资源，您认为图书馆应该在用户之间建立哪类网络联结（可多选）？

A. 加强同一学科、专业方向之间的用户的网络联结

B. 加强相关学科、专业方向之间的用户的网络联结

C. 加强不同学科、专业方向之间的用户的网络联结

D. 其他（请填）_____

7. 为与用户共享更多的资源，您认为图书馆应该和用户建立何种网络联结（可多选）？

A. 尽量联结较多的用户，努力提高自己与用户之间的网络密度

B. 尽量联结较少的用户，以节省图书馆员的精力

C. 用较少的投入联结尽可能多的用户

D. 联结处于网络中心的用户

E. 联结处于网络边缘，但有特色资源的用户

F. 联结不同性质（如不同兴趣）的用户群

G. 努力使图书馆成为用户社会网络的中心

H. 其他（请填）_____

8. 您认为社会网络环境下用户能够在图书馆组织下共建共享数字资源吗（单选）？

A. 能　　　　B. 不能　　　　C. 有时能　　　　D. 不知道

9. 您认为社会网络环境下用户能自主决定与图书馆共享某种具体的数字资源吗（单选）？

A. 能　　　　B. 不能　　　　C. 有时能　　　　D. 不知道

10. 社会网络环境下用户在与图书馆共享数字资源时需要保护自己的个人隐私吗（单选）？

A. 需要　　　　B. 不需要　　　　C. 有时需要

11. 您认为用户参与图书馆数字资源建设的动力是（可多选）：

A. 更多数字资源回报

B. 借阅优惠奖励（在借阅权限、馆际互借、文献传递等服务享受优惠）

C. 荣誉奖励（网币、积分和等级等）　　　D. 满足好奇心或兴趣

E. 体验参与乐趣　　F. 希望能帮助他人　　G. 其他（请填）_____

12. 您认为用户参与图书馆数字资源建设的社会网络系统应由哪些要素构成（可多选）：

A. 用户　　　 B. 馆员　　　 C. 技术　　　 D. 数字资源

E. 建设过程（含服务）　　 F. 管理　　　 G. 环境

H. 其他（请填）_____

三　您对用户参与图书馆数字资源建设的社会网络应用的观点

13. 您认为高校图书馆当前发展社会网络（SNS）的模式应该是（可多选）：

A. 馆员以个人身份直接加入社会网络（如在人人网上申请个人主页）

B. 馆员以图书馆的身份加入社会网络（如在人人网上申请公共主页）

C. 在图书馆网站添加社会软件（如博客、维基、微博、RSS等）

D. 开发图书馆网站的用户个人空间（如重庆大学图书馆的我的书斋）

E. 其他（请填写）_____

14. 您认为高校图书馆当前加入社会网络可选择（可多选）：

A. 加入人人网一类的社交网站

B. 加入豆瓣网一类的兴趣小组

C. 加入新浪微博一类的微博网站

D. 加入博客网一类的博客群

E. 其他（请填）_____

15. 如果图书馆网站提供用户空间，从共建资源的角度您认为需要有哪些功能（可多选）？

A. 信息交流功能（如好友、留言、站内信等）

B. 信息推送功能（如新鲜事、日志、分享等）

C. 资源发布功能（如日志、相册、分享等）

D. 学科资源建设（如专业书评、学科导航、学科知识库和学科资源库等）

E. 其他（请填写）_____

16. 您同意用户参与图书馆数字资源建设工作的以下思路吗（可多选）？

A. 为用户参与数字资源建设提供社会软件技术指导与管理服务

B. 按学科专业和兴趣对用户进行知识团体划分

C. 根据知识团体的成员及其相互关系构建学科知识库和学科资源库

D. 在不同知识团体不同背景的用户之间建立联结

E. 确定知识团体中的核心用户并与之建立联结

F. 其他（请填写）_____

四 您对社会网络环境下用户参与图书馆数字资源建设的资源结构的观点

17. 您认为高校开展用户参与的图书馆数字资源建设的学科结构是（可多选）：

A. 针对本校的重点学科专业开展资源建设

B. 针对本校的特色学科专业开展资源建设

C. 针对有兴趣参与的学科专业开展资源建设

D. 面向所有学科专业开展资源建设

E. 其他（请填）_____

18. 您认为高校开展用户参与的图书馆数字资源建设的文种结构是（单选）：

A. 以中文资源为主　　B. 以外文资源为主　　C. 包括中外文资源

D. 根据不同专业用户需要而定　　E. 其他（请填）_____

19. 您认为高校开展用户参与的图书馆数字资源建设的类型结构是（单选）：

A. 以文本为主　　B. 以图片为主　　C. 以音频为主

D. 以视频为主　　E. 包括各类资源

F. 根据不同专业用户需要而定　　G. 其他（请填）_____

20. 您认为高校开展用户参与的图书馆数字资源建设的时间结构是（单选）：

A. 以存储新颖数字资源为主　　B. 存储不同时间段的资源

C. 根据不同专业用户需要而定　　D. 其他（请填）_____

21. 您认为高校开展用户参与的图书馆数字资源建设的馆藏级别应该是（可多选）：

A. 永久保存级馆藏（本校用户非常需要且具有唯一性，只保存在本馆服务器上）

B. 服务级馆藏（本校用户非常需要但不具有唯一性，保存在本馆以外的服务器上）

C. 镜像级馆藏（本校用户需要，拷贝本馆以外服务器上的资源且经常不可存取）

D. 链接级馆藏（本校用户有一定需要，本馆以外有许多同样的资源，本

馆只提供链接）

E. 其他（请填）_____

22. 您对社会网络环境下用户参与图书馆数字资源建设的想法或建议（请填）：

_____

_____

_____

主要参考文献

[1] Albert Bandura. Social Cognitive Theory in Annals of Child Development [M]. Greenwich, CT: Jai Press 1989.

[2] Barry Wellman, S. D. Berkowitz. Social Structures. A Network Approach [M]. Cambridge: Cambridge University Press, 1988.

[3] Beth Evans. Library 2. 0: The Consumer as Producer [J]. Information Today, 2008, 25 (9): 52 –54.

[4] G. Edward Evans, Margaret Zarnosky Saponaro. Developing library and information center collections [M]. Westport, Conn. : Libraries Unlimited, 2004.

[5] Joan E. Conger. Collaborative electronic resource management: From acquisitions to assessment [M]. Westport, Conn. : Libraries Unlimited, 2004.

[6] Peter Clayton , G. E. Gorman. Managing information resources in library: collection management in theory and practice [M]. London: Library Association Publishing, 2001.

[7] R. N. Broadus. Selecting materials for libraries [M]. New York: H. W. Wilson Company, 1981.

[8] Abebe Rorissa. User – generated descriptions of individual images versus labels of groups of images: A comparison using basic level theory [J]. Information Processing and Management, 2008, 44 (5): 1741 –1753.

[9] Adelaide Myers Fletcher. Free – range RSS feeds and farm – raised journals: what to expect when using RSS as a TOC service [J]. Medical Reference Services Quarterly, 2009, 28 (2): 172 –179.

［10］ A. Karahasanovic, P. B. Brandtzæg, J. Heim , et al.. Co – creation and User – generated Content—elderly People's User Requirements ［J］. Computers in Human Behavior, 2008 (10): 655 – 678.

［11］ Alton Y. K. Chua, Dion H Goh. A study of Web2. 0 applications in library websites ［J］. Library & Information Science Research, 2010, 32 (3): 203 – 211.

［12］ B. A. Nardi, D. J. Schiano , M. Gumbrecht. Blogging as Social Activity, or Would You Let 900 Million People Read Your Diary? In: ACM Conference on Computer Supported Cooperative Work ［C］. Chicago, Association for Computing Machinery, 2004: 222 – 231.

［13］ Bradford Brown, David Post. "Peerproduction" promises to leap in importance ［J］. InformationWeek, 2002, 7: 870.

［14］ Brian S. Mathews. Libraries' Place in Virtual Social Networks ［J］. Journal of Web Librarianship, 2007, 1 (2): 71 – 74.

［15］ BrodyElise Brody. Planning for the balance between print and electronic journals in the hybrid digital library: Lessons learned from large ARL libraries ［D］. Pittsburgh: University of Pittsburgh, 2001.

［16］ Caroline Lego Muñoz. More than Just Wikipedia: Creating a Collaborative Research Library Using a Wiki ［J］. Marketing Education Review, 2012, 22 (1): 21 – 25.

［17］ Cedate Shultz. Cadavers or Corpses: Comparing User – Created Metadata ［J］. PNLA Quarterly, 2011, 75 (4): 82.

［18］ Chitu Okoli, Wonseok Oh. Investigating Recognition – based Performance in an Open Content Community: A Social Capital Capital Perspective ［J］. Information and Management, 2007, 44 (3): 240 – 252.

［19］ Chris Taylor. Let RSS go fetch ［J］. Time, 2005, 165 (22): 82.

［20］ Christian Søndergaard Jensen, Carmen Ruiz Vicente, Rico Wind. User Generated Content: The Case for Mobile Services ［J］. Computer, 2008, 41 (12): 116 – 118.

［21］ Cynthia Dobson, et al.. Collection evaluation for interdisciplinary fields: a comprehensive approach ［J］. The Journal of Academic Librarianship, 1996, 22 (4): 279 – 284.

[22] Darren Chase. Using online social networks, podcasting, and a blog to enhance access to Stony Brook University Health Sciences Library Resources and Services [J]. Journal of Electronic Resources in Medical Libraries, 2008, 5 (2): 123 – 132.

[23] David Lee King. Emerging Trends, 2. 0, and Libraries [J]. Serials Librarian, 2009 (1): 33 – 35.

[24] Diane L. Schrecker. Using blogs in academic libraries: versatile information platforms [J]. New Library World, 2008, 109 (3/4): 117 – 129.

[25] Donna F. Ekart. Tech tips for every librarian [J]. Computers in Libraries, 2009, 29 (4): 46 – 47.

[26] Fatih Oguz, Michael Holt. Library blogs and user participation: a survey about comment spam in library blogs [J]. Library Hi Tech, 2011, 29 (1): 173 – 188.

[27] Hamed Alhoori, Omar Alvarez. Supporting the Greation of Scholarly Bibliographies by Communities through Online Reputation Based Social Collaboration, Proceeding of 13th European Conference on Research and Advanced Technology for Digital Libraries, Corfu, Greece, 2009 [C]. Springer Berlin Heidelberg, 2009: 180 – 191.

[28] Ellyssa Krosk. The Social Tools of Web2. 0: Opportunities for Academic Libaries [J]. Choice, 2007, 44 (12): 7 – 17.

[29] Fabien Girardin, Francesco Calabrese, Filippo Dal Fiore, et al.. Digital Footprinting: Uncovering Tourists with User Generated Content [J]. IEEE Pervasive Computing, 2008, 7 (4): 36 – 43.

[30] Fusheng Jin, Zhendong Niu, Quanxin Zhang, et al.. A User Reputation Model for DLDE Learning 2. 0 Community, Proceedings of 11th International Conference on Asian Digital Libraries, Bali, Indonesia, 2008 [C]. Springer Berlin Heidelberg, 2008: 61 – 70.

[31] Gary W. White. Collaborative collection building of electronic resources: A business faculty/librarian partnership [J]. Collection Building, 2004, 23 (4): 177 – 181.

[32] Grigory Begelman, Philipp Keller, Frank Smadja. Automated Tag Clus-

tering: Improving search and exploration in the tag space [C]. Proceedings of Collaborative Web Tagging Workshop at WWW, 2006, Edinburgh, Scotland, 2006: 15 – 33.

[33] Hamed Alhoori, Omar Alvarez. Supporting the Greation of Scholarly Bibliographies by Communities through Online Reputation Based Social Collaboration, Proceeding of 13th European Conference on Research and Advanced Technology for Digital Libraries, Corfu, Greece, 2009 [C]. Springer Berlin Heidelberg, 2009: 180 – 191.

[34] H. Molyneaux, S. O'Donnell, K. Gibson, J. Singer. Exploring the Gender Divide on You Tube: An Analysis of the Creation and Reception of Vlogs [J]. American Communication Journal, 2008, 10 (2): 212 – 220.

[35] Hodge Karl. Build a Wiki Web Site [J]. Library, Information Science & Technology Abstracts, 2005 (136): 119 – 123.

[36] Isabella Peters. Folksonomies. Nutzergenerierte Schlagwörter als Indexierungswerkzeug für die Massen [J]. Mitteilungen der VÖB, 2011, 64 (3/4): 444 – 459.

[37] Jane Hunter, Imran Khan, Anna Gerber. HarvANA – Harvesting community tags to enrich collection metadata, Proceeding of the 8th ACM/IEEE – CS Joint Conference on Digital Libraries, NY, 2008 [C]. Pittsburgh: ACM, 2008.

[38] Janet L. Balas. Here a Blog, There a Blog, Even the Library Has a Web log [J]. Computers Libraries, 2003, 23 (10): 41 – 43.

[39] Jason Sokoloff. International Libraries on Facebook [J]. Journal of Web Librarianship, 2009, 3 (1): 75 – 80.

[40] Jeremy Frumkin. The Wiki and the Digital Library [J]. OCLC systems & Science, 2005, 21 (1): 18 – 22.

[41] Jessica Dye. Meet Generation C: Creatively Connecting Through Content [J]. EContent, 2007, 30 (4): 38 – 43.

[42] J. Krumm, N. Davies, C. Narayanaswami. User Generated Content. IEEE Pervasive Computing, 2008, 7 (4): 10 – 11.

[43] Jin Kim. User – Generated Content (UGC) revolution?: Critique of the

promise of YouTuBe [D]. Des Moines: The University of Iowa, 2010.

[44] Joan Oleck. Libraries Use MySpace to Attract Teens [J]. School Library Journal, 2007, 53 (7): 16.

[45] José M. Morales – del – Castillo, et al.. A Semantic Model of Selective Dissemination of Information for Digital Libraries [J]. Information Technology and Libraries, 2009, 28 (1): 21 – 30.

[46] José van Dijck. Users like you? Theorizing agency in user – generated content [J]. Media Culture Society, 2009, 31 (1): 41 – 58.

[47] Karen A. Coombs. Building a Library Web Site on the Pillars of web2. 0 [J]. Computers in Libraries, 2007, 27 (1): 16 – 19.

[48] Kwan Yi, Lois M. Chan. Linking folksonomy to Library of Congress subject headings: an exploratory study [J]. Journal of Documentation, 2009, 65 (6): 872 – 900.

[49] Leslie A. Lee, Michelle M. Wu. Do librarians dream of electronic serials? A beginners guide to format selection [J]. The Bottom Line: Managing Library Finances, 2002, 15 (3): 102 – 109.

[50] Leslie Bussert. The Presence of Web2. 0 Applications is Associated with the Overall Service Quality of Library Websites [J]. Evidence Based Library and Information Practice, 2011, 6 (1): 61 – 63.

[51] Leslie J. Reynolds, et al.. User – Driven Acquisitions: Allowing Patron Requests to Drive Collection Development in an Academic Library [J]. Collection management, 2010, 35 (3): 244 – 254.

[52] Ligaya Ganster, Bridget Schumacher. Expanding beyond Our Library Walls: Building an Active Online Community through Facebook [J]. Journal of Web Librarianship, 2009, 3 (2): 111 – 128.

[53] Linda Ciacchini. Progettare la biblioteca digitale. La centralità dell'utente [J]. Bollettino AIB, 2007, 47 (3): 327 – 330.

[54] Liu Jyishane. A participative digital archiving approach to university history and memory, Proceeding of the 12th European Conference on Research and Advanced Technology for Digital Libraries, Aarhus, Denmark, 2008 [C]. Berlin Heidelberg: Springer, 2008.

[55] Madaiah Krishnamurthy. Open Access, Open Source and Digital Librar-

ies: A Current Trend in University Libraries around the World [J]. Electronic Library and Information Systems, 2008 (8): 55 – 58.

[56] Mark Granovetter. Economic Action and Social Structure: The Problem of Embeddedness. The American Journal of Sociology, 1985 (3): 481 – 501.

[57] Marshall Breeding. Automation Marketplace 2010: New Models, Core Systems [J]. Library Journal, 2010, 135 (6): 22 – 36.

[58] Marshall Breeding. Librarians Face Online Social Networks [J]. Computers in Libraries, 2007, 27 (8): 30 – 32.

[59] Matt Francis. Every Child Ready to Read @ your library Wiki Goes Live [J]. Public Libraries, 2007, 46 (1): 4.

[60] Matthew M Bejune. Wikis in Libraries [J]. Information Technology and Libraries, 2007, 26 (3): 26 – 38.

[61] Michael C. Habib. Toward Acadmic Library 2.0: Development and Application of a Library 2. 0 Methodoloy [D]. North Carolina: University of North Carolina, 2006.

[62] Michael Porter, David Lee King. Inviting Participation [J]. Public Libraries, 2007 (6): 65 – 69.

[63] Michelle Stevens. Conduit – powered community toolbars now available [J]. Advanced Technology Libraries, 2007, 36 (3): 4.

[64] Morten T. Hansen. The Search – Transfer Problem: The Role of Weakties in Sharing Knowledge across Organizational Subunits [J]. Administrative Science Quarterly, 1999, 44 (1): 82 – 111.

[65] Mustafa Emirbayer, Jeff Goodwin. Network Analysis, Culture, and the Problem of Agency [J]. American Journal of Sociology, 1994, 99 (6): 1411 – 1454.

[66] M. Y. Cha, H. W. Kwak, P. Rdriguez. I Tube, YouTube, Everybody Tubes: Analyzing the Workd's Largest User Generated Content Video System. Proceedings of the 7th ACM SIGCOMM Conference on Internet Measurement, San Diego, California, USA, 2007 [C]. New York: ACM, 2007: 1 – 14.

[67] N. Kupferberg, L. J. Hartel. Evaluation of five full – text drug data-

bases by pharmacy students, faculty, and librarians: Do the groups agree [J]. Journal of the Medical Library Association, 2004, 92 (1): 66 – 71.

[68] O. Marianna, D. Geerts, P. B Brandtzag, et al.. Design for Creating, Uploading and sharing User Generated Content CHI2008 Proceedings, Florence, Italy, 2008 [C]. NewYork: ACM, 2008: 2391 – 2394.

[69] Paul Metz. Principles of selection for electronic resources [J]. Library Trends, 2000, 48 (4): 711 – 728.

[70] Peter Clayton. The role of users in library planning [J]. Australian Academic & Research Libraries, 1988, 19 (2): 25 – 28.

[71] Peter J. Rolla. User Tags versus Subject Headings: Can User – Supplied Data Improve Subject Access to Library Collections? [J]. Library Resources & Technical Services, 2009, 53 (3): 74 – 184.

[72] Qiang Ye, RobLaw, Bin Gu, et al.. The influence of user – generated content on traveler behavior: An empirical investigation on the effects of e – word – of – mouth to hotel online bookings [J]. Computers in Human Behavior, 2011, 27 (2): 634 – 639.

[73] Rachel Adams. Building a User Blog with Evidence: The Health Information Skills Academic Library Blog [J]. Based Library & Information Practice, 2011, 6 (3): 84 – 89.

[74] Rachel Singer Gordon, Michael Stephens. Building a Community: Create Your Own Social Network [J]. Computers in Libraries, 2007, 27 (10): 46 – 47.

[75] Rose Holley. Tagging Full Text Searchable Articles: An Overview of Social Tagging Activity in Historic Australian Newspapers August 2008—August 2009 [J]. D – Lib Magazine, 2010, 16 (1/2): 8.

[76] 郭玉锦、王欢:《网络社会学》,中国人民大学出版社 2010 年版。

[77] 胡昌平:《信息服务与用户》,武汉大学出版社 2008 年版。

[78] 马费成:《信息管理与信息系统研究进展》,武汉大学出版社 2010 年版。

[79] 马汀·奇达夫、蔡文彬:《社会网络与组织》,王凤彬等译,中国人

民大学出版社 2006 年版。

［80］林南：《社会资本：关于社会结构与行动的理论》，张磊译，上海人民出版社 2005 年版。

［81］罗家德：《NQ 风暴——关系管理的智慧》，社会科学文献出版社 2002 年版。

［82］史忠植：《认知科学》，中国科学技术出版社 2008 年版。

［83］图书馆 2.0 工作室：《图书馆 2.0：升级你的服务》，北京图书馆出版社 2008 年版。

［84］王伟军等：《Web2.0 信息资源管理》，科学出版社 2011 年版。

［85］肖希明等：《数字信息资源建设与服务研究》，武汉大学出版社 2008 年版。

［86］陈宏东、张春燕：《基于 Wiki 的中亚数据库建设——以兰州大学为例》，《兰州科技》2010 年第 8 期。

［87］陈红艳、司莉：《Web2.0 环境下用户参与的图书馆信息组织模式建构》，《情报资料工作》2011 年第 3 期。

［88］陈向东：《基于社会网络分析的在线协作学习研究》，《中国电化教育》2006 年第 10 期。

［89］陈欣等：《基于 YouTube 的视频网站用户生成内容的特性分析》，《图书馆杂志》2009 年第 9 期。

［90］陈志新：《博客（Blog）资源的信息组织》，《图书情报知识》2007 年第 4 期。

［91］常春、黄桂英：《用户参与式农业古籍数字图书馆访谈评价法》，《图书馆论坛》2006 年第 1 期。

［92］常静、杨建梅：《百度百科用户参与行为与参与动机关系的实证研究》，《科学学研究》2009 年第 8 期。

［93］丁一闻：《PDA 在我国图书馆的实施策略研究》，《图书馆学研究》2013 年第 21 期。

［94］董燕萍：《图书馆信息资源规划研究》，《情报杂志》2008 年第 4 期。

［95］董伟、贾东琴：《RSS 在图书馆应用实例分析》，《图书情报工作》2009 年第 9 期。

［96］范并思、胡小菁：《图书馆 2.0：构建新的图书馆服务》，《大学图书

馆学报》2006 年第 1 期。

[97] 樊五妹:《RSS 技术在图书采访中的应用设计》,《现代情报》2009 年第 8 期。

[98] 方兴东:《"博客"信息时代的麦哲伦》,《计算机与网络》2002 年第 17 期。

[99] 高峰、任树怀:《Web2.0 技术在高校图书馆学科建设中的应用:以上海大学图书馆学科馆员平台建设为例》,《图书情报工作》2007 年第 4 期。

[100] 高海燕:《社会网络环境下用户参与的图书馆数字资源组织与整合模式研究》,硕士学位论文,南京农业大学,2012 年。

[101] 高皓亮:《用户参与驱动的 GeoRSS 地图分享平台》,硕士学位论文,华东师范大学,2009 年。

[102] 高华:《高校图书馆开放存取资源建设策略探讨》,《现代情报》2009 年第 10 期。

[103] 关思思:《美国 Stevens 县图书馆社区在线指南 Wiki 计划介绍》,《图书馆建设》2009 年第 11 期。

[104] 关云楠:《Tag 在图书馆中的应用研究》,硕士学位论文,东北师范大学,2011 年。

[105] 郭健峰:《Tag 在图书馆知识管理中的应用研究》,《价值工程》2011 年第 17 期。

[106] 郭利伟:《基于 Wiki 的高校数字图书馆知识自组织探讨》,《情报杂志》2009 年第 S1 期。

[107] 何继媛等:《大众标注系统中基于本体的语义检索研究综述》,《现代图书情报技术》2011 年第 3 期。

[108] 何威:《网众与网众传播》,博士学位论文,清华大学,2009 年。

[109] 何韵:《Web2.0 带给图书馆的机遇和挑战》,《图书情报工作》2006 年第 9 期。

[110] 侯君洁:《读者决策采购在国内高校图书馆实现的问题和解决办法》,《图书馆论坛》2013 年第 4 期。

[111] 胡昌平:《高校图书馆虚拟社区构建初探》,《现代图书情报技术》2007 年第 11 期。

[112] 胡昌平等:《基于社会化群体作用的信息聚合服务》,《中国图书馆

学报》2010 年第 5 期。

[113] 胡小菁:《PDA:读者决策采购》,《中国图书馆学报》2011 年第 3 期。

[114] 黄国彬:《tag 信息组织机制研究:以 delicious、flickr 系统为例》,《图书馆杂志》2008 年第 5 期。

[115] 黄金霞等:《他山之石　可以攻玉——SNS 对图书馆信息服务网站建设的借鉴》,《图书情报工作》2009 年第 11 期。

[116] 黄敏等:《图书馆 2.0 服务模式下的用户参与激励》,《情报杂志》2010 年第 6 期。

[117] 黄敏、都平平:《Lib2.0 用户参与激励机制初探》,《国家图书馆学刊》2010 年第 2 期。

[118] 黄婷:《社交网络服务(SNS)的用户接受影响因素研究》,硕士学位论文,浙江大学,2009 年。

[119] 黄勇、钟远薪:《基于 Wiki 的数字资源建设知识库》,《图书馆》2008 年第 3 期。

[120] 姜艳:《基于用户需求挖掘的高校图书馆数字资源规划》,《情报资料工作》2008 年第 6 期。

[121] 寇小文、吴剑霞:《基于 SNS 的图书馆知识社区构建》,《现代情报》2009 年第 10 期。

[122] 雷顺利:《基于用户满意度的高校图书馆馆藏资源评价模型构建》,《情报科学》2010 年第 1 期。

[123] 雷蔚真、郑满宁:《Web2.0 语境下虚拟社区意识(SOV)与用户生产内容(UGC)的关系探讨——对 KU6 网的案例分析》,《现代传播》2010 年第 4 期。

[124] 李浩凌等:《用户满意度调查法在数字资源评估中的运用》,《大学图书馆学报》2007 年第 1 期。

[125] 李华、赵文伟:《微博客:图书馆的下一个网络新贵工具》,《图书与情报》2009 年第 4 期。

[126] 李寰、贾保先:《基于 RSS 聚合和本体检索的数字图书馆个性化门户设计》,《情报杂志》2009 年第 2 期。

[127] 李书宁:《用户参与的图书馆数字资源建设研究》,《图书馆杂志》2011 年第 12 期。

[128] 李文文：《我国高校数字图书馆 Science2.0 综合知识服务平台构建研究》，硕士学位论文，南京大学，2012 年。

[129] 李远明、谭世明：《基于科研合作的大学科研团队成长轨迹研究》，《图书情报工作》2012 年第 4 期。

[130] 梁朝云、陈佳珩、许育龄：《中文维基百科管理员参与动机与工作形态之研究》，《教育资料与图书馆学》2008 年第 1 期。

[131] 林若楠等：《社会标签的规范性研究：图书标注》，《图书馆论坛》2012 年第 1 期。

[132] 林小娟：《社会网络环境下用户参与的图书馆数字资源建设规划模式研究》，硕士学位论文，南京农业大学，2011 年。

[133] 刘畅：《图林博客对图书馆编目工作的启示》，《图书馆工作与研究》2009 年第 6 期。

[134] 刘晶、张秀兰：《谈社会网络在图书馆的应用》，《新世纪图书馆》2011 年第 9 期。

[135] 刘葵波：《高校图书馆数字资源购买模式评析与选择》，《情报理论与实践》2007 年第 4 期。

[136] 刘磊等：《社会网络环境下用户参与图书馆数字资源建设的规划模式及其修正》，《情报理论与实践》2013 年第 4 期。

[137] 刘磊等：《社会网络环境下用户参与图书馆数字资源建设的需求调查》，《大学图书馆学报》2012 年第 5 期。

[138] 刘磊等：《社会网络环境下用户参与图书馆数字信息资源评价模式研究》，《大学图书馆学报》2014 年第 2 期。

[139] 刘磊等：《社会网络环境下用户参与图书馆数字资源评选的需求调查》，《图书馆理论与实践》2014 年第 4 期。

[140] 刘磊等：《社会网络环境下用户参与的图书馆数字信息资源建设研究述评》，《图书馆》2012 年第 6 期。

[141] 刘磊等：《基于社会网络理论的用户参与的图书馆数字资源建设研究述评》，《高校图书馆工作》2014 年第 1 期。

[142] 刘磊、王贤：《社会网络环境下用户参与的图书馆数字资源生产模式及其修正》，《情报理论与实践》2014 年第 4 期。

[143] 刘磊等：《社会网络环境下用户参与的图书馆数字资源生产需求调查》，《图书馆理论与实践》2014 年第 3 期。

［144］刘磊等：《社会网络环境下用户参与的图书馆数字资源组织与整合模式研究》，《图书情报知识》2014 年第 2 期。

［145］刘磊等：《社会网络环境下用户参与的图书馆数字资源组织与整合的需求调查》，《图书馆理论与实践》2014 年第 4 期。

［146］刘彤、时艳琴：《基于社会网络分析的专家知识地图应用研究》，《情报理论与实践》2010 年第 3 期。

［147］刘细文、熊瑞：《图书馆跨界服务的内涵、模式和实践》，《中国图书馆学报》2008 年第 6 期。

［148］刘晓霞：《基于 AHP 的数字资源用户综合评价指标体系研究》，《情报科学》2008 年第 10 期。

［149］刘心舜、苏海潮：《图书馆社会网络观与嵌入性的应用》，《图书馆杂志》2008 年第 9 期。

［150］卢志国等：《社会网络在美国大学图书馆的应用分析》，《图书馆工作与研究》2009 年第 1 期。

［151］罗春荣、曹树金：《电子馆藏及其发展政策研究》，《大学图书馆学报》2001 年第 2 期。

［152］罗晓鸣、李雯：《Web2.0 带给图书馆信息资源建设的启示》，《高校图书馆工作》2011 年第 4 期。

［153］罗学妹：《基于维基（Wiki）的图书馆知识协作创新服务研究》，《图书情报工作》2010 年第 5 期。

［154］马爱芳：《国内图书馆学人学术性博客浅析》，《情报理论与实践》2005 年第 5 期。

［155］马超：《Web2.0 环境下数字图书馆的服务模型研究》，硕士学位论文，西安电子科技大学，2011 年。

［156］马凌云、康红：《Web2.0 环境下图书馆用户参与的分析与评价》，《图书馆理论与实践》2010 年第 4 期。

［157］马启花：《基于图书馆 2.0 的图书馆信息资源建设》，《现代情报》2009 年第 9 期。

［158］马新蕾：《图书馆 2.0：变化中的图书馆服务》，硕士学位论文，天津工业大学，2007 年。

［159］马越：《基于 Web2.0 的数字馆藏建设与服务》，《河南图书馆学刊》2010 年第 10 期。

［160］毛波、尤雯雯:《虚拟社区成员分类模型》,《清华大学学报》(自然科学版)2006 年第 S1 期。

［161］孟鲁洋、王世慧:《数字图书馆馆藏的社会化批注》,《图书馆理论与实践》2011 年第 10 期。

［162］穆丽娜:《图书馆 2.0 在高校图书馆服务中的应用研究》,硕士学位论文,南京农业大学,2008 年。

［163］聂应高:《SNS 在图书馆信息服务中的应用》,《图书馆工作与研究》2009 年第 6 期。

［164］欧阳红红:《Web2.0 环境下的图书馆信息资源管理研究》,《情报资料工作》2009 年第 5 期。

［165］欧阳剑:《社会网络环境下个人信息组织的驱动力及模式特征》,《情报资料工作》2009 年第 1 期。

［166］欧阳剑:《新网络环境下用户信息获取方式对图书馆信息组织的影响》,《中国图书馆学报》2009 年第 11 期。

［167］欧阳剑:《社会网络情景下信息组织的运动规律及特征》,《图书情报工作》2009 年第 6 期。

［168］秦亚青:《关系本位与过程建构:将中国理念植入国际关系理论》,《中国社会科学》2009 年第 3 期。

［169］沈健:《"博客"在图书馆界的应用实践与发展》,《图书馆建设》2005 年第 6 期。

［170］司莉、王思敏:《Web2.0 环境下用户参与图书馆信息组织的质量调查及改进》,《国家图书馆学刊》2012 年第 6 期。

［171］孙波、黄颖:《开放存取与图书馆信息资源建设》,《图书馆杂志》2009 年第 5 期。

［172］孙彩杰、庄小峰:《图书馆融入社会网络的案例分析》,《图书馆建设》2010 年第 11 期。

［173］孙翌、郭晶:《基于博客的高校图书馆学科化知识服务平台实证研究》,《图书与情报》2009 年第 5 期。

［174］唐中实等:《基于 Web2.0 的 GIS 模型共享平台研究》,《测绘科学》2008 年第 4 期。

［175］涂颖哲:《博客(Blog)及其在图书馆中的应用研究》,《图书情报工作》2004 年第 11 期。

［176］王翠英：《社会网络环境下的信息组织与共享研究》，《情报资料工作》2012 年第 1 期。

［177］王惠、王树乔：《SNS 应用于图书馆 2.0 服务初探》，《图书馆学研究》2010 年第 3 期。

［178］王惠、王树乔：《Tag 引路：升级图书馆 2.0 服务》，《图书馆学研究》2010 年第 7 期。

［179］王利萍：《图书馆 2.0 网络知识社区构建》，《情报杂志》2007 年第 12 期。

［180］王乐：《网络资源购前试用与评价体系初探》，《图书情报工作》2003 年第 12 期。

［181］王凌：《基于图书馆 2.0 应用中的服务环境构建与思考》，《情报科学》2009 年第 12 期。

［182］王夏洁、刘红丽：《基于社会网络理论的知识链分析》，《情报杂志》2007 年第 2 期。

［183］王天宇：《社交网络服务的用户群体特征分析与组织探测研究》，硕士学位论文，北京交通大学，2009 年。

［184］王贤：《社会网络环境下用户参与的图书馆数字资源生产模式研究》，硕士学位论文，南京农业大学，2012 年。

［185］王欣妮：《基于博客的图书馆学学术交流系统思考和启示》，《图书情报工作》2009 年第 1 期。

［186］王旭辉：《结构洞：陷入与社会资本的运作——读〈结构洞：竞争的社会结构〉》，《中国农业大学学报》（社会科学版）2007 年第 3 期。

［187］王云峰、陈雅：《SNS 在高校图书馆中的应用——基于社会资本视角》，《情报科学》2012 年第 2 期。

［188］王敬稳等：《“博客”现象及其对图书馆的启示》，《情报杂志》2003 年第 4 期。

［189］文小明：《Web2.0 环境下的信息服务》，《湘潭师范学院学报》（社会科学版）2006 年第 11 期。

［190］魏群义：《图书馆 2.0 的理论研究与实践》，《图书与情报》2009 年第 4 期。

［191］武琳、冯园媛：《SNS 在图书馆的应用及发展策略》，《图书情报工

作》2010 年第 19 期。

[192] 武琳、张亚：《Second Life 中图书馆的服务模式》，《图书情报工作》2009 年第 17 期。

[193] 向菁、黄如花、吴振新：《Wiki 在图书馆领域的应用》，《图书馆杂志》2008 年第 7 期。

[194] 肖冬平、顾新：《知识网络的形成动因及多视角分析》，《科学学与科学技术管理》2009 年第 1 期。

[195] 肖红、肖静波：《基于 RSS 的高校图书馆推送服务系统的设计与实现》，《情报杂志》2009 年第 3 期。

[196] 肖秀阳：《试论高校数字图书馆信息资源建设》，《图书馆》2007 年第 3 期。

[197] 熊回香等：《典型标签本体模型的比较分析研究》，《情报学报》2011 年第 5 期。

[198] 徐静、杨玉麟：《基于社会网络理论的泛在图书馆分析》，《四川图书馆学报》2010 年第 2 期。

[199] 徐继军：《社会网络对个体间知识转移的影响机理研究》，硕士学位论文，大连理工大学，2007 年。

[200] 徐险峰：《基于图书馆 2.0 的个性化信息服务模型研究》，硕士学位论文，黑龙江大学，2009 年。

[201] 杨建永等：《关于图书馆社交网络（Lib‐SNS）构建的研究》，《图书馆学研究》2010 年第 8 期。

[202] 杨九龙、杨雪琴：《论图书馆与社会网络的互动》，《情报杂志》2009 年第 9 期。

[203] 杨俊英、郑宏：《基于 SNS 的数字图书馆拓展研究》，《图书馆》2010 年第 5 期。

[204] 杨新涯、王宁：《重庆大学：以流程优化促进 SNS 社区的推广》，《中国教育网络》2012 年第 5 期。

[205] 姚晓锋：《用户标签和图书馆主题分类的比较研究：以 Librarything 为例》，《图书馆学研究》2010 年第 8 期。

[206] 倚海伦、师俏梅、李晶：《图书馆资源评估读者调查系统的设计与实现》，《现代图书情报技术》2009 年第 9 期。

[207] 叶鹰、黄晨：《基于 DSpace 的 Lib2.0》，《大学图书馆学报》2006

年第 3 期。

［208］于明洁、王建军：《Tag 在图书馆 2.0 下的运用模式探讨》，《图书馆理论与实践》2010 年第 2 期。

［209］余洁：《社会网络环境下用户参与的图书馆数字资源评选模式研究》，硕士学位论文，南京农业大学，2012 年。

［210］袁莉：《浅析社会网络理论对数字图书馆服务的影响》，《情报杂志》2009 年第 S2 期。

［211］袁莉：《社会网络与数字图书馆服务模型》，《图书情报工作》2010 年第 3 期。

［212］袁勇智：《基于 RSS 的 Web 信息发布和集成技术》，《现代图书情报技术》2004 年第 2 期。

［213］臧国全：《图书馆信息资源数字化内容选择原则研究》，《图书情报知识》2006 年第 1 期。

［214］张蓓等：《Ajax 和 RSS 在图书馆个性化门户网站中的应用》，《现代图书情报技术》2007 年第 3 期。

［215］张会娥：《RSS 的应用研究》，《图书馆杂志》2005 年第 2 期。

［216］张会田：《电子馆藏评估：指标与方法》，《情报资料工作》2004 年第 2 期。

［217］张甲、胡小菁：《读者决策的图书馆藏书采购——藏书建设 2.0 版》，《中国图书馆学报》2011 年第 2 期。

［218］张良图：《谈谈 Blog 在图书馆中的应用》，《图书馆工作与研究》2004 年第 6 期。

［219］张天赐：《开放存取及其对图书馆资源建设的影响》，《图书馆理论与实践》2010 年第 2 期。

［220］张文亮、宫平：《Web2.0 环境下数字图书馆信息资源建设的问题及对策》，《中国信息导报》2007 年第 12 期。

［221］张有志、王军：《基于 Folksonomy 的本体构建探索》，《图书情报工作》2008 年第 12 期。

［222］赵春琳：《Web2.0 环境下用户参与的信息组织研究》，硕士学位论文，吉林大学，2010 年。

［223］赵梦：《网络信息资源采集与保存策略分析》，《国家图书馆学刊》2010 年第 4 期。

[224] 赵旭:《网络社区信息交流模式研究》,硕士学位论文,吉林大学,2010 年。

[225] 赵需要:《基于 Tag 的图书馆联盟资源共享机制研究》,《图书馆学研究》2011 年第 9 期。

[226] 赵宇翔、朱庆华:《Web2.0 环境下影响用户生成内容的主要动因研究》,《中国图书馆学报》2009 年第 5 期。

[227] 赵宇翔、朱庆华:《Web2.0 环境下影响用户生成内容动因的实证研究:以土豆网为例》,《情报学报》2010 年第 3 期。

[228] 赵宇翔、朱庆华:《Web2.0 环境下用户生成视频内容质量测评框架研究》,《图书馆杂志》2010 年第 4 期。

[229] 赵宇翔等:《博客接受模型:影响用户接受和更新博客的实证研究》,《情报理论实践》2009 年第 4 期。

[230] 赵宇翔等:《用户生成内容(UGC)的概念解析和研究进展》,《中国图书馆学报》2012 年第 5 期。

[231] 郑陈律:《图书馆 SNS 服务的研究》,《图书馆工作与研究》2009 年第 10 期。

[232] 郑建程、韩新月:《数字资源引进中的用户需求分析与评价方法》,《现代情报》2007 年第 9 期。

[233] 郑巧英、潘卫、兰小媛:《图书馆 2.0 的规划与实施》,《大学图书馆学报》2009 年第 1 期。

[234] 周志峰:《基于 RSS 的高校图书馆重点学科信息导航系统研究》,《现代情报》2008 年第 11 期。

[235] 朱麟:《Web2.0 环境下高维数据的社会化协同标注与检索》,硕士学位论文,复旦大学,2009 年。

[236] 朱强等:《感受变革　探访未来:美国三所著名大学图书馆考察报告》,《大学图书馆学报》2012 年第 2 期。

[237] 朱亚丽:《基于社会网络视角的企业间知识转移影响因素实证研究》,博士学位论文,浙江大学,2009 年。